El poder y la locura

MARIO RECHY MONTIEL

Separata de la obra
Tiempo sagrado y tiempo profano

Registrado en derechos de autor -2014
Versión profusamente corregida y aumentada,
con Epílogo, en 2021

Cuidado editorial: Susana Zavala

ISBN: 9798741541937

«Statuit tandem optimus opifex, ut cui dari nihil proprium poterat commune esset quicquid privatum singulis fuerat. Igitur hominem accepit indiscretae opus imaginis atque in mundi positum meditullio sic est alloquutus : « Nec certam sedem, nec propriam faciem, nec munus ullum peculiare tibi dedimus, o Adam, ut quam sedem, quam faciem, quae munera tute optaveris, ea, pro voto, pro tua sententia, habeas et possideas. Definita caeteris natura intra praescriptas a nobis leges cohercetur. Tu, nullis angustiis cohercitus, pro tuo arbitrio, in cuius manu te posui, tibi illam prefinies. Medium te mundi posui, ut circumspiceres inde comodius quicquid est in mundo. Nec te celestem neque terrenum, neque mortalem neque immortalem fecimus, ut tui ipsius quasi arbitrarius honorariusque plastes et fictor, in quam malueris tute formam effingas. Poteris in inferiora quae sunt bruta degenerare; poteris in superiora quae sunt divina ex tui animi sententia regenerari»

"Y Dios le dijo a Adán: he creado a todos los seres según mi voluntad y de acuerdo a las leyes que escogí; pero a ti, en cambio, te he concedido la libertad, no te he encadenado a restricción alguna, y podrás, de acuerdo con tu voluntad, a la que he concedido el juicio, definir tu destino (…) No eres ya una criatura que pertenezca al cielo ni que esté condenada a la tierra, no eres mortal ni inmortal; y ahora podrás, como dueño de tu propio destino, crearte a ti mismo en la forma y con el carácter que escojas. Estará en ti descender hasta la condición de las bestias y envilecerte como ninguna creatura, o elevarte hasta la dimensión de las seres divinos que dominan los cielos."[1]

Pico della Mirándola, Pensador del Siglo XV
y representante de *El Renacimiento*

---

[1] La traducción de Pico, como todas y cada una de las citas en este libro, salvo las que se indique otra fuente, son mías, Nota del autor.

4

Presentación

Mario Rechy Montiel trata en Poder y Locura un tema universal y atemporal. La perversión del poder tiene sus raíces en la locura. Quien detenta el poder puede tener influencia en la vida y en el destino de millones de vidas. Tiene el potencial de conducir la Historia de naciones.

Siendo un hecho que el uno por ciento de la población es psicópata y el 4% sufre de sociopatías, y que entre el 20% y 30% de los líderes políticos, religiosos y de la iniciativa privada padecen estas patologías incluidas en el trastorno antisocial de la personalidad, llegando a ser cercanas estas cifras a las encontradas al interior de los reclusorios, el conocimiento y el análisis de estas circunstancias, lo mismo que del histrionismo, de los rasgos paranoicos y del narcisismo maligno de ciertos personajes, y de sus interrelaciones con otros seres humanos y con la sociedad, son fundamentales para comprender cabalmente las intenciones de estos líderes.

Erich Fromm consideraba que la maldad humana estaba inmersa en el narcisista maligno. En personas con aires de grandeza, obsesionadas en tener la lealtad de quienes le rodean y que gozan dañando a los demás, sin respeto alguno por los derechos de otros.

Actualmente encontramos a estos entes lo mismo dirigiendo grandes corporativos, que partidos políticos o siendo presidentes. Es así que Poder y Locura se convierte en lectura amena y fascinante para sondear los oscuros laberintos de la maldad, de la falta de solidaridad y empatía, del desinterés por el sufrimiento de otros, de personajes que pueden parecer encantadores y carismáticos a primera vista, pero que transgreden principios y valores universales para alcanzar con la mayor frialdad sus objetivos.

El autor ha vivido y experimentado de primera mano cada uno de los diferentes aspectos y aristas de este fenómeno, ha convivido con ello en los infiernos y en los paraísos de estos personajes, los ha comprendido, ha luchado contra ello y ha sufrido las consecuencias del Poder y la Locura, eso convierte necesariamente a este magnífico libro en una lectura obligada lo mismo para expertos en conducta humana, que para cualquier persona que desee despertar su consciencia sobre quiénes y del porqué hay personas que desean dirigir su destino.

Rodolfo Ondarza
Neurocirujano. Activista en defensa de derechos humanos. Presidente de la Comisión de Salud de la ALDF durante la VI Legislatura

Dedicatoria

Esta obra está dedicada al Dr. Rafael Cervantes López, amigo entrañable, generoso espíritu, profunda y modesta inteligencia. Gracias a su supervisión médica tuve la salud para llegar hasta esta edad, que rebasa las siete décadas, y poder escribir este texto. Y se lo he dedicado también, con gran afecto, porque su enorme conocimiento de historia, y su paciente y dedicada lectura de mis borradores, me permitió mejorar muchas veces el contenido de mis textos. Fue invaluable lector, y gracias a su estímulo he podido escribir con gusto y alegría muchas páginas. El leyó este texto en su primera versión e hizo valiosos comentarios. Hemos sido, él y yo, durante más de treinta años, interlocutores permanentes de los problemas de nuestro país, de sus prioridades y de nuestras tareas para enfrentarlos.

Don Rafael murió este año de 2020 por complicaciones de covid, a pesar de que él mismo fue formulando el protocolo de atención al virus, e insistió en que el gobierno debía abrir el estudio de los fármacos y substancias que estaban dando resultados en la atención de pacientes. El cuerpo médico nacional pierde con su partida a una de las inteligencias más innovadoras y de mayor proyección social. Parte de su legado es el Sindicato Nacional de Profesionales de la medicina, que él fundó. Sus amigos perdemos a uno de nuestros más valientes y generosos compañeros.

El poder y la locura

Agradecimientos

Agradezco de manera especial al Doctor Ignacio Carrillo Prieto, ex fiscal que persiguió a los delincuentes del gobierno en administraciones anteriores al año 2000, y que me ha distinguido con su amistad a lo largo de los últimos veinte años, por la cuidadosa lectura que realizó del borrador de este texto, corrigiendo innumerables erratas y sugiriendo la mejoría, o precisión, de muchos pasajes. Su amistad y paciente labor han sido un aliciente para mejorar mi trabajo. Agradezco también la paciente lectura y corrección que realizó Yolanda Antonietta Montaño de todo el texto, su labor ha permitido que muchos defectos se pudieran superar. Cada una de sus observaciones es una extraordinaria muestra de inteligencia y buen juicio. Tuve también la suerte de que mi esposa, Rocío Sánchez, mejorara muchas veces mis cacofonías y repeticiones, aunque los defectos de estilo no haya yo podido superarlos siempre; ella es mi ángel de la guarda. Sin embargo, después de varias correcciones, es posible que queden pendientes omisiones e imprecisiones que se nos puedan haber pasado. Me consuela que al menos hemos conseguido un texto decorosamente escrito. Lamento no haber atendido siempre todas las indicaciones. En especial aquellas en que Orso Arreola (muerto en 2021) –que fue como mi hermano– me pidiera quitar la mención de alguna persona. Porque debo subrayar que todo lo que relato es estrictamente verídico, que los parlamentos citados son textuales, y que mis juicios y opiniones se sostienen en la amplia investigación realizada a lo largo de años de observación y acopio de citas, o de la reconstrucción de hechos. Aunque este es un caprichoso ensayo, es también un libro de Historia. En cierta forma, es la historia de nuestra locura. De la locura de los que hemos acariciado el poder, aunque sobre todo de los que lo han ejercido.

Se tomaron también en cuenta las observaciones de Milena Koprivitza, Enrique Condés, Eduardo Fuentes, José María Calderón, Samuel Schmidt, Mariana Ramírez, Javier Sandoval, Susana Pilar Suzanne, y Jorge Ocejo Moreno, todos amigos míos de las más diversas corrientes de pensamiento, a quienes agradezco en verdad por su ayuda para mejorar lo escrito. Y desde luego los exonero de lo que me haya empeñado en dejar como estaba, o por ponerlo en peores términos. Esa responsabilidad es solo mía.

Advertencia

A los que cuestionen que desde la cultura me empeñe en hablar de la demencia, o a que utilice, entre mis herramientas, las literarias, para abordar un tema médico, quiero recordarles el juicio de Julius Évola:

"La constitución espiritual del hombre en los siglos de cultura premoderna era tal, que toda percepción física tenía al propio tiempo un componente psíquico que lo animaba y agregaba así a su desnuda imagen un significado y un tono emotivo especial y potente. Y es así como la antigua física era al mismo tiempo una teología y una psicología trascendental, en virtud de los relampagueos que desde debajo de la materia de los sentidos corpóreos provenían de las esencias metafísicas. La ciencia natural era simultáneamente una ciencia espiritual, y los muchos sentidos de los símbolos abrazaban los varios aspectos de un conocimiento único." **Julius Evola, citado por Karl Gustav Jung en Psicología y Alquimia.** [2]

---

[2] La cita de Jung es de ***La tradizione ermetica. Nei suoi simboli, nella sua dottrina e nella sua «Arte Regia»*** (è un libro del filosofo e pensatore tradizionale Julius Evola publiicato per la prima volta dall'editore Laterza di Bari nel anno 1931), aunque el título completo no aparece ni en el texto castellano de Grupo Editorial Tomo. S.A. de C.V. México 2002. Pág. 286, ni en la Edición en inglés de Routledge and Kegan Paul. London, que está en el Tomo I2 de Collected Works pág. 231 y pág. 501.

Presentación del autor de Poder y locura

El título de la obra es por sí mismo provocador y elocuente, pues alude directamente a un fenómeno contemporáneo que pocos niegan y muchos confirman, esto es, que quienes ejercen el poder con gran frecuencia han enloquecido. Sin embargo, más que una afirmación, el libro plantea que el poder tiene hoy tal carácter, contrario al interés de la mayoría; pues el poder, para ser ejercido en nuestros días, provoca a sus protagonistas a que hagan a un lado valores y elementos de humanidad, y atraviesen por un proceso de enajenación para serle útil, es decir, para ser funcionales al objeto del poder, que ya no es –generalmente hablando– el servicio, sino el responder al interés de una minoría, o de una persona desalmada o ciega y sorda de la realidad. No hablo aquí de cualquier poder, sino del poder político de hoy, en la sociedad de masas. Ese interés que domina al poder puede ser, como lo ha sido en mi país, un interés económico; pero también puede ser un interés político por imponer una visión sobre la sociedad o la economía, que se haga en su nombre, pero que se aparte de su identidad.

Podría hablarse de una especie de consenso en los síntomas o los calificativos que se dan al poder, aunque es rarísimo el que ofrece o tiene una explicación del fenómeno demencial que le caracteriza. Y este libro hurga en cuestiones históricas e ideológicas en las que identifica el origen de la locura de los que ejercen el poder y, particularmente, de la locura de quienes han gobernado en México.

Sin embargo, no es un libro que se acote o limite a un fenómeno nacional. Aun cuando buena parte de los hechos que llenan sus páginas, así como cerca de la mitad de uno de los capítulos, se refiera a experiencias vividas en el poder legislativo de México, como también, y a manera de ejemplo, a un periodo de la prisión de los presos políticos durante la década de los sesenta, junto al presidente que gobernaba en el emblemático año clave de 1968, lo que ahí se describe es, sin embargo, un fenómeno que ha tenido lugar, con otras particularidades, en muchos Parlamentos del mundo, en muchas cárceles donde se encerraron o siguen vivos los presos de consciencia, y en muchos presidentes que han tomado decisiones represivas o inconsultas en diversos continentes.

El fondo principal del libro aborda una problemática universal, que es el papel de la ideología en la deformación de la realidad, así como los procesos en los que a partir de esa falsa consciencia se convierte la conducta en un proceso patológico que daña el interés público o común. Ese punto se ha venido abordando ya en otros trabajos que nos anteceden, aunque probablemente de manera tangencial y no como aquí de forma específica.

En este sentido, este libro es un trabajo ambicioso y abarcador. Ambicioso porque plantea que ciertos fenómenos y momentos de la política no deben ni pueden abordarse de manera efectiva desde la esfera de su contenido formal, o con los objetivos que sus actores o protagonistas pretenden, sino que deben ser objeto de la psiquiatría social y de la terapia de masas para ser resueltos.

Este trabajo se inscribe a un lado del libro de Martín Tetaz, titulado **Psychonomics**, y de otro libro de Daniel Kahneman que lleva por título **Pensar rápido y pensar despacio**. La razón de que los conciba yo como libros paralelos, es que en los tres textos se comparte el planteamiento de algunas cuestiones de fondo que hoy en día no se han comprendido o desentrañado desde la perspectiva de la ciencia convencional, y menos aún desde el pensamiento común. Al menos en este libro se sostiene que si los seres humanos siguen dependiendo del criterio de quienes instituyen la verdad (porque una de las principales funciones del poder hoy en día es establecer la verdad), y que se han erigido en autoridades de la consciencia de los demás, no podrá construirse ninguna democracia, ni resolverse el problema de la libertad del hombre. Tetaz y Kahneman explican cómo la economía o la velocidad de la información llegan a convertirse en fenómenos que condicionan la conciencia social. Este libro describe y explica cómo algunas ideologías de estado, convertidas en dogmas o en propagandas, cumplen la misma función de condicionar la conciencia de amplios colectivos.

La primera parte del libro arranca como una disertación y prosigue como un relato, si bien es un relato intencionado y orientado a exponer los hechos a partir de los cuales va a indagarse por la locura política. La parte siguiente, que es teórica en lo fundamental, trae al presente algunos orígenes de las ideologías que han alimentado el poder totalitario, y muestra al mismo tiempo su temporalidad, pues, aunque estas ideologías parecen muy duraderas, no abarcan sino un siglo, o siglo y medio, de la época contemporánea; cuando los ideales de la paz, la concordia y la cooperación entre los seres humanos han llenado muchos siglos y se comprende que volverán a estar vigentes.

En especial se trata, además del sistema político de México, al falso socialismo de estado, con sus ejemplos ruso y chino, como sistemas en los que se llegó a convertir en una fe o religión el pensamiento del Estado, y se impidió el ejercicio de la conciencia libre. Se incluye en el cierre un apartado sobre el totalitarismo neoliberal, que no había sido escrito para este libro y que se tomó prestado de otro volumen de mi autoría.

El epílogo resultó un agregado obligatorio tras dos años de la administración del gobierno de Andrés Manuel López Obrador, pues, aunque se trata de uno de los más populares presidentes de México en todo un siglo, ha impuesto un estilo personal de denuncia contra sus adversarios que inaugura un periodo de conflictos ideológicos.

Había yo decidido cerrar o concluir la primera redacción del texto, al menos por un buen tiempo, cuando leí, en el año 2014, una nota en la prensa internacional que me pareció muy ilustrativa de la enajenación ideológica que abordo en este trabajo. La nota es sobre una huelga en Ucrania.

En la nota, los obreros explican que han decidido tomar las instalaciones de la fábrica y regular los salarios y las prestaciones de todos. En todo momento respetan y admiten la propiedad de la misma –que es privada–, y muestran con claridad, que toda su acción es legal. Al mismo tiempo, han decidido sustituir a buena parte de los directivos y administradores, y han llegado a la conclusión de que esa fábrica no tiene por qué depender de una autoridad superior, administrativamente hablando, pues ellos son autónomos y pueden administrarla mejor.[3]

El hecho no es inédito. Antes ya había yo visto otros casos muy semejantes durante el periodo del corralito en Argentina, a fines del siglo pasado, y algunos ejemplos más en fábricas rusas, en donde los obreros se resistían a entregarlas a sus nuevos propietarios nomenklaturos[4] en el periodo de Boris Yeltsin.

Lo novedoso del caso de 2014 es que varios comentaristas dan una interpretación completamente distinta del hecho. La nota, por citar el caso más notable, estaba siendo difundida por un movimiento marxista europeo, que desde luego defendía la decisión de los obreros ucranianos, agregando, al mismo tiempo, que ese hecho mostraba un supuesto horizonte o sentido para esa huelga, pues la consideraba un proceso de resistencia contra el "fascismo" del gobierno ucraniano del momento, al mismo tiempo que la consideraba una vía de restauración del Estado soviético y de su propiedad supuestamente social.

Debo aclarar que, hasta donde sé, ese sentido de ninguna manera aparece en los comunicados de los obreros que tomaron la

---

[3] **Ukraine : une première usine occupée et autogérée dans le Donbass – un exemple à suivre !** Lundi 27 octobre 2014. Les travailleurs de la Zugres – Œuvres d'Ingénierie Energétique et Mécanique (ZEMZ) – «se sont organisés en prenant le dessus sur les managers. Ils ont placé l'usine sous leur propre propriété, en autogestion» Révolution: journal marxiste

[4] La nomenklatura, término puesto en circulación por Michel Voslenski, se refiere a los que pasaron de ser miembros del Partido Comunista de la URSS a ser los nuevos propietarios de las empresas privatizadas.

fábrica, y en ningún momento ni se declaran marxistas, ni partidarios de la propiedad estatal de las fábricas.

No dudo que entre los huelguistas hubiera alguno que pudiera suscribir la convicción del periódico marxista, pero no parecía ser el caso de la mayoría, ni de la mayoría de los obreros de las regiones rebeldes de Lugansk, o de Donetsk, en Ucrania.

Para los europeos occidentales, por otra parte, que tenían acceso a los hechos solamente a través de las agencias de prensa occidental, o de la mediación de las agencias rusas, era y es ciertamente difícil orientarse en medio de hechos contradictorios o de interpretaciones que carecen de sustento. Los europeos occidentales encontraban, en cambio, datos sueltos que justificaban sus denuncias contra los rusos y daban elementos para su intervención en el proceso ucraniano para garantizar la libertad de los obreros.

La cuestión es que los marxistas quieren ver en la realidad cosas que no están ocurriendo. Como al mismo tiempo, y en un sentido completamente distinto, los voceros de Rusia quieren ver también, en esos hechos, elementos que confirmen su versión, que es la fidelidad a la patria socialista, o a la unidad de los países que antes formaron la Unión Soviética. Ciertamente cada una de estas visiones tenía materia para sostener su perspectiva. Sin embargo, yendo a la realidad, pudimos constatar que en los hechos no se confirmaba la idea de ninguno de los tres. Yo recorrí Ucrania por aquellos años durante un mes.

Y el asunto entonces nos lleva a plantearnos, en el caso de que no tengamos interés en convalidar la versión ni de los rusos, ni de los países de la OTAN, ni de los marxistas, cómo es que cada uno deforma los hechos para que encaje en su visión del mundo, y cómo manipula la información para que los que no tienen capacidad de análisis, o carecen de la información suficiente, se plieguen a su interpretación, o la acepten.

De la misma manera observamos, en el curso de los siguientes años, que hechos generales de la política son presentados como alcances o conquistas de la izquierda. Y en particular me interesa mencionar uno que ha tenido lugar en México.

En 2018 tuvimos elecciones en México, y el candidato triunfante pronunció célebre y elocuente discurso el día de su triunfo, en que agradeció al pueblo de México el que se hubiera volcado a votar, y el que le hubiera concedido un amplísimo margen sobre sus adversarios políticos. Cosa que debe uno reconocerle. Y al mismo tiempo, dio una explicación de su triunfo, como el resultado de una lucha que varias generaciones anteriores de luchadores habíamos emprendido, para que finalmente se concretara el triunfo de los que queríamos emprender un cambio radical. En el contexto y tras un fenómeno de inédita participación popular, sus palabras no solo sonaron verídicas, sino incluso sabias y muy oportunas.

Luego, este hombre, sagaz e intuitivo, planteó que con él iniciaba la Cuarta transformación de México, aludiendo a los tres momentos estelares de la historia nacional, la Independencia, La Reforma en que se reconquistó la independencia contra el dominio francés y se inició la legislación que recogía la identidad, y la Revolución que tuvo lugar entre 1904 y 1921.

Sin embargo, desde un principio se presentaron varias interpretaciones de su arribo al poder, es decir, de su gobierno, que no han sido compatibles. Pues al igual de lo que relatamos de la huelga en una fábrica de Ucrania, en México se han mantenido diversas interpretaciones sobre ese triunfo; y más importante aún, sobre el carácter del régimen que ha ejercido Andrés Manuel López Obrador.

Para algunos Andrés Manuel es la encarnación de la historia nacional y de sus objetivos. Para otros es el hombre que ha dividido al país entre buenos y malos, y ha impedido la concordia y la renovación del pacto social. Y los izquierdistas se han dividido, entre una mayoría que apoya su gobierno de forma enfática y muy vehemente, y una facción minoritaria que, analizando sus hechos, ve con profunda preocupación su distancia hacia los sectores sociales, los problemas del campo, y lo que sería consecuente con un cambio de fondo, de economía y estructura.

Estamos pues ante un nuevo fenómeno de aproximaciones interesadas o ideológicamente condicionadas, que nos exigen analizar con método y rigor para tener claros los hechos.

A propósito de este punto debo decir que en este texto llegamos a un punto en que desglosamos y describimos cómo se puede conseguir un conocimiento de la verdad social. Y tratamos de dejar claro que no existen varias verdades; es decir, que la pluralidad y la diversidad no quieren decir que cada enfoque, o grupo, o sector social, o clase, puede tener su verdad, sino que la verdad es una. Pero los seres humanos estamos condicionados para poder acceder a ella, o impedidos por nuestros filtros, antiparras ideológicas o prejuicios. En este sentido, tratamos de explicar cómo la verdad no es sino el reflejo fiel de los hechos, sin deformar su orientación objetiva, y sólo haciendo explícitos los escenarios posibles.

Además, en política no se ha podido llegar a eso que los marxistas soñaron como conciencia histórica. Y sigue siendo indispensable el papel de los analistas y estudiosos que desentrañen continuamente el fondo de los hechos, que se cifra o esconde en la apariencia de los acontecimientos. Esa función es necesaria para evaluar la experiencia social y para plantear las rectificaciones que el interés mayoritario reclama.

En segundo lugar, vamos más allá, a preguntarnos y a responder por qué cada grupo, clase o persona interpreta los hechos según su interés. Pues se requiere un argumento moral y una perspectiva de poder para darle un significado a los hechos. Donde este poder no es el de servicio, sino la dominación y control sobre la población.

Tetiz, a quien citamos ya, ofrece por su parte y en un sentido coincidente, una explicación sobre cómo la economía (sus premisas o axiomas) se ha convertido en parte de nuestra manera de pensar o razonar, precisamente de manera inducida para conveniencia de las trasnacionales y sus aliados los hombres de poder. Pues el mercado y el consumo se han vuelto hábitos y hasta parte de nuestra conciencia cotidiana. Y Kahneman ha demostrado por otra parte y entre otras cosas, que la aceleración del pensamiento que inducen los hombres del poder a través de los medios masivos y las redes sociales, va en detrimento de la comprensión de los hechos, y a favor de la imposición de un criterio difundido por el poder a través de esos medios.

Este libro, por su parte, aspira a dejar claro que la ideología y los dogmas son hoy parte de una estrategia de dominación, cuando no un fardo para entender la realidad. Y que es a partir de la práctica social de grupos organizados que destruyen paradigmas y actúan en consecuencia, como debe abordarse el cambio social.

Se dibuja en este texto a los partidos como instrumentos del poder y del Estado, y se esboza la autogestión como forma de ejercicio de la libertad y la nueva democracia. Una democracia que no puede alcanzar su plenitud por vía electoral, sino a través de un proceso de organización e información colectiva; y una libertad que solo puede construirse creando un poder ascendente desde cada lugar, comenzando en forma descentralizada, y creciendo de forma federativa, y con amplia participación.

En cierta forma veo en estos hechos de la huelga en Ucrania, y es lo que trato de fundamentar en mi libro, la confirmación de propuestas e ideales de diversas épocas que dejaron de tenerse presentes, asi como a pensadores que el pensamiento dominante ha desechado. Por ejemplo, del sentido de coexistencia y armonía en la diversidad, que se levantó en Córdoba en la España donde convivían judíos, musulmanes y cristianos; o el caso de la aspiración original de los revolucionarios franceses del Siglo XVIII, que al acabar con la monarquía soñaban con la fraternidad y la igualdad; o en el ideal de la República Española que concebía una economía autogestiva; o en el ideal y la búsqueda que hacen los caracoles zapatistas hoy en día, empeñados en construir un mundo donde quepan muchos mundos.

Mirando atrás en la historia, también veo el cumplimiento de las demandas de los obreros insurrectos de Kronstadt contra el poder bolchevique, y las propuestas de Ricardo Flores Magón que inspiraron al Partido Liberal de México a comienzos del Siglo XX, y al Partido Cooperatista que gobernó la capital de este país hacia la segunda década del mismo Siglo pasado, hasta que se inventó el Partido de la Revolución hecha gobierno.

Me queda claro que, con lo que apenas apunto, estoy desafiando al sentido común, y despertando toda una animosidad en varios lectores. Pido por ello paciencia. Lo que apenas he apuntado lo demostraré en las páginas que siguen.

I La guarida del mal y las fuentes de la locura

El hombre, se conoce a sí mismo en la medida que conoce el mundo, y puede conocer al mundo solo dentro de sí mismo, y adquiere consciencia de sí cuando únicamente se concibe como parte del mundo. Todo nuevo objeto verdaderamente reconocido nos crea un nuevo sentido. Johann Wolfgang von Göthe

Siempre me ha interesado la oratoria, no como una forma elocuente de exposición, sino como una manera de mostrar el espíritu. El orador escoge cada término por su capacidad para ser receptáculo de sentimientos, o para materializar el fondo anímico de lo que va pensando. También muestra con su tono, su volumen y sus énfasis, esa parte del espíritu que no tienen las letras impresas. Pero cuando escuchaba yo, ese siete de octubre de 2013, cumpliendo mi labor como atento escucha que debía luego interpretar el acto solemne que atendíamos, sus palabras no me parecieron sinceras.

El orador, que llevaba unos minutos desplegando la elocuencia, continuó:

"La equidad, virtud soberana de la democracia, como la denomina el jurista Ronald Duorking, atribuye a los poderes públicos la tarea de promover las condiciones para que la igualdad sea real y efectiva. El ideal de que todo mexicano, con independencia de su condición, prospere en la vida, no es una utopía, es una obligación del Estado mexicano que puede ser cumplida, entre otras vías, a través de la reforma educativa propuesta por el Presidente Peña Nieto, y el Pacto por México…"[5]

Yo atendía, escuchaba, y por momentos me retraía a reflexionar sobre los parlamentos que se sucedían frente a mí. Por instantes dejaba yo de escuchar ensimismado en las reflexiones o recuerdos que me motivaba lo que estaba oyendo. De repente creí estar ausente, me puse a repasar todas las implicaciones que tenía lo

---

[5] Más adelante se menciona la fuente de esta cita y otras que le siguen en el mismo discurso.

que él acababa de decir, y repasé muchos parlamentos que había atendido en años anteriores, y varias lecturas que me habían motivado otros discursos semejantes:

Cuando alguien dijo que "el poder corrompe, y que el poder absoluto corrompe absolutamente[6] pensaba en un sentido moral y ético, lo que ha constituido una aspiración del mejor liberalismo. Su autor pensaba que el gobierno justo se funda en la buena voluntad, en la rectitud, en las virtudes morales, y que todo mal podía conjurarse o prevenirse con el control del pueblo sobre el gobernante y las instituciones, en un ejercicio de sanidad cívica.

Esa referencia, y el momento que estábamos viviendo, me llevaron a pensar que existe otra consecuencia del poder aún más nefasta. Pues el poder, cuando nace ilegítimo, es corrupto desde su primer ejercicio, y cuando es corrupto comienza por engañar a su propia consciencia, hasta perder todo sentido de realidad. Si el poder absoluto corrompe, el poder ilegítimo enloquece. Aunque la relación de consecuencia no es visible a simple vista. Y es exactamente eso lo que nos proponemos demostrar en las siguientes páginas.

El orador parecía llevarme, no a lo que estaba diciendo, sino a lo que sus palabras me sugerían buscar en el pasado. El mantenía un frío aplomo y una locución bien temperada:

"De acuerdo a Stiglitz, la educación importa a la vida, independientemente de los ingresos y de la productividad de la gente. La gente mejor educada tiene un mejor estatus de salud, menor desempleo y mayor involucramiento en la vida cívica y política.

Nuestra reforma educativa abarca estas tres líneas. A partir de ahora solo ingresarán al Servicio Profesional Docente, las personas más aptas, porque los concursos de oposición serán la única puerta de entrada…"

Mi espíritu alternaba entre ser escucha y ser memoria. Yo me decía, hasta ahora parece relativamente fácil identificar el poder como fuente de corrupción. Sin embargo, es menos evidente la ilegitimidad del poder. Cuando en el Ágora griega se votaba

---

[6] Lord Acton en una carta a Mandell Creighton, 5 de abril de 1857.

alzando la mano era evidente lo que la ciudadanía estaba decidiendo. Cuando hoy se vota, formalmente se está tomando una decisión, pero antes ya alguien inoculó en cada elector el resultado.

Hoy el voto es el acto final de una competencia entre ingenios que venden su oferta, recurriendo a los más sutiles malabares. Y lo que los votantes deberían saber para llegar a una decisión serena e informada, es lo que menos preparan o difunden los candidatos, o gobernantes, con discursos, volantes y entrevistas.

Cada contendiente se apoya en un equipo que estudia las preferencias del día. El color del traje, la promesa más esperada, las alusiones que más hondo calan en el subconsciente. Hasta que todo proceso democrático de elecciones termina siendo un campeonato de manipulación ideológica y un acicateo de temores y fantasmas.

Por otra parte, el hombre de poder debería ser, antes de tomar el mando, un hombre de virtudes. Y éstas deberían ser claramente vistas por sus electores. Así lo postulaba el pensamiento antiguo. De otra manera, cualquier personalidad, débil en principios y valores, o propensa a la imposición, puede ser más proclive al placer que al servicio, o débil ante las tentaciones, y ello provoca trastornos en la mente del que ejerce el mando.

Cuando el poder se adquiere de manera ilegítima —y todo poder alcanzado con manipulación es ilegítimo— nace como un poder cuyo objetivo inicial no es el servicio sino el control de la masa o la ciudadanía, ese interés sesgado, en el que no existe fundamento democrático ni vocación social, o por atender a la mayoría. Si el poder corrompe, la corrupción trastorna. Y la corrupción trastorna por la sencilla razón de que conduce a quien ejerce el mando a practicar el engaño. Pues toda manipulación es ajena y opuesta a la transparencia, y toda manipulación es una forma de ejercer la mentira. Y quién miente para gobernar no solo engaña a los ciudadanos, también se ofusca y convierte el servicio en un acto de poder sin compromiso, sin empatía, sin vocación humana. Y por ello, cuanto más corrupto e ilegítimo es un gobierno, más locura requiere para su ejercicio.

El asunto del poder es tema de la política en la medida que nuestro interés o enfoque es responder o definir de qué manera el poder debe servir a la ciudadanía y ser parte de la democracia. Y más allá, el poder también es tema de la psicología en la medida que hoy parece haberse enseñoreado la locura en la mente de quienes gobiernan. Y lo que menos parece importarles es el servicio que deberían a los ciudadanos.

El orador proseguía su perorata:

"...se entiende, que algunos autores como Stephan Parker, hayan señalado que las normas educativas deben considerarse concreciones del interés superior de la infancia. En consecuencia, no existe nada más lejano a este principio, que alegar que es un ideal indeterminado...

"El federalismo cooperativo responde a la necesidad de unificar y respetar la diversidad y, al mismo tiempo, a la de procurar que las instancias orienten sus respectivas atribuciones al logro del objetivo de común interés, desplegando armónica y complementariamente su ejercicio...

"...vale la pena recordar, el estudio del experto Eric Hanushek, que señala que no hay relación consistente entre los recursos económicos invertidos en la escuela y el aprovechamiento de los estudiantes..."

Por un momento creí que dejaba de escuchar al orador; las citas que hacía, que no parecían venir al caso, parecían incrustadas en su exposición para apantallar tontos, y el oírlo conducía mis pensamientos a recuerdos de otros encantadores o tartufos y me sustraían a la reunión. No podía dejar de retraer a la memoria tantos elementos que me permitían ubicar y comprender a quien estaba hablando con tanto aplomo y seguridad. Así que seguí pensando al mismo tiempo que le escuchaba.

Su descripción de la democracia me llevó a repasar: El afán o búsqueda para que el pueblo consiguiera control sobre el poder dio origen al tránsito del poder monárquico al poder republicano, donde la máxima autoridad se divide en tres poderes. Aunque en algunas naciones la monarquía se haya conservado como marco general de tutela, o como complemento desde el cual promover una parte de los consensos. Más tarde, todavía esa búsqueda condujo a la transición del poder absoluto del ejecutivo, al parlamentarismo, donde la democracia electoral se prolonga en una administración colectiva del gobierno, y hasta en la cohabitación de las fuerzas que se han disputado la titularidad de la administración. De hecho, vivimos ya el tránsito de la época de las elecciones en las que se tomaba una opción entre varias propuestas, a una elección de varios sujetos diversos que combinen un equipo donde se coaligan y aprenden a cooperar como adversarios.

En el ideal de la justicia social y la probidad de los gobernantes, se trataba de crear los mecanismos para acotar las decisiones de los de arriba, y garantizar la participación de los de abajo, o simplemente de la mayoría. Sin que esa mayoría pudiera conducirnos a alguna hegemonía a través de los representantes, hasta erigirse en una dictadura o en un gobierno autoritario, que fuera a imponer sobre el resto su voluntad.

El hombre que tenía yo enfrente me recordaba que es ésta una época en que comienza la construcción de una nueva democracia, ciertamente no la suya. Aunque no parece claro todavía el marco general que habrá de contenerla. Sin embargo, en el largo proceso que hemos recorrido, tuvo que llegarse a una descomposición del ideal republicano, que apenas adoptamos en los últimos dos siglos, para que la sociedad emprendiera caminos inéditos. Y eso ha venido ocurriendo tanto en Grecia, como en España o en América Latina. Y todavía nos encontramos en un momento final en que la vida republicana padece de excrecencias malolientes y perversas. Excrecencias casi siempre originadas en el exceso del poder y en su ejercicio sin cota ni mesura. Pues el poder corrupto, al que llegamos hoy, es peor que el poder absoluto que tuviera antes la monarquía. El poder corrompió a los políticos, y ya como sistema corrupto ha enloquecido a los gobernantes.

Los sueños idílicos de las revoluciones del siglo XIX y del liberalismo, que tuvieron lugar en muchas partes con una misma inspiración o perspectiva, no pudieron impedir, ni prever, el arribo de gobiernos que, más allá de haber concentrado el poder, ejercieron una dictadura demencial, por más que se mantuvieron en un hálito de sacralidad o ideología que los beatificó o hizo intocables, incuestionables, casi divinos.

Las masas, o una parte considerable de ellas que vitoreaba a los dictadores a lo largo del Siglo XX, lo hizo con sinceridad; nunca pensó, en su momento, que el poder de Stalin, o de Hitler, o de Mao, o de Pol Pot, o de Putin y el PRI en este nuevo siglo en México, fueran corruptos. Al contrario. Los veneraron, los idolatraron, los santificaron.

Tal vez porque la locura que tuvieron sus protagonistas fue contagiada a quienes gobernaban. O peor aún, porque fue insaculada sutilmente a sus súbditos espirituales, a veces mediante la manipulación de la identidad, a veces exacerbando los valores patrióticos y nacionalistas, o el cinismo y la voracidad para crear una legión de cómplices. Ahí, en cada caso, no hubo absolutismo cuestionado. y cuando el velo cayó, cuando la historia, que como decía el mismo Acton se encargó de castigar el mal, de denunciarlo y de condenarlo, nadie dijo el poder trastorna, y el ejercicio del poder corrupto sólo es posible mediante la locura.

Sus frases me motivaban a recorrer mentalmente, y en silencio, todo ese panorama cuando la voz del orador subió. En medio de mis pensamientos detuve mi atención, pues el orador dijo nuevas frases sonoras, salpicadas de pretendida erudición.

"El Estado, es un producto cultural, no hace cultura; pero promueve su creación y difunde su disfrute…

"…hay que recordar también una bellísima frase de Václav Havel, el poeta y presidente de Checoslovaquia, que decía: Los políticos y los gobernados tenemos que aprender a esperar. Siempre que sepamos que lo que sembramos es bueno y que tenemos que regarlo permanentemente, nuestra impaciencia desaparecerá, y será motivo suficiente el saber que nuestra espera de por sí constituye un privilegio. En educación no hay milagros, hay que invertir y esperar para que nuestra espera de resultados.

"La educación debe convertirse en el aliado profesional del maestro. No evaluamos para correr, evaluamos para preparar, lo hemos dicho una y otra vez, y está en la ley. Pero alguien o algunos señalan siempre una opinión contraria: que la evaluación se hizo para echar fuera del servicio a los maestros. Eso, además de imposible, sería notoriamente injusto. La evaluación es el primer andamio de la Reforma Educativa y tiene por objeto capacitar profesionalmente al maestro...Será una Reforma total..."

Esa, pensé, es una locura que no se exhibe de manera grotesca, sino que se va apoderando del líder o del gobernante, y que luego se va contagiando o depositando a los prosélitos o los gobernados. Donde los más próximos comienzan por la genuflexión, prosiguen con la lisonja hasta la ignominia, y terminan en la apología sin moral ni verdadero juicio.

Por lo demás, la locura del poder no comienza siempre en el gobierno; cada uno de estos hombres que ejercieron el poder con demencia fue construyendo esa relación insana con sus seguidores y partidarios desde que era ciudadano. Hitler conquistó a los alemanes antes de ser canciller. Los fue amaestrando con las amarras invisibles de la ideología, y luego de las canonjías. Les fue anulando toda inquietud crítica premiando su incondicionalidad; les fue cultivando las respuestas más irracionales, hasta que el arribo al gobierno no representó sino el remate de un control de la masa ya domesticada. Por fortuna, no todos los enfermos del poder llegaron al gobierno. Ya con los que ha registrado la historia en el Siglo XX tenemos bastante tragedia y dolor.

Hemos testificado de gobiernos que nacen en procesos de lucha social y crean estados republicanos. Hemos a veces perdido los detalles, pues no todos los regímenes formalmente republicanos se originan en auténticos procesos de institucionalización de la democracia.

En México, por ejemplo, el estado surgido de la revolución es, sin duda, producto de una amplia gesta popular, en la que murió más de un millón de ciudadanos luchando contra las dictaduras de Díaz, de Huerta, de Carranza, y de Calles. También es un proceso en el que se suceden los caudillos, y en el que el grupo finalmente triunfante consigue hacerse del poder sobre una pila de cadáveres de sus adversarios. El resultado del proceso histórico en México es sin embargo contradictorio, arrojando por un lado el texto de la constitución más avanzada de su tiempo, al mismo tiempo que gesta una maquinaria de poder completamente ajena a los ideales que ese texto proponía.

Sólo así ha sido posible que alguien como él, el orador, pudiera decir lo que hoy estaba yo escuchando.

Los primeros años de la postrevolución, seguí pensando, fueron de gran diversidad política, y la primera manifestación de esa pluralidad fue la existencia de más de un centenar de partidos, en donde el más destacado era el *Partido Cooperatista*, que de alguna manera era la expresión simultánea de la vocación social y del espíritu religioso de los mexicanos. Pues el Partido Cooperatista tenía largos antecedentes en más de medio siglo; además había sumado la vocación cristiana, plena en principios, con el compromiso social.

El grupo triunfante era otra cosa. Plutarco Elías Calles, su líder, era un hombre ya acostumbrado al poder, que había ejercido en su estado natal como gobernador, y él no quería contemplar al país como un hervidero de propuestas y disyuntivas que se tuvieran que negociar o conjuntar, por lo que se aprestó a uniformarlo y a establecer un férreo control. Su vocación no era la democracia sino el mando.

Cuando hacia la segunda década del Siglo XX la ciudad de México estaba gobernada por el *Partido Cooperatista*, y en la Cámara de Diputados este partido tenía la hegemonía con dos terceras partes de la representación total, Plutarco decidió fundar el partido de la revolución para desplazarlo.

En el curso de la organización de lo que debía instituir al nuevo partido triunfante, Plutarco, sin embargo, no tenía el control mayoritario de su propia corriente. De hecho, el grupo era bicéfalo. Antes que él, otro gobernador, de nombre Álvaro Obregón, se había cubierto de gloria al derrotar al último revolucionario insurrecto, a Francisco Villa, y venía de haber fundado un partido socialista. En su estado natal había iniciado una obra reivindicatoria importante, y pretendía ahora proyectar ese manto sobre la realidad nacional, empezando por proponer como líder del partido naciente a un fiel seguidor, no militar. El hombre fuerte que era Plutarco Elías, decidido a imponer un orden que no tenía por qué ceder ante la democracia, ordenó entonces manipular las elecciones internas de su propia organización para detener al obregonismo.

El orador de ese siete de octubre, que yo escuchaba ocho décadas más tarde, era sin duda un heredero de Plutarco, de su proyecto, de su frío rigor...

Como cuentan los historiadores, su propia tradición condena a los herederos de Plutarco Elías, pues nacen con un primer fraude dentro de su propio partido. Iniciaron su vida institucional —subrayo—, con un fraude contra sí mismos. Fraude que se erigió en forma regular de dominio.

La asamblea del PRM (el Partido de la Revolución Mexicana antecedente primigenio del PRI), que arrancó el 1 de marzo de 1929, iba a discutir su programa, sus estatutos, sus principios, y desde luego la candidatura presidencial. Los documentos siguieron el proceso de inclusión, y arrojaron o permitieron una declaración principista de gran contenido conceptual, donde incluso la experiencia social de los obregonistas quedaba impresa, y a donde se agregaron las aportaciones de los zapatistas y los villistas derrotados. Por lo que el nuevo Partido tuvo un fundamento ideológico y doctrinario donde se recogía gran parte de la herencia doctrinaria de la revolución (que nada tiene que ver por desgracia con la Nueva Declaración de Principios ajustada en el siglo siguiente). En ese contexto, el candidato favorito para dirigir el nuevo partido, el más popular, era el obregonista[7] Aarón Sáenz.

---

[7] Obregonista, se decía, era el partidario de Álvaro Obregón, líder militar de la

Durante la campaña interna para elegir a los dirigentes del nuevo partido, todo Querétaro –que era la ciudad sede del Congreso Constituyente– estaba tapizado de su propaganda. Plutarco aceptó la pluralidad que expresaban los documentos, y al mismo tiempo ordenó la imposición contra la candidatura de Aarón Sáenz. En la misma Asamblea, en la que aprobarían los documentos, sus partidarios, armados con pistolas y dinero, sustituyeron delegados, compraron votos y atropellaron a la mayoría. El saenzismo fue reducido por la fuerza a una condición menor. El 2 de marzo de 1929 la propaganda saenzista fue sustituida por la de Pascual Ortiz Rubio, y la asamblea se declaró ortizrubista. Esto provocó que Sáenz y sus partidarios se retiraran, y poco después esa ruptura se expresaría en el primer levantamiento contra el autoritarismo; levantamiento dirigido por un militar de apellido Escobar que estalló el 3 de marzo. Había nacido el doble discurso político del Estado mexicano, junto con el sistema de la imposición. Y había tenido lugar la primera masacre de inconformes. Y de entonces a la fecha los protagonistas han sido muchos otros, aunque la mecánica ha sido fundamentalmente la misma.

Lo consecuente –todos lo supimos después–, es que Ortíz Rubio fue el candidato del Partido de la Revolución en los siguientes comicios presidenciales, cuando el Estado realizó el segundo fraude electoral; ahora contra el candidato opositor de nombre José Vasconcelos –que venía de cumplir un magnífico papel como Secretario de Educación–, quien no sabemos si ganó, pues la represión durante su campaña fue brutal, y nunca se pudieron demostrar los alcances de la misma, ni se conocieron los verdaderos sufragios. Nació así el sistema político mexicano. Un poder impuesto, disfrazado con una ideología progresista, y

---

Revolución que derrotó a Francisco Villa y fue parte del nuevo gobierno que consolidó al nuevo Estado.

armado del cinismo como rasgo característico. Esto es, un poder de origen ilegítimo, por ende, corrupto y de carácter autoritario.

Me preguntaba luego si el hombre que continuaba su alocución conocería estos detalles y atropellos. Tal y como se me presentaba ahora su figura y su discurso me hacían pensar que no lo sabía, o lo había tenido que olvidar intencionalmente.

Todo esto pasaba por mi mente mientras lo escuchaba a él. Mientras yo veía su sonrisa sarcástica, e interpretaba cada gesto suyo de satisfacción al pronunciar frases que no venían al caso, él decía con regodeo las siguientes frases, para lucir una elocuencia que escondía su acotado pensamiento, o su distancia con la realidad, cumpliendo con la más diáfana retórica de la doctrina nacional.

La senadora Layda Sansores San Román tomó la palabra cuando el hombre terminó su primera intervención tras los diez minutos de reglamentario tiempo:

"Le agradezco Presidente de la Comisión de Educación[8]. Compañeros senadores, señor Secretario,[9] México necesita una profunda reforma educativa. Eso nadie lo pone en tela de juicio. Por mi parte esto no es una reforma educativa por muchas razones y yo le mencioné dos, me parece que quiere hacer responsable de todo el desastre educativo al maestro, tal y como fue planteada y por el otro lado es una reforma centralizadora, aunque usted con artilugios y leí su comparecencia en la Cámara de Diputados le llama entendimiento cooperativo a esta forma para no contradecir al federalismo.

"Mire, llámeles como le llame, eso es centralismo y creo que esto es delicado porque costó mucho trabajo avanzar en el proceso de

---

[8] Se refería al Senador Juan Carlos Romero Hicks, en ese momento Presidente de una de las comisiones que presenciaban la glosa, que venía presidiendo los trabajos con un espíritu incluyente, y que antes había gobernado su Estado, Querétaro, con buena aceptación popular por su labor honesta y de servicio.

[9] Ésta, como las citas anteriores, están tomadas de la versión estenográfica de la glosa del informe presidencial de Enrique Peña Nieto que expuso ante comisiones unidas de la Cámara de Senadores el Secretario de Educación Emilio Chauyffet Chemor, el siete de octubre de 2013.

descentralización, me parece que es un retroceso que no aporta y que realmente termina por ser una estupidez desde mi punto de vista.

"Pero no me meto en eso, yo lo que quiero subrayar es que lo más grave en esta discusión de la reforma es que no podrá aplicarse señor Secretario, decía "Kelsen" que no hay nada, -y usted hizo un estudio sobre "Kelsen"- que no hay nada más dañino para una sociedad que cuando el estado emite leyes que no se pueden aplicar. Hoy no están en juego las virtudes de la ley, sino la falta de virtudes de quienes quieren implementarlas.

"Licenciado Chauyffet, el principal problema que para encauzar esta tarea es de tal magnitud que se necesita liderazgo de esta fuerza moral que usted mencionó, de la que hablaba Reyes Heroles,[10] y usted lo sabe bien, que se tiene que seguir en política una premisa fundamental, la política es un servicio de moral pública.

"Usted resalta que entre los logros fundamentales de la reforma educativa es que recupera de los poderes fácticos la rectoría de educación. Aquí tengo sus palabras textuales, no hay marcha atrás, el estado recupera de los poderes fácticos la oportunidad para implementar un ejercicio democrático, y pusieron a uno que ahora no les sirve para nada, entonces qué estamos teniendo, que hay que aceptar que si los niños no tienen hoy clases, pero que esto no por culpa de los maestros, es por culpa de usted y de Peña Nieto, que quieren imponer leyes que son inoperantes, quienes deben recibir un castigo no son ellos, no son los culpables de la parálisis que se está viviendo. Menciona en diferentes medios la necesidad de un debate nacional, no debieron haber empezado por ahí, primero están dando el diagnóstico y luego ahora están haciendo el censo, y ya Comisión de Educación Pública. quieren promulgar esta ley, que en cuanto llegue Peña Nieto, están llamando a este debate que me parece que pudo haber sido muy importante. En la silla que usted ocupa como Secretario de Educación, Vasconcelos llegó con prestigio y lo consolidó con su obra educativa y cultural. Fernando Solana a base de grandes acciones descentralizadoras logró ganarse un merecido prestigio, discúlpeme licenciado Chauyffet, usted no llega con prestigio ni lo va a tener, porque en política unos, uno y su historia, y el pueblo no es desmemoriado, Acteal no se olvida, tampoco se olvidan sus vínculos con Elba Esther en los buenos tiempos, antes de sus desencuentros cuando

---

[10] Jesús Reyes Heroles, erudito reformador, y eficiente amanuense del Estado, que introdujo la Reforma Política en los años setenta del Siglo XX, para garantizar la permanencia del PRI durante otros treinta años.

usted fue diputado, y esto los maestros lo saben, usted no tiene por ello autoridad moral, de nada sirven las vestiduras intelectuales, usted las tiene, diez de promedio en la carrera de Derecho. Pero de nada sirven las vestiduras intelectuales cuando en política no se cuentan con prendas morales. De lo único que hoy usted podría dar cátedra, señor Secretario, es de intolerancia y de inmoralidad.

"La única pregunta que le hago, es ¿cómo va a hacer usted para solucionar este conflicto político, social que ha desencadenado, como va a contribuir para deshacer este nudo gordiano que cada día se aprieta más, en el que usted también contribuyó meter en el gobierno?

"Le pido una repuesta convincente, y para que no me diga que tiene solo cinco minutos, fui muy breve, tenía diez, le dejo todo mi tiempo y espero que sea muy tolerante el Presidente que lleva hoy esta reunión, para que pueda explicarnos a detalle qué se va a hacer, porque muchos maestros están esperando su respuesta.

"Usted aquí también decía, en una de estas comparecencias: "Que no recibía a los líderes más que los del SNTE, que porque no se puede permitir, así decía, que por culpa mía, la inmensa mayoría de los maestros se sientan despreciados porque recibo a la disidencia". Así de claro. ¿Es una o la otra?

"Entonces, no entiendo por qué usted no los puede recibir y escuchar, que hubiese sido muy saludable, en cambio sí, el Secretario de Gobernación recibe a la disidencia. Este es como un juego de espejos, y a usted lo dejan hablando con caricaturas, porque el líder del CNTE, usted sabe que hoy no le sirve, que hoy no tiene autoridad moral. Y ¿Qué va a hacer? Yo digo, porque, bueno, por ahí dicen, se dice en la calle que usted no tiene capacidad de decisión. De repente lo…, ya no lo vemos. ¿Qué va a hacer? Porque usted sabe bien: que del ridículo en política nadie se levanta, y usted está haciendo el ridículo.

"Y no sé cómo vaya a reaccionar ¡Eh! porque yo lo conocí también cuando era senadora, y tuve un encuentro cara a cara con usted. Ahí entendí que usted es de los hombres que pasan de la defensa a la venganza. Y también le mando un recado de mi tierra, porque los pueblos perdonan, pero no olvidan, y usted mandó una represión que fue la más dura que ha vivido en la historia el Estado de Campeche.

"Pero entienda, señor Secretario, ojalá que recapaciten con serenidad. Hay inteligencia, y espero que sea bien empleada. Esto es inoperante, llámele como le llame. No le han podido aplicar, ni la podrán aplicar, ya la ley fue aprobada, y aunque la vayan a promulgar no están dadas las condiciones, y esto tiene que valorarse con mucha sensatez, con mucha sensibilidad, y ese es mi llamado, porque yo sí le digo: este es un movimiento, es una rebelión que ya se extiende en todo el país, y que aumenta cada día. Y grábeselo bien: ni con gases, ni con plomo, ni con toda la sal de la tierra ustedes van a ahogar la decisión, la lucha, la insurgencia de los maestros, que hoy se ha puesto de pie y que han cimbrado al país de punta a punta. Ojalá que lo reconsideren."[11]

Él permanecía sereno, o cuando menos parecía tranquilo. Sin realizar ninguna actividad o movimiento repetitivo con las manos, como ocurre a veces con la gente que está sometida a la tensión, y como si conociera de antemano el guion, o los parlamentos de sus escuchas. Seguramente había pasado tantas veces por un evento similar, que el escenario le era cómodo. Los legisladores se habían anotado para intervenir cuando terminara su alocución. Él ya se había explayado largamente, y en su exposición se había ocupado de describir, con voz pausada, los altos cometidos de la enseñanza y los distintos autores que se habían ocupado de describir estos cometidos, su trascendencia, su significación en la vida de un pueblo, su impacto en la cultura, y hasta su contribución al fortalecimiento de la democracia.

Los interlocutores, al tomar la palabra, no se ocuparon de comentar el florilegio ni las frases manidas, fueron directo a cuestionar su actitud intransigente y su sordera. Cuando frente a uno de los cuestionadores ví la mirada de Chauyffet y la tenue inflexión en su boca, me acordé de un viejo poema hindú que comienza así: "Lejos de ti la pérfida sonrisa, llena de engaño y de doblez, lejos también la de feroz sarcasmo que engendra el odio cruel…"

Pero Emilio Chauyffet —Secretario de Educación del gobierno federal desde el comienzo de la administración que llegara fraudulentamente en el año 2012, y Secretario de Gobernación

---

[11] Por cierto, que no lo reconsideraron, pero cuatro años más tarde, en la nueva elección presidencial, fue una de las razones del voto en contra del sistema que llevó al poder a Andrés Manuel López Obrador. Y una vez dentro del nuevo régimen, la Reforma Educativa fue abrogada.

unos años antes– parecía ser exactamente lo contrario, esto es, la personificación del odio y el portador de la sonrisa más sarcástica que había yo visto. En esa condición él Contestó:

"...quiero decirles, en relación a quien me preguntó antes, y si usted me lo permite, que yo no tengo relación con la coordinadora, por una razón, que hay un papelito del Tribunal Federal de Conciliación y Arbitraje, lo he dicho doscientas cincuenta veces, y no se entiende, que me dice, usted sólo puede hablar con el titular del SNTE, y no es formalismo, según la Comisión de Educación Pública se llama legalidad, yo sé que hay quienes confunden legalismo con formalidad y por eso hay niños sin escuela. Muchas gracias."

Y me puse a compararlo mentalmente con otros hombres autoritarios del pasado. Y pensé en Díaz Ordaz, el que era presidente durante el conflicto del año 68. Traté de rememorar o acordarme de sus gestos. Y me empecé respondiéndome: hay diferencia, Gustavo se sentía patriota, en su mirada y en su rostro ví varias veces el coraje, pero no recuerdo el odio, pues el rechazo que sentía hacia nosotros, los de la oposición, se fundaba, entre otras cosas, en una mente extraviada que veía conspiraciones en donde sólo había búsqueda de libertad y democracia. En este otro personaje, que tenía yo ahora enfrente, a unos metros de distancia, no había patriotismo, sólo una actuación y alocución fría y pretensiosa, un rostro donde cada músculo respondía a la autosuficiencia, y en donde la sonrisa delataba el placer de quien siente satisfacción por hacer el mal, el daño, a quien es diferente, piensa de otra manera, o simplemente responde o disiente.

Su alocución había estado salpicada de citas de gente célebre que probablemente nunca había leído, o que tal vez creía emparentados mentalmente con su interpretación de la historia nacional, que no venían al caso tampoco, y que acaso sus asesores habían escogido cuidadosamente para que se pronunciaran para exhibir, ante los que él quería presentar como lerdos, el carácter ilustrado de su investidura.[12] Lo distintivo, eso sí, era una frialdad exhibida con aplomo y desafío.

Javier Corral (en ese momento senador, y en 2020 ya gobernador del Estado de Chihuahua) le habría de explicar –porque su intervención no era descalificadora, como la de su interlocutor— por qué tenía obligación de escuchar a la disidencia...sus palabras también expresadas con aplomo y enjundia, habían sido:

"hay un reto político para la Secretaría de Educación Pública: la relación que va a tener con el SNTE y con la CNTE. Porque, aunque aquí se diga que hay legalidad y formalidad. Digo, no es concebible que mientras que la Secretaría de Educación Pública sostenga que la interlocución sólo se da con el SNTE, pues el Secretario de Gobernación ha de tener abiertas por todos lados mesas de negociación con la CNTE. Y entonces ahí sí hay una especie de neurosis, porque el gobierno parece tener dos criterios distintos en términos de negociación. Yo no concibo, sinceramente, al área sustancial de la materia alejada de una negociación, si es quien mayor conoce los alcances, retos de la Reforma educativa. Me parece sinceramente que no es válido el argumento estrictamente formal o legal.

Un servidor público y un área como la suya, más que fijarse en líderes, tiene que colocar a las personas; ambos son maestros, los de la CNTE y los del SNTE; son profes en ambos lados. Me parece que ese es un reto político que usted debe ayudar a resolver, o por lo menos tomar definiciones para destrabar esa especie... de cuándo aparecerá la SEP en términos de la negociación..."

Y Emilio Chauyffet, sin la menor intención de considerar los argumentos de quien le cuestionaba su proceder, pronunció entonces un galimatías:

"el maestro va a ser evaluado una vez cada 4 años. Yo creo que un maestro que deja pasar 3 y sólo se prepara el primero tendrá problemas con el proceso de evaluación, y tan es categórica la capacitación y la profesionalización que es causal de cese, sin responsabilidad para la Secretaría el negarse a la capacitación, ya no a la evaluación, a la capacitación. Si yo no voy al curso soy cesado. Y otra vez, no es invento de la Ley del Servicio Profesional Docente, está en el 46 y en el 46 Bis del apartado B, de la Ley Reglamentaria del apartado B del 123 Constitucional. El Ejecutivo reglamento, y es evidente que tenemos que

---

12 Yo era amigo de uno de sus principales asesores, el maestro y erudito Manuel Villalaz, con quien yo había escrito un libro hacía treinta años, y con quien compartía muchas lecturas, visiones y pensamientos.

cambiar el reglamento al que usted ha hecho referencia, que en realidad se hizo reglamento quién sabe de qué manera, eran condiciones generales de trabajo, y en 46 el Presidente Ávila Camacho decretó que era un Reglamento, pero son condiciones generales de trabajo que se vienen actualizando

cada año en la negociación con los maestros. La neurosis entre SNTE y la CNTE es aparente, y lo ligo con una intervención del Senador Morón. A ver, para efectos laborales, subrayo, laborales, el único interlocutor de la Secretaría es el SNTE porque así lo manda la ley y el Tribunal. Yo no puedo negociar cuestiones laborales con la CNTE, ni con una sección del SNTE que tenga la CNTE…"

El número o la representatividad de los que reclamaban ser escuchados (que eran decenas de miles) no importaba, y su pretensión de diálogo era descalificada por este hombre a partir del hecho de no seguir los causes que él había establecido, o pretendía erigir, como único conducto de comunicación oficial.

Un mes más tarde, en noviembre del año 2013, ese mismo Emilio, Secretario de Educación Pública de México, era recibido en Madrid con una enorme pancarta en la que se leía: "Masacre de indígenas. Acteal-México. Chauyffet responsable". Pues el mismo Chauyffet fungía como Secretario de gobernación cuando años antes se había masacrado a una marcha pacífica en la que los indígenas protestaban por los atropellos en su contra. El político mexicano había llegado apenas a España para ofrecer una conferencia en la Fundación **Ortega-Marañón**, donde a los dos minutos de comenzar fue interpelado por un grupo de personas vinculadas a los movimientos zapatistas que tenían en México ya dos décadas, y le señalaron como el "autor intelectual" de la masacre de diciembre de 1997. Chauyffet tensó la mirada y se quedó estático y en silencio…

Sin embargo, sus gestos del mes de octubre de 2013 (que son los que vengo relatando) no hubieran tenido importancia si se hubiera tratado de un acto individual, si su mirada apenas alcanzara a los ciudadanos legisladores que había tenido él enfrente, y si la sorna con que sonreía ante las acusaciones hubieran quedado solamente grabadas en noticieros de archivo como ejemplo de sordera y empecinamiento. Este hombre estaba al frente de la Institución encargada de transmitir la historia, y la noción de cultura e identidad a todos los niños y jóvenes de una nación. Más en lo inmediato, este hombre estaba, al mismo tiempo, como lo han estado todos los miembros del sistema político desde su fundación, o más bien de manera ejemplar, lanzando una instrucción en el lenguaje sibilino que adoptaron los políticos del sistema. Una instrucción que de inmediato empezó a cumplirse. El no dijo públicamente repriman, solo descalificó a los de la Coordinadora magisterial, y trató de justificar el por qué no los escucharía.

La entonces Senadora Layda Sansores —que tiene fama de valiente— le había dicho, ya la citamos, que su ley, que conculcaba los derechos laborales de los maestros, no iba a pasar, aunque la hubieran aprobado en este poder legislativo, y no iba a aplicarse. Háganle como quieran, había dicho Layda, Y así ocurrió. Sólo estuvo transitoriamente vigente. Y justo en ese momento fue cuando este engendro del mal había ampliado levemente la boca en un gesto de sorna y desprecio, como diciendo: Vamos a ver ¡de que cuero salen más correas! Pintando así, o personificando así, la manera como se ha venido cumpliendo la política en México, esto es, como ejercicio de imposición, y "actualizando" las leyes para que legitimen todo atropello.

Layda notó también y con claridad el gesto que he descrito, y se acordó también de ese otro momento: cuando en una lucha anterior —ella al frente de un plantón en el Estado sureño de Campeche— había sido reprimida por órdenes del entonces Secretario de Gobernación, Emilio Chauyffet Chemor, con saldo de muchos muertos, incluyendo niños. Y al acordarse por la seña de la sonrisa, le dijo al Secretario: "¡Nada de venganzas! Porque la peor represión de que tenemos memoria en Campeche se dio precisamente cuando usted era Secretario de Gobernación."

Una semana después de esta comparecencia de Chauyffet para la supuesta glosa del Informe presidencial ante el Senado, en donde toda la oposición reclamó al partido gobernante su sordera y su imposición, el gobernador de Jalisco –que era menos ducho en el manejo político del sistema—y que había anunciado apenas días antes la formación de una Comisión de Diálogo con los maestros disidentes, cambió de posición, y dejó claro que su único interlocutor era ya el titular del Sindicato, no un pedazo disidente. La instrucción dada sibilinamente por Chauyffet en su comparecencia se cumplía. La línea era puesta en práctica.

Al mismo tiempo, en el Estado de Veracruz, un grupo de camioneros, hasta unos días antes pacíficos, cercaron a los maestros paristas que avanzaban protestando en una carretera, y les impidieron retirarse, cerrando todos los accesos al tramo en el que los dejaron incomunicados, sin permitir, durante varios días, la entrada de agua ni de alimentos. "Los camioneros, que llevaban palos, tubos y piedras –comento la prensa– los encapsularon impidiendo la salida o entrada a cualquier persona o vehículo, y cuando algunos de los maestros intentaron salir del cerco fueron advertidos: "Aquí se van a chingar, no los vamos a dejar entrar o salir hasta que no se quiten o hasta que se nos hinchen los güevos". De esa manera, los especialistas en bloqueos quedaron sitiados", dice el periodista Sánchez López del principal diario de Internet en ese 12 de octubre. La sonrisa y la mueca de odio estaban siendo reproducidas, estaban llegando a los ejecutores a través de las correas de transmisión del sistema político.

La sorna y el odio tenían también respuestas. En Chiapas, tierra zapatista, la diócesis de San Cristóbal se solidarizaba con los maestros y confirmaba la justeza del reclamo contra una ley que conculca los derechos laborales adquiridos; pues más que una forma de evaluación académica, la tal ley había convertido su aplicación en un proceso de depuración política de la organización sindical. El rostro del secretario de la represión a la cultura y la educación venía siendo parte de una política. Una política de intolerancia y descalificación. Esa política que no concibe el diálogo como fuente de acuerdos, sino que prefiere la manipulación y el control de la información para imponer un punto de vista a través de los medios masivos de comunicación, que repiten y machacan. Configurándose ya un escenario polarizado de la las diferencias y contradicciones.

Las posiciones encontradas y el carácter irreductible que adquirían, era alimentado por la demostración que habían logrado algunos periodistas y académicos sobre hechos ocurridos unos días antes de esa comparecencia del Secretario en el Senado, pues el dos de octubre se acababa de demostrar el empleo de militares o policías vestidos de civil para detener a manifestantes, al mismo tiempo que supuestos anarquistas agredían edificios de prensa y periodistas, además de saquear tiendas. Dos semanas antes, la policía había arrasado el campamento de los maestros instalado en el Zócalo, en la plaza central de la capital, que protestaban contra la falsa reforma educativa.

Octubre y noviembre de 2013 fueron sólo un instante. El país vivía hacía tiempo días de peligro. Porque quienes están descomponiendo más el ánimo y provocando más resentimiento, no tienen consciencia de la trascendencia de sus actos. No parecen percatarse de que no contribuyen a la superación de las diferencias, ni a sentar condiciones para mejorar el entendimiento entre los diferentes. Sólo alimentan mayor descomposición social. Esa condición en que se abandona la confianza en todo diálogo y se concluye que sólo resta el enfrentamiento. Lo grave es que, al ver la actitud y proceder del Secretario que hemos descrito, entiende uno que no lo nombraron por sus virtudes pedagógicas, pues su tarea no era ser responsable "de la educación", ni por su vocación de mentor, sino por su perfil represivo, y por su sangre fría para aplastar al disidente.

Localizar el origen de ese autoritarismo era una tarea obligada
Según Hannah Arendt, la filósofa que estudió la libertad y el autoritarismo, todo sistema que oprime tiene una dinámica propia, que está atrás o debajo de las personas que lo

44

personifican. Una dinámica en la que la sorna, o el odio, y en general su maldad, es decir, la fuente de la maldad con que se cumplen los dictados como si fueran parte de las instituciones, no responde a la voluntad de un individuo, o de un grupo de individuos, y probablemente ni siquiera a la voluntad de los individuos últimos de la cúspide que en un momento lo regenteen o administren. Pues ellos reciben una idea sobre su papel, una noción sobre sus responsabilidades, junto con premisas o paradigmas que han pasado a formar parte de su mentalidad, de su sino. Fueron escogidos para hacerlo porque su talante, su carácter y su personalidad reunían las características para asumir el papel o la función, pero el cumplimiento de sus acciones responde a una dinámica impersonal, a una lógica que hace coherente el ejercicio del poder con un conjunto de intereses que se originaron en otro momento y con una noción sobre el hombre. Esclarecer cuál fue el momento en que se asumieron esos intereses no democráticos y autoritarios que condujeron al diseño de una política específica para desmantelar a la disidencia magisterial, y disfrazarla de reforma educativa, es tarea de los historiadores. Ellos deberán explicar cómo los mentores de este país se han convertido en una piedra bastante grande en la bota del régimen, y cómo se ha diseñado una cuidadosa estrategia de evaluación "de conocimientos" para purgar al sindicato de "malas ideas y malas actitudes".[13]
Los intereses profundos y de origen que han impreso o impuesto la lógica de la ley, o más bien la torcida forma de aplicación de la ley y la orientación de las políticas, junto con la disciplina de sus

---

[13] Debo hacer notar que una cosa es la Coordinadora Nacional de Trabajadores de la Educación, que reclamaba ser escuchada, y una muy otra la lideresa del Sindicato Nacional de Trabajadores de la Educación, Elba Esther Gordillo, que se había robado más de diez mil millones de pesos de cuotas sindicales, y que en 2020 recobró sus derechos y su fortuna le fue devuelta, después de haber estado presa. Viene al caso el comentario, porque volvió a registrar un partido y siguió actuando como aliada del poder en turno.

responsables, tienen un fundamento todavía más remoto al que ya nos referimos. En su origen último se encuentra la explicación o génesis de cada maldad, y de la lógica perversa del poder, y ahí, en ese origen sí probablemente identifiquemos a los intereses egoístas y asociales. Intereses que pueden haber sido tan lejanos como la génesis de la institución misma, o que pueden haberse insertado en cada una de las esferas de la administración a lo largo del tiempo, desvirtuando el sentido con el que se crearon, o su carácter original. Ir a ese origen, encontrar el momento en que se sentaron o establecieron los paradigmas y los supuestos, es entonces comprender el origen del mal, y ello nos permitiría comprenderlo para poderlo superar.

El problema, sin embargo, es que la vida diaria, los conflictos cotidianos, las inconformidades, las protestas, ocurren y confrontan a quienes administran el sistema, y éstos administradores no piensan, o no están capacitados para ejercer su condición humana de conciencia, pues están educados en el papel de fieles repetidores de prejuicios y eficaces vigilantes de su vigencia. Han sido entrenados para cumplir, y para recibir una recompensa en función de su apego, su disciplina o su lealtad al sistema.

Cuando la protesta de los que padecen la maldad identifica al mal en lo inmediato, en el quehacer y la actitud de quienes administran el poder del día, la protesta no trasciende el mundo de las apariencias, resulta ser ineficaz, pues se enfrenta al funcionario, que, aunque personificación del mal, no es más que un producto o efecto distante del egoísmo que se ha enseñoreado en algunas instituciones y sostiene algunas políticas. Y el funcionario está además envuelto en la retórica que le sirve de disfraz, y los valores vigentes quedan ocultos; pues el discurso de quienes ejecutan la política suele repetir el sentido original con que se fundó la institución que ahora conducen. Tal y como Chauyffet trató de describir. Lo que Chauyffet representa no es entonces la noble institución educativa, sino la institución del poder. Un poder que evolucionó como monopartido, que erradicó la diversidad, y que fue concebido como un ejercicio de hegemonía que debía cumplirse, bien con la fuerza, bien cooptando a los disidentes, o bien manipulando al pueblo.

La lucha entre los intereses del día, donde unos dicen o sostienen algo noble, aunque ejecuten otra cosa, mientras otros defienden una condición, queda reducida a un forcejeo, que puede conseguir reducciones a la fuerza del mal, o aminorar la severidad de sus políticas, pero no puede erradicarlas, porque sus administradores o ejecutores recibieron un entrenamiento y una formación para concebir la realidad acorde con los intereses remotos o primigenios, sin que ellos tengan necesariamente consciencia de ello.

La banalidad del mal radica precisamente en esa paradoja. Esto es, en que gente de dimensiones personales intrascendentes sea la responsable directa de la acción o ejecución de crímenes o injusticias grandes. En la sonrisa de Chauyffet está presente Plutarco Elías Calles, fundador del sistema político en México, y en su expresión descalificadora de las demandas magisteriales están tanto Carranza, el presidente autoritario (que asesinó a Zapata) aunque fuera constitucionalista, como Díaz Ordaz, el hombre que ejercía la represión confundiéndola con el patriotismo.

Ya en los años cincuenta del siglo pasado, hablaba Hannah Arendt con preocupación —esta pensadora que citamos arriba—, de un nivel o extensión de este mal que hubiera calado tanto en la consciencia ciudadana que "ni siquiera fueran posibles las rebeliones, ni mucho menos que los dominados controlasen de alguna manera a los dominadores." Ella pensaba entonces que esa amenaza podría cumplirse si el común de los ciudadanos sucumbía a los prejuicios que el sistema le inyectaba a través de la desinformación y la propaganda; y cuando circunscritos a sus imperativos más elementales y a sus necesidades básicas, actuaran acorde con los prejuicios que se les hubieran inoculado. O peor aún, que aceptaran que otros fueran los actores, y ellos solamente espectadores o receptores. De hecho, en México la inmovilidad ciudadana y su pasividad política comprueban parcialmente esa visión. Aunque la nueva generación parece empezar a darse cuenta de esa insensibilidad inaceptable.

En ese caso, decía Hannah Arendt, "si queremos disolver los prejuicios primero debemos redescubrir los juicios pretéritos que contienen, es decir, mostrar su contenido...", o en otras palabras, que el camino para la superación del mal tiene que seguir un rodeo; un rodeo que en lugar de confrontar su realidad inmediata tiene que desentrañar el momento de su génesis, de su fundación, para mostrarlo a los que hoy no quieren o no se han planteado pensar, pues de otra manera la gente, el ciudadano, no podrá exponerse a la realidad, no podría asumir su lugar en la situación del día, con la conciencia activa y dispuesta a cuestionar los hechos.

Y en ese caso, también, los que temen, los que viven el miedo, que no lo viven solamente por su propio riesgo, o para ellos mismos, sino también por los demás que no se dan cuenta de la amenaza o del peligro, son los que tienen la responsabilidad de despertarles, porque el mal no podría ser vencido de otra forma. Como dice Heidegger —el maestro de Hannah—, el ser que está en el mundo, en la realidad que le amenaza, se percata de que las cosas podrían ser diferentes, que la realidad no se le impone como fatalidad, que él puede optar por una acción concreta determinada. Una acción que comienza por hacerle responsable de sí mismo, y ello lo lleva a la decisión de querer tener consciencia.

Y el ser, el ciudadano que quiere tener consciencia de su situación, de su problemática, de lo que le amenaza o le limita, es un ciudadano libre. Y no hay entonces valor más grande, ni virtud más fuerte, que la determinación de libertad. Pues esa libertad es la que lo lleva a construir otro mundo, a buscar otra realidad, a no aceptar lo que se le había presentado como destino o realidad incuestionable. Este ciudadano puede desterrar al mal. El mal que se escondía en su inconsciencia, en su subordinación y condición de ser manipulado. Y entonces podemos justipreciar el valor de la libertad. La libertad como principio y como condición para hacer algo, para ser nosotros, para defender nuestra identidad y nuestros intereses.

Ya no importa ahí quién haya originado el mal, ni tampoco la ganancia o el interés de quien lo sostenía. Lo relevante es el cambio. El cambio del que no acepta más los prejuicios y la visión impuesta. Se llega así a la madriguera del mal para acabar con él donde se esconde. Hannah se pregunta cómo una sociedad puede permanecer impotente e impasible ante un holocausto. Y yo me pregunto ¿por qué tiene uno que esperar al extremo del mal para preguntarse por su origen y denunciarlo? Basta con que el mal se encuentre en el poder. Y basta con que esté haciendo daño a la mayoría, para que nos esforcemos en entender, y nos empeñemos en denunciar y combatir lo que anima, lo que causa, lo que alimenta al mal.

El control de las conciencias como política de Estado, algo que ha venido denunciando otro filósofo contemporáneo (Noam Chomsky), es un hecho que subyace y ahí sí se erige en maldad, en una razón de Estado que captura la consciencia de la opinión pública haciéndole asimilar un conjunto de paradigmas y supuestos, sobre la base de los cuales las medidas políticas o los cambios económicos se vuelven digeribles o aceptables.

El mal no tiene entonces, solamente, esas expresiones en la actitud o la manera como se conducen algunos hombres del estado. El mal también está en una locura que ha perdido todo respeto por el ser humano, en una locura de poder. Y esa locura en estos tiempos alcanza dimensiones de horror, que sobrepasan cualquier fantasía del ayer. En una inédita simultaneidad, las penas del purgatorio y los siete círculos del infierno están juntos en un mismo escenario. Hoy, en mi país, algunos delincuentes acostumbran descuartizar vivas a sus víctimas. Sobre todo, a quienes les compiten por una porción del territorio en el que se han enseñoreado. En Internet han aparecido videos donde un sujeto procede, con extrema frialdad, a degollar de manera mecánica a una persona maniatada que se supone era un competidor en el mercado de las drogas; hasta que, en medio de un chorreadero de sangre, le cercena la cabeza.

En agosto de 2014 el mundo occidental se detuvo ante la frialdad y la sevicia de un grupo fundamentalista que decapita a un periodista en Irak, y la imagen se difunde para denunciar la inhumanidad de los que dicen luchar por sus derechos, cuando se exhiben en realidad como demonios. Sería ese solo uno de los primeros ejemplos, pues en los años siguientes veríamos todo género de crímenes ampliamente ilustrados y difundidos por las redes sociales. Como si fuera una página de sociales. Aquí, en mi país, en este México, esas decapitaciones tenían más de una década de estarse realizando diariamente. Sin que el hecho hubiera calado en la consciencia de occidente, y sin que aquí nos haya llevado a reaccionar para parar semejante aquelarre de demonios.

En lo inmediato, una persona capaz de proceder así, de decapitar con frialdad a otro semejante, tuvo que pasar por un proceso en el que extrajeron de su mente y de su corazón toda capacidad de piedad y todo sentimiento de conmiseración. Y eso, debemos tenerlo muy presente, lo hicieron en el caso de México los norteamericanos. —Ojo, que no lo digo porque tenga un prejuicio antinorteamericano, sino porque he leído los detalles del entrenamiento que tienen los soldados mexicanos que mandan a los campos especiales de entrenamiento a cargo de oficiales del ejército de los Estados Unidos. — Y más precisamente, me refiero al entrenamiento que han venido recibiendo los que se preparan para combatir a la izquierda, a la guerrilla y a la oposición. Los llamados kaibiles, que después dieron origen a los llamados *zetas* al separarse del ejército mexicano para fundar la organización criminal que hoy asola nuestro territorio. Ellos fueron, en algún momento, soldados que debían aprender a sobrevivir aun a costa de la vida de los que estaban más cerca, en una competencia despiadada. Esos sujetos, que me cuesta trabajo considerar todavía hombres, se graduaban comiendo carne humana, después de haberse arrastrado por pantanos y condiciones insalubres, llenas de alimañas y retos ininterrumpidos que les exigían todo el esfuerzo y la erradicación de todo sentimiento, de toda noción de piedad o de bien.

Un mes más tarde de la reunión de Emilio Chauyffet en el Senado de la República, apareció una nota en la prensa que decía:

"tanto autoridades locales como empresarios de la región purépecha están forzados a pagar derecho de piso a la delincuencia".

El hecho ocurría hacía tiempo y en varios Estados de la Federación. En este caso estaba siendo citado por la prensa nacional y era comentado por legisladores y funcionarios. En entrevista, al hablar de los hechos más recientes de violencia en el estado —que había sido gobernado por el Partido de la Revolución Democrática en dos ocasiones, y que ahora gobierna el Partido Revolucionario Institucional— como los ataques a instalaciones de la Comisión Federal de Electricidad y el asesinato del alcalde Ignacio López, el dirigente de ese partido dijo que en Michoacán hay "signos de un Estado fallido".

Aureoles, que entonces era ex candidato del PRD a la gubernatura y presidente de la Junta de Coordinación Política de la Cámara de Diputados, señaló que en Michoacán "nadie se salva de la extorsión. Todos los municipios están anulados". Reveló que el crimen se entera cuando se destinan fondos a los Municipios y exige a alcaldes el 10% de éstos. En otra nota del mismo día, otro periódico cabeceaba una sección: De ciento trece municipios cien pagan su cuota al crimen. "La entidad se está pudriendo" sentenció el Presidente del PRD, Jesús Zambrano Grijalva. Ese estado, aseguró Zambrano, está secuestrado por la delincuencia organizada y esa crisis "es un secreto a voces", porque todos los presidentes municipales y empresarios pagan derecho de piso. No hay día en que no se vean "signos de que estamos al borde de la ingobernabilidad, de estar viendo a Michoacán como una suerte de Estado fallido. Ante la emergencia, el perredista consideró que es urgente tomar medidas "contundentes", en las que se conjuguen "golpes certeros a la delincuencia organizada, con acciones no solamente de presencia militar, como estamos viendo en algunas regiones del estado, sino también que incidan en la generación de oportunidades para la gente". (10/11/2013 Agencia de prensa Notimex, que es gubernamental) Michoacán era solo un ejemplo, y la misma situación existe en varias regiones de México. Desde luego que coincidimos en el sentido general de las afirmaciones y en lo urgente que resultaba ya tomar medidas que fueran más allá de la movilización del ejército y las policías. Como en los meses anteriores habíamos recopilado varios ejemplos sobre la complicidad o la asociación de las fuerzas militares y las policías con la delincuencia, hasta el punto de actuar como aliados del crimen contra la población, y en particular contra la población que se defendía, simplemente tuvimos claro que nuestra inquietud iba más allá, mucho más lejos de un asunto de inmediata atención, y que requería un esfuerzo simultáneo de un orden o cualidad diferente. Del orden que nos permitiera rastrear los orígenes de la descomposición, las fuentes del mal, la guarida donde se incuban todos esos demonios. Además, no podíamos esperar o delegar esa tarea a quienes insertos en el poder público representan o personifican la dinámica general del sistema. Pues sólo quienes practicamos el distanciamiento, la observación y el análisis sustrayéndonos a los intereses del día, podemos asumir una perspectiva impersonal, es decir, de los ciudadanos afectados que salvaguardan la identidad y la nación misma.

Por otra parte, resulta necesario abordar la cuestión de quién y cómo ha de poner remedio a la situación de descomposición del poder y las instituciones de justicia. Aunque sea esa una reflexión tangencial a nuestro tema de la locura, pues si las policías y el ejército están infiltrados y aliados con la delincuencia, resulta absurdo plantearse que sean ellas las que restablezcan la paz. El que el presidente de un partido, supuestamente de izquierda, se limite a sugerir que hay que hacer algo más, y no pueda ser explícito en la enumeración de esas labores adicionales, a pesar de que se trata de un ex dirigente guerrillero, que en su pasado registra combates contra las fuerzas del orden, resulta cuando menos paradójico. Hablo en ese caso del Secretario General del PRD en ese momento.

Es asunto paralelo o tema a discusión, el si las elecciones son el mejor camino para alcanzar los cambios. Y hasta antes de 2018 muchos mexicanos pensábamos que el camino de las elecciones era completamente fallido como vía para acceder al gobierno. Que los fraudes, iniciados desde la pila bautismal del Partido en el Poder, y reanudados con mayor denuedo a partir de 1988 y con la excepción del año 2000, constituían un epitafio al proceso electoral. Aunque más bien desde 1968 (sí, desde 1968, o sea hace más de medio siglo) estaba claro que de lo que se trata no es de insistir en la construcción de Partidos, del cuño o filiación que sea, sino de construir el poder popular. (Así lo escribí cuando estaba yo preso, y así aparece en mi ensayo sobre las luchas de aquél año.) Sin embargo, en 2018 el resultado electoral volvió a poner a discusión qué podíamos alcanzar desde el gobierno. Y dos años más tarde nos encontramos evaluando lo que se ha podido avanzar, y cómo podríamos llegar más lejos.

En mayo de 2014, sin embargo, justo en la fecha que el subcomandante Marcos fue relevado como vocero y cabeza visible del Ejercito Zapatista de Liberación Nacional, el comandante Moisés había expresado una convicción semejante. Yo la había extraído de las luchas que se libraron en México entre 1956 y 1968, y Moisés al desprendía de la experiencia de los indígenas desde su levantamiento en 1994, pero contenían la misma perspectiva, aunque utilizara un lenguaje particular:

"Vamos a enterrar **poco a poco** a este sistema capitalista, injusto, podrido, caduco, desigual, que ya apesta y contamina con su peste todo el mundo…**Somos una organización, que luchamos por la Liberación Nacional, anticapitalista.** Luchamos por la Libertad, Justicia y Democracia. Luchamos por un mundo mejor, un mundo donde quepan todos los mundos…Nosotras y nosotros **vemos muchos caminos de cómo hacer para lograr su libertad de nuestro pueblo de México. No como ellos dicen, que sólo hay 2 caminos. Elecciones o las**

armas…Por eso nosotros como zapatistas no estamos para luchar por tomar el Poder: ni por elecciones, ni por las armas. Sino que estamos porque el pueblo decida su camino y lo haga sin partidos políticos que los engañan y no les respeta, y para defender a nuestros pueblos…Aquí en La Realidad lo planeó y llevó a cabo el mal gobierno para tratar de asesinar al EZLN, porque **nosotras y nosotros estamos construyendo otro SISTEMA DE GOBIERNO, contra otro mal SISTEMA capitalista." (La realidad, Chiapas, 24 de mayo de 2014)**

Es justamente eso, que antes era solamente el pensamiento de una minoría marginal, y que hoy es lo que está dándose con diversos planteamientos, lo que está ocurriendo —muchas veces sin que sus propios protagonistas tengan plena consciencia de que lo están haciendo—. Luego de la insurrección zapatista prosiguieron las policías comunitarias, organizadas por los familiares y compañeros de las propias víctimas de los atropellos oficiales y sus socios del crimen organizado, las que alcanzaron estatus legal en el Estado de Guerrero hace ya una década, y luego ocurrió su reproducción en otros estados, muchas veces a pesar de la oposición de las autoridades estatales, para llegar a una primera cima con la enorme experiencia de la *Asamblea Popular de Oaxaca*, que en franca confrontación con el gobierno del Estado configuró el primer autogobierno popular del Siglo XXI, arrancando así un proceso que ha ido profundizándose y extendiéndose en diversos estados de México. Lo que además tiene parangón en otras naciones.

En el norte de México, en ciudades pequeñas de Chihuahua, donde el crimen y sus socios los federales y el ejército "levantaron" o mataron ciudadanos inocentes, la población inició un proceso de preparación militar y defensa, que tuvo que ser tolerado primero y aceptado e institucionalizado después; para seguir extendiéndose conforme crecieron los atropellos y la impunidad de todo género de grupos de secuestradores, vendedores de seguridad, cobradores de impuestos de los grupos criminales, narcogavillas y militares, marinos o policías federales que medraban sobre la población desvalida. La familia LeBarón comenzó siendo víctima en una localidad de Chihuahua y pronto transitó a ser parte de un liderazgo social que se encaminó a reestablecer el orden y la paz, asunto aparte, sin injerencia del Estado.

Hasta que en los primeros meses del 2014 los grupos de autodefensa, consiguieron regularizar sus acciones con el apoyo de los millones de migrantes que desde el otro lado de la frontera les proveían de recursos, junto con lo que empezaron a arrebatar a las células del crimen, más lo que venían aportando empresarios diversos que deseaban recuperar sus granjas, plantaciones, minas y diversos negocios, e iniciaron una insurgencia móvil, que empezó a liberar de la delincuencia y el poder corrupto a los diversos pueblos de Michoacán.

Y entonces el gobierno, que entendió que está en riesgo su hegemonía, primero condenó a las autodefensas y las policías comunitarias, y ante su incapacidad para impedir su proliferación y fortalecimiento, optó por armar un proceso de institucionalización para conseguir su control. Y no faltaron incautos, pues algunos se registraron ante el ejército, que empezó a ficharlos para su eventual eliminación o reclutamiento, en caso de que no pudiera manipularlos con engaños. El mal, en verdad, trató de cambiar de piel.

El que fungía entonces como Secretario de gobernación, de apellido Osorio Chong, venia siendo el coordinador de la estrategia, y ya había sido impugnado como alguien que o bien formaba parte del grupo de los *zetas*, como lo han informado ampliamente la prensa en su estado natal –que es el más sanguinario de los grupos de delincuentes, pues se integró con militares entrenados en la Escuela de las Américas–, o había llegado a un conjunto de acuerdos con ellos, pues durante su titularidad del gobierno del Estado de Hidalgo, ese cártel, como se les conoce vulgarmente a estos grupos, se había enseñoreado en todo ese Estado, y desde ahí había proyectado su sombra a diversas regiones del país.

Luego se habló en las redes de que la estrategia del Estado era fusionar a los cárteles para negociar o controlarlos desde una cúspide. En Michoacán, se había dicho, esa estrategia perseguía la fusión de *las zetas* con los templarios y la llamada familia. Sin embargo, haya sido sólo rumor o haya sido verdad, esa estrategia, instrumentada —se decía—por el general Naranjo, traído exprofeso de Colombia, donde diseñó un proceso semejante de impulso a los grupos paramilitares para acabar con la insurgencia, en México no pudo ser llevada adelante, pues las autodefensas y las policías comunitarias tienen vida propia, y aunque se las infiltre o se las trate de manipular, han demostrado tener más fuertes vínculos con la población que defienden, y han adoptado códigos de transparencia y valores que no existían en Colombia, y que no pudo prever el estratega del gobierno, cualquiera que éste haya sido. En todo caso la estrategia del mal falló. Y se abrió así un periodo, seguramente largo, en el que la impunidad y la complicidad del crimen y la autoridad, serán el motor principal que impulse el surgimiento de un nuevo Estado, como un proceso de respuesta ciudadana por tomar en sus manos la autoridad.

Ese poder corrupto nos habló durante años de estar combatiendo el crimen. El presidente Calderón incluso utilizó la frase de guerra contra el crimen. Pero al mismo tiempo los muchos periodistas asesinados en este país fueron develando y denunciando los vínculos del ejército, las policías y la delincuencia, con el obvio conocimiento de las máximas autoridades.

Esa maldad que ahora analizamos, llevada hasta el extremo de una conducta demente, tiene además que abordarse en todos los ámbitos, pues encuentra ejemplos en la economía, e invade los campos más diversos de la vida social. Un ex presidente, acusado de genocidio, y al que el Estado se negó a aplicarle la sentencia cuando fue declarado culpable, vive tranquilo después de haber sido coautor de la masacre de 1968, y de haber luego ordenado la matanza del diez de junio de 1971 contra los estudiantes[14]. En enero de del año 2021 todavía cumplió en

---

[14] Luis Echeverría Álvarez, evidentemente. Presidente de México de 1970 a

su casa 99 años. Luego la maldad se ha enseñoreado en el aparato de justicia. Como si los escrúpulos de Plutarco Elías hubieran sido superados por la ambición y el autoritarismo de todos sus sucesores. Un presidente, cuestionado en su legitimidad, nombra en 2012, además de a Emilio Chauyffet como Secretario de Educación, también a un defensor de los pederastas como encargado de funciones de responsabilidad legislativa15, a un cómplice de los delincuentes que, como nos había recordado la periodista Denisse Dresser, había sido escuchado negociando la suspensión de una iniciativa en el Senado –porque así se lo pidió su amigo Kamel Nacif, un empresario poblano. Este otro, también Emilio, mencionado una docena de veces en el libro de otra periodista que no casualmente lo citaba (Lydia Cacho) como parte de: "Los Demonios del Edén", como parte de las redes de complicidad entre políticos y pederastas. El mismo Emilio que jamás había sido investigado o sancionado o cuestionado por su propio partido. Situado ahora donde las relaciones con la oposición o la diversidad son fundamentales. Pareciera pues que, en los círculos del poder, sean éstos del poder del estado, del poder económico, o del poder de la violencia, se escoge a los responsables, o a los protagonistas, a los titulares, por el grado demoniaco que alcanzan. Y la razón parece entonces clara: porque lo que salvaguardan es el poder descarnado.

Y todos, o casi todos, toman esta realidad como algo normal. Habiendo llegado a representar los niveles más abominables de la enajenación humana, como algo que se repite a diario, como algo cotidiano, hasta que la mayoría parece haberse acostumbrado a tolerar a gente del poder que no posee sentimientos de humanidad, gente del poder sin valores o principios. Porque en este infernatorio parecería que los hombres han colocado como objeto de admiración el grado de violencia, con tal de afirmar un poder, o de acrecentarlo. Y lo que antaño fuera virtud hoy es tomado como sensiblería, anacronismo o debilidad.

El hombre, el ser humano, ha vivido sin duda momentos comparables en otras etapas del mundo. Lo vivieron cuando poblaciones enteras se

---

1976.

[15] Emilio Gamboa Patrón, entonces coordinador de la fracción parlamentaria del PRI en el Senado.

acostumbraron a que los judíos, junto con los gitanos y los comunistas, fueran cremados en los campos de concentración, y que se fabricara jabón con la grasa de su cuerpo, y carteras o mamparas con su piel. Lo vivieron cuando el papa Inocencio III decretara la primera cruzada para borrar de la tierra a los más humildes y consecuentes seguidores de Jesús de Nazaret, los cátaros. Sus verdugos llegaron a quemarles vivos. Rezando y ofreciendo a su dios —y a su representante terreno—las carnes chamuscadas y las cenizas. Lo vivieron cuando en la antigüedad se estableciera como algo necesario el sacrificio de los prisioneros y hasta la ingesta de sus vísceras por los vencedores. Cuando algunos hasta creyeron que al comer el corazón de sus enemigos podían ingerir algo de su valor y fuerza.

Porque el hombre es capaz de descender de la escala de los hombres hasta la dimensión de los más asquerosos demonios, exactamente como lo estableció el decreto divino que nos recordó Pico della Mirándola.

No creo que todos esos hechos, pretéritos y presentes, sean algo que debamos aceptar como parte ineludible de nuestra historia. Pienso que podemos crear una sociedad humana en donde todos esos horrores se conjuren. Y en donde alcancemos esa dimensión que soñaron algunos poetas como el Eliseo, la Arcadia, o la fraternidad entre todos los hombres. Aunque muchos amanezcan hoy acariciando su R15 o su Kalashnikov, yo sigo empezando mi jornada tarareando *La canción de la alegría* o la sonata *La trucha* de Schubert.

Esa esperanza de poder llegar a un momento en el que predomine la armonía y se hayan superado las causas de toda locura deshumanizadora, obligan, sin embargo, ya dijimos, a rastrear los orígenes del extravío, a desentrañar cómo es que los hombres pueden llegar a tanto horror e infortunio.

Y lo que yo he alcanzado a descubrir, es que los más terribles desvaríos, y los niveles de deshumanización más dolorosos, pueden originarse en la fundación de un poder que pretende ser depositario de un proyecto histórico, y que en realidad funciona como grupo de interés con gran cinismo. Esas actitudes o posturas también comienzan, en otros casos, o para otras personas, en obsesiones; a veces en la ingenua necesidad de explicar nuestra existencia salpicada de contradicciones, en la invención o aceptación de una fé que cobija, en unas cuantas ideas recurrentes que pueden volverse obsesivas, y en carencias o defectos personales, que, según las circunstancias y el medio social, pueden incubar o devenir en patologías, hasta los niveles que hoy padecemos. O, dicho de otra manera: el germen del mal puede estar en pequeños residuos instintivos de cualquier ciudadano que adquiriera en la etapa temprana de evolución, y son las circunstancias las que pueden no solo hacer florecer ese residuo hasta que devenga una tónica, sino también convertirlo en un fenómeno colectivo. En ambos procesos la intervención de la fantasía, o de la ideologización, juegan, como explicaremos, un papel importante.

¿Por qué el hombre necesita un fundamento, que va más allá de su evidencia, de lo que ve y experimenta, para poder actuar?, es una cuestión distintiva de nuestra especie. Todos los animales inferiores proceden o actúan haciendo lo que conviene a su naturaleza y casi de manera automática. Pues parece que el hombre primero tiene que plantearse cuál es su naturaleza, y una vez que adquiere consciencia de sí mismo, o que cree adquirirla, que toma noción de lo que piensa que es, es cuando puede actuar conforme a su creencia, conforme o de acuerdo a lo que piensa, que corresponde a su identidad. Y la naturaleza del hombre resulta entonces una paradoja. Porque lo que el hombre es, o lo que el hombre era en sus orígenes, antes del extravío que hoy vivimos, era algo simple, donde no había visiones encimadas del mundo, donde no había condicionado su proceder a su religión, a su pertenencia al poder, o a su subjetividad en general.

La secta de los templarios que ha actuado en Michoacán desde hace años ha adoctrinado a sus miembros en una visión cuasi religiosa, donde los valores de lealtad y torcida justificación de principios ideológicos de secta, también incluyen el ser despiadado, inmisericorde y absolutamente violento, con tal de controlar los negocios y los ingresos.

La confusión empezó hace mucho tiempo, por ejemplo, desde que el hombre procedió a juzgar o comparar sus religiones por su eficacia. Juzgando que había dioses efectivos y dioses limitados o ineptos. Y la prueba principal terminó por ser la del dios que permitía el triunfo sobre los otros. El que vencía tenía al dios con más poder. Y el derecho admitió entonces el principio de la fuerza como valor y como norma. Las condiciones sociales lo hicieron posible. El hombre estaba transitando a la vida sedentaria. Después de haber sobrevivido a la competencia con los animales rapaces, y de haber conseguido sobrevivir sobre la base de la defensa colectiva y la cooperación, después, digo, al volverse sedentario y cultivar el suelo, necesitaba defenderlo de quienes no lo tenían, o de quienes ambicionaban su posesión, y la sociedad humana volvió a competir, ahora contra sus propios congéneres. Y la fuerza con que se defendía la heredad devino virtud, y con ella el derecho a la violencia.

Existieron religiones que venían enseñando el respeto a la naturaleza, la mansedumbre ante los elementos, y la fraternidad entre los seres humanos. La escasez de bienes, o la competencia por el territorio, provocaron por su parte, también, el florecimiento de religiones que exaltaban la violencia sobre los competidores. Y que desarrollaron una doctrina donde el golpe por golpe, el ojo por ojo,[16] se convirtieron en apotegma. Y el hombre inició un largo camino de extravío ideológico, porque la religión también le resultaba útil en la medida que ponía más atención, o concedía mayor eficacia, a la competencia que a la solidaridad. El hombre desarrolló las concepciones divinas casi en la medida que fue olvidando o relegando su capacidad de ayuda,

---

[16] Por ejemplo, la judaica ley del Talión, que ha dado pie a la inhumana guerra de baja intensidad de Israel contra el pueblo palestino.

su solidaridad y su organización colectiva. La religión se convirtió, a veces, en enemiga de la fraternidad y la armonía. Y el hombre ha vivido miles de años en esa ruta de extravío.

Desde entonces, por decirlo casi en forma figurada, desde el comienzo de los tiempos, el hombre guardó en su consciencia, o mejor dicho en su espíritu, esa doble naturaleza, la del sujeto colectivo, con sentido de humanidad y capacidad de cooperación, y el sujeto egoísta que tenía como prioridad defender su interés individual. Y en cada acto de su existencia iba entonces a proceder según su aparato intelectivo y genético le dictara, sin duda condicionado por las circunstancias. El hombre iba a poder ser natural o a ser ideológico. Natural como producto de su propia historia como especie. Natural como sujeto con principios y valores construidos por la experiencia en común, o ideológico como conciencia deformada por los intereses particulares que se sobrepusieron a su naturaleza social.

De la espontaneidad de nuestros actos, a la reflexión sobre las causas de la conducta… Una experiencia personal

Sabemos por experiencia que la vida es contradictoria, y en razón de ello, todo el tiempo se le presentan a uno disyuntivas. Actuar por convicción –o más bien obedeciendo un sentimiento–, es la opción más común. Y eso no ocurre solamente en la libertad –como yo ya lo había experimentado antes de cumplir veinte años– hasta el punto de un desgarramiento entre mi decisión de actuar como militante de una organización –que era el pensamiento que dominaba en mí– enfrentando mis inclinaciones artísticas naturales. Pues experimenté una lucha entre mi compromiso de organización política y mis gustos más espontáneos o no racionales; entre mis sentimientos y mis preferencias anímicas. Yo más bien tenía una inclinación por la música y la poesía. Alcanzar la coincidencia entre estos extremos o disyuntivas que se le presentan a uno en el curso de la vida es posible, aunque es probable que sólo consiga uno conciliarlos con la madurez y la templanza. Y este aprendizaje es también un entrenamiento en el que vamos distinguiendo entre las opciones tomadas con el corazón y las opciones adoptadas por consideraciones racionales. Yo tome decisiones fundadas en la razón.

Sin embargo, suelen ser tan espontáneas e impensadas las opciones que uno se ve enfrentado a tomar de continuo, y suelen ocurrir con tanta frecuencia, que se va generando un automatismo en nuestro proceder. Además, muy pocos alcanzan a tener conciencia de que no solamente están tomando una opción entre lo que su corazón les dicta y lo que su razón les recomienda o condiciona, sino también entre lo que la naturaleza colectiva les impele o les sugiere, y lo que ha desarrollado su intelecto de moral y principios, o de extravío ideológico.

Cuando jóvenes, algunas decisiones están provocadas u originadas, diría Freud, según el principio del placer. Es decir, que cuando nuestra conciencia moral está poco desarrollada, procedemos tomando la opción que nos proporcione mayor gozo o satisfacción física. Y solo cuando vamos erigiendo los valores en guías de nuestra conducta, llegamos a tomar opciones que nos brindan satisfacción moral. Sin embargo, cuando el medio no favorece esa adquisición de valores, o cuando por el contrario se nos educa en el culto de la fuerza y del triunfo sobre los demás, entonces ejercemos una gimnasia o entrenamiento para imponer nuestros gustos y nuestras apetencias. El gozo moral es una virtud que se adquiere. El gozo físico es sin embargo mucho más fácil de experimentar. Sólo hace falta un rudimentario aparato animal con funciones volitivas, y una capacidad para dejar que aflore la parte dominadora o de poder, y subyugue nuestra identidad colectiva.

Voy a relatar en estas primeras páginas de este tema de demonios, lo que fue mi experiencia en la etapa adolescente y de primera juventud; no porque me interese participarles de una vivencia, o de lo que fuera la vida de mi generación, o no solamente, sino, en primer lugar, para explicar mi conciencia actual, y para desentrañar el nacimiento de los demonios que hoy dominan frente a nosotros. Lo cuento así, porque cuando se fue gestando lo que hoy puedo diseccionar, no alcanzaba a descifrar su tendencia y alcance, y hoy he podido reconsiderar las cosas que yo viví, mis vivencias de juventud, los problemas que alejaban los objetivos de solidaridad y justicia, y que desde entonces quería superar, como la realidad temprana del infernatorio.

Antes, es decir, en aquél entonces de hace medio siglo, como ahora mismo que escribo, encontraba al mundo ciertamente lleno de contradicciones; desde mi condición de juventud, veía esas contradicciones como solubles; aunque no siempre, o no en los tiempos que la inmadurez o la juventud hubiera querido –como aquellos días en que estábamos presos. Ese conjunto de contradicciones, que en la cárcel yo vivía de manera conciente, muchos presos las vivieron de manera solamente apasionada o comprometida. Y ese es el punto del que quiero arrancar esta reflexión; es decir, lo que ocurre cuando uno se enfrenta a las contradicciones de la vida, y hasta a la misma realidad, en los momentos en que ésta no parece tener salida, o no parece darnos oportunidad para decidir, y entonces los hechos se vuelven angustia, obsesión y hasta delirio.

En la cárcel a la que se me recluyó en los años sesenta, junto con cientos más, por mi participación política, pude ver cómo las contradicciones que en la calle uno va capoteando o asimilando, se convierten ahí, en el encierro, en la parte más sensible o importante de la experiencia. Tuve, por decirlo así, un laboratorio para observar y analizar la naturaleza humana.

Pongo aquí énfasis en la significación política de esa percepción de la realidad. Para algunos incluso la cotidianeidad era procesada en esos extremos, sin resolver o sin saber cómo superar, como opuestos o disyuntivas que sólo brindaban una única oportunidad para tomar decisiones. Por decirlo de una manera figurada, así como a mí se me llegó a señalar como proclive a ver los asuntos menores como si tuvieran trascendencias importantes o fundamentales, otros redujeron la rica contradicción de los seres humanos a sus extremos más tristes, simplificando su rica complejidad. Para mí el comer, o, mejor dicho, el cómo comer, podía devenir una cuestión de principios. Cuando para otros podía ser igualmente importante. Y en otro extremo, también estaban aquellos para quienes el comer era solamente la forma de saciar el hambre.

Y voy a tomar un caso introductorio para extenderme en este punto y puedan verse las profundas implicaciones que tiene. Haré un ejercicio retrospectivo para echar luz sobre la realidad que tengo hoy frente a mí, y para volver después de muchas páginas a una disección de nuestros demonios.

La prisión, laboratorio para estudiar la maldad y la locura…y también la virtud

Acudí un martes a la enfermería del penal, a la cita que programábamos José Revueltas y otros compañeros para sentarnos, como en el *Jardín de Academos*, "a componer el mundo". José había llegado antes, y lo alcancé a divisar al fondo del jardín, sentado en una de las bancas de cemento. Lento me dirigí hacia allá. Estaba yo ya a mitad del corredor cuando de una de las veredas trazadas, entre el pasto y las plantas, dio vuelta y se dirigió hacia mí un sujeto, que cojeaba un poco, pero que a pesar de ello avanzaba con determinación. El hombre llevaba la chamarra de preso sin abotonar, y cuando se aproximó alcancé a ver en su pecho descubierto el tatuaje de un diablo. Era tuerto —el hombre, no el diablo—, las uñas largas, los dedos huesudos, más bien delgado, pero de aspecto feroz y correoso. Yo seguí avanzando. El corredor enmedio del pasto era lo bastante ancho o angosto para que pudieran pasar dos personas, si cada uno se sesgaba un poco para no chocar con el otro. Pero mi intuición me dijo que no debía hacerlo, pues la forma como el sujeto venía avanzando era precisamente buscando que yo me quitara. Y los presos políticos habíamos acordado que no debíamos mostrar ni temor ni debilidad. Así que me sostuve. Al topar conmigo el sujeto levantó la vista y me dijo directamente —¿Qué no te doy miedo? —¿Y por qué me habrías de dar miedo? Y levantándose la manga el sujeto me empezó a mostrar cicatrices múltiples diciendo —Mira estas cortadas son de las muchas peleas que he tenido. ¿Qué no sabes quién soy? —Un compañero de cárcel, le respondí. —Mi casa es la cárcel, respondió... he estado en Lecumberri, en varias cárceles de provincia, en las Islas, y ahora aquí de nuevo. Soy carne de presidio, prosiguió. —Sigues siendo un compañero ¿o no?, le respondí. —Me extraña que no te de miedo, los presos me tienen miedo. —Yo prefiero platicar contigo, ya ves. —¿Cómo te llamas? —Mario, Mario Rechy, y soy de la crujía de los presos políticos. —Bueno, ya que no me muestras miedo a lo mejor podemos ser amigos. ¿Tendrás un rato para platicar? Te puedo contar un poco mi historia, tienes que conocerme, un rato entonces, te voy a contar de mí, de mis prisiones, de mis dolores y de mis buenos días en este infierno. Y el hombre pasó de la actitud amenazante a colocar su brazo sobre mis hombros y a caminar como apartándonos del camino... —Me dará mucho gusto le contesté, y yo te contaré también.

El loco Aviña, como le decían a este personaje, platicó conmigo como diez o quince minutos, hablando de las Islas Marías, y de algunos momentos en que alcancé a entender le habían atribuido delitos que él no del todo había cometido, y después de un rato José se acercó y dijo que me estaba aguardando, yo me disculpé con Aviña, le dije que ya había quedado de ver al otro compañero, y quedamos de seguir platicando después. Había querido yo escuchar a Aviña unos minutos, sin embargo, porque percibí que detrás de su aspecto feroz y de su mala fama, había en realidad alguien necesitado de oídos atentos y de comunicación.

A partir de entonces el loco Aviña me buscó en mi crujía. Por razones que nunca me planteé ni averigüé, él tenía el permiso de circular por la cárcel. Llegaba a la reja de la N y me mandaba llamar con el primer preso que pasara por ahí. Yo acudía sin falta y le escuchaba, no por sentirme comprometido a concederle tiempo, sino porque a pesar de su aspecto terrible y doloroso Aviña me parecía un ser sensible, a quien había castigado la vida, no la cárcel, pero sin terminar o desterrar de su mente o de su espíritu los rasgos de humanidad. El hombre tenía humor, y se burlaba de sí mismo; el hombre sabía lo que era gozar y contaba los momentos más grandes de sus gozos; el hombre sabía lo que había sido sufrir y describía con exactitud terrible lo que le había dolido de sus experiencias. Nunca más me habló de sus delitos o de sus crímenes. Que seguramente tenía. Pero yo conocí al hombre necesitado de comunicación y hermandad.[17]

Creo que hice bien. Cuarenta años después, Roberto Sánchez Ensch, quien llegara a Lecumberri como preso político cuando yo salía, y conociera al loco Aviña, me relató que aquél me recordaba con afecto, y que prodigaba largos elogios de mi persona. Si pude hacer amistad y ser recordado por las víctimas del sistema, ello me hizo sentir una satisfacción muy grande, aunque no hubiera tenido implicación política.

Estando preso, y cavilando sobre estos hechos, entendí que más allá de lo que alcanzaba a explicarme, no estaba claro por qué un hombre tan humano era carne de presidio. Pensé muchas veces que la mala fortuna le había inculpado o perjudicado algún proceso o recurso legal, y que había caído o entrado en una dinámica que lo tenía atrapado, pero en la que él, a pesar de todo, quería ser también capaz de amistad y de simpatías. Esa condición me recordó a un personaje de Piatnitski, del que, si mal no me acordaba y sigo sin acordarme del todo, se llamaba Kamo, que, por estar dedicado a la distribución de la prensa clandestina en Rusia, y por haber sufrido muchas veces la represión y la tortura, había ido convirtiéndose en un guiñapo humano.

---

[17] Aviña fue el personaje que escogió Revueltas para su novela El Apando, donde aparece como El carajo.

Piatnitski el bolchevique que dirigió al aparato de su partido, el bolchevique, exaltaba lo que consideraba un heroísmo ejemplar de Kamo, su seudónimo, y uno se encontraba en una situación difícil para admitirlo, pues si para ser héroe terminaba uno hecho garras, eso francamente estaba muy jodido. Pero Aviña me presentaba una circunstancia contrastante, él, a pesar de estar hecho garras, conservaba su condición humana.

El loco Aviña no era bien visto por los presos políticos, y no faltó algún compañero que se burlara de mi amistad con él, o sugiriera que no saliera a platicar con quien era sin duda un criminal reincidente. Y por cierto que también habían opinado que no debía recibir ni a religiosos ni militares. Pues me visitaban un pastor, un hombre que realizaba trabajo entre la comunidad judía y un soldado. Yo a todos los escuchaba, y celebro haberlo hecho. El pastor me regaló la traducción de Lutero del Nuevo Testamento, que a la fecha es de mis libros de cabecera, y el judío me regaló la Biblia en ruso. El soldado, que originalmente me contacto por conocidos familiares, me llevó barnices para que le diera un especial terminado a mi mesa de trabajo. Desde luego que cada uno tenía algún interés o curiosidad por establecer comunicación con un preso político. Aunque no lo dijeran claro, los clérigos u ordenados, supongo pensaron en aumentar su feligresía con una nueva población. Y el militar, si no era policía, que nunca me lo pareció, podría haber tenido una genuina vocación o inquietud política. En todo caso querían ser solidarios conmigo, y a pesar de que yo no podía corresponder ni con oraciones ni con información, me pareció ineludible ser hospitalario con ellos.

Pues yo seguí viendo a Aviña, y él, que sabía que yo acudía a la enfermería con cierta frecuencia, me procuraba también por ahí.

En el atardecer del penal, cuando venía el silencio después del rancho, como se le llamaba a la dotación de alimentos, y tras el pase de lista del final del día; cuando los presos eran encerrados en sus celdas; escuchaba yo a veces a mi amigo Aviña cantar con gran sentimiento. Su celda estaba en la crujía vecina a la nuestra, en el segundo piso. Su voz era abaritonada, retumbosa, con un tinte de nostalgia subrayado por la profundidad. Se adivinaba alguna lesión o mal en la garganta, pues, aunque entonado, sonaba también que arrastraba el timbre sonoro, como si raspara con sonidos en una caverna. Su canción favorita era muy romántica, y los lectores mexicanos seguramente la recuerdan: *En el jardín de los cerezos*. Varias veces traté de hacerles notar a mis compañeros que el loco era un hombre con buen corazón y gran desgracia. Su drama era el drama de muchos presos. Su condición de atrapado en una realidad, que no respondía a su última naturaleza, se repetía en la condición de los que habían robado pan para comer, o habían cometido pequeños crímenes por necesidad extrema.

En ese tiempo conocí y traduje el texto de Rosa Luxemburgo que escribió cuando salió de la Cárcel de Hamburgo en 1918, en el que pide abolir la pena capital, y que se deje de castigar al delincuente menor cuando los grandes tiburones de la ilegalidad se encuentran libres e impunes en sus crímenes. Lo traduje porque me parecía ejemplo de lo que estaba yo viendo. Y todavía hoy, medio siglo más tarde, sigo siendo testigo de su vigencia. Pero en aquél tiempo, hubo compañeros que nunca aceptaron o se permitieron sentir simpatía por Aviña, ni compartieron mi conmiseración o empatía por los presos de los delitos comunes. Volveremos al punto páginas adelante.

Como el tema que quiero desarrollar comienza en esa imposibilidad para resolver en la conciencia lo que uno quiere y lo que los hechos imponen, debo subrayar, que cuando estuvimos en la cárcel algunos optaron por simplificar la realidad, al mismo tiempo que sobreconsideraron la política, no porque hubiéramos podido llevar dentro de las murallas lo que afuera ocurría, sino porque la visión con que cada preso recogía las noticias, las luchas, las demandas, las propuestas, eran procesadas en sus conciencias y condicionadas por las circunstancias personales. La lucha social que ocurría afuera, era parte de la vida, pero en la cárcel la vida era, para algunos, sólo y exclusivamente la lucha. Trataré de ilustrarlo: Imposibilitados para movernos en el espacio, habíamos creado una dimensión expandida del tiempo encarcelado, donde la conciencia trabajaba más, mucho más que si hubiera tenido la libertad de movimiento.

Creo que una anécdota sobre esta percepción lo dejará más claro: cuando salí unos años después de la prisión, y un periodista me preguntó casi en la puerta ¿qué se sentía ser otra vez libre?, me detuve y le respondí: −¡yo siempre he sido libre!: ¿Cómo?, me dijo el reportero. −¿No se sentía usted preso después de años de estar ahí encerrado? Haciendo el ademán de señalar la cárcel. − Perdóneme compañero, pero en la cárcel tenía una libertad que yo aquí, en lo que para usted es la única libertad, ya no la tengo, mejor dicho, la acabo de perder al cruzar el portón de salida; me doy cuenta que ahora dependo de usted y de muchos para ejercer o disponer de mi tiempo. Mi vida empieza a depender de las relaciones que establezca y de lo que pueda hacer como parte de una organización social. Allá tenía todo el tiempo, porque cuando uno tiene la conciencia libre −y no creo que usted me desmienta al pensar que la libertad se lleva en la conciencia−, lo único que se necesita para desplegarla es tiempo. Aquí en la calle parece que ya no soy dueño de mi tiempo. En la cárcel lo era. Aquí tengo la libertad del espacio, y lo primero que haré será desplazarme a ver muchos lugares que he extrañado. Pero ¿cuál es más importante de esas libertades?, me preguntó todavía el reportero. −Pues depende para qué. Hay que vivir la libertad que se puede en el momento que se vive. Porque vivir la libertad a secas es algo abstracto e inasible.

El periodista había enmudecido. Creo que le había dicho algo que estaba más allá de lo que se había planteado. Pero en efecto. En la calle uno goza de la libertad de movimiento, o más precisamente, de la libertad en el espacio. ¡Y de qué sirve la libertad en el espacio sin la libertad de la conciencia...!!

Quien tiene ambas es doblemente dichoso. Pero muy pocos hombres lo consiguen en esta etapa histórica, pues la libertad en ese caso requiere recursos, formación, capacidad mental y económica para ejercerse. Y conjugar ambas dimensiones requiere esa templanza de la que vengo hablando, y casi algo así como lo que llaman sabiduría.

Cuarenta años más tarde me encuentro un ejemplo hermoso que confirma la sensación y la idea con la que salí de la cárcel. El 31 de octubre de 2013, Alberto Patishtán (líder indígena y luchador social mexicano), al salir de la cárcel después de haber permanecido preso durante trece años y ser entrevistado dijo:

"Quisieron acabar mi lucha, quisieron hacerle restar, pero lo que pasó fue multiplicar. Quisieron ocultarla y lo que hizo fue resplandecer…Desde el primer día que llegué a la cárcel, me sentí libre. Unas personas me preguntan: '¿qué es lo que te mantiene que tú no dejas de reír?', y yo les digo: es que estoy limpio de conciencia. Si dejo de reír un día, siento que es un día perdido para mí. Por eso, si me ven muy sonriente, no se preocupen, porque esa es mi profesión".

Hoy sé que no soy totalmente libre, porque debo trabajar en cuestiones que no siempre escogí, pero que me representan un ingreso para sostener muchas cosas, gastos, necesidades —no solamente de ingreso, sino de creación también—. Porque el hombre es creador. Pero ¿quién es totalmente libre? Esa libertad profunda no la compra el dinero… Habrá un momento en el desarrollo de la sociedad humana en que el hombre tendrá tal libertad que al desplegar lo que sea la mejor opción para su consciencia, también sea la mejor opción de su pertenencia a una comunidad.

El caso es que en la cárcel vivíamos intensamente. Esas circunstancias que describo, como receptáculo o espejo de lo que afuera ocurría, estaban constituidas por dos elementos, las celdas y la prisión concreta, por una parte, y las conciencias y la subjetividad de cada uno, por la otra. Las celdas se mostraban como opresivas. Pues vivir en una rebanada de pastel de concreto, como eran nuestras celdas, en torno de un torreón de vigilancia en la crujía de castigo o de peligro, era opresivo. Las paredes tenían unos cuatro metros de alto en el perímetro, y reducían su altura hacia el centro del círculo. La mitad de cada gajo era techado, y ahí dormíamos en lo que eran cuatro literas de concreto armado. Las literas eran cuatro, pero dos estaban encima de las otras dos, y la superficie del área que ocupaban era un 40% de la superficie techada, habiendo espacio para una mesa entre ellas y otra mesa o un ropero hechizo en una de las esquinas, pues la otra esquina generalmente tenía utensilios de cocina y una estufa de petróleo o una parrilla para preparar the, café o comida.

La otra mitad del gajo no tenía techo, estaba enrejada; sí, enrejada con una especie de malla de acero o de fierro de una pulgada de grueso. Y en ese patio, donde algunos pusieron sus utensilios de cocina y su estufa, otros pusieron una banca para tomar el aire y el sol enrejado. Ahí también, en ese patio romboide estaba el retrete y el lavabo. Por así decirlo, estaban al aire libre. Íbamos al baño bajo el aire o la lluvia. No había regadera en la celda. Para bañarnos con agua caliente teníamos que ir al vapor del penal, a donde solo se nos permitía ir cuando no atravesábamos por periodos de lucha, pues de otra manera nos tocaba baño en la celda donde se habían acondicionado regaderas, también al aire libre y con agua fría. Yo, por ejemplo, me bañaba al terminar mis labores en las noches. Con agua fría, evidentemente, pues no había agua caliente en la crujía. En invierno el agua escasamente estaba por encima de cero en la madrugada. Pero estoy seguro que eso fortaleció mi organismo y el de todos los que hacían lo mismo.

El centro de la crujía tenía un torreón de unos ocho metros de altura, donde originalmente se subían los guardias para observar a los presos en sus gajos. El torreón estaba circundado por un pasillo, a donde comunicaban todas las puertas de metal de los gajos donde vivíamos. Las celdas tendrían unos doce metros cuadrados en la parte techada y otros diez en la parte enrejada. Ese era nuestro espacio vital. En los periodos de conflicto llegamos a vivir ocho personas en cada una de esas celdas. Cuando la presión social y las protestas consiguieron sacar a los luchadores que cargaban menos delitos, entonces vivíamos dos personas en cada celda. Sólo al final, en el sexto y último año, llegamos a estar uno por celda en la crujía M donde nos concentramos los presos más viejos que permanecimos más tiempo, donde en lugar de 20 gajos existían 29 o 30, si mal no me acuerdo.

Como ese era todo nuestro universo espacial, la pelea por el espacio vital era feroz. Los que afuera habían pertenecido a una estructura de partido o de poder, trataban de reproducir en la crujía su estatus y su jerarquía. Los que afuera habían sido pobres, eran pobres adentro. Por más que existiera una pretensión para nivelar el consumo y uniformar los estilos de vida. A Antonio (Gershenson) le llevaban muchos elementos para cocinar, a veces a mí también me llevaban cosas que incluso afuera podían considerarse lujos. Como el aceite de oliva, que mi padre había adoptado como único aceite para la buena cocina. Y mientras o en tanto no hubiera movilizaciones en el exterior, o no se vivieran tensos momentos en la vida política, nos dejaban cocinar. Pero cuando la autoridad sentía que se cuestionaba al gobierno sobre algo en específico, nos cerraban la entrada a los alimentos. Muchos compañeros recibían una solidaridad familiar en la dimensión de las posibilidades que tenían sus madres y parientes. El uniforme era igual para todos, pero algunos podíamos comprar uniformes nuevos y arreglarlos, o pagar un "sastre" para que lo hiciera a la medida y con ciertos detalles. Yo incluso aprendí a coser, y algunos pantalones los hice yo mismo. Otros sólo podían portar el uniforme viejo y roto. Las camisas, la ropa interior y los zapatos no eran reglamentarios, así que había quienes teníamos ropa importada y de lujo, y había quienes tenían ropa sencilla o común. Yo había socializado parte de mis camisas, y cuando me llegaban varias, regalaba una o dos. Pero no todos hacían lo mismo.

Se había conquistado el privilegio de meter libros y objetos personales. Yo había conseguido traer mi flauta plateada, y un obrero de Telmex me había llevado una grabadora simulando una inspección a las líneas del penal. Varios compañeros tenían radios, tocadiscos, televisión, y hasta un piano existía en la celda de Isaías Rojas, un músico que venía del grupo de Víctor Rico Galán. Así que prisión, prisión, no era. Era encierro. La prisión estaba en otras cosas.

Cuarenta años después de salir de la cárcel ví un documental sobre Lecumberri, y me impactó. Las imágenes sombrías de las celdas, que en los párrafos que llevo escritos no tenían la oscuridad del documental, me cimbraron la consciencia. No entendía, al ver con mis ojos de hoy, lo que había sido mi encierro en el ayer, cómo podía ser tan distinto. No me cabía haber podido sobrellevar, con dignidad y aplomo, un periodo tan largo de mi juventud, sin pesadumbre o lamento. Ciertamente tuve alguna fortaleza espiritual para asumir mi responsabilidad. No la legal, que me era absolutamente indiferente, sino la política, que me obligaba a pensar como parte de una generación que estaba dispuesta a todo con tal de terminar con la opresión y la falta de libertad. Yo nunca entendí el encierro como prisión. Siembre lo viví como un periodo de preparación y fortalecimiento. Pero no solamente por los privilegios o conquistas que habíamos logrado los presos políticos, sino principalmente por la organización que nos habíamos dado, por la vida social que manteníamos, y por la disciplina que construimos para apoderarnos del tiempo.

La verdadera prisión, lo que sería la cárcel, estaba en el constante hostigamiento del jefe de vigilancia, el nefasto teniente coronel Gil Cárdenas. La prisión se experimentaba en la imposibilidad de estar solo. Y probablemente esa imposibilidad fue la que en algunos momentos sí me hizo sentir lo que podemos caracterizar como sufrimiento. En un sentido más real, la prisión estaba en las amenazas y groserías del General Arcaute Franco, director del penal. Estaba en la hostilidad de algunos jefes de crujía de los presos comunes, que veían con recelo o envidia a los políticos. Estaba en la revisión infamante que practicaban las mujeres celadoras y los hombres celadores a nuestras visitas, que eran desnudadas antes de entrar, revisadas hasta las uñas y molestadas en ese proceso como si fueran parte de los acusados. Estaba en la mala comida que nos daban cuando las protestas afuera enojaban a las autoridades del gobierno y del penal. En esos periodos llegamos a recibir como cena o desayuno frijoles salados y pan duro, o atole sin azúcar y frijoles agrios. O café con frijoles salados. Eso sí, menú variado. Al mediodía, cuando se acostumbraba la comida fuerte, nos dieron muchas veces riñones de res descompuesta, o hígado maloliente. No era casual. El ranchero, como le decían los presos al que llevaba el rancho o ración, llegó a gritar al entrar en la crujía: "¡llégale a tu hígado con pus!" Esa dieta afectó sin duda nuestra salud. Y algunos compañeros salieron de la cárcel con lesiones en sus sistemas digestivos que acortaron su vida o atormentaron sus días. Pero los organismos más fuertes o más jóvenes no dejaron ver el impacto de la mala dieta, sino años más tarde. Más bien parecía que las dificultades y el régimen severo nos fortalecían. "Lo *que no mata engorda*", solían decir mis compañeros. Yo padecí gastritis desde entonces y durante mucho tiempo, y a la fecha tengo colitis espástica y esteatosis, quién sabe hasta qué punto como secuela de aquellos días, o de mis malos hábitos. Pero no me quejo. O no todavía. He llegado a rebasar la séptima década de vida, y para haberlo conseguido tras los periodos severos que cuento, debo tener una complexión poco común. En tan solo los últimos cinco años en que he estado escribiendo esta Historia, ocho compañeros contemporáneos de aquellos años han muerto, mientras yo sigo sintiéndome vital.[18]

---

[18] En la última revisión y ampliación de este texto, que concluí en noviembre de 2020, habían transcurrido otros seis años, y yo había cumplido setenta y dos años. No sin deterioro de mi condición física, pero con el mismo ánimo y hasta con mayores capacidades de estudio y trabajo.

El encierro se hacía más real o innegable en la imposibilidad de buscar compañía femenina. Más bien ellas tenían que irnos a ver. Y eran peleadas y muy cotizadas. En algunos periodos en que la lucha arreciaba en la calle, las mujeres querían ir a ver a los presos, y llegaban por docenas el fin de semana. Por ello nos esmerábamos también por dar el mejor aspecto. Cocinando platillos suculentos, impresionando con nuestra limpieza y nuestro orden. Y desde luego desplegando el verbo; "apantallando", como dicen los chavos, con la elocuencia y la supuesta claridad política, la largueza de miras, la "perspectiva histórica", y tantas y tantas cosas que los jóvenes de ese tiempo tenían entre sus inquietudes. Cuando uno lograba amarrar una visita era una puerta hacia la libertad, o un vínculo que reducía la condición de preso. Cuento la significación de esas comidas que dábamos los fines de semana sin negar que también tuvieran una connotación política. Pues para las visitas, entre las que se contaban escritores, periodistas, gente de la cultura, era importante convivir con los presos políticos que no sólo mantenían una alta moral, sino una posición de combate y de dignidad. Por nuestra crujía desfilaron como visitas, Elena Garro, Charlotte Yazbek, Elena Poniatowska, y muchas celebridades académicas, así como poetas, músicos y políticos famosos. Pero esa parte era la que exaltaban más Víctor Rico, Adolfo Gilly y los que estaban interesados en su imagen pública. Los jóvenes reducíamos esa apreciación subjetiva a la mitad, y le concedíamos otra mitad más aterrizada a nuestras visitas.

El encierro, en fin, era más difícil y le hacía sentir a uno lisiado, cuando la necesidad de libros, materiales de estudio o información dependía de terceras personas. Y a veces eso impedía terminar de estudiar algo, o escribir con todo el conocimiento necesario. En esto dependía uno de los que desde afuera lo aprovisionaran, lo surtieran de noticias y de materiales de estudio. No existía el Internet, ya lo dije. Sólo había periódicos y revistas. Por eso, dada mi necesidad de procesar la información y mantenerme al día, me hice bibliotecario de los presos políticos y encargado de la hemeroteca. Ahí guardaba miles de recortes, miles de revistas, miles de documentos. Toda una celda que habíamos desocupado para poder almacenar tanto papel. Luego, cuando la celda se llenó, invadí el torreón, toda la planta media y una parte de la escalera. Puros periódicos, recortes y revistas. Cinco años de historia, de comunicación y de notas sobre lo que ocurría en el mundo. Clasificado por temas. Por eso también, y dada mi obsesión por escribir todos los días, cuando vivimos momentos de crisis los presos me eligieron como parte de la comisión de prensa. Ser miembro de la comisión de prensa requería algunos oficios. En primer lugar, la capacidad de hablar con y escuchar a todos, pues en una crujía con tantas posiciones y diferencias como grupos tenía la oposición –para encontrar el común denominador o la voz compartida– había que dominar el arte de la síntesis. En segundo lugar, requería paciencia, pues la redacción se repetía innumerables veces hasta que todos quedaran conformes. Y en tercer lugar implicaba capacidad expresiva y cierto estilo, pues a ninguno de los presos les gustaba que sus comunicados fueran sosos o faltos de energía.

No era yo el único seleccionado para esa delicada tarea. Compartí la comisión de prensa con Mario René Solórzano y Gerardo Unzueta Lorenzana. Tampoco era el único con hábitos de trabajo y paciencia, ni con manías de acopio. Algunos presos decidieron hacer su propio acervo, tales eran los casos de Fabio Barbosa y Quico Condes.

Algunos presos fueron acumulando libros. Víctor Rico Galán probablemente tenía más de mil en su celda, incluyendo temas de filosofía, economía, historia y literatura. Yo nunca tuve los recursos o los apoyos solidarios comparables como para reunir ni siquiera los títulos que soñaba leer. Pero no me faltó material de estudio. Lo básico siempre pude conseguirlo.

Una celda era la cocina común, como ya relaté en otro momento. Y otra celda era el salón de televisión, donde nos reuníamos a ver programas de interés compartido. En ese salón se reunió algún tiempo el Club de admiradores de la Tigresa[19], que nos encantaba a varios, y en ese mismo salón celebrábamos las asambleas. Todo lo que vivíamos, lo que queríamos vivir, lo que no podíamos vivir, lo que pasaba afuera, lo que queríamos que pasara afuera, lo que no queríamos, todo era discutido en esas asambleas. A donde los grupos llegaban para probar su justeza, su posición correcta, su papel de liderazgo, su hegemonía política, su presencia en la lucha, su mejor preparación, su brillantez y, por ende, su derecho al control y el gobierno de esas 20 celdas.

El hombre que ambiciona el poder es capaz de construirlo hasta en el vacío

¿Cómo? podrán decir ¿gobernar 20 o 100 celdas? Pues sí, los presos se disputaban el gobierno y la hegemonía de ese pequeño espacio, con sus trescientos, ciento cuarenta, ochenta o sesenta presos. Pero esa pérdida de las dimensiones la he vuelto a observar cuando los líderes de una secta, o los directivos de una institución, se han disputado la jefatura o titularidad de su organismo; y cuando para hacerlo han sido capaces de los actos de la mayor ignominia. Ignominia que no era impedida ni por la formal filiación a la política de izquierda, ni por los supuestos ideales doctrinarios que tuviera el ambicioso de poder.

Pelear por el poder en un espacio tan pequeño y tan poco significativo en la amplia lucha social, podría sonar absurdo o desproporcionado. Pero la pelea en la crujía era feroz, casi a muerte, y a veces también a muerte. Esa era la verdadera prisión. Los carceleros pueden imaginar un edificio donde se pueden desaparecer las condiciones elementales de la vida humana, las condiciones de la privacidad, del espacio mínimo o de la dignidad, porque había celdas donde no habría soportado su existencia ni un animal. Pero la verdadera prisión la construíamos nosotros, con

---

[19] Cantante de ranchero, célebre por su exuberante y exótica belleza. Era amante del Presidente Gustavo Díaz Ordaz, cosa que no sabíamos, pero que no hubiera impedido nuestra posición de fans.

nuestras obsesiones, nuestros egoísmos, nuestra vanidad, nuestra ambición, nuestras neurosis...

Los muros de la prisión eran tan grandes como nuestros recuerdos de los días de dicha, y como los días en que alcanzábamos una meta o lográbamos un avance en la vida personal. Ahí en la prisión no podía haber metas reales, sólo intangibles, sólo imaginarias, sólo pospuestas. Los que creían avanzar o conseguir dimensiones excelsas, en verdad perdían la perspectiva. Pero no eran los menos. Y esos muros construidos de recuerdos, y encalados con suspiros, tenían barrotes para detener nuestra mirada al cielo, y largos silencios, sólo rotos por la voz nocturna del ¡Alerta! Que se repetía, de guardia en guardia, recorriendo las murallas...

Cada uno lo tomaba como su experiencia y condición se lo permitía. Yo lo asumí como un periodo de duración imprevisible que tenía que aprovechar para mantenerme en forma, para aprender las ciencias que desconocía, y para alimentar mi espíritu con la creación de los grandes autores. No aspiraba a más. No pretendía dirigir la lucha, ni construir desde la cárcel el partido que pensábamos todavía que necesitaba el pueblo mexicano. Apenas había conseguido tener conciencia de mi verdadera condición de hombre alienado o fanático en el periodo anterior a mi detención. Me sentía, como alguien había dicho, *un militante colonizado*. Es decir, un militante que sabía mucho sobre la revolución en el mundo, pero que tenía que aprender casi todo sobre la historia nacional y la ruta a seguir, acorde con esa historia y la identidad resultante.

Mantener esa posición serena y objetiva era muy difícil, porque afuera, los estudiantes y aun los militantes nos veían con admiración y respeto, y lo que dijéramos los presos, especialmente aquellos que habíamos tenido algún liderazgo, iba más allá de la opinión y podía generar iniciativas, agrupamientos y aun acciones. Yo no dejé de opinar sobre lo que pasaba afuera, ni dejé de asumir una posición frente a las cuestiones centrales de la lucha, tales como la actividad armada o los métodos de organización, pero nunca pretendí dirigir. Recibía visitas de los grupos y opinaba, pero tenía claro que el centro de gravedad estaba más allá de las murallas. Tal vez –he pensado más tarde–, eso me enseñó que cuando uno no puede decidir el curso de los acontecimientos tiene que aceptar el papel de testigo, de analista. Como lo he asumido hoy, que mis convicciones parecen tan distantes de lo que hacen los políticos. Pero sobre todo cuando veo que lo que caracteriza a lo que fue la izquierda, nada tiene que ver hoy con el espíritu franciscano y altruista de mi generación, y que hoy se ha trocado en una competencia fría por el poder, en donde los ideales son solamente una camiseta o disfraz.

Me gustaba seguir leyendo sobre la historia del mundo y la experiencia del socialismo. Lo hacía con gran disciplina. Y les leía a los compañeros los textos que no estaban traducidos, alternando con Adolfo Gilly en esta misión o apostolado. Los compañeros se pasaban las horas atentos, con gran silencio, con respeto ante aquellos textos que nos empeñábamos, más que en leer, en ir diciendo en el tono que imaginábamos debía dársele a palabras que eran de gran autoridad.

En el taller o círculo de los militantes del trotskismo latinoamericano leíamos a Trotsky[20], con los obreros petroleros leía yo a Isaac Deutscher y a Stalin. Con Fernando Arizpe, hombre de gran inteligencia y prodigiosa memoria, repasábamos las geografías de Tamayo y otros mexicanos. Con Raúl Ugalde y Juan Ortega Arenas leíamos los dos primeros tomos de El Capital. Y luego con Américo Zaldívar, que ya era doctor en economía, leí el tercer tomo. Con Víctor Rico Galán leíamos textos de filosofía clásica, desde Parménides y Heráclito, (lo que para mí era un repaso, pues los habíamos estudiado en el Círculo con Florencio Sánchez Cámara años atrás). Con César Nicolás Molina

---

[20] Posadistas porque eran seguidores de J. Posadas, el líder argentino de una de las corrientes de la IV Internacional.

cursábamos el manual de Lógica de Copi, y traducía yo los textos de Rudolf Carnap. Con Eli de Gortari, yendo a la enfermería o a su crujía, recorrí toda la historia de la física. Con Antonio Gershenson cursamos desde la aritmética elemental hasta los principios de trigonometría. Con José Revueltas platiqué todas mis inquietudes filosóficas y atendí todas sus indicaciones de lectura, que han sido fundamentales en mi vida. Con Raúl Murguía continuamos en temas selectos de matemáticas. Con Enrique Condés, y a veces otros compañeros, leíamos por las noches El Quijote. Con los maoístas releí varias veces los cuatro tomos de Mao, y el Maomisal o libro rojo. Y yo, en mi escasa privacidad, a veces mientras otros veían la tele o platicaban, repasé o conocí a Dostoievski, a Lermontov, a Gogol, a Pushkin, a Goethe, a Balzac, a Lenin, a Valtin, a Piatnitski, y a dos docenas más de clásicos de la literatura. Pero también seguí leyendo ciencias sociales, incluyendo a los autores que mis compañeros consideraban reaccionarios, desde Samuelson y hasta Weber. En esa época Raúl, Panchito (Javier Fuentes Popoca) y yo escribimos nuestra propia versión del texto sobre la Contradicción, que todavía hoy, medio siglo después, juzgo mejor que el del compañero Mao.

Mi mente no estaba en la discusión local, trataba yo de ejercer eso que Brecht llama distanciamiento. El mismo desde el cual hoy abordo a los demonios. Me parecía excesivo involucrarse en cuerpo y alma a ese presente, que para mí era un paréntesis.

Por las mañanas los jóvenes nos levantábamos una hora y media antes del desayuno para hacer ejercicio. En un principio estaban en ese grupo Gildardo Mújica, Toño Gershenson, Quico Condés, Justino Juárez, Hugo David Uriarte, Eduardo Fuentes, Pablo Alvarado Barrera —que era nuestro instructor—, y uno o dos compañeros más aparte de mí. La disciplina del ejercicio era militar, y quien entraba al grupo no tenía derecho a faltar. Si alguno amanecía indispuesto o cansado tenía que presentarse al entrenamiento de todas maneras. Si no lo hacía, lo sacábamos de la cama con violencia y lo metíamos en la regadera de agua helada. Eso nos dio condición física y disciplina. Antes de la cárcel creo que no hubiera aguantado mi peso colgado de las manos de un tubo, pero al año de entrenamiento podía yo, como todos mis compañeros de pandilla, columpiarme media hora, hacer trescientas abdominales seguidas, o correr y saltar a siete compañeros en fila y caer parado después de haber dado una marometa en el aire. Era yo mal karateka, pues nunca pude pegar con los dos pies simultáneamente, como sí lo consiguieron Gildardo y otros compañeros, pero mi condición era realmente atlética.

El resto de los presos sólo jugaba futbol dos veces a la semana. O corría en el campo deportivo del penal. Nosotros hacíamos eso como ejercicio adicional, de tal manera que llegamos a practicar unas dos horas diarias de ejercicio en promedio.

Lo que también fue importante de la práctica del futbol, ocurrió en la medida que aprendimos a realizar trabajo de equipo. En el equipo estaban Víctor, Oscar José Fernández Bruno, Adolfo, y los tres rebasaban los cuarenta años, Rodolfo y otros tenían alrededor de treinta, sólo unos cuantos éramos chavos, pero, aun así, nuestra sincronía y coordinación era muy buena; hecho que se reflejó en que nuestro equipo fuera invicto, a pesar de la edad promedio de los jugadores, que era como diez o quince años más que la edad de los otros equipos del penal. Ahí confirmé la superioridad de la coordinación, de la cooperación, que ningún jugador estrella puede vencer. Por cierto, como yo era torpe para dominar la bola, mi papel principal era frecuentemente anular al jugador estrella del equipo contrario.

El ejercicio era importante; y si eso hubiera sido el único evento formativo o de salud de la cárcel, hubiera bastado para concluir con un balance positivo. Pero además pude estudiar y aprender muchas, muchas cosas. Yo, como decía antes, lo tomé como un periodo de preparación. La mayoría lo tomó como continuación de la lucha que empezó en la calle, y como único horizonte. Pero para muchos de mis compañeros no había más que ese presente y esa pelea. Cuando pienso en esa significación del presente, creo que otros compañeros con quien no platiqué ese periodo, o sobre este tema, lo tomaron de manera semejante a como yo lo viví. Así me atrevo a creerlo de Toño, que aprendió método y filosofía, alcanzo a deducir ahora; o de José Luis Calva, que a pesar de ser muy individualista y estudiar de manera solitaria, siempre mantuvo una buena disciplina y dedicación.

Imaginen ustedes ahora el perfil de los habitantes de esa crujía. Me voy a permitir una descripción, sin muchos nombres, para que ustedes puedan imaginar la base de la prisión mental y patológica en que llegó a convertirse el lugar. Aunque me he centrado en relatar sobre mi crujía, tampoco olviden que las otras crujías de presos políticos, inauguradas con ese carácter por el 68, duraron alrededor de tres años. Y aunque jóvenes eran en su mayoría los habitantes, su juventud no era garantía de salud mental, ni estaban al margen de la problemática que nosotros vivimos. De hecho, tuvimos allá algunos tan enfermos como los que habitaban en la N, que fue la primera, la de los grupos más antiguos.

Hasta este presente, en que hoy redacto, había postergado o dejado pendiente la descripción de estos caracteres por temor a faltar a la objetividad, o por contar hechos que ofendieran a mis compañeros. El mismo José Revueltas había dicho que se debería retirar de la circulación una entrevista que me hizo Eduardo de la Vega[21], otro entonces compañero, en la que yo relataba con toda crudeza y sinceridad la situación de la cárcel. José pensó que la imagen de los presos tenía una significación histórico-política, y que yo no tenía derecho a manchar el ideal que representábamos para los luchadores, al describirnos con la crudeza de nuestra condición real.

Con el tiempo concluí que no podía estar de acuerdo con él, pues nuestras debilidades y mezquindades eran innegables, y el pueblo tenía que saber quiénes eran sus ídolos, y cuáles eran sus

---

[21] Eduardo falleció en 2020 víctima de la pandemia de coronavirus.

limitaciones o debilidades. No me importaba que hubiera varios Lenin entre nosotros, para mí no eran más que unos presos, de bastante mediana perspectiva. El tiempo me lo ha confirmado. De toda esa camada de compañeros, José Revueltas siguió siendo José Revueltas, y los demás alcanzaron su dimensión real no muy distante de lo que habían sido antes, o de lo que proyectaron siempre. Toño ha sido un especialista respetable sobre energía, diputado de izquierda y comentarista político. Quico se mantuvo como combatiente mucho tiempo después, y aunque se vio involucrado en acciones temerarias y muy cuestionables, ha dedicado más de diez años de su vida más reciente a la elaboración de una ***Historia de la Represión***,[22] cronología detallada que será fuente de lectura para generaciones en México, y ha escrito después otro volumen que explica la contribución de los socialistas en la configuración del Estado Nacional mexicano y en el diseño de sus políticas hasta los años treinta (***Atropellado Amanecer***[23]). He de volver sobre su figura, pues aunque para muchos se trata de un aventurero, en el sentido que definieron Roger Stéphane y Jean Paul Sartre, y que se refiere a esa búsqueda por destacar, antes que por ser parte de un colectivo[24], él formó parte de la recua, como nos llamaban peyorativamente a quienes convertimos la resistencia a los dogmas en una nueva concepción de la política, y a partir de entonces, también ha sido ejemplo de una forma nueva de intervención en la vida social. Gerardo Peláez, a quien Víctor bautizó con el mote de *"el entomólogo de la revolución"*, en efecto escribió una entomología del sindicato magisterial y otras historias entomológicas de destacamentos sindicales o políticos, siguió siendo un fanático ideologizado, y no volvió a tener participación política. Y Fabio Barbosa, que tuvo su

---

[22] ***Represión y rebelión en México***, 1959-1985. Porrúa Editores, México 2007.

[23] Edíciones Typo, Universidad Autónoma de Puebla. 2015.

[24] ***Retrato del aventurero***. Colección Renacimiento. Universidad Autónoma del Estado de México. 1982. Del texto de Sartre existen desde luego otras ediciones.

primera práctica, como yo, contactando y participando con los petroleros –él bajo la dirección de Máximo Garza, de la dirección de la Liga Espartaco, y yo como parte del equipo de Yamilé Paz Paredes en la misma organización–, siguió en lo mismo. Fabio permaneció toda su vida en el asunto, es especialista en temas de petróleo en el Instituto de Investigaciones económicas de la Universidad Nacional; aunque su papel como aventurero que provocó nuestra detención no se abordó nunca más. Otros de los presos, como Rolf Meiners o Miguel Cruz Ruiz –con quien aprendí anatomía y fisiología–, fueron jefes de hospital, funcionarios del gobierno en la ciudad de México treinta años más tarde. Hubo intelectuales de partido, como Adolfo Gilly, que, desde la fundación del PRD, y hasta la fecha en el Partido Morena, sigue ahí, cerca de Andrés Manuel. Los campesinos volvieron al campo, y los obreros a la producción. No hubo lenines, aunque el sistema sí creo mitos a modo, como el de Heberto Castillo, que en aquél entonces se había encaramado al movimiento estudiantil aparentando ser parte de su cabeza, y que en los años siguientes participó impulsando un partido típicamente reformista, que ha terminado heredando precisamente a quienes en los últimos años dirigen el supuesto Partido de izquierda (PRD). Yo diría que al sistema político le convenía magnificar la figura de Heberto, no solo porque no era marxista, sino también porque, aunque opositor, mantuvo siempre su propuesta dentro de la ideología oficial y el discurso de la Revolución Mexicana.

Pero permítaseme retomar ese relato impersonal que comenzaba en esa prisión del pensamiento que llegó a constituir un ambiente malsano y de verdadera locura. Hablo del país, del escenario malsano de la política nacional:

El sistema político como fuente de insania mental
Vayamos atrás medio siglo, por ejemplo, a 1965. El régimen, o como decimos aquí en México, el periodo sexenal de gobierno, tenía un año y medio de haber iniciado. Se había inaugurado con

amenazas del presidente Díaz Ordaz contra el derecho de huelga. Por primera vez estábamos importando alimentos. Después de la Revolución de 1910, era el primer año en que no éramos autosuficientes en alimentos. En Estados Unidos Bush padre, al frente de la CIA había turnado una circular en la que se quejaba de la independencia de criterio con que procedía y se expresaba el gobierno mexicano en asuntos de política internacional. Para minar las bases de esa autonomía, decía Bush, era necesario instrumentar una política que destruyera nuestra capacidad para producir nuestros propios alimentos. No importaba qué se hiciera o cómo, pero las políticas hacia el campo mexicano tenían que cambiar, pues en cuanto dependiéramos de los Estados Unidos para satisfacer nuestros estómagos, los Estados Unidos podrían acotar esa independencia que le resultaba ya inaceptable. La circular habría de ser filtrada al gobierno mexicano pocos años después por conductos que nunca pude conocer. A mí me había sido entregada cuando tenía mi primer empleo, cuando ya libre, empecé a trabajar en la empresa estatal CONASUPO, que se encargaba de la distribución de alimentos.

Eran los años, esos del presidente Díaz Ordaz, los del reflujo obrero. Siete años antes se había reprimido con el ejército a los ferrocarrileros que reclamaban la independencia de su sindicato, y cuatro años antes de eso se había terminado con los internados del Instituto politécnico y con los de la Normal de maestros. No hacía ni tres años que se había asesinado al líder campesino neozapatista Rubén Jaramillo. Y las represiones se sucedían en varios estados; en Guerrero a los trabajadores copreros[25], en Chihuahua a los que impugnaban la llegada de las trasnacionales de la minería, que convertían a los pobladores originales en extraños dentro de su propia tierra.

Y sin embargo la economía crecía, los salarios no resentían pérdidas a la capacidad adquisitiva. El peso estaba fuerte. Y el

---

[25] Copreros, trabajadores que aprovechan el coco de la palmera.

gobierno se sentía con toda la autoridad para sostener una política intransigente y amenazadora.

Se percibía una influencia de las luchas que tenían lugar en el mundo. Éstas actuaban como una especie de fermento decisivo en la conciencia de los muchos inconformes, sobre todo entre las capas de la intelectualidad, los estudiantes y la gente de la cultura. El género de las artes llegaba a la sátira, tan característica de las épocas de la decadencia de un sistema. El dramaturgo Emilio Carballido presentaba su Obra teatral *¡Agáchense pollos pelones que ahí les va su máiz!!* En la que se burlaba del régimen y de las políticas públicas. Héctor Azar estrenaba *Olímpica*, una obra en la que se exaltaban los tiempos idos, y se pintaba con nostalgia la ausencia de palabras verdaderas. El teatro universitario de México ganaba un premio internacional en Nancy, Francia con la puesta de *Divinas Palabras*. Circulaban en México las primeras novelas de José Agustín (*La Tumba*, y *De perfil*), y los ensayos más importantes de Revueltas (*Ensayo de un proletariado sin cabeza*, *Dialéctica enajenada*, o *Crítica al militarismo de los países socialistas*). A nivel internacional se sucedían muchos eventos que parecían cambiar la correlación de fuerzas y favorecer al socialismo. China había explotado un año antes su primera bomba atómica. Sartre había rechazado el premio Nobel, al mismo tiempo que se había proyectado como un crítico del colonialismo y del intervencionismo de los países metropolitanos en el mundo en desarrollo. Era muy popular el libro de Franz Fanon que se titula *Los condenados de la tierra*; en cuyo Prólogo, Sartre recogía el sentir del pensamiento de lo que se conoció luego como Nueva Izquierda. Alexei Leónov se convertía en el primer hombre que pasea por el espacio sideral después de alcanzar el cielo. En Brasil se publicaba *Estética de la violencia,* del cineasta Glauber Rocha, que sentaba un hito en la cultura de América Latina. Los Beatles desataban la beatlemanía, como una expresión de inconformidad y búsqueda de libertad entre la juventud.

Mucho tiempo después descubrí que esa beatlemanía había contribuido notable y decididamente a generalizar la lucha por las libertades dentro de Rusia. (Pero ese episodio lo analizo en otra parte.)[26]

En el régimen de Díaz Ordaz, había sin embargo una fuerte carga de anticomunismo y una clara inclinación clerical, Esto es, un vínculo con el ala conservadora de la iglesia católica y una filiación ideológica militante de orientación capitalista. No en el sentido de las políticas sino en el más profundo sentido de las simpatías, las obsesiones y la fe. Por ello sus respuestas no podían contenerse dentro de lo que podría llamarse el estado de derecho o la definición de programas, había obsesión y paranoia. Repasemos hechos para que pueda apreciarse esta afirmación, y ojo, que aquí empiezo el análisis de las ***patologías políticas contemporáneas***:

El sistema político tenía varias columnas en su estructura, o para decirlo en términos más llanos, contaba con elementos materiales e ideológicos para reproducir su existencia y su control. Estaba, desde luego, la división del Partido de la Revolución hecha gobierno en tres sectores, el obrero, el campesino y el popular. Se había intentado contar con un cuarto sector, el del ejército, pero los cambios hacia la civilidad y el final de los gobiernos militares habían desterrado la posibilidad de mantener al ejército con ese estatus. Sólo reviviría el papel central del ejército, paradójicamente, en los sexenios primeros del Siglo XXI, cuando el ejecutivo sintió o tuvo que sentir, que su poder requería de los soldados. Esos tres sectores restantes eran fuente de legitimidad y base para la renovación de la estructura de poder. Legitimidad por cuanto en cada uno existían fuertes organizaciones, con estructura de control sobre sus agremiados, con franquicias o concesiones para participar en negocios del gobierno o la administración, y por manejar cuantiosos recursos que "salpicaban" a los disciplinados o

---

[26] En el texto de título ***El neoliberalismo se ha extendido en el mundo*** (de próxima publicación) dedico un capítulo a la beatlemanía en Rusia.

participantes. Base para la renovación porque los más leales al ejecutivo y los más eficientes en el cumplimiento de sus tareas corporativas eran promovidos hacia las esferas del poder público. Primero hacia los ayuntamientos, como parte del cabildo o la presidencia municipal, pero enseguida hacia las diputaciones locales como antesala de las candidaturas al Congreso Nacional. Y finalmente hacia los cargos cupulares, que podían ser Secretarías de Estado y simplemente las cimas de cada estructura, como en el caso del sector obrero, en donde Fidel Velázquez[27], sin cartera dentro del gabinete, controló parte del aparato del partido y del poder durante más de 30 años como presidente de la Confederación de Trabajadores. Se decía que los candidatos a presidentes municipales los escogía el gobernador en turno. Los candidatos a diputados eran negociados entre el gobernador y el presidente; y los candidatos a gobernador simplemente los designaba el presidente, no sin tomar en cuenta la fuerza social y económica de los aspirantes.

Tiempos idos, sin duda, hoy que hemos transitado de aquél país en que un solo partido tenía todos los hilos del poder, a esta nueva situación, en que no solo contamos hoy a tres fuerzas políticas importantes, sino también en que dejamos atrás la vida de las instituciones que la historia de lucha nos había dejado, y en que pasaron a primer plano las nuevas instituciones de la globalidad: la televisión, los grupos financieros y los agentes de las trasnacionales y el imperio. Hoy, los candidatos son elegidos según la combinación resultante de todo ese galimatías, y desde luego, en función de sus muy estrechos intereses. Lo que no ha impedido cachirules.[28]

---

[27] Sempiterno líder sindical que diseñó y jefaturó el sistema corporativo del estado hacia el sector obrero.

[28] Se le llama cachirul, en lenguaje vernáculo, al hijo no legítimo, o al que se cuela a un escenario, aunque no lo merezca o sea parte de quienes arman el juego.

Los elementos ideológicos no eran menos importantes que los resortes del poder. Desde el periodo de Venustiano Carranza se había ido perfeccionando una verborrea revolucionaria, tal y como ocurrió en otras naciones como la Unión Soviética cuando Stalin subió al poder e instituyó una doctrina política internacional a partir de su oración fúnebre, su famosa oración sobre Lenin. Stalin juró lealtad sobre la memoria del muerto y le dio forma ideológica a varias de las ideas del mismo que iban a dominar al movimiento comunista de occidente durante medio siglo.

El origen de la ideología manipuladora como fuente de autoritarismo

Se ha escrito tanto sobre ese punto, y sin embargo sigue pendiente que la gente que defiende el socialismo como perspectiva u horizonte asuma que el Leninismo fue una invención ideológica para conseguir y garantizar el control de las conciencias. El control de la coyuntura política en la que Stalin tenía todas las desventajas frente a los verdaderos líderes y teóricos del bolchevismo. Control sobre el partido bolchevique, donde Stalin no era más que un segundón. Control sobre el movimiento comunista, para subordinarlo a la estrecha y nacionalista visión del nuevo capataz. Como nos ha relatado Alan Woods mucho tiempo más tarde,

"El discurso de Stalin en el funeral de Lenin fue un ejemplo típico de su hipocresía. Sentía alivio por la muerte de Lenin (como lo han relatado algunos biógrafos), porque sabía que Lenin estaba dispuesto a destituirlo. Pero pronunció una oración fúnebre en los términos del culto bizantino. Ya estaba fuera de peligro y ahora podía adular a Lenin porque éste había muerto. Algunas veces los muertos son más útiles que los vivos, y Stalin utilizó el lenguaje litúrgico de la iglesia ortodoxa que había aprendido en el seminario, que se parecía más a un sortilegio religioso que a un discurso marxista. Lo que no era casualidad, pues mientras construía el culto religioso a Lenin, Stalin pisoteaba los principios más elementales y la política del leninismo; pero bajo la bandera del "leninismo" se estableció el nuevo credo estalinista, que eran el polo opuesto a las ideas del Partido Bolchevique. Por supuesto, no hay nada nuevo en esto. En la historia, toda casta usurpadora siempre se ha visto obligada a ocultar su revisionismo con el disfraz de la "ortodoxia"."

Lo trágico, sin embargo, fue que los comunistas, tan necesitados de fe como los cristianos de la época de las catacumbas, fueron seducidos por una ideología que se convirtió en su prisión mental. Y durante cinco décadas todos los militantes del marxismo controlado por la Unión Soviética trabajaron, lucharon, realizaron proezas o murieron y cometieron innumerables crímenes, siempre acorde con esa ideología. Robert Mc Neal rememoró estos hechos en 1988 con las siguientes palabras: "No siendo un orador, Stalin estaba en desventaja hablando después de Zinoviev (en el velorio de Lenin), sin embargo, intentó compensar eso con un tema astutamente elegido, los mandamientos de Lenin, presentados con efectiva brevedad. Mientras era lo suficientemente eulógico para acomodarse a la ocasión, el discurso de Stalin era básicamente una reafirmación de la misión y la gloria del Partido Comunista. Mc Neal nos recuerda que Stalin empezó su discurso así:

"Camaradas: Nosotros los comunistas, somos hombres de un temple especial. Estamos hecho de una trama especial".

El formato del discurso consistía de seis puntos breves, cada uno finalizando con el supuesto último mandamiento de Lenin y con un compromiso para cumplirlo:

"Al dejarnos, el camarada Lenin nos legó que mantuviéramos en alto y conservásemos inmaculado el gran título de miembro del partido. ¡Te juramos, camarada Lenin, que cumpliremos con honor este tu mandamiento!". Tal era la conclusión de la sección sobre la membresía del partido, seguido por similares afirmaciones concernientes a la unidad del partido, la dictadura del proletariado, la alianza de obreros y campesinos, la unión de las repúblicas nacionales y la Internacional Comunista. En la elaboración de esto hubo una astuta y bien trabajada retórica. El uso de la repetición podía rememorar de modo general la liturgia cristiana ortodoxa; y, naturalmente, toda la atmósfera del funeral era reverente. Pero Stalin no lo extrajo específicamente de la tradición funeral cristiana, que no enfatiza ningún mandato del fallecido ni de la iglesia como organización. Lo que los ritos cristianos hacen por el muerto es enfatizar la inmortalidad, y este tema pronto se convertiría en un lugar común en el culto soviético de Lenin".

Aunque muchos historiadores han analizado el proceso de ideologización del marxismo, e incluso algunos han reconocido el papel de Stalin en la manipulación a través de la ideología, la mejor síntesis que recuerdo es precisamente la de este Robert Mc Neal (Después de la muerte de Lenin: los herederos, en Crítica marxista leninista. Internet): "las obras completas de Lenin no podían definir el "leninismo". Eso requería una autoridad que pudiera interpretar esta gran cantidad de material. Stalin desperdició poco tiempo en afirmar su derecho a ser tal autoridad. El medio que usó fue, en su forma inicial, un discurso ofrecido a principios de abril de 1924 en la "Universidad" del Partido – realmente una escuela de funcionarios– nombrada en homenaje a Sverdlov. Titulada *Los fundamentos del Leninismo*", se publicó en serie en *Pravda* durante abril y mayo, y apareció también en mayo como folleto, que incluía su eulogio del 28 de enero sobre los supuestos mandamientos de Lenin. En 1926, se convirtió en la base de una antología titulada *Cuestiones del Leninismo*". Por el resto de la vida de Stalin, este libro, actualizado y aumentado, que alcanzo más de 17 millones de copias, sirvió como la selección básica en un volumen de su pensamiento, y por muchos años fue uno de los dos libros más estudiados en la Unión Soviética. El discurso en la Universidad Sverdlov fue dedicado a la Promoción Lenin, esto es el reclutamiento de cerca de 200,000 nuevos miembros en el Partido como tributo a Lenin. Pocos de esos nuevos comunistas tenían mucha educación concerniente a las doctrinas del movimiento, y así representaban una población que probablemente era receptiva a cualquier autoridad que definiera por ellos las ideas del venerado fundador."

En México el proceso que ocurrió, guardando las salvedades del caso, es comparable. Lamentablemente hoy algunos de los orígenes de lo que han sido las ideologías del Siglo XX están olvidados o son solamente conocidos por unos cuantos especialistas. Muy pocos mexicanos saben cómo era el clima político e ideológico de los años veinte en la época de Obregón y

Calles o Stalin, y más pocos saben que en esa época también se originó una ideología de la Revolución Mexicana, que luego sería doctrina de estado. En la misma forma, aunque desde luego con proporciones universales, en los años veinte también se gestó lo que luego fue conocido como leninismo. Sin que sus gestores o sus divulgadores pudieran alcanzar a ver que estaban convirtiendo el pensamiento de una persona en una fe política y en el cimiento de un sectarismo excluyente, como pocas veces había visto y vivido el mundo.

La ideología de la Revolución Mexicana

Acá, en esta nación, la clase política fue tejiendo una filigrana de la retórica revolucionaria, que tenía una posición omnisciente y omnipresente para los problemas del país: Somos revolucionarios porque el programa de la revolución se actualiza, y se actualiza porque no hemos terminado su tarea, y no la terminaremos hasta que se alcance plenamente la justicia social. Y no alcanzaremos la justicia social si no estamos unidos, y no podremos mantener la unidad sino con disciplina, acatamiento de los dictados más altos de la patria y fidelidad a nuestra doctrina. Etc., etc. Parecía que las ideologías sobredeterminaban el quehacer de los asuntos públicos y la visión sobre el porvenir.

Díaz Ordaz era la culminación de ese formalismo, de una manera de entender la sociedad y sus instituciones hasta la exacerbación. Todos sus gestos y sus expresiones iban a caracterizarse por esa insistencia y esa idea fija. Habíamos vivido ocho presidencias desde que los caudillos militares habían tomado posesión del estado postrevolucionario. Y en cada uno se había ido perfeccionando esa doctrina, esa manera de articular el pensamiento político, y de presentarlo en los libros de texto, en el contenido de los discursos, en las campañas, hasta decantarlo en un conjunto de principios y valores nacionales. Se manejaba toda una doctrina de la Revolución, y se parecía no conceder importancia a su complemento que era desde el origen un autoritarismo descarnado y un cinismo político. Lo curioso es que en este caso Díaz Ordaz consideraba que la ideología le otorgaba una especie de franquicia para tomar decisiones drásticas y represivas. Se sentía fiel a la doctrina y de ninguna manera ejemplo reiterado de autoritarismo antidemocrático.

El país estaba cambiando aceleradamente, y las protestas y los movimientos reivindicativos se multiplicaban por todas partes. El año que Díaz Ordaz tomó el poder había reprimido a media docena de estos movimientos que no entendían lo que para él deberían ser los cauces constructivos de la legítima demanda y la unidad nacional. En el segundo año de su mandato los movimientos se multiplicaron por dos y las represiones también. Y en el tercero fueron todavía más numerosos los movimientos de protesta, ahora con grupos que empuñaban las armas, y Díaz Ordaz empezó a construir en su mente la teoría de la conspiración y la presencia de agitadores extraños al proyecto nacional. Ninguno de estos protestantes levantaba el discurso institucional. Ni siquiera los que creían en el supremo texto de la Constitución. Para la mente del ejecutivo no cabía que la realidad de México pudiera gestar tales inconformes, ni que pudieran ser reconocidos como parte de los mexicanos. El partido de las mayorías no sólo era hegemónico sino el marco general de toda iniciativa política legítima y "buena". Fuera del estado y del partido sólo podía haber el yerro y el extravío. Al "yerro" se aplicaba el hierro, y al "extravío" le terapéutica férrea de la cárcel.

Ilustrémoslo con sus propias palabras:

"La revolución pacífica es cambio dentro de la paz, dentro de la ley y con la ley; ascenso dirigido, previsto, calculado y no desordenado, ciego, costoso e imprevisible. Por hoy, la modificación hacia delante de esta realidad mexicana nuestra se logra mediante la acción transformadora de las leyes, porque en la etapa actual, nuestra revolución, para ser creadora, requiere ser necesariamente institucional." [29]

---

[29] Ideas políticas del presidente Gustavo Días Ordaz, Recopiladas por Roberto Amorós, México 1966. Pág. 24.

"La fuerza de una nación estriba en lo compacto de la conciencia pública, esto es, *en el grado de unificación que rija el pensamiento, el sentimiento y la voluntad de los ciudadanos*. De ahí que busquemos incansablemente las *esencias más puras de nuestro ser nacional* y que con insobornable constancia, con encendida pasión, *procuremos lo que nos aglutina, lo que nos une, lo que nos levanta, lo que nos prestigia y de lado dejemos lo que nos disgrega, lo que nos divide, lo que nos quiere abatir*, lo que pretende desprestigiarnos." [30]

En Estados Unidos se formaba el grupo *The Doors*, y en Inglaterra el grupo *Pink Floyd*. Ambos serían ejemplo de crítica social y rebeldía. En Estados Unidos crecía también el movimiento hippie y se intensificaban las luchas por la libertad y derechos de la población negra. *Malcolm X* y *Luther King, los dos insignes líderes de los derechos civiles*, eran por ello asesinados. El discurso de éste último, *I had a dream* era leído con llanto por miles de personas en todo el mundo, incluyéndonos a nosotros.

Entre 1960 y 1965 se habían librado del colonialismo y declarado su independencia los siguientes países: Benin, Camerún, Togo, Madagascar, Congo, Somalia, Burkina Faso, Costa de Marfil, Chad, República Central Africana, Gabón, Malí, Nigeria, Mauritania, Kenia, Gambia, Botswana, Guyana, Lesotho y Guinea Ecuatorial. La Revolución Cubana había consolidado su aliento, y el Ché se había despedido de Fidel y de Cuba con su célebre mensaje dirigido a Fidel y los pueblos en lucha: **¡Hasta la Victoria Siempre!** Quino había fundado la publicación de Mafalda, Y contra la voluntad de la Iglesia se había impuesto la minifalda para degustación de todos los que en ese entonces pudimos ver, por primera vez en la calle, que se asomaran los muslos de las mujeres.

Estados Unidos incrementaba sus efectivos en Vietnam del Sur, para cerrar ese año con doscientos mil efectivos, además de mantener los bombardeos a Vietnam del Norte.

La visión de Díaz Ordaz, considerando ese contexto, nos parecía completamente ajena a la realidad del mundo. ¡Cómo no íbamos a

---

[30] Ibíd., pág. 43

sentirnos inspirados y participantes, no sólo los jóvenes, sino todo patriota, todo antiimperialista consecuente, todo amante de la libertad!

Como bien lo ha resumido Héctor Dinamarca recientemente,

"fue en los años sesenta, en Occidente, cuando empezamos social y culturalmente a constatar con urgencia las presiones hacia la insustentabilidad del modo de vida propio e histórico de la época moderna. Y como vital respuesta de la conciencia humana, *en esa década prodigiosa la especie comenzó a imaginar un nuevo modo de vida. Fue ahí cuando una notable y apasionada generación de hombres y mujeres, en todos los lugares del planeta, participando en movimientos contraculturales y experimentando nuevos modos de vida, dio inicio a la erosión del ya viejo paradigma social moderno*".[31]

Había sin embargo otras apreciaciones.

Para Díaz Ordaz, presidente de México, *necesitábamos, de la unidad por sobre todas las cosas, una unidad sin ideologías extrañas, "sino en torno a esos objetivos permanentes"* sobre los que, según él, se cifraba la vida entera de México.

Toda lucha le causaba no preocupación por las causas que pudiera tener, sino por la falta de coincidencia con su pensamiento y con la disciplina que él encarnaba y exigía. A lo largo de su campaña como candidato, así como durante su gobierno iba a caracterizar de manera excluyente a los inconformes, para amenazarlos después, y proceder finalmente a su supresión, bien fuera como fuerza política, o bien como liderazgos que no cabían en su esquema mental.

En el discurso de clausura de su campaña como candidato a la presidencia dejó escapar un elemento adicional que puso el tinte a su carácter y determinación. Al explicar quién era él, y quién su partido, dijo: "El Partido Revolucionario Institucional agrupa a las grandes mayorías ciudadanas". Y al caracterizar a quienes no iban a votar por él, dijo: *"muchos pertenecen a otros partidos o no tienen ninguna filiación política..."* Estos dos hechos, agregó, no

---

[31] Quinto Congreso Humanista (Psicología), Revista Humanista de Internet, 25 de mayo de 2008.

pueden soslayarse ni olvidarse, porque "si el gobierno lo olvida altera el equilibrio…y si el ciudadano lo niega, nada más porque se rinde a sus intereses, renuncia entonces a entender los conceptos esenciales de una democracia."

Y para que no quedara duda todavía puso más énfasis:

"Diferir de opiniones en política no debe llevar a la violencia verbal ni menos a la violencia de hechos… La intolerancia y el sectarismo, *el engreimiento y la autosuficiencia en el terreno político, son prácticas contrarias al interés nacional…*" (Ibídem. Pág. 299)

Cuando la policía reprimía o desalojaba universidades se trataba del imperio de la ley. Y cuando los estudiantes le mentaban la madre por tales actos entonces se trataba de una **violencia verbal** que se rinde a sus intereses inconfesables, llenos de engreimiento y contrarios al interés nacional.

Para este presidente entonces, él representaba lo legítimo, y él establecía las reglas de la discusión, que no podían ni salirse de la doctrina oficial, ni adquirir "tonos inaceptables". Su posición era congruente con la historia y con la tradición, y quienes no se mantuvieran dentro del redil "eran contrarios al interés nacional." No había mucha diferencia con cualquier otra dictadura anterior.

(Por cierto, que estos referentes los traen fijos en la cabeza todos los que se formaron en el sistema político mexicano y todavía están activos. Como iremos ilustrando capítulos o textos adelante. Pero lo menciono ahora porque no se trata de un estigma de partido, sino de una ideología nacida de un proceso histórico.)

Y para redondear esa visión de la convivencia y las relaciones entre gobernante y gobernados, Díaz Ordaz todavía remató sus expresiones diciendo a sus paisanos en el Estado de Puebla, donde fue el acto de clausura de su campaña como candidato:

"Donde me fue dado el supremo bien de la vida y mi niñez fue cobijada por un techo modesto pero santo, yo siento a la Patria en el primer aliento…" ¡Ay güey, que susto!

El sujeto confesaba —a diferencia de todos los presidentes que le habían antecedido— su convicción religiosa, que es lo que permeaba su obsesión doctrinaria y escolástica. Sólo encontraríamos esa visión religiosa del poder y del estado cuarenta años más tarde en otro hombre con una vocación de absoluto comparable, de nombre Carlos Abascal. Pero ya llegaremos a él en el apartado siguiente.

De hecho, Díaz Ordaz tuvo pocos deslices como este. Pues parte de la doctrina oficial había incluido el carácter laico de los gobernantes. Pero él era uno de los primeros presidentes que no era masón, y que sí era católico. Y desde él y hasta Carlos Abascal, no íbamos a tener otro ejemplo de **un creyente que se tomara su papel público como parte de su ejercicio de fe**. No había sido casual que después del destape, como se llamaba aquí en México a la designación del sucesor, la Revista Política lo hubiera puesto en la portada como un simio con garrote y un gran escapulario al pecho. La visión que tenía el director de la revista, el Ing. Manuel Marcué Pardiñas, era exacta (Aunque la caricatura era de Naranjo).

Por eso podía dirigirse, ya como presidente, desde el púlpito del poder, hacia la feligresía ciudadana diciendo:

"hay partidos de oposición que no luchan contra nosotros, luchan contra la historia y por eso les duele que la invoquemos, son contrarios al curso que México siguió en el pasado y seguirá en el futuro" (ibíd. Pág. 54)

O sea que estábamos desterrados de la historia. Y por lo mismo se valía, era válido, proceder como lo hizo en los años de crisis e insurgencia tratando de desterrarnos de la vida. Un hombre cuya fe le hace pensar que desde su primer aliento SANTO ya sentía la Patria, y que sólo veía antipatrias en la oposición, no podía actuar ni con ecuanimidad ni capacidad de análisis objetivo. Su mente estaba ideologizada, tan ideologizada que todos los asuntos de la disidencia adquirían un tinte entre polarizante y de pecado:

A los jóvenes había dicho:

"para cumplir su destino, (ojo dice destino) ajústese la juventud a la realidad de México, piense que México tiene un sistema que se llama

democracia, una serie de principios que constituyen una bandera que se llama Revolución Mexicana..." (Ideario pág. 68)

Para advertir al mismo tiempo:

"pese a todas las influencias negativas que la asedian, ya incitándola a un comportamiento anárquico...el sentido de la responsabilidad social debe predominar en la conciencia juvenil, orientando su voluntad de servicio, su noble impaciencia por prestar utilidad en el sitio adecuado..."

Este cabrón llegaba pues a imaginar que conocía el sitio adecuado que le correspondía a cada uno.

En octubre de 1964 se había reprimido en Puebla una manifestación en la que se demandaba la liberación de trabajadores lecheros. Los estudiantes, que se encontraban dentro del edificio de la Universidad, no habían podido impedir la entrada de la policía. En el mismo lugar otro grupo también era reprimido por protestar la detención del líder agrario comunista Ramón Danzós. El mismo mes se detuvo también a estudiantes en Chihuahua. Y días después el ejército patrullaba las calles de Puebla para impedir las protestas estudiantiles. A fines de noviembre y principios de diciembre de ese año tuvieron lugar los primeros paros de los médicos de las instituciones públicas que demandaban el pago de aguinaldos y la reinstalación de sus líderes que habían sido cesados. Entre los cesados estaba una atractiva galena, de nombre Yolanda Ortíz Ascencio, que habría de ser mi primera relación de pareja cinco años después.

Díaz Ordaz habría de preguntar desde el púlpito del Congreso, al rendir su informe, si podía uno concebir mexicanos que pudieran dejarnos sin pan o sin servicios. En el régimen sindical, a donde se aplicaba una cláusula de exclusión contra todo disidente, el presidente había enfatizado que en ese ámbito la mencionada cláusula "era revolucionariamente aplicada" (ibíd. Pág. 234) Sobre el campo y la tierra había subrayado que ya no era posible seguir repartiendo tierra, que había que terminar con las esperanzas de un nuevo reparto en lugar de lanzar a los hombres del campo a nuevas inquietudes, que quienes lo hacían "o son irresponsables por ignorancia o son responsables, y por eso deliberadamente perversos".

(Ibídem. Pág. 247) Introducir valores morales en el análisis de hechos políticos era así una forma de hacer presentes las convicciones religiosas de un hombre que, como decía el vulgo, lo hacían aparecer como un tonto, pues tonto era el que piensa que otro no piensa. Pero OJO, nuevamente, estoy explicando y describiendo los elementos que fundamentan una visión ideológica, enajenada y supuestamente infalible del Estado y la política. Y cuando ello rige la acción del Estado, por encima de las instituciones mismas, hace de la política un ejercicio de demencia. Y el poder demente que impone adquiere la condición del mal.

Pero Díaz Ordaz actuaba con una convicción absoluta, esa que no admite dudas porque se basa en dogmas. Su pensamiento –envuelto en retórica priísta– seguía más bien las líneas del autoritarismo que caracterizó, durante muchos años, la acción punitiva de la iglesia contra los herejes y los apóstatas. Por eso, detrás de sus palabras, sólo había violencia creciente, pues en realidad él pensaba que *"el hombre es un bicho malo, que menos obedece a la razón que al palo."*

En 1965 continuaron los paros de los médicos y fueron cesados los nuevos dirigentes y puestos en listas negras para que no encontraran ocupación en otra parte. En palabras de Díaz Ordaz fueron desterrados. Sí, como si él hubiera querido eliminarlos de la realidad. En la Universidad de Guerrero fueron cesados todos los que cuestionaban la reelección del rector. Los seguidores del rector desalojaron con violencia a los disidentes. En abril, una manifestación que protestaba por la intervención yanqui en Vietnam era reprimida por los granaderos. En mayo la policía y los granaderos asaltaron los hospitales públicos para someter a los reclamantes. En junio, en la universidad de Puebla, se expulsaba a once maestros y 19 estudiantes por oponerse al rector. En septiembre eran masacrados los asaltantes del cuartel Madera en el Estado de Chihuahua. "Tierra querían, tierra les damos", declaró el gobernador, refiriéndose a su sepelio sin cajones ni féretros sino a pala viva. En octubre los granaderos desalojaban a los médicos paristas que quedaban y se dictaban órdenes de aprensión contra todos los participantes identificados. El discurso proseguía con la Revolución y la ley en la boca. Pero la elocuencia la tenían el garrote y el fusil.

Esa tónica de querer desterrar o de sacar de la realidad a los que no encajan en la visión o el interés del poder, ha seguido presente en los hombres de la administración pública de México. Y en ciertas etapas se ha vuelto una obsesión política, pero de dimensiones y alcances apocalípticos. El asunto de los campesinos, por ejemplo, que dejaron desde entonces de ser uno de los aliados del Estado, se fue convirtiendo en un tema que de incomodidad pasó a ser incorporado a un modelo económico, donde no cabían más.

Primero Díaz Ordaz que había venido repartiendo tierra, suspendió la continuidad del reparto, dejando intactos miles de latifundios que excedían no solo la ley, sino incluso la prudencia económica. Y a partir de entonces el agrarismo salió del discurso oficial. Luego, tres gobiernos más tarde, se hizo un análisis de la aportación del campo al Producto Nacional, y se lo comparó con el número de personas que vivían en el medio rural. Y como su aportación era, (veinte años después de Díaz Ordaz), supuestamente menor a lo que generaban las actividades económicas comprendidas en los servicios, "se dedujo" que eran demasiados los campesinos. Y así, progresivamente, hasta que un subsecretario de Agricultura, de nombre Luis Téllez Künstler, fundamentó, en la última década del pasado siglo, que una parte de los campesinos debía desaparecer. Y apretó su máquina de Atari, o de Play Station, que es en lo que habían convertido al estado, dejándolos sin políticas de apoyo y lanzándolos a buscar trabajo al extranjero, pues a partir de ese momento ya no tenían cabida en "esta realidad". Es decir, canalizaron los recursos para que sólo la porción comercial del campo pudiera prosperar, y millones de productores pequeños tuvieran que abandonar su tierra y emigrar.

Si esto no es enfermo. Me parecería muy poco o insuficiente decir que era equivocado.

La Paz social había sido característica del periodo de crecimiento económico de los años 40 a 60, pero llegaba a su fin en los días de Díaz Ordaz. El llamado milagro mexicano cedía su lugar al estancamiento, y en el estancamiento empezaba el declive o la decadencia de un sistema político que ya no podía responder a las expectativas de la mayoría. La confianza era sustituida por el temor. Y el pacto social por una voluntad de imposición y una proclividad a la violencia. No podría decirse que ese ambiente político fuera precisamente muy sano. Más bien la morbidez era su aire y su excrecencia.

La locura de la contraparte, o de la insania de la izquierda en la que yo milité

Si la izquierda hubiera respondido desde la sobria actitud republicana, probablemente hubiera tenido eco y simpatía entre una parte considerable de la población. Y no lo hizo, no porque reaccionara de manera automática ante la represión, sino también porque en su propia historia había un origen ideológico de extravío. O pensaba de manera dogmática alineada al stalinismo, o seguía defendiendo la revolución mexicana, pero sin tener claro cómo podría profundizarla para avanzar hacia el socialismo.

Las circunstancias contribuían también a una respuesta o contrapropuesta simple que describiré a ustedes. En el clima mórbido del diazordazato —y aquí retomo mi relato de carácter personal— algunos luchadores que habían participado en la campaña electoral sin registro, postulando a un líder comunista, y a muchos candidatos a gobernadores independientes, hicieron contacto con un periodista independiente que había hecho reportajes a diversas personalidades progresistas de la época, y juntos habían fundado el nuevo Movimiento Revolucionario del Pueblo. En él se agrupaban funcionarios medios de diversos centros de trabajo, líderes regionales, líderes del movimiento médico que había sacudido los años anteriores al país, y nuevos reclutas.

El líder o uno de los líderes, era adicto a lo que en su trabajo era común, el café y el trago, ejerciendo no solo el oficio sino también la convivencia en el área donde se publicaban los principales diarios de la ciudad. Frecuentemente sus disertaciones exaltadas sobre la revolución cubana, sobre el Ché, sobre los problemas de América Latina, eran escuchadas por los parroquianos y transmitidos por lo que se ha conocido como Radio Bemba[32] en los más diversos medios. El líder, que no revelaba su actividad, dejaba sin embargo mucho que pensar con su vehemencia. Al final de cada una de esas veladas, un solícito taxista, que ya tenía identificado a su cliente, lo ayudaba a subir al auto y lo entregaba en su casa.

Al llegar a la casa del líder, el taxista se bajaba del auto, tocaba el timbre, y medio despertaba al pasajero para ayudarle a llegar hasta la puerta. En la puerta, la atractiva hermana del líder agradecía la entrega y sustituía al taxista en el auxilio al líder, que era conducido hasta su cama.

El taxista cumplía su solícita labor no sólo por solidaridad, también porque el líder era un cliente regular, que nunca objetó la tarifa y más bien se portó generoso; y además, la hermana era de buen ver, y quién sabe, ¿por qué no podía aspirar a algo más que ese saludo y esas "buenas noches"?...

Y en efecto. Pasado el tiempo, la hermana se sintió curiosa de la regularidad del taxista y de su solícito apoyo, de tal manera que se atrevió a preguntarle si también era "compañero". El taxista, midiendo esas palabras, y calculando que ser compañero le representaba un acercamiento mayor, respondió que – "naturalmente".

---

[32] Bemba se le llama a la boca grande. Así que Radio Bemba se entiende como el chisme o la noticia de boca en boca.

—En ese caso vente al entrenamiento el domingo a las ocho de la mañana, le contestó ella.

Y él estuvo presente y puntual.

A los pocos días eran detenidos todos, incluyendo al nuevo recluta. Pero éste no había tenido tiempo de "aspirar" (asimilar a toda velocidad) la densa teoría, ni la mucha información, había transitado sin mediaciones de taxista a prospecto para el entrenamiento de largas marchas por el campo, practicando el "paso vietnamita" ...

A la policía no le importó si tenía tres días de ser reclutado o si se trataba de un subversivo de largo peregrinar y currículum. Lo mismo daba, se le dictó formal prisión y fue recluido finalmente en la crujía a donde estaban concentrando a los presos políticos.

Dentro de este grupo de detenidos estaban incluidos cuatro dirigentes médicos, (el Dr. Gilberto Balam, el Dr. Rolf Meiners, la Dra. Yolanda Ortíz Ascencio y el Dr. Miguel Cruz), varios dirigentes campesinos, varios líderes del Movimiento de Liberación Nacional y algunos nuevos reclutas. La nueva camada de presos políticos había quedado establecida. Antes se había tratado de maestros, trabajadores petroleros, ferrocarrileros y uno que otro intelectual comunista. Ahora eran miembros de organizaciones claramente subversivas y contestatarias.

En los meses siguientes detuvieron a un grupo de trotskistas de la sección posadista de la Cuarta Internacional. Eran acusados de estar involucrados en un estallido dentro de la Refinería de la ciudad de Poza Rica, donde existía mucho descontento, además de otros delitos usuales. En ese grupo habían detenido a Adolfo Gilly, pero también a algunos militantes de ese rumbo de esa localidad petrolera, entre los cuáles se contaba un médico famoso de Veracruz (Fausto), no sólo por su servicio de salud en la comunidad, sino también por su defensa intransigente de la democracia. Estaban igual dos estudiantes, y un cuadro extranjero enviado personalmente por J. Posadas, cuyo nombre real era Homero Cristalli. El que parecía el líder del grupo era un periodista conocido, que había cubierto reportajes importantes publicados en diversos países, y había sido acusado también por Fidel Castro como agente de la CIA, por haber participado en una "expropiación" que se realizó en Guatemala y de la que parte del dinero se había destinado a la Cuarta Internacional posadista. Me refiero a Adolfo Gilly naturalmente.

Los posadistas venían siendo luchadores muy abnegados, que en la huelga universitaria de 1966 contra el régimen de represión de los cuerpos de vigilancia del rector se habían distinguido por su consecuencia, su entrega total y su honestidad. Muchos de los posadistas, habíamos constatado, eran ejemplo de militancia, y quienes participábamos en el movimiento no estábamos dispuestos a que los descalificara nadie, así se llamara Fidel Castro. Pero lo cierto es que todos seguían o se inspiraban en los trabajos de J. Posadas. Hombre enigmático, que sin embargo era capaz de escribir sobre absolutamente todos los temas que se abordaban en el movimiento y en la sociedad. Desde la cuestión de la cultura, hasta el asunto de los extraterrestres, pasando por el cigarro.

Eran tiempos paradójicos. Mientras la izquierda creaba una nueva cultura y los intelectuales de todo el mundo se alineaban por la ruta del cambio y lo nuevo, algunos militantes se proyectaban como sabelotodo y tiradores de la última palabra para sus militantes.

Posadas así, escribió entre otros los siguientes textos que no puedo olvidar, porque los leímos con gran entusiasmo, no precisamente por suscribir lo que decían, sino como chistes interminables, que nos alegraban la vida en medio de duros procesos de estudio y revisión de temas de la ciencia social:

Cuando estalló la guerra árabe israelí, de su pluma salió el opúsculo

—De cómo los árabes van cantando y bailando a la guerra, porque es su guerra.

Cuando se pusieron de moda las historias de extraterrestres, el líder de la cuarta posadista nos envió el:

—Programa para la recepción de los marcianos, que por ser extraterrestres y por lo mismo dominar una tecnología avanzada, vienen sin duda del comunismo y son camaradas.

Cuando se puso de moda la serie televisiva Topo Gigio, Posadas nos ilustró con:

—Sobre la decadencia del imperialismo, que convierte a una rata en la imagen de su propuesta cultural.

Y cuando la crisis de los misiles en Cuba con su secuela sobre el peligro de guerra sus instrucciones fueron:

— Programa para antes, durante y después de la tercera guerra mundial, inevitable y deseable

Y así, amigos míos, podría continuar enumerándoles los textos sobre el ascenso del nacionalismo, la crisis de la burocracia soviética, la forma como el cigarro le roba células del cerebro a la revolución, y todo lo que se les pueda ocurrir, aunque, claro está, bajo los títulos del lenguaje y precisión del camarada J. Posadas, quien era el jefe y guía de Adolfo y todos estos abnegados compañeros.

Pero si ahora escribo sobre Posadas con jocosos recuerdos, no podría considerar que hago justicia si no intento describir la forma como él se percibía a sí mismo. Y no sólo cómo Posadas veía la realidad del mundo y la política, sino cómo la veía cada uno de estos personajes del entonces y el ahora. Pues la conciencia que tengo yo de cada uno estaría incompleta en una historia sin la conciencia que tenía cada uno de sí mismo.

Posadas había luchado contra las corrientes que a su juicio se apartaron de la ortodoxia de León Trotski. Pero también se sentía heredero de las corrientes radicales que se originaron en Argentina durante los gobiernos de Perón y de su primera mujer. Hombre del pueblo, asumía una actitud que lo mantuviera ligado a los sectores obreros y populares, pues le eran repelentes los intelectuales que por su tarea o su nivel cultural adoptaban una condición enrarecida o aristocrática. Probablemente por ello trataba de escribir adoptando un estilo pretendidamente sencillo;

o de dictar lo que publicaba, sin poner cuidado en la redacción y utilizando muchas frases coloquiales. Los intelectuales marxistas le resultaban repulsivos por el tono en que hablaban y por su poca disposición a mezclar o aplicar el sentido de los textos a la realidad del momento.

Escribía con gran seguridad, denotando que sus posiciones no solo estaban inscritas en el espíritu de Trotski, sino en la consecuencia política. Los estados obreros eran países socialistas degenerados, pero conservaban un doble carácter, como obreros y como burocráticos. El nacionalismo en América Latina tenía una tradición de consecuencia y de antiimperialismo. Luego entonces había que apostar por la unidad del nacionalismo y la lucha por el socialismo. Pues ese era el silogismo obligado, esa era la característica central del proceso en este continente. Profesaba, además una confianza casi mística en la dinámica de masas; en que durante el proceso de la lucha y la movilización las consignas se les revelarían a los luchadores como obvias o consecuentes explicaciones de lo que estaban viviendo. Por lo mismo, sus textos concluían con consignas que pretendían sintetizar el carácter, la orientación y los destinos de cada combate y cada momento. Su fuerte personalidad, su entrega total a la actividad, y su vehemencia, habían atrapado a muchas personas inteligentes y las habían arrojado a un activismo febril. Por ello, aunque sus grupos no crecían, sí lograban incidir en algunos movimientos. Quienes estaban en la lucha y coincidían con los posadistas podían criticarlos, pero siempre los recibían en el trabajo por su consecuencia, su abnegación y su sinceridad. Excepto, claro está, los miembros del Partido Comunista que no toleraban a nadie. Pero éstos últimos constituían una pequeña minoría.

Poco después de la detención de los posadistas fueron también detenidos los primeros "prochinos", quienes formaban parte del rimbombante Partido Revolucionario del Proletariado, Marxista-Leninista, guiados por el pensamiento Maotsetung, que dirigía el compañero Ingeniero Javier Fuentes Popoca, que en paz descanse, amigo personal de Mao y mío también, hombre de sólida formación filosófica y en ingeniería, verdadero inventor de la *tridilosa*. (No es broma, es serio, y como prueba de ello cito la estación de trenes Buenavista, que en mi país era la principal estación de trenes, toda techada siguiendo el principio de la tridilosa cuando Heberto Castillo todavía era estudiante, y Luis Echeverría no se apropiaba todavía de la patente.) En ese grupo participaba un profesor muy entregado a la militancia a quien apodábamos "El profesor polibomba", también un obrero que leía infatigablemente el *Pekín informa* y que había adoptado el lenguaje de esa revista en su hablar cotidiano. El profesor había tomado su apodo en alusión a una película cómica norteamericana, en la que aparecía un inventor que había creado una sustancia que en lugar de rebotar en forma decreciente brincaba más alto cada vez, hasta perderse en el espacio. En el mismo grupo venía Raúl Murguía, Físico matemático que había estado a cargo de las computadoras de la IBM en México, y que meses después, ya encerrado, fuera mi profesor de fisicomatemáticas.

Y finalmente, en mi grupo también había personajes que contribuían a darle un complemento, si no jocoso sí tragicómico.

Pues los grupos de detenidos no se configuraban por organizaciones políticas, sino a según les había latido a los policías que participaban en las persecuciones, o a según se habían presentado los acontecimientos, involucrando paseantes, amigos, familia, o sujetos que se habían vinculado casualmente con alguno de nosotros.

Así, estábamos, yo y mis compañeros, en los separos de la cárcel clandestina que tenía el servicio secreto o alguna policía por el rumbo de Tlatelolco, en el norte de la ciudad, en largos interrogatorios (que duraron como diez o quince días, ya no me acuerdo) cuando al segundo día de interrogatorios en la clandestinidad, y como si estuviéramos desaparecidos, llegaron los agentes, abrieron mi celda y aventaron a un hombre de aspecto humilde, que portaba un sombrero parecido a los que usaban los pachucos en los barrios bajos. El hombre —que después supe se llamaba Miguel Alberto Reyna— tenía un bigotito parecido al del cómico Cantinflas, fumaba, pero no pronunció palabra alguna ni cuando llegó ni en los siguientes días, hasta que lo incluyeron en los interrogatorios formales y me enteré que le preguntaban sobre hechos subversivos.

Cuando finalmente pude entablar un diálogo con él, transcurridos varios días, me explicó que era vendedor en los mercados. —Y ¿Qué vendes? Le pregunté. —Pues diversas cosas, medicinas naturales, remedios, a veces utensilios caseros y cosas parecidas. —Ah entonces debes tener un puesto. —No exactamente, me explicó, vendo desde mi cajón móvil, convoco a la gente, se reúne y les explico la función o utilidad de lo que vendo. —Ya entendí, le dije. Quedándome claro que se trataba de lo que llaman vulgarmente un merolico.

Así pues, que pueden ustedes ya imaginarse la rica diversidad de los habitantes de esa crujía, en la que estaban varios "líderes de la revolución", un taxista, un merolico, un profesor polibomba, un obrero que hablaba como *Pekín informa*, varios estudiantes, un asaltante temerario y aventurero, dos líderes médicos, y algunos viejos presos del periodo anterior, uno de ellos el último acusado de disolución social por el solo hecho de haber distribuido una publicación subversiva por correo (Fernando Arizpe). Hombre de gran corazón, monstruosa memoria y agrio carácter, que fuera mi profesor de geografía, y con quien jugaba ajedrez (creo que es el único ser que he conocido que sabía jugar ajedrez cúbico, es decir, con 512 casillas, evidentemente sin ver tablero alguno).

La personalidad de estos compañeros no podía ser más diversa. Y sus niveles culturales eran un reflejo exacto de las diferencias abismales que tenía la sociedad mexicana. Pero todos estaban en el mismo barco. O, mejor dicho, estábamos.

El compañero Mero, sin embargo, no era ni tonto ni recién llegado. Tenía poca experiencia y escasa formación, pues apenas meses de haberse incorporado. Y su historia, que es muy ejemplificativa de lo que vivimos en esos años dorados del ascenso de la revolución en el mundo, es digno de recordarse, porque su caso se ha repetido en muchas partes, en casi todas las luchas de liberación o resistencia donde el comunismo tomó la iniciativa. Pero contemos: corría el año de 1966.

Juan Ortega Arenas, que en los sesentas ya era un líder de masas legendario, pues defendía varios sindicatos de industria, y había creado el Movimiento de Independencia Sindical, que apartaba a muchos obreros del control de Fidel Velázquez y el PRI, hacía un recorrido en esa segunda mitad de los sesenta por el sureste mexicano. (Paréntesis, digo que era un líder legendario porque venía desde la época en que Mijlován Djilas, el líder yugoeslavo, rompía con Stalin, desde que Mao empezaba a cuestionar a Jrushov, y desde que Thorez, el dirigente del partido francés, pensaba diferente del PCUS. Pero, además, porque Juan, además de formar parte de ilustres disidentes como esos que menciono, había impulsado, ya dije, al MIS, que años antes había sacudido el control férreo del PRI sobre el movimiento obrero en México, y que tenía una publicación —*La Verdad Obrera*—que se venía editando desde hacía muchos años, con cierta aceptación y simpatía entre trabajadores de la gran industria.) Su visión era ciertamente ecléctica, pues al mismo tiempo que condenaba al lombardismo[33], seguía creyendo en una burguesía progresista o nacional, de manera semejante a como la vio Mao en los 50as. Juan, en todo caso, era un gran orador, en el viejo sentido que en este país eso tenía, es decir, un orador con toda la barba, un orador que podía hacer llorar a los auditorios, que sabía conmover y transmitir no sólo sus puntos de vista, sino su espíritu y su fe en

---

[33] El lombardismo toma su nombre de su líder, Vicente Lombardo Toledano, característico por su fe socialista, pero que al mismo tiempo guardaba fidelidad a la Revolución Mexicana y al Estado nacional surgido de ese proceso. Fue uno de los fundadores del Partido Popular Socialista, enemigo de la izquierda radical, y especialista en apoyar "los actos buenos" del gobierno en turno.

la necesidad de pelear y de obtener la victoria. Y este Juan celebraba hacia el final de la década de los sesenta, cuando se promovía en América Latina a la Organización Latinoamericana de Solidaridad, un mitin en la población de Champotón, en el estado de Campeche.

Juan escogía, generalmente, la plaza pública, o el zócalo, como lo llamamos aquí, que en las localidades menores suele estar justamente también junto al mercado. En ese vértice Juan explicaba la fundación de la OLAS, la Organización latinoamericana, africana y asiática de solidaridad, una especie de nueva versión de la Conferencia de los no alineados, pero en este caso claramente definida como de liberación contra el imperialismo. Sus impulsores eran los cubanos, que en una gesticulación de consecuencia llegaron a involucrarse en la Guerra del Congo en África, mandando miles de combatientes, —para que Fidel siguiera desde una maqueta los movimientos de las tropas, y tratara de definir estrategias como si estuviera todavía en la época de las guerras europeas de la primera mitad del Siglo XX[34]. Juan era de los representantes de la OLAS en México, e iba a tener una reunión con el cónsul de Cuba en Mérida, la capital de Yucatán, el siguiente fin de semana, precisamente para cambiar impresiones sobre la delegación mexicana a la 3ª Conferencia de la organización. La vehemencia de Juan había impresionado a la masa reunida, pero sobretodo había dejado estupefacto al vendedor que frente a su modesta mercancía se había quedado sin escuchas y sin clientes.

El Mero se acercó a seguir con más atención lo que decía Juan. Prácticamente seducido ante la vehemencia y la claridad de los planteamientos. Y cuando al final de la trepidante alocución se

---

[34] El saldo de la intervención de los cubanos en África es sin embargo muy trascendente, no solo contribuyeron a la consolidación de tres países que pudieron vencer al apartheid, sino que también emprendieron procesos democráticos en toda una región de África. Pero esa historia la abordo en el libro *Del comunismo a la autogestión*. Amazon 2020.

puso una mesa para firmar de apoyo y adhesión a la carta que llevaría la Delegación Mexicana a la reunión de la OLAS, el Mero no sólo se anotó, sino que expresó su más grande entusiasmo. Juan, hombre sensible y cordial, notó el ánimo exaltado del compañero y lo invito a continuar la gira.

A los dos días el nuevo recluta estaba ya cenando, junto con Juan y otros compañeros, en la misma mesa que el cónsul de Cuba; y cuando se platicó sobre la delegación que asistiría a la 3ª Conferencia, expresó, evidentemente, su interés por participar de tan alta representación y entrega de mensaje.

En efecto, nuestro compañero fue uno de los Delegados a la conferencia, y en ella se esmeró por transmitir con fidelidad los mismos conceptos que Juan había expresado.

A los pocos meses, dada su dedicación e interés, tuvo contacto con Toño, nuestro amigo y aliado, el que había fabricado la pequeña bomba puesta en la embajada de Bolivia, y que ahora atendía muchos otros pedidos, de los grupos más diversos en los cuatro puntos cardinales. Y que él, el delegado, el vendedor del mercado, el entusiasta recluta, se encargaba de entregar a los grupos que las requerían. No era pues ni un advenedizo ni un extraño. Era un compañero por mutua y libre elección. Pero no era conciente ni culpable de la dinámica en la que se había enrolado, ni de la demencia que lo iba a arrastrar hasta el delirio.

Antes de que hubieran transcurrido dos años de este evento político de la OLAS, ya comíamos juntos los personajes descritos, pero en la cárcel, o, mejor dicho, algunos tratábamos de que todos comiéramos juntos, y cumpliéramos reglas estrictas de convivencia, tales como mantener limpia la crujía, ordenadas las celdas, respetadas las visitas, firmes las conciencias y alta la moral. Y ahí empezaba el problema, porque las conciencias tenían una disparidad y una dimensión difícil de homologar, con su consecuente impacto en una moral muy dispar y bastante contradictoria.

Ninguno de nosotros estaba por encima o a salvo de ese panorama cuyos extremos ejemplificaba con J. Posadas o el profesor polibomba. Imaginen ustedes que la bomba que dos de mis compañeros se habían ofrecido a colocar en la embajada de Bolivia para protestar por la muerte del Ché Guevara, la habían andado paseando Luis Enrique Gerardo del Toro y Nájera y Quico Condés, en una bolsa de panadería, en camiones del servicio público hasta que después de algunas indagatorias "encontraron" el lugar de la embajada al tercer día. Pero vamos, si hasta yo mismo había escrito un opúsculo al que varios compañeros hacían referencia respetuosa y exaltada que llevaba por título:

De cómo se resuelven las contradicciones entre táctica y estrategia y entre agitación y propaganda, aplicando el pensamiento iluminado de Maotsetung.

En mi texto, como en algunos de los textos de J. Posadas, había ciertamente elementos de verdad. Posadas, de origen obrero, según escuché, probablemente era un tanto inconsecuente en los rigores de la inferencia y muy frecuentemente caía en extrapolaciones ideológicas. En otro estilo, yo me empeñaba por ser muy didáctico e hilvanado; además, mi rollo contenía elementos de utilidad para la redacción de volantes, folletos y propaganda en general, que se había demostrado en la práctica eran muy efectivos. Pero a pesar de las enormes diferencias y la distancia abismal entre este compañero y yo, ambos teníamos elementos ideológicos y cuasi religiosos. El que yo hubiera estudiado el texto de Jean Marie Domenach sobre la propaganda, junto con el texto de Krupskaia sobre la pedagogía de Lenin, o los escritos de Goebels sobre la propaganda, no me impedían exaltar de manera desproporcionada el método de Mao para describir las transiciones, mediaciones y vinculaciones entre lo próximo y lo distante. Le hacía yo el juego a ese fanatismo que habían desatado los chinos. Y lo hacía en parte porque yo mismo era participante de esa tendencia. Aunque Gerardo y otros compañeros trataban de burlarse de mi papel, y querían generalizar el apodo con que me calificaban, como "foco rojo", en obvia referencia a Mao, que era el "sol rojo", lo cierto es que yo sí tenía autoridad y presencia ante el movimiento. Yo tenía plena conciencia de mi condición de intelectual, y conocía las limitaciones de los demás compañeros y, como decía Raúl Murguía[35], teníamos la intención de aprovechar esa capacidad para ideologizar a las masas, pues nos parecía más fácil movilizarlas de esa manera que conseguir su participación plenamente consciente. A la hora de la lucha, las masas movilizadas bajo unas cuantas ideas son más efectivas que los pueblos concientes. Las masas pueden destruir y arrasar, los pueblos conscientes proceden de manera constructiva, pero en periodos largos. Hoy, desde luego, no sigo pensando que debemos valernos de esa capacidad de ideologización, al contrario, pero conozco perfectamente esos mecanismos, y entonces intentaba emplearlos.

Este es un tema que daría pie para un tratado y volveré sobre él cuando trate las perspectivas de cambio, porque toca el asunto de la conciencia cotidiana, la conciencia histórica y la relación con el movimiento espontáneo. Pero, por el momento no viene al caso detallar.

En mi lucha contra la dirección de la Liga había yo utilizado muchas de las consignas que usaba la guardia roja en China contra la burocracia: ¡Asaltemos el cuartel general! ¡Acabemos con la camarilla negra que dirige la política! Etc., etc. Había yo concluido que debíamos establecer una nueva orientación política por donde se reencausara a nuestro movimiento. Pero eso es motivo de otra parte del relato.

La diferencia que había entre los discursos ideológicos de mis compañeros y mi uso de la misma retórica, es que yo admitía o tenía conciencia de su carácter, es decir, de que yo hacía ideología, y no era el caso de todos los demás. Y más allá de su

---

[35] Raúl estudió originalmente físico matemáticas y trabajaba como director de cómputo en IBM, pero fue despedido por utilizar las computadoras para apoyar el movimiento estudiantil de 1968. Volveremos a citarlo.

mención, y como esto lo comentábamos como parte de lo que denominamos la necesaria autocrítica, y varios de los jóvenes lo tomaban en serio porque no querían seguir siendo ni fanáticos ni elementos alienados, sino militantes útiles y lúcidos, empezamos a realizar una disección mental de la crujía. Emprendimos una especie de psicoanálisis de nuestro ser colectivo.

Tenía necesariamente que empezar este ejercicio como un trabajo muy rudimentario, como un proceder entre divertido y formal.

En las clases de lógica simbólica de César Nicolás intentábamos darles expresión a los enunciados válidos de nuestros compañeros e interlocutores, por más que desde la perspectiva de la lógica aristotélica se construyeran aberraciones de todo tipo. Eso resultó pronto muy entretenido, pues conseguíamos armar toda una disertación que cumplía las formas de la inferencia, con toda desconsideración para los contenidos o la verdad.

Los presos eran mucho eso. Es decir, vivían con demasiada frecuencia en esa esfera del pensamiento donde se hacen juicios muchas veces fundados en valores políticos adquiridos, pero no en razones objetivas. Ahí contaban más los principios ideológicos correspondientes a una doctrina que los análisis rigurosos de los hechos. Y Posadas, por cierto, era un ejemplo de esto. Por ejemplo, cuando él suponía que el grado de desarrollo tecnológico tiene que ver con las etapas de la historia, asociaba la tecnología interplanetaria con una sociedad que ya vivía necesariamente en el socialismo. Con el paso del tiempo en este planeta nos ha quedado claro que no tiene por qué coincidir el programa espacial con el tipo de sociedad que lo impulsa o lo sostiene. Pero él asociaba el progreso técnico más desarrollado con la etapa superior de evolución social.

Mantener los pies en la tierra cuando está uno rodeado de ideología, falsos razonamientos y juicios morales es, más que difícil, una proeza de la libertad. En algunos compañeros era más fácil asumir los valores. Si es burgués es necesariamente enemigo. Luego entonces todo lo que tenga que ver con la burguesía debe ser combatido o descalificado. Pero si es pequeño burgués pues está más cerca de lo burgués y podemos asociarlo con él, cuando además le agregamos una condena adicional por haber tenido la opción de proletarizarse y haber preferido su vinculación o carácter enemigo. Los que entendimos que no se podía proceder con juicios de valor de este cuño, y que era indispensable el análisis de la realidad, convertimos el análisis de las expresiones cotidianas y los juicios políticos en un hábito, y pocas cosas me han servido tanto en la vida. Todavía hoy, cuando escucho a un funcionario hablar en contra del maíz porque es ejemplo de atraso o de falta de voluntad para ser rentable o ser empresario, pienso en los alienados de Lecumberri o del movimiento comunista, que veían todo en función de sus valores y prejuicios, y sin mostrar capacidad alguna para un análisis de la realidad.

Cuando le leí este pasaje a mi camarada Roberto Sánchez Ensch[36], el comentó:

"Este Capítulo lo considero importante ya que aborda el pensamiento, la ideología y las motivaciones de algunos integrantes de una generación que surgió en México y al propio tiempo en otras partes del mundo, cuyas movilizaciones significaron la irrupción a las décadas futuras, no solo en el terreno de la política sino de la cultura o contracultura, y lo más importante, aprendimos a ser contestatarios a los gobiernos despóticos. Sin embargo, es conveniente hacer la diferenciación entre los estudiantes de París, de Berkley y otras ciudades a los jóvenes de México, Argentina, Uruguay, Chile y otros países que no se quedan en la protesta, sino que toman las armas e inician un intento revolucionario al modo de Fidel y El Ché en una lucha por el poder, lo cual definitivamente no es lo mismo.

---

[36] Roberto Sánchez Ensch fue miembro del grupo estudiantil antiimperialista, donde yo inicié mi participación política en la escuela Secundaria, y que publicó el periódico Cuauhtli en los años sesenta, y luego pasó a formar parte del grupo Lacandones que prosiguió el trabajo iniciado por los espartaquistas que comenzaron las expropiaciones y las acciones armadas en la ciudad de México. Después de la cárcel terminó la carrera de Economía y fue servidor público en tareas de planeación hasta que se jubiló. Luego, escribimos junto con otros colegas, dos libros de economía agrícola.

"Este análisis que haces, considero que representa algo más que un ejercicio nostálgico o recuerdo de tiempos perdidos, es la recuperación de los valores que cotidianamente son impugnados por los actuales detentadores del poder, por aquellos que dentro o alrededor del gobierno se enriquecen a base de la miseria y el hambre de la mayor parte de la población. La suma de nuestras pequeñas acciones generó una gran fuerza moral que impuso muchos de los avances democráticos que ahora vivimos y disfrutamos, sin darnos cuenta de que son producto de las presiones del pasado y no representan parte de una evolución natural de la sociedad, o una dádiva graciosa de los que detentan el poder. Los pequeños avances de ahora son resultado de exigencias fincadas en el sacrificio de muchos compañeros que sucumbieron en el intento y otros que solo sufrimos algunos años de aislamiento.

"Considero que se tocan **tres puntos** importantes los cuales es conveniente dejarlos bien claros pues rebasan con mucho la remembranza y están contenidos en las anécdotas carcelarias que cuentas.

"Bueno, pero pasando al contenido me parece que la **primera tesis** que manejas es la relativa al concepto de **libertad**. Es excelente oportunidad este trabajo para hablar del tema. Estar en la cárcel, cuando menos en las condiciones en que nos tocó vivir, significó carecer de algunas cosas, pero considero que la libertad, como tú dices, la construyes tú en tu mente. Cada quién tiene la posibilidad de adquirir su libertad ante la vida, porque los seres humanos estamos dotados de la capacidad de raciocinio. Justamente nuestras lecturas iban encaminadas a alcanzar una autonomía intelectual, siempre nos preocupamos por conocer la verdad, la explicación de las cosas, el porqué de los fenómenos, teníamos muy claro que primero debíamos alcanzar la libertad personal y con ella luchar por la de la sociedad. Cuando menos eso pensábamos. En contraparte no creo que sea libre una persona alienada al sistema, o que pueda dar por buenas fuentes de información los noticieros de la televisión comercial donde los comentaristas todo el tiempo están manipulando la realidad y apoyando la visión oficial de la vida social y económica del país. Mi paso por la militancia intelectual y política que realicé en la juventud, ahora siento que me ha servido para tener una visión de la vida que me permite transitar en ella con la confianza de saber, o cuando menos creer entender, por qué suceden las cosas, tener la capacidad de poder discernir entre las opiniones contrapuestas que a diario escuchamos sobre el acontecer cotidiano, es decir, sin dejarme engañar, y esto te hace disfrutar todos los días lo que pasa a tu alrededor. Esto es la libertad.

"Una anécdota al respecto. En el reclusorio Oriente una vez mi amigo Oscar, que era un tahúr con mucho dinero, me confió que estaría dispuesto a pagar lo que fuera por tener mis convicciones. Al principio no le di mucha importancia al comentario, pero, al paso del tiempo comprendí la tremenda soledad en que se encontraba esta persona a pesar de vivir rodeado de comodidades y el glamour que te ofrece el capitalismo, sobre todo cuando tienes el dinero suficiente para comprar sus placeres.

"Sin embargo debo decir que los últimos meses de encierro, poco tiempo antes de salir, por primera vez en mi vida no dormí. Me asusté porque yo había estudiado que la falta de sueño es dañina para el cerebro y para la salud mental, recuerdo que cuando menos pasé tres meses sin dormir siquiera una o dos horas cuando menos, fue terrible, viví una depresión profunda. Con esto quiero decir que en términos generales puedes soportar el encierro, pero sería muy temerario decir que fueron unas vacaciones.

"Casi puedo asegurar que Oscar sigue encerrado en su cárcel de oropel, dinero e incomprensión, mientras yo vivo en la libertad que me he construido, la cual me permite indignarme ante la injusticia, disfrutar las muestras de la creación humana, entender a la gente sin sectarismos ni prejuicios, sino por su calidad humana, y alejándome de aquellos que quieren obligarte a aceptar o rechazar conceptos ideológicos diferentes a tus convicciones.

"Me pregunto si la libertad ¿es un concepto tan etéreo como el del alma que solamente cree en ella el que así lo desea o en realidad es un estadio al que se arriba sólo a través de la sabiduría? ¿Y si es que hay otros caminos?

"**Segundo punto**. Aquello que platicaste con Raúl[37] acerca de que... *"había que aprovechar la capacidad para ideologizar a las masas,*

---

[37] Raúl, a quien ya mencioné, estudió Física, fue programador en IBM y luego militante del Partido Revolucionario del Proletariado Marxista Leninista. Ya como militante estudió teoría militar en Nankín, fue detenido junto con una docena más de miembros de esa organización cuando iniciaba su actividad subversiva en México y permaneció varios años como preso político en los sesenta y setenta del Siglo XX. A su salida de la cárcel estudió Antropología Física y se incorporó al PNUD como funcionario. Él y el autor de este texto redactaron juntos una versión de *Teoría de la contradicción*, y un *Ensayo sobre Mario Bunge*, titulado *Dühring no ha muerto, vive en Canadá. Todos esos trabajos quedaron inéditos. Yo tengo una copia del trabajo sobre Teoría*

pues es más fácil movilizarlas de esa manera que conseguir su participación consciente". Me parece fundamental. La idea que me queda a través de los años acerca de Raúl es la del comandante manipulador, al cual te debes de cuadrar y aceptar sus tesis tal cual. Igual es el caso de Carlos, Benjamín, Alberto y otros. Era curioso y se percibía muy claro el minigrupo del comandante con sus seguidores. Esto es una realidad y es algo que lamentablemente aún sucede.

"En lo personal esa actitud provocó que me alejara de ellos. Cuando estuve en Lecumberri, que fue un periodo de más de tres años, no había otra opción más que convivir con los "guerrilleros". Pero en cuanto nos cambiaron al Reclusorio Oriente, ya me sentí liberado. Me tocó el dormitorio 4 en donde estaban los acusados de fraude, contrabando de mercancías, tahúres y otros. La mayoría venían de la "L", inmediatamente hice amistad con un grupo de tahúres que tenían casas clandestinas de juego y ya sabían que cuando los detuvieran iban a pasar unos meses en la cárcel o pagar una jugosa mordida a los policías, pero ganaban mucho dinero. Uno de ellos era Oscar, quien trabajó durante varios años como dieler en las Vegas, nos hicimos muy amigos. Otro, el profesor Daniel, de origen guerrerense, había sido Secretario Particular del Presidente del Senado en esa época (parece que de Olivares Santana), estaba por homicidio pues había matado por la espalda a un fulano que andaba coqueteando con su novia, pero que pronto salió, y en cuanto salió se fue como Secretario Particular del Jefe de Policía "el negro Durazo". En cuanto salí libre lo fui a visitar a su despacho y me recibió muy amable, pero afortunadamente no me invitó a trabajar con él. Por las tardes teníamos pláticas interesantes pues conocían mucho de la vida política del país, en términos de anécdotas y chismes.

"En comparación, tus compañeros de generación carcelaria y los míos, creo que había una gran diferencia ya que la cuestión del estudio pasó a segundo término. Por ejemplo, ***un grupo de mis compañeros tenía el objetivo de demostrar, a base de bravatas, que ellos sí eran revolucionarios, mientras que los demás éramos burgueses y por lo tanto había que jodernos***. Se sentían moralmente superiores porque usaban el mismo pantalón del uniforme siempre, arrugado y sucio.

"Para ilustrar esto que digo va el siguiente acontecimiento. En Lecumberri un día por la tarde se citó a una asamblea, el objetivo central de la reunión era la de establecer un deslinde entre los revolucionarios y

---

de la contradicción.

los burgueses. **Se dejó claramente establecido que los revolucionarios tenían todo el derecho de darles en la madre a los burgueses, porque era una tarea revolucionaria muy importante que realizar. Te preguntas, y ¿quién les dio el título de revolucionarios?** Bueno, pues un día de repente llegó un tipo llamado Francisco, según se dijo era de los "enfermos" de Sinaloa y rápidamente se hizo socio de los Lacandones, que para ese entonces ya eran de la Liga Comunista 23 de septiembre. Llegó a tal grado la situación que dentro de la crujía andaban armados con tubos y hasta cuchillos. Estaban súper convencidos de que su actitud era la correcta, y la fundamentaban tergiversando frases del capital o Lenin o cualquier otro teórico o líder, sacando frases de su contexto y colocándolas en sus argumentos para darle cierto cariz de credibilidad a sus argumentos. A los dos o tres meses de haber llegado, un 24 de diciembre en la mañana le hablaron del juzgado para darle su libertad. Hasta ahora estoy convencido que ese sujeto era policía provocador y lo mandaron a crear división y encono entre nosotros.

"Los ultras (llámense lacandones y uno que otro desperdigado) inmediatamente aceptaron su papel de comparsa del súper revolucionario. A los pocos meses se presenta el intento de fuga en donde muere Miguel Domínguez que para entonces ya era el líder de los verdaderos revolucionarios, y salen heridos Carlos y Chema. Aquí cabe aclara que el pacto entre ellos fue que por ningún motivo se iban a dejar detener vivos, por lo que acordaron que primero se quitarían la vida antes que dejarse atrapar. El único que cumplió su palabra fue Miguel porque se clavó un puñal en el pecho y se dejó caer del techo de la crujía G, muy cercana a la M, (habrán sido unos diez metros de altura) que es donde los sorprendieron.

"Lo grave de esa declaración de Raúl es que todos los políticos quieren operar a través de la ideologización en lugar de explicar las cosas y brindar información y argumentos sólidos. En el caso de los que detentan el poder es entendible que actúen así porque de ello depende su permanencia, pero en organizaciones de izquierda resulta francamente inaceptable. Un claro ejemplo de esto lo tenemos actualmente con el tema del petróleo... López Obrador ha utilizado la ideologización para el rechazo masivo sobre las propuestas privatizadoras que presentó el presidente espurio, y lo ha hecho muy bien. (.....). Pero viendo el tema como izquierda, como partido de izquierda, como coalición de izquierda, los argumentos han sido pobres y la difusión muy escasa en comparación con el bombardeo mediático que ha desplegado el gobierno en su apoyo.

Esto nos muestra que lo único que hay, son las grandes concentraciones a las que convoca AMLO, pero yo no veo una estructura detrás de él que difunda, que apoye, que concientice, que capitalice, en términos de organización, el trabajo ideológico de AMLO. Esto es grave y peligroso, si se llegara a desbordar el descontento…

"Tercero. Páginas adelante tu texto dice…*"se hacen juicios muchas veces fundados en valores, pero no en razones. Ahí contaban más los principios ideológicos que los análisis objetivos"*.

"Este punto es bien interesante y creo que no se ha abordado con toda claridad y honestidad. En la mayoría de libros escritos por los compañeros sobre sus andanzas, se deja por sentado, pero sin aclarar o profundizar, cual fue la motivación que los llevó a participar en la lucha armada. Al paso de los años cómo nos podemos explicar que queríamos organizar un movimiento armado, sin armas, sin conocimiento, sin preparación, sin dinero, sin recursos. El uso intensivo de armas fue un proceso paulatino, el grupo de Rico Galán lo detuvieron más por cuestiones ideológicas o por el peligro político que representaba, por sus acciones, recuerdo que en la prensa los retrataron con unos rifles de madera, o de los que se usan en las ferias, era totalmente ridículo. En el caso de ustedes tampoco aparecieron con arsenales. En el caso de los dos grupos de nosotros ya aparecen armas en una cantidad importante, hay que recordar que uno de los eventos realizados fue el asalto a una armería y que se llevaron todo lo que pudieron. La historia de la detención del primer grupo es anecdótica pues por una simpleza los detuvieron….

"Hay que reconocer que cuando tomamos la decisión de incorporarnos a la lucha armada, algunos habíamos pasado por un periodo de algunos años de estudio, primero en círculos de estudio y después con la Liga con mayor formalidad y con personajes de mayor experiencia, sin embargo, hubo la necesidad de incorporar a nuevos elementos, y entonces ya no fue muy necesario su visión política sino su capacidad para participar en actividades que nos proporcionaran armas y dinero ya que empezábamos de cero. Con muchos trabajos conseguimos unas pistolas y un rifle. Recuerdo que por ejemplo con Fernando Poo nunca tuve una discusión sobre cuestiones teóricas, pero sí destinamos el tiempo suficiente para que me enseñara a abrir coches, lo cual aprendí muy bien por cierto pues conseguí varios para algunas acciones, lo que se requería era arrojo y habilidad.

"Aquí es donde debemos hacernos la pregunta y contestar con toda seriedad, ¿que nos motivó a incorporarnos a la lucha? Bien sabíamos que el precio que debíamos pagar si el intento fallaba, ya contábamos varios muertos que nos decían que el asunto era serio. En mi caso lo que puedo decir es que toda aquella imagen que nos llegaba de Cuba, la valentía de Fidel, del Ché, Camilo y todos los que construyeron la primera revolución socialista de América, junto con los guerrilleros que furtivamente conocíamos y que nos platicaban de sus luchas en Guatemala, Colombia, Nicaragua y tantos países, así como el compañero que andaba en Pekín –que siendo mexicano hablaba chino y que nos traía las publicaciones por toneladas–, la música de Carlos Puebla, la sabiduría de Don Ermilo Abreu Gómez, de Filomeno Mata y tantas otras situaciones y personajes que pudimos conocer moldearon mi mente y fortalecieron mi convicción y anhelo de justicia.

"Por otra parte la cerrazón de las autoridades, el desprecio de los presidentes mexicanos por la juventud, su crueldad ante peticiones justas de los trabajadores que eran acalladas con golpes de policías famélicos, la rapiña de autoridades y la pobreza extrema presente por todos lados fueron incentivos para estimular las esperanzas, los instintos de justicia y solidaridad que son propios de la juventud. Estos componentes se unieron para dar paso a nuestra generación. La lucha sin embargo fue desigual, la asimetría de fuerzas era descomunal, no había ninguna posibilidad de triunfo. Pero eso no se aprecia, no es posible verlo, la realidad es una, tus pensamientos son otros muy distintos

"Aunque digo que hubo grandes diferencias entre los primeros presos, donde estabas tú, y los últimos presos donde estuve yo, hay puntos de coincidencia que son comunes…" (Hasta aquí Roberto)

La lectura de esta carta de mi compañero Roberto me condujo a muchas reflexiones, y en primer término al recuerdo nítido de un video, pues hacía pocos años (en este comienzo del siglo XXI) veía yo en YouTube un documental de veinte minutos en el que se entrevista a una docena o dos de norteamericanos sobre temas de información básica de carácter político, histórico y geográfico. Y la consciencia con que el ciudadano común de Estados Unidos contestaba me pareció un retrato fundamental de las diferencias entre la visión sobre el pasado y el presente que tenemos en ambas naciones. El reportero de CNN les preguntaba los jóvenes ¿quiénes integraban el triángulo del mal?, si apoyaban a Bush en su lucha contra Kirguistán, qué país comienza con la letra U, cuál es la religión de Israel, qué es AlQaeda, etc. Lo interesante es que no pudieron dar una sola respuesta correcta. Ninguno pudo decir que United States of America comenzaba con U. Ninguno pudo decir que en Israel se practica la religión judía. Las respuestas bordaron en torno a lo musulmán. Incluso AlQaeda era una organización musulmana organizada desde Israel según los entrevistados. Todos contestaron de manera ideológica, como si fueran débiles mentales o más estúpidos que un pollo. Y el documental se me reveló como un testimonio de lo que ha provocado el gobierno norteamericano para producir en su población una estupidez colectiva, pues necesita una ciudadanía alienada que simplemente diga sí. Aunque no comprenda nada.

El resultado de ese proceso volvió a quedar claro con la elección de Donald Trump. La mitad de los electores votó por él. Tan solo porque éste supo apelar a las expectativas más obvias y a los sentimientos a flor de piel. Pues los norteamericanos han aprendido a tomar decisiones sin pensar y abandonando toda capacidad de análisis.

Y hasta cierto punto, y guardando las proporciones, la izquierda radical manejaba en México en los años sesenta y setenta una serie de referentes que le impedían ir más allá de sus juicios de valor hacia un sano raciocinio. Lo curioso es que a nosotros no nos había privado de la información un estado; ni nadie nos había tratado de convertir en estúpidos funcionales. Estábamos ideologizados en razón de la lógica misma de una lucha en la que el mundo creaba climas de confrontación, donde ya no había razonamientos, sólo intereses y fuerza. Y hoy en día, casi medio siglo después, parece increíble que el grupo que gobierna en mi país se parezca a estos presos que vengo describiendo. Se quedaron en la guerra fría o se conformaron con una visión ideológica y elemental que les parece la verdadera, la única, la que pinta "el país que todos anhelamos". Y son tan parecidos a los gringos del documental de YouTube, que hasta creen que necesito ser vigilado, que soy peligroso, que mi carácter terrorista o subversivo es el mismo..."de hace cuarenta y cinco años". Vamos, eso es lo de menos, lo que es grave es que muchos sigan viendo el enemigo en lo social, crean que el porvenir está en el libre mercado irrestricto y en la lógica de la empresa competitiva, o que el progreso puede medirse en dólares.[38]

Pero insisto, es necesario describir un poco más esa situación. Vuelvo al relato.

Algunos presos, por simple costumbre, por individualismo, o comodidad, no aceptaban comer en la llamada Comuna Carlos Marx. Les parecía "más práctico" preparar sus propios alimentos y desentenderse de una disciplina colectiva que obligaba a una rutina u horario inflexible. En cierta forma, o hasta cierto punto, rechazaban las implicaciones de pertenecer a la "comuna". Pues las implicaciones eran las asambleas generales, o las discusiones ideológicas. Algunos sentían flojera por la discusión. Pero sin duda otros querían permanecer con los pies en la tierra y lo más alejados posible del mundo fantástico de los compañeros Víctor y Adolfo. Algunos también preferían trabajar solos que en círculos de estudio. Algunos más no presentaban a sus visitas al colectivo y se apartaban de la vida social durante las horas en que otros cumplían el ritual de dar de comer a las visitas en el comedor. Había quienes llevaban su proceso en forma personal, porque creían poder salir más pronto, y quienes no tenían esperanza y todo lo planeaban en función de la revolución y la lucha. Pero eran condenados por los líderes que se encontraban al frente de lo colectivo, o como se decía entonces, como parte de la Comuna Carlos Marx, como habían bautizado a la cocina y todo lo que en torno a ella se organizaba.

Había, en fin, quienes no consideraban necesario o posible dedicarle algo al arte o la literatura, y quienes no podíamos vivir sin ellos. Para algunos, los que leíamos poesía, o literatura, éramos

---

[38] Cuando escribí esta parte en la primera versión, me refería a la vigilancia que el PRI y el Yunque habían organizado en torno mío, todavía en el año 2000 y 2003.

pequeño burgueses, o compañeros con debilidades pequeño burguesas, dado nuestro origen. Pero los que leíamos textos religiosos, seguramente éramos creyentes de closet. Y los que leíamos, todavía peor, autores reaccionarios, estábamos contaminados.

Y esta manera dispar de compartir la cotidianidad tenía necesariamente que impactar en los acuerdos posibles y en todo lo que nos afectaba como colectivo. Por eso las Asambleas eran terribles. Recuerdo cómo en célebre ocasión la lucha de clases se había vinculado con la forma como se llevaba la cocina, y las implicaciones de la política trascendían hasta la decisión de hervir la leche o dársela a los compañeros directa de la botella. Esa célebre asamblea, donde sin falta se trataron cuestiones importantes sobre la situación en el exterior, demoró también porque la decisión sobre si hervir la leche o beberla cruda, nos llevó hasta el amanecer, después de una discusión microbiana, sobre sistemas inmunológicos, creación de resistencias y pérdida de sustancias en la ebullición. En total la asamblea duró dos días. Y todavía hoy se le recuerda como la *Asamblea de la leche hervida*. El acuerdo, por cierto, fue hervir la mitad, para que quien quisiera leche cruda o cocida tuviera la oportunidad de ejercer su derecho.

El compañero merolico se sentía apabullado ante la aparente sapiencia y cultura de los siete u ocho lenines que participaban en las asambleas. De tal manera que hizo esfuerzos notables para ponerse al día. Devoró todos mis libros de Psicología y Psicosis orgánicas. Devoró también los tomos de Mao, los del Capital y los de Trotski. En otras celdas se aprovisionó de textos de medicina, anatomía y fisiología. Etc. etc… El compañero taxista se pasó largo tiempo estudiando la luna. Observando desde el torreón su aparente inmovilidad rotativa. Se pasó también largas horas escuchando historias, conociendo gestas y, sobre todo, aprendiendo sobre el origen de la vida, no sólo en Oparin, sino en los manuales de la revista *Life*, y en otros opúsculos relacionados.

El compañero Lobo se regodeaba con los avances de las luchas en China, y a cada asamblea llegaba para "romper lanzas". El compañero polibomba recopilaba las efemérides de la violencia en América Latina y las contaba durante el desayuno o la cena... El compañero líder anticipaba el surgimiento de una corriente nacionalista dentro del sistema político mexicano, que hiciéramos lo que hiciéramos, o "aunque no hiciéramos nada" iba a tomar la conducción del proceso histórico, "porque el determinismo materialista así lo dejaba ver". Víctor, este compañero al que hago referencia, entró a mi celda una tarde y me preguntó: –hace días que estás encerrado, ¿qué escribes? –Una carta. –¿Una carta política? –Pues de todo, de política de amor de todo. –Oye, pero si llevas ya muchas páginas. –Sí Víctor, más de treinta, y las que me faltan. –Interesante, ¿algo así como cartas desde lejos? –No Víctor es algo más personal, no le tiro línea a nadie, sólo explico mi vida.

En realidad, estaba yo escribiéndole a la Dra. Yolanda Ortíz, que se planteaba terminar conmigo porque no aceptaba yo tener hijos y formalizar nuestra relación. Y era tan larga mi carta porque a falta de tiempo para hablar los domingos en que me dedicaba a hacerle el amor, opté por explicarle mi prisión, mi vida, mi visión del mundo y mis sueños. Todo en cuatro cartas que por sí solas hacían un libro desesperado de un hombre joven que no quería perder a su amante.

Pero Víctor entendió otra cosa; contó luego que había revisado las famosas Cartas entre Marx y Engels, y las cartas de Lenin cuando era exiliado... Y a las dos o tres semanas sacó su **Carta a los Estudiantes en Lucha**, donde proponía toda una estrategia general y caracterizaba el momento político.

Yo le llevé la carta de Víctor a José Revueltas y le expliqué el contexto de su redacción. José escribió entonces **La locura brujular del marxismo**[39], donde comparaba a Víctor con los que

---

[39] Su hija Andrea Revueltas no lo incluyó en sus obras completas, pero yo tengo una copia, probablemente la única que existe y que aparece páginas adelante.

otean en la política en lugar de entender y utilizar herramientas teóricas y científicas. Páginas adelante me extiendo sobre este punto.

Mientras tanto, José Luis Calva pintaba su ralla por escrito, deslindándose del nacionalismo, con su ***Protesta desde la izquierda sobre la Carta de Víctor Rico Galán,*** que también adoptó, naturalmente, la forma de Carta. Se pusieron de moda las cartas políticas. Pero las únicas que no fueron públicas fueron las mías. Juan lograba salir del penal probando su ajenidad con los hechos delictivos que le imputaban en nuestro proceso, otro líder (Quico) decidía rescatar la organización estudiantil que habíamos fundado antes de caer presos (el Movimiento de Izquierda Revolucionaria Estudiantil), y uno más se aprestaba a tirar línea a los alzados en Guerrero. Y todo en medio de sesiones de estudio, discusión, visitas, escritos, procesos, y la marcha del mundo.

Una noche el compañero taxista citó a Asamblea y comunicó a los presos políticos que le habían visitado unos seres triangulares, de color verde, y que se mostraban amenazantes.

Ya antes, tratando de demostrar su inocencia, había enviado un escrito al juez, "bajo protesta de decir verdad", pidiendo que se considerara su sincera distancia de los hechos de violencia en los que le pretendía inmiscuir el ministerio público, pues él "era ajeno a toda violencia y confrontación", y tan lo era, que pedía le fuera extraído un litro de sangre, enviando la mitad de la misma a los árabes y la mitad a los israelíes, que en esos días combatían entre sí.

El día que comunicó de los seres triangulares, Gumersindo, mi compañero de celda después, se dedicó a explicarle la "inocuidad de tales seres" para tranquilizarlo. A partir de entonces este taxista fue el camarada orate. Hugo y Eduardo también me aplicaban el mismo mote. Yo también era el camarada Orate. Sin embargo, la explicación que Eduardo me ha dado años después es muy distinta de la que teníamos para calificar a Carlos. Mientras Carlos era orate porque lo veíamos como un loco, así, tal cual, yo era orate porque no se podía ser normal si se quería destruir el mundo existente.

Pero me detendré con detalle más adelante para explicar la idea de Eduardo.

La crujía se mantenía alerta y en guardia, pues las condiciones en el exterior venían siendo delicadas, y muchos presos temían que a causa de los vínculos que guardábamos con la gente en lucha pudieran agredirnos en cualquier momento. El temor no era ciertamente infundado, si bien se mezclaba con la ideología y la extrapolación que eran tan características de algunos compañeros. El caso es que la Asamblea había acordado realizar guardias durante las 24 horas y mantener la situación de alerta para defender la crujía y nuestras vidas en el momento que se presentara la agresión.

Las guardias se cumplían sin cesar, por comisiones de dos personas, que estaban siempre listos a llamar al resto.

Una noche, en que el turno de la guardia nos había tocado a Adolfo y a mí, salió intempestivamente de su celda el compañero merolico y pidió un cerillo para encender el cigarro que llevaba en la boca. Adolfo, muy solícito le prendió un fósforo. Y tras la primera aspiración el mero calló como fulminado. Rápidamente lo atendimos Adolfo y yo, y cuando volvió en sí, lo primero que dijo es que Adolfo le había recetado un cerillo de cianuro, porque "su condición de agente de la CIA lo llevaba a atentar contra la vida de los compañeros".

El mero tenía dos días sin comer, nos enteramos enseguida, pues había estado estudiando febrilmente, alternando entre lecturas de psicología y salud, y después de haberse practicado un "lavado" intestinal, como entendió que se hacía cuando existía un recargo. Sólo que ese lavado había tenido como ingrediente "un poco de jabón", según nos había explicado más tarde.

No muy lejos de esas fechas, se presentó en mi celda el camarada orate para darnos una nueva noticia. Importantísima decía él.

Trascendental para todos en nuestro espacio, y trascendental para el género humano.

Nos apersonamos en la celda del camarada orate para presenciar aquello que sentía imperiosa necesidad de participarnos y vimos:

En lo que era una pequeña área techada con láminas en la parte enrejada de la celda, había dispuesto una especie de anafre eléctrico, bajando un cable hasta una resistencia de fabricación casera. Encima del anafre había colocado un gran perol, en donde había ido depositando tierra que se traía en las bolsas del pantalón cada vez que íbamos al campo deportivo del penal. Esa tierra, que primero había sido pasteurizada, había sido sometida a un constante o ininterrumpido calentamiento, "para reproducir las condiciones en que se había creado la vida hacía millones de años", según nos mostró también en la ilustración de un libro. Y oh, sorpresa, el plástico que rodeaba el perol, el calor sostenido y la pulcritud del experimento, habían gestado un ser semejante a aquellos que aparecían en el libro...

En diciendo esto el camarada orate señaló un punto y removió cuidadosamente un poco la tierra con lo que decía era una cuchara hervida para dejarla estéril y no contaminar. Una formidable cabeza apareció. Curiosamente parecida a la de la ilustración que el camarada orate tenía en el libro. Sólo que en el libro se trataba de un protozoario de la segunda generación, y en el perol se trataba de una gallina ciega.

Gumersindo, que se había ganado la confianza del camarada orate permaneció en silencio e inexpresivo, y al rato dijo: Tienes razón, es un acontecimiento. Pero tienes que monitorearlo con gran cuidado para ver su evolución y saber a dónde nos conduce.

Tras estas palabras nos retiramos sin sacar al camarada de su convicción... A los dos días volvió a llamarnos. Ahora porque el monstruo estaba cobrando dimensiones preocupantes. Y en efecto fuimos testigos una vez más. Pues quién sabe si a causa del calor, de la ausencia de competidores, de la nube favorecedora que se levantaba como bruma en el perol, la gallina ciega había más que duplicado su tamaño hasta configurar lo que sin duda era un bicho más grande que un dedo pulgar. Gumersindo, con cierto ejercicio matemático le hizo un cálculo rápido al camarada orate y le auguró que si en dos días había triplicado su tamaño podría hablarse de un crecimiento exponencial y, en ese caso, Carlos estaría en peligro, pues desconocíamos la voracidad o lo venenoso del monstruo. Había que ejecutarlo en salvaguarda y precaución de Carlos y de todos los habitantes de la crujía. Pero como se trataba de una creación original, no había que sacarlo del perol y aplastarlo con el pie. Eso hubiera sido una muerte indigna de un ser creado con toda la ciencia y el esfuerzo del hombre. Había que ejecutarlo después de un juicio sumario y en prevención de males. Carlos asintió. Y al siguiente día se nos citó a presenciar la electrocución. Con el mismo cuidado con que había creado su perol de la vida, el camarada orate había dispuesto una mini silla eléctrica y había colocado suficientes cables de cobre en torno del ser que había creado. Procediendo a ejecutarlo y siendo nosotros sus testigos.

Demás está decirles lectores, que el día que juntamos al camarada orate y al merolico para inducirlos a una discusión teórica sobre temas de la influencia de la luna en los procesos mentales de los presos, yo tuve que salirme de la celda varias veces para no ahogarme de risa. Seguramente se trataba de un humor negro, a costa de la insania o demencia de dos compañeros con los que compartía la vida. Pero nunca me he reído tanto, y nunca he vuelto a escuchar tantos disparates tan vehementemente articulados. El temperamento contrastante y los hilos de construcción tan disímbolos de ambos sujetos, tejían ante nuestros oídos un discurso absolutamente inconciliable, y exhibían ante nuestros ojos, las muecas y gesticulaciones de un coraje y un histrionismo de enojo, furia, certeza, obstinación y delirio.

Son éstos, aspectos tragicómicos de aquellos días. Pero no todo tenía ese componente jocoso o festivo. Había, o teníamos también, otros ejemplos de locura que provocaban o despertaban temor, preocupación y vigilancia. Los más peligrosos no eran el camarada orate y el merolico, sino algunos de los que jugaban su papel de Lenin. Los presos teníamos gran autoridad ante los medios de comunicación y la opinión pública. Una autoridad que provenía del gran descontento social que el autoritarismo había provocado. Una autoridad que resultaba del atrevimiento que habíamos tenido para desafiar al gobierno. Una autoridad que creció con el 68 y la prisión de los maestros universitarios y los intelectuales. Eli tenía en su celda un enorme letrero que decía (sin que lo tomen como exageración mía): "este país no me merece". Varios éramos famosos. Unos a nivel estudiantil, otros por formar parte de la intelectualidad, o por tener una obra publicada. Pero nuestra prisión, llevada con dignidad y manteniendo viva nuestra presencia en los medios, ganaba más y más respeto y simpatías. Imaginen ustedes ahora en qué se traducía esa autoridad. En el espacio de las veinte celdas había quienes pensaban que éramos el estado mayor de una revolución en curso. En la prisión nos veían con temor y con poca simpatía, pero simplemente como los peligrosos enemigos del régimen. De alguna manera habíamos conquistado un privilegio al estar aparte, así fuera en las llamadas celdas de castigo. El caso es que ahí no había comandos, como en las crujías comunes. No entraban los vigilantes al torreón a vigilar. La crujía era, como decían los compañeros, "territorio libre de América". Agréguenle a eso que en la crujía existían formas de organización celular o partidaria. El POR trotskista, el grupo de Víctor, el MIRE, el Partido Comunista Mexicano, etc. Actuar como preso común era imposible. Pensar de manera individual muy arriesgado. Todo se hacía en acuerdos, según una correlación de fuerzas, si bien hacia el exterior cada grupo definía sus canales, su discurso y su radio de difusión. Pero en momentos críticos o de acontecimientos inesperados se precipitaban los hechos. A veces promovidos por unos cuantos, a veces impuestos.

Así pasó cuando calló preso el grupo que había asaltado un banco o una camioneta bancaria y había sido interceptado por el mismo director de la policía en un operativo especial. La noticia había causado gran revuelo, pues el que algunos "delincuentes" se atrevieran a cambiar balazos con el jefe mismo de la policía –que era apoyado por innumerables fuerzas del "orden" –, no era ni usual, ni para que se dejara pasar. Los asaltantes resultaron compañeros de la Asociación Cívica Nacional Revolucionaria, es decir, del grupo de Genaro Vázquez, que estaba combatiendo en la montaña. Los presos que tenían interés en mantener a los presos políticos juntos, y en fortalecer además su posición ante los demás, decidieron rescatar al único sobreviviente del enfrentamiento con la policía, antes de que lo enviaran a la crujía aún más incomunicada que era la O, donde ya estaban Mario Menéndez Rodríguez (Director de la Revista **¿Por Qué**?) y otros compañeros de los grupos armados. Su nombre era Florentino Jaimes. De paso comento que Mario, amigo de Fidel Castro y el Ché, había sido el editor de la Revista de mayor circulación durante el año del 68, una revista contestataria, que muchos años después se volvió a publicar, pero con el nombre de ¡**Por Esto**!

La decisión del rescate fue ágil y nadie la cuestionó, salimos de la crujía y nos encaminamos con tubos y palos a "tomar la cárcel". Yo juzgué la iniciativa como aventurera, no sabíamos cuál iba a ser la respuesta de las autoridades, pero no hubo tiempo para reflexionar de manera colectiva. Estábamos ya en los pasillos del redondel de la cárcel, abrimos las primeras dos o tres puertas y llegamos hasta las inmediaciones de la dirección general. Éramos como cien presos políticos. Aparentemente decididos a todo. Cómo se desarrollaron los acontecimientos con detalle lo he olvidado, y probablemente necesite que algún compañero me ayude a reconstruir. El caso es que nos entregaron a Florentino y volvimos a la crujía. Eduardo me contó muchos años después que tomamos a las autoridades por sorpresa, pues nunca se había tomado la cárcel, y cuando reaccionaron y mandaron poner las ametralladoras en las partes altas que rodeaban el patio donde recibimos a Florentino, ya habíamos conseguido nuestro objetivo.

Tal vez no nos reprimieron porque estaba claro que no era un intento de escape, sino una operación de rescate. Pero creo que todos estuvimos en peligro. Los vigilantes no hicieron ninguna resistencia, pues nos veían entrenar y sabían que estábamos en condiciones de enfrentar a cualquier grupo en una pelea de cuerpo a cuerpo. Según averiguó Eduardo después, las autoridades fueron sorprendidas, y cuando quisieron reaccionar con violencia ya habíamos rescatado a Florentino.

La historia de Florentino es de escasa materia de relato o reflexión, pues su nivel político era muy distinto del nuestro, era un hombre de acción, no un cuadro acostumbrado a las discusiones, si bien se trataba de un hombre valiente. Pero vendría a colación más tarde, cuando el secuestro en Guerrero, del que ya hice larga referencia, finalizó con el intercambio de un grupo de presos políticos por el secuestrado. De ese grupo de presos que se fueron a Cuba se "olvidaron" de uno, y ese uno fue entonces muerto en Lecumberri, de la manera más vil y salvaje, por el teniente coronel Gil Cárdenas y el general Arcaute, director del penal. Pero antes de entrar en ese relato me permitiré contar otras anécdotas de locura y combate. Debo mencionar que Florentino se declaró pronto preso político, y eso legalizó, por decirlo de alguna manera, su condición entre nosotros. Nadie hubiera cuestionado ni sus acciones ni su permanencia.

No fue el caso de un compañero ligado al grupo de los prochinos de Francisco Javier. Jorge —antiguo jugador de futbol americano que yo había reclutado unos años antes porque me parecía que era importante contar con militantes de buena condición física—y que se había vinculado con Raúl Murguía, cuando éste todavía estaba en la IBM, pero ya formaba parte de los prospectos del PRPMML, que ya mencioné. Poo era un hombre de gran nobleza y de cierta ingenuidad. Yo desconocía —y todavía hoy desconozco— los detalles de su tránsito desde las periferias del espartaquismo hasta el grupo maoísta, pasando por el grupo Lacandones. Pero el caso es que cuando fue detenido hizo pronto contacto con Raúl, y éste, en lugar de plantearlo en asamblea, y en lugar de concertar una acción colectiva, le propuso que se brincara la barda y cayera en la de los políticos. Se trató de una acción decidida entre dos compañeros, sin declaración política alguna, y sin comunicación con el resto. Se trataba de que la condición de los presos políticos brindara protección a un asaltante –del que no se sabía públicamente que tuviera filiación de izquierda–, mediante un acto temerario. Y así se hizo. Jorge dijo que iba a la enfermería a atenderse de quién sabe qué mal, y al estar cerca de la crujía de los políticos simplemente se les desprendió a sus guardias, corrió y se brincó la barda. Inmediatamente realizamos una asamblea y le exigimos que hiciera una declaración. Pero él se negó. Aun así, permaneció entre nosotros.

Durante las postrimerías del movimiento del 68 el gobierno ofreció la libertad a cambio del exilio. Y eso desató una gran discusión entre nosotros. Algunos lo aceptaron inmediatamente y pronto salieron. Otros lo consideraron un insulto a su condición y contestaron que sólo aceptarían la "libertad inmediata e incondicional". Era como decir ¡jódanme!, pues el gobierno no nos iba a conceder la libertad incondicional, si no éramos ni blancas palomas ni amigos ejemplares del régimen. Tal vez suena absurdo. Pero, los que respondieron rechazando el exilio consiguieron una gran popularidad entre la masa estudiantil y los grupos políticos de oposición al régimen.

Yo guardé silencio, pero no apoyé a los que querían ir al exilio con tal de salir. En todo caso, me parecía que la forma como fuéramos saliendo no sería igual para todos. Era evidente que el régimen pensaba sacar a los que no le causaran problema sino buena imagen. Y que le concedería el exilio a los que probablemente permanecerían allá lejos, sin causar nuevos conflictos. No siempre acertó el estado. Pero en términos generales el trato diferenciado que nos dio confirmó sus expectativas. De los que no se quedaron en el exilio sólo Heberto y el Búho (mi después íntimo camarada de armas, Eduardo Valle) volvieron para construir una nueva organización. A mí mismo decían que me iban a exiliar, pero no a América Latina sino a Europa. Sin embargo, nunca ocurrió.

Un grupo de compañeros me explicó entonces, que entre los que aceptaban irse había algunos que estaban echándoles tierra a los que no aceptaban el exilio, es decir, que hablaban mal de ellos, y no precisamente en la crujía o en las crujías de presos –pues había en ese momento cuatro crujías de presos políticos, la M, la N, la C, y la O—sino ante las autoridades.

Quería yo entender el razonamiento de cada grupo, así que me dispuse a platicar con los que parecían la cabeza de cada posición. El más decidido a salir, "como fuera", era Heberto Castillo, el ingeniero que estaba preso por haber "usurpado" funciones y hacerla de "juez", formalizando matrimonios en una feria universitaria o dando el grito en la ceremonia de independencia en la Ciudad Universitaria. Cosa, se comprenderá, que, a los ojos de Díaz Ordaz, representaba una usurpación de su mismísima persona. La verdad, a Heberto le tenían mucho coraje por su participación al lado del general Lázaro Cárdenas en la formación del ***Movimiento de Liberación Nacional***, y por su ininterrumpida labor como candidato independiente, o como promotor de políticas de oposición. ¡Su pluma era muy leída, si mal no recuerdo, en la Revista Siempre! y gozaba de muchas simpatías.

Pero Heberto calculó mal, pues creía que su prestigio y su autoridad académica le permitirían salir "como fuera". Así que, cuando hablé con él y le pregunté a dónde se iría me contestó

–a la chingada, no me importa a dónde, yo aquí no me quedo.

–Pero ingeniero es que algunos consideran que eso puede desmoralizar a los que no acepten, o a los que no hayan recibido una oferta semejante, y que nuestra obligación es quedarnos.

–no me importa cómo salga, que se queden los mártires, yo me largo.

–Ingeniero es que también se quejan de sus juicios despectivos que usted tiene hacia quienes no están de acuerdo y lo acusan a usted de… Heberto me interrumpió y me dijo cortante:

—que se vayan a la mierda y a chingar a su madre.

Cuando yo informé de esto a los presos políticos de varias crujías, incluida, claro aquella en la que el Ingeniero estaba recluido, acordaron responderle en los mismos términos. Ese día en la noche varios defecaron en una cubeta, esperaron a que Heberto saliera de su celda y se la vaciaron encima...Esa era la verdadera dimensión de ese "líder" que el Estado mexicano llevó luego al pabellón de los hombres ilustres. Un opositor leal al régimen.

Después de esos primeros exilios, a fines de 1970 los presos que todavía quedaban decidieron iniciar una huelga de hambre por la libertad o la muerte. Era una decisión a mi juicio desesperada, de un carácter pacífico, pero en la que los únicos vulnerados eran los mismos ayunantes. Y yo no era precisamente de una corriente partidaria de la autoflagelación. Sin embargo, la participación de algunos presos de gran autoridad convirtió la huelga en un acontecimiento político de gran difusión y resonancia. José, con toda su enorme autoridad escribió al Pen Club internacional una carta hermosa, en ese estilo de fuerza e ironía que le salían tan naturalmente. Y en todos los países se difundió la huelga. Su actitud sobria y seria, y su increíble determinación para ser consecuente fue un ejemplo para muchos estudiantes presos que lo tomaron como su ideal y símbolo.

José enflacaba, su vientre empezó a dejar ver la secuela del hambre voluntaria, hasta que le colgaron carnes. Luego se le veían las costillas. Quienes le queríamos estábamos realmente preocupados. Él era diabético y una acción así podía costarle efectivamente la vida. También estaba yo preocupado por aquellos en quienes veía los efectos del ayuno. Philip, un norteamericano antiimperialista, estaba **en los huesos**, después de haber sido un joven robusto.

Así que decidí ponerme en huelga de hambre para protestar contra la huelga de hambre de mis compañeros presos. Una huelga que no busqué tuviera difusión, porque era una huelga ante mis compañeros y para ganarme el derecho a disentir de lo que hacían. Pues estar en huelga era la única manera de que los huelguistas escucharan. Los presos que luchaban por la libertad inmediata e incondicional se veían francamente mamones o estúpidos frente a los otros, que con gran dignidad mostraban ante la opinión pública de México y el mundo su determinación de alcanzar la libertad o morir.

Pero mi huelga duró poco. Los presos llevaban cuatro semanas en ayuno. Yo iba a cumplir quince días de huelga cuando llegó el fin de año, y el gobierno, verdaderamente molesto por el impacto que ya tenía esa lucha inesperada y novedosa, había instrumentado una provocación para terminar con ella.

No recuerdo cuántos días exactamente llevaban en huelga los compañeros, probablemente más de cuarenta, ya lo dije, aunque sin duda su condición era ya crítica. Y esa noche, después de despedirnos de las visitas que habían venido a vernos el fin de año, llegó una noticia a través de los mismos vigilantes de la prisión: ¡nuestras visitas estaban secuestradas en el tramo final del túnel de salida!

Cuando los presos políticos lo confirmaron, no lo pensaron, simplemente se salieron de las crujías y se encaminaron hacia el lugar donde estaban nuestros familiares. En el corredor, cuando los habitantes de mi crujía llegamos, ya venían en sentido contrario otros presos políticos encabezados por Eli. Eduardo recuerda haber visto a Manuel gritándole al director de la cárcel. Como Eduardo mismo dice, cada uno de nosotros recuerda *flashazos* o imágenes sueltas, y a veces no coinciden. Yo recuerdo que el director del penal apareció y Elifas –como le decíamos a Elí– se le enfrentó a gritos pidiendo cuentas. El director le contestó grosero y Eli perdió toda compostura y agarró al general por el cuello y lo tiró al suelo. Fue tan sorprendente e inesperado que el general no pudo hacer nada. A todos nos impactó, pues no teníamos antecedente de que Elifas fuera un hombre fuerte, ni tan valiente. A veces la fuerza nace de la indignación y el coraje, pensé. No me acuerdo qué respondió el director. Y la verdad no importa. El caso es que sentí confusión, pues enseguida dijeron que nuestras visitas ya habían sido liberadas y que no tenía caso seguir en el redondel. Pero todo estaba planeado. Se nos había sacado de las crujías para justificar una agresión. Y esta vez, ellos sí estaban preparados. Hablaban de la operación "Fuenteovejuna", en la que supuestamente nos fugaríamos. La invención no la creía nadie, pero a las autoridades no les importaba sino tener una versión y sostenerla.

De las crujías de presos comunes salieron hordas armadas con cuchillos, puntas de metal afiladas y tubos, en dirección a nosotros. Los de la crujía N nos replegamos ordenadamente y cuando empezamos a entrar a la crujía aparecieron los presos comunes que, por su aspecto, denotaban que se les había repartido droga. Cada uno de nosotros recuerda distintos momentos de ese combate. Eduardo me contó que "el cabezón" (Tomás Cervantes Cabeza de Vaca) enredó su chamarra en el brazo y la usó como escudo contra las puntas de los agresores y "espadeó" un rato. También me contó que, a él, a Eduardo, le acercaron una punta arrancada de la reja, y que empezó a defender el sitio espadeando contra la avanzada de los enemigos. Eduardo no se acuerda de cómo Fabio subió hasta lo más alto del torreón a lanzar mentadas de madre. Hugo y Justino, miembros de la recua o pandilla, y Eduardo, del mismo grupo, corrieron a sacar una caja de refrescos y empezaron a lanzarla contra los presos que nos pretendían invadir. Con tan buena puntería que dos o tres de ellos recibieron el impacto en la frente, deteniendo unos instantes el avance de la horda.

Entre la puerta de nuestra crujía y la siguiente puerta que comunicaba al redondel de la cárcel y de donde salían o entraban los comunes, había unos treinta o cuarenta metros. Esa distancia bastó para que los presos de la N alcanzaran a cerrar la puerta dirigidos por Eduardo Fuentes, y para que, por encima de la puerta, que era la única área donde no había techo de rejas, se volaran decenas de refrescos y otros objetos pesados sobre los atacantes. Al entrar me precipité a la celda 18 si mal no me recuerdo, y pasó corriendo junto a mí el compañero Tomás, del Consejo Nacional de Huelga de 68. Tomás Cervantes Cabeza de Vaca, lloraba gritando "los compañeros de la C están desprotegidos" y se aventó debajo de una litera de concreto cuando sonaron las primeras balas. —No te preocupes Tomás, cálmate le dije. Y salí al redondel de la crujía, pues yo estaba en lo que mis compañeros denominaban brigada de primeros auxilios, y mi función era identificar a los que requirieran apoyo junto con el doctor Gilberto Balam. Pero no veía herido alguno. Lo que se sucedió enseguida fue un recrudecimiento de la balacera. No entendía por qué nos disparaban desde los torreones del muro de la cárcel y desde las azoteas de las otras crujías.

Las balas pegaron en varios puntos del torreón y de los muros de las celdas. Y muchos nos tiramos al suelo. Por la confusión muchas cosas me pasaron desapercibidas. Entre ellas algo que todos comentaron cuando pasó el momento de las balas: Fabio, como comenté, se había subido al torreón, y desde la torre o antena que ahí existía, que era una especie de cuadrado metálico de unos dos metros y medio de altura, les gritaba insultos a los policías que estaban disparando. Literalmente cambiaba mentadas de madre contra las balas. Quico, en un acto también temerario y valiente, se había subido a bajar a Fabio. Lo pescó de una pata y lo jaló con toda su fuerza hasta que este se soltó y calló en el piso de la azotea del torreón, y luego lo jaló por la escalera para que reaccionara. Cómo explicar que ninguna bala diera en él es imposible. Ocurren cosas que no tienen explicación. Pero todos estuvimos en peligro.

Eduardo había puesto los cerrojos y los candados en la puerta, y desde afuera era muy difícil reventarlos o romperlos. Así que los agresores no entraron. La preparación mental y física de los presos de la N nos había salvado de la agresión. Sin dejar de considerar la valentía y la respuesta serena de Eduardo, Justino y Hugo. La pandilla o recua se había cubierto de honor.

En la crujía C la historia había sido muy diferente. Al verse agredidos, todos corrieron a encerrarse menos José Jacobo, un líder agrarista de la región de la Laguna en el norte de México. Jacobo se aferró a la puerta mientras todos se encerraban. En ese lugar, donde coincidían dos rejas separadas por un metro escaso, Jacobo recibió casi dos docenas de puñaladas en todas partes, brazos, cara, pecho, espalda, hasta que calló. Una vez en el piso y ensangrentado, las hordas entraron en la crujía e hicieron salir a los presos para golpearlos y robarles sus pertenencias. Jacobo sobrevivió, y todavía –cuarenta años después– estuvo al frente de una organización campesina independiente. Cuando ya vetusto enfermó y moría, tuvo el coraje de convocarnos a sus compañeros para despedirse. Docenas de comunistas y demócratas de muchas generaciones desfilamos ante su lecho, le cantamos canciones revolucionarias y departimos como en los viejos tiempos.

Pero volvamos al relato. En la crujía M no hubo resistencia. Los comunes entraron y saquearon, y golpearon a su antojo. Fue lo que Pablo bautizó como "la noche de los apaches". Aludiendo así al hecho de que dos crujías eran redondas, como los legendarios fuertes del lejano oeste, y las hordas habían rodeado los fuertes para asaltarlos.

Fabio se erigía en una personalidad a mi entender muy peligrosa, pues yo lo había visto proceder de esa manera temeraria y excesiva en el primer asalto, aquél que protagonizamos Isaías, Bertha Navarro (Premio Nacional de las Artes 2018), él y yo y que conté en otro momento; o cuando se robaba el automóvil de Bertha para continuar los asaltos. Pero no era lo mismo. Y entonces *me cayó el veinte*, como dice el dicho popular. Me acordé de otros eventos en los que su "serenidad" nos había colocado en situaciones de gran peligro. Probablemente la más seria, antes de esa noche de los apaches como bautizó Pablo ese primero de enero, haya sido una en la que queríamos mostrar a los compañeros espartaquistas que venían a visitarnos de Monterrey –una ciudad en el norte del país–, y con los que queríamos sumar fuerzas, el trabajo que hacíamos de propaganda y organización en la zona fabril de teléfonos en el municipio de Naucalpan, un barrio al norte de la ciudad. Esa noche habíamos ido con pintura a poner letreros en las bardas de las fábricas llamando a la democracia en el sindicato. Todavía no estallaba la huelga nacional que habría de deponer al "charro", como llamamos aquí a los líderes espurios, y además de volantear y organizar comandos, en teléfonos hacíamos también *pintas*. Al poco de estar pintando las bardas salió un guardia y nos amenazó, y Fabio en lugar de optar por retirarse decidió discutir con el guardia. El guardia se tornó más amenazante, y entonces yo y los demás agarramos nuestros botes de pintura y brochas y nos dispusimos a retirarnos, pues los autos estaban a dos cuadras de distancia. Pero Fabio siguió discutiendo. Hasta que el guardia desenfundó una pistola y empezó a disparar. Fabio nos alcanzó entonces suspendiendo su pinta. Y las balas silbaron y nos pasaron arriba y abajo. Nunca había sentido pasar una bala y descubrí qué se sentía...rasgan el aire. Pero Fabio no se inmutó. Ni se alteró. Ni dijo nada.

En el que fuera el primer asalto también se había conducido de manera inesperada y terrible. Después de que Isaías y yo intentáramos infructuosamente abrir las cajas registradoras, había salido de una oficina el administrador o jefe del pequeño supermercado, y entonces Fabio había cortado cartucho y le había metido la pistola en la boca al sujeto. Yo me quedé frío, y casi me meo del susto. Luego corrimos al vehículo que manejaba Bertha. Ahora, en ese momento de la balacera del primero de enero en la cárcel, lo tenía yo claro, era que él era un hombre incapaz de prudencia o cuidado. Y no le importaba tampoco que el riesgo pudiera generalizarse a otros.

Aun así, debe uno reconocer que Fabio sabía sin embargo planear a largo plazo. Y qué combinación podía salir de esa extraña o aparente "serenidad" y el frío cálculo, ¿a dónde llevaba la planeación aunada a la temeridad? Me llevó años darle seguimiento para descubrir su horizonte.

Nuestra vida, comprenderán ahora, no era tranquila. Por más que nos empeñáramos en hacer de la crujía un templo del saber y la preparación. Era también una licuadora de gente o una jaula de bestias enloquecidas.

A la mañana siguiente de la mal llamada **Noche de los Apaches**[40] me llamaron a la reja de mi crujía. Era Aviña que venía a ver si estaba yo bien. Me traía cobijas, pues no estaba enterado de que ahí no habían podido entrar las hordas de atacantes. Le agradecí de corazón su gesto. Me confirmó así su humanidad y espíritu solidario. Me acordé del **Poema pedagógico** y del relato que hace Makarenko de la Colonia Gorki en Siberia. Años más tarde otro compañero, Vicente Estrada, tendría la oportunidad de demostrar lo mismo. Es decir, que se puede regenerar a los criminales si en lugar de castigos se les proporcionan condiciones de dignidad y apoyo, de solidaridad y compañerismo. Él organizó actividades productivas, y varios reclusos se sumaron a su iniciativa y convirtieron áreas del penal de Santa Martha en un vergel productivo.

Volviendo al caso de Guerrero, cuando la Asociación Cívica Nacional Revolucionaria decidió cambiar al secuestrado por un pequeño grupo de presos políticos, se incluyó en la lista a Mario Menéndez, a Florentino Jaimes y tres o cuatro más. Ya no recuerdo cuántos o quiénes. Pablo, por así decirlo, formaba parte de la misma corriente o se le identificaba con los que iban a ser canjeados. Pero no apareció en la lista.

Según relatos que he escuchado 35 años después, "se les pasó de última hora" anotar su nombre. Yo lo dudo. Creo que Pablo era un compañero muy noble, muy combativo y muy consecuente. Pero también por esas virtudes había estado vinculado a personas que

---

[40] Probablemente le pusieron ese mote porque nuestra crujía era redonda, y el ataque fue en derredor. Como en los viejos fuertes del lejano oeste.

despertaban suspicacias. Y fue de eso de lo que se habló entonces en la cárcel. Se dijo que no lo habían incluido porque tenía vínculos con gente cuestionada. Yo no podría ni desmentir esto ni confirmarlo. Todo en torno a los presos estaba lleno de rumores y chismes, y cuarenta años más tarde seguimos siendo sorprendidos por "decires" o versiones sobre hechos que nos ponen mal o exageran nuestros méritos. Así también se construye la memoria y la tradición, y así se cimienta la leyenda o el mito. Así que tampoco vale la pena dedicar tiempo a precisar detalles de lo que desencadenó algo afortunado o trágico.

Así como en mi caso el rumor y el decir que yo iba a contraer matrimonio con la hija de uno de los asesores más influyentes del presidente me abrió el diálogo con el Procurador General de la República y detuvo parte de los peligros que acechaban al grupo con el que yo entré a la cárcel, así en otros casos el mismo género de rumores tuvo desenlaces negativos. Ciertamente contaba o era un factor adicional el que mi madre tuviera acceso al Secretario de Gobernación, de nombre Luis Echeverría, quien desde nuestro secuestro le había dicho a ella que no se preocupara, que estábamos en lugar seguro y que pronto apareceríamos. Además, la esposa del procurador general había sido compañera de escuela de mi hermana Luz María, y mi padre contaba entre sus amigos al Subprocurador de apellido Franco. No era mi familia la única que mantenía alguna relación con el medio oficial, pero en todo caso es importante reflexionar sobre la relación que guardan hechos aparentemente fortuitos o menores, y los procesos que pueden desencadenar, un poco en la línea de lo que dicen los vulgarizadores de la teoría del caos, según los cuales el aleteo de una mariposa puede impactar tantos hechos que provoquen a mucha distancia un huracán.

Lo de Pablo fue tragedia. Él sabía que de no estar en la lista podría ser sacado de la cárcel para ser interrogado, como ya estaba sucediendo con otros compañeros, que sin explicación alguna y sin mediar orden de juez, eran trasladados al campo militar número uno para ser nuevamente torturados e interrogados. De hecho, nuestra prisión guardaba las apariencias de un proceso formal, con delitos, cargos y sentencias. Pero todos sabíamos que se trataba de un asunto político, que tendría sin duda un mecanismo o definición dentro de la supuesta ley, pero que dependía del desarrollo de los acontecimientos, de la posición del régimen y de nuestra misma capacidad para fortalecer nuestra fuerza de negociación. Pablo estaba solo. No había detrás de él ni partido ni publicación alguna. Tampoco sectores estudiantiles. Sólo vínculos con los compañeros más radicales y por lo tanto estaba en mayor peligro.

El asesinato de Pablo Alvarado fue trascendente. Para algunos compañeros fue el momento en que los cuerpos represivos cambiaron de estrategia general. Hasta antes del asesinato de Pablo a manos del General Arcaute y del Teniente Gil Cárdenas, la línea había sido de contención. Pero el secuestro del rector de la Universidad de Guerrero, que era un connotado miembro de la oligarquía, hizo reaccionar al ejército hacia una política de exterminio.

Antes había habido torturas y muertos, pero a partir de ese secuestro el trato a los luchadores fue rabioso e inhumano. Y para muchos fue el momento en que se desató la guerra sucia. Pueblos arrasados en Guerrero, familiares a los que se extendió la tortura, pérdida de miembros en la tortura, y simulación, siempre simulación de seguir viviendo en un Estado de Derecho, cuando en realidad era vigente un estado delictivo, asesino, que procedió a tirar al mar a muchos compañeros detenidos, a quemar con lanzallamas a los presos después de molerlos en interrogatorios en el campo militar número uno.

Y los presos desde luego recibimos también nuevo trato, junto con nuestras visitas, que fueron severamente maltratadas.

Pero estábamos unidos, lúcidos, claros de los riesgos y bien organizados para resistir. Además, la solidaridad hacia nosotros era grande. La prensa en general se hizo eco de nuestras denuncias. Todavía no era la prensa venal del neoliberalismo, y existían muchos periodistas dignos, que investigaban y se esforzaban por informar los hechos. Yo era, junto con Daniel Camejo Guanche, encargado de comunicación de la IV Internacional en la cárcel, y me carteaba con varias secciones, manteniendo informados a los compañeros de lo que pasaba en el penal, además de en la lucha.

Las autoridades habían detenido a la novia de Pablo, que le había estado visitando en prisión, y la habían vinculado a uno de los grupos nuevos en proceso insurgente. Ella siempre negó toda militancia, pero la policía la consideró el enlace entre el nuevo grupo insurgente y Pablo, que debía ser su promotor o ideólogo. Ella fue recluida en prisión, y al poco tiempo Pablo fue citado en la cocina del penal. Él sospechó una trampa, pero acudió a la cita. En efecto, ahí Gil Cárdenas lo acribilló junto con otro preso común. La versión oficial fue que se había tratado de fugar. Lo que era evidente es que, haya o no existido un plan de fuga, no se les sorprendió en ella, sino que se les llevó a un cuarto donde se les dio muerte. Incluso un oficial militar que se dio cuenta de los hechos, y que expresó su inconformidad con el proceder de las autoridades, fue también muerto en el mismo lugar.

Los presos comprendimos entonces que todos estábamos otra vez en gran peligro. Si las autoridades se estaban atreviendo a sacar presos para interrogarlos, y si ya se les había "muerto" uno en los interrogatorios, ahora el nuevo asesinato mostraba que no se iban a detener ante formalidades. Hugo David y Eduardo discutieron este hecho mucho tiempo después, y concluyeron que el asesinato de Pablo fue el momento en que el Estado mexicano decidió brincar la formalidad e iniciar el aniquilamiento de los subversivos. Es muy probable que tuvieran razón, y que si no fuimos parte de los sacrificados fue por la inteligente respuesta que organizamos y por la solidaridad que nos brindó la opinión pública. Pero de que nos querían liquidar no cabía duda.

Con el asesinato de Pablo, ya venía yo diciendo, se inició el proceso de guerra no declarada que hemos conocido como el periodo de la guerra sucia.

Justo después del asesinato de Pablo realizamos asamblea y discusión de la coyuntura política, acordando una intensa campaña de prensa para denunciar los hechos y alertar a la opinión pública. Julio Scherer, que estaba todavía al frente del periódico Excélsior, que en ese momento era todavía el más importante del país, asumió nuestra defensa y nos concedió todo el espacio que consideramos necesario para publicar nuestros comunicados. La Radio Universitaria se hizo eco también. Así como diversas publicaciones que escapaban al control del estado. Desde Lecumberri, Toño Gershenson difundía la voz Libre de América, con una radio clandestina armada por él mismo.

Los presos estábamos en las primeras planas con nuestro **Acuso** que confrontaba al Estado. De hecho, Julio Scherer, el director del diario, ayudó mucho a que nuestro pensamiento se difundiera, y contribuyó significativamente a nuestra seguridad, pues llegamos a ocupar una plana entera en el periódico Excélsior, tantas veces como fue necesario denunciar lo que pasaba en la cárcel.

Fue un periodo difícil, en el que la comisión de prensa trabajaba intensamente, todo el día, para conciliar los textos y sacarlos oportunamente. Ahí recibí el entrenamiento más intensivo de toda mi experiencia periodística para aprender a redactar bien, claro, rápido y contundente.

A pesar de la ideología, había convicciones de justicia y amor por la libertad

A medio siglo de distancia puedo decir que nuestra prudencia, oportunidad y eficacia frente a la crisis nos permitió salvar la vida. Otros podrán decir misa, pero creo que supimos actuar unidos a pesar de las diferencias, y eso nos salvó.

Los presos nos mantuvimos vinculados a la lucha, y pocos meses después de "*La noche de los Apaches*" cuando Echeverría hizo una invitación a lo que se llamó la apertura política, tuvimos suficientes vínculos con la realidad para percibir su insinceridad. Todo género de oportunistas se apersonó a otorgar su apoyo al presidente. Carlos Fuentes, que en ocasiones había escrito documentos memorables y ejemplares de la democracia, en ese momento dijo: "Echeverría o el Fascismo", dando a entender que el país tenía que cerrar filas con el ejecutivo en turno para impedir que tuviéramos algo así como un golpe de estado de fuerzas todavía más derechistas. Confundidos, varios de los muchachos que habían salido en los meses anteriores le tomaron la palabra. Y algunos escritores se sumaron al coro. Entre ellos Heraclio Zepeda, talentoso cuentista, que pasados los años y en una coyuntura posterior a la insurgencia zapatista de 1994, aceptaría ser gobernador de Chiapas para aplicar, vergonzosamente, la política del Estado, contraria a los intereses indígenas.

Los intelectuales más sagaces o que "se hacían menos pendejos" no aceptaron la invitación. Renato Leduc nos alertó: "a ese cabrón (refiriéndose a Echeverría) no le creo ni los saludos". Yo sostuve, junto con Gerardo Unzueta, que existía una tendencia inexorable que ya antes de la cárcel mis compañeros de más edad denominaban "el carácter irreversiblemente reaccionario del estado mexicano". José, que me escuchó decirlo, me llamó a la enfermería y me dijo: –

"no te tomes eso de manera inexorable. Ni este ni ningún estado evoluciona en un sentido lineal. La dialéctica de la historia obliga a cambios y requiebres, hoy parece muy reaccionario, y así nos lo parecía en los años de Calles y Obregón, pero luego vino Cárdenas y los comunistas quedaron desarmados. También nos lo pareció después de Cárdenas y luego tuvimos espacios que no habíamos previsto. Hoy la situación parece grave, pero el país tiene una tradición que está por encima del estado formal y sus gobiernos. Cada gobierno es un fenómeno transitorio, y las instituciones suelen darnos sorpresas, son contradictorias. Dependen mucho de la marcha de los acontecimientos. Aprende a ver lejos y a dejar de pensar en el corto plazo."

José no confiaba en Echeverría, pero tampoco creía que se precipitaba por una línea irreversible de mayor cerrazón. Mayor cerrazón que la vivida en el diazordazato era, además, francamente difícil.

Por otra parte, Manuel Aguilar Mora, que era el verdadero ideólogo de los trotskistas de la Corriente del Secretariado Unificado[41], había publicado ya su Historia del comunismo en México, donde hacía disección detallada de lo que llamó el bonapartismo mexicano, categoría utilizada por Marx en **El 18 Brumario**…, pero retomada por Trotski para estudiar el periodo siguiente al Termidor estalinista. Según Manuel, el estado oscilaba, usando un término gráfico mío, entre las presiones de uno y otro lado, para mantenerse siempre por encima del conflicto, pero sin asumir los extremos. Esto lo hacía más eficiente como órgano de clase y control político, pero también lo hacía más flexible.

Es algo triste, que solamente comento de paso, que ese compañero, que hace medio siglo echó luces sobre el proceso histórico de degeneración de la izquierda como consecuencia de su subordinación al estalinismo, hoy se la pase repitiendo esquemas de la arqueología ideológica que entonces fueron base de la lucidez, pero que hoy, en una realidad del mundo muy cambiado, su visión parece un gemido desde la oscuridad.

El movimiento estaba dubitativo y expectante ante la tal apertura. Pero la mayoría decía que no habría más prueba de verdad que la lucha. Si se atendían las demandas de los luchadores es que había un cambio, si se reprimía es que el llamado a la apertura no era más que una forma de jalar a los oportunistas y tratar de engañar a la mayoría.

---

[41] El trotskismo en el mundo registraba varias agrupaciones irreconciliables, por una parte, la mayoría estaba en torno al Secretariado Unificado, con Michel Pablo Raptis, Ernest Mandel, Livio Maitan, Peter Camejo, Leonard, (de los países nórdicos), y varios más. Por otra parte, estaban en América Latina los posadistas y los morenistas (de Nahuel Moreno), y existían todavía otros que se denominaban lambertistas, que representaban una minoría en Europa.

Los acontecimientos se desarrollaron más rápido que las reflexiones. Se había reprimido a los estudiantes y a los obreros en todas las ocasiones que salían a la calle, cuando llegó el mes de junio, aniversario de anteriores combates y víspera de un nuevo aniversario de la Revolución Cubana.

Los estudiantes se venían organizando en la autodefensa. Ya no iban ni desarmados ni confiados a ninguna protesta. Era usual cargar los pañuelos con vinagre, las canicas para los caballos, y no pocos también cargaban pistolas. Entre ellos varios nuevos reclutas de los grupos que habíamos impulsado antes de caer presos. Las preparatorias populares[42] pondrían el ejemplo. Para algunos académicos, con esa participación esas preparatorias, que representaban algo de lo mejor del espíritu universitario, y gracias a su existencia muchos estudiantes pudieron ingresar a la universidad, firmaron su sentencia de muerte, pues el Estado impidió su consolidación.

El diez de junio se votó en las preparatorias si salir o no salir a la calle. A sabiendas de que salían a enfrentar a los granaderos. La mayoría votó salir y pelear. Y la marcha tomó la Avenida de los Maestros en el norte de la ciudad hacia Ribera de San Cosme, que delimitara alguna vez a la gran Tenochtitlan del reino vecino de Tlatelulco. Al avanzar sobre San Cosme se enteraron de la presencia de jóvenes de aspecto militar que llevaban *chacos* y armas características de las artes marciales.

La marcha prosiguió. Es indiferente discutir o hablar aquí sobre su trayectoria o recorrido. El caso es que fue agredida, pero no solamente a palos, sino también a balazos. Los heridos se dieron a montones, y las decenas de muertos también. El hombre que había llamado a la supuesta apertura democrática había ordenado

---

[42] Ante el enorme número de rechazados en la educación superior en las escuelas públicas, varios maestros organizaron escuelas que impartían la misma educación, pero de manera autogestiva y gratuita. Todo el personal docente trabajaba sin paga, y toda la administración estaba formada por voluntarios.

masacrar a la población estudiantil. Esa sería la tónica de su gobierno. Decir una cosa y fraguar en la oscuridad lo contrario. El mal había triunfado totalmente. Y la locura estaba ya enseñoreada en el poder.

Pronto las ambulancias habían saturado los hospitales del norte de la ciudad. Ahí, varios miembros del MIRE yacían en las camas. En especial el camarada Olaf, quien perdería un riñón por un balazo.

Según Renato Leduc[43], ese escritor de vena popular y amplios lectores, en los momentos en que estaba por ocurrir la matanza, Echeverría atendía otros asuntos, mientras seguía confirmando las ordenes de muerte y persecución. Renato lo había previsto y lo había confirmado platicando con personas cercanas al ejecutivo.

Los presos se dividieron entonces entre quienes querían el combate frontal contra la dictadura y los que decían que venía de todas maneras un avance del nacionalismo. Que el país no podía precipitarse por la dictadura; que nuestra historia, nuestra identidad y nuestras circunstancias verían surgir una corriente nacionalista que retomaría las riendas de la política y conduciría a todos hacia nuevas victorias.

Parecía demencial insistir en eso en medio de los muertos. Ello no impedía sin embargo que lo dijeran y explicaran con gran convicción. Yo no creí en la tal emergencia del nacionalismo. Pero Adolfo Gilly y Víctor Rico Galán la suscribían totalmente. Por algo habían mamado línea, como decíamos, de las páginas de J. Posadas.

Rafael Galván, el líder del Sindicato Mexicano de los Electricistas, parecía confirmar las intuiciones de Víctor y Adolfo. Era un hombre del régimen, sin duda, aunque era también un nacionalista. Al frente del Sindicato Mexicano de los Electricistas se erguía desafiante del sistema político y llamaba a la democratización. También parecía confirmarlo el supuesto

---

[43] Renato Leduc, periodista, escritor, poeta, amigo de políticos y de artistas. Se hizo célebre por sus reportajes y sus libros irreverentes, pero de fino carácter.

testamento del General Lázaro Cárdenas, que apareció un año después de su muerte, y que llamaba a recobrar el camino del nacionalismo revolucionario. Su hijo, que lo había dado a conocer, no parecía ni su heredero ni su voz, pues hasta entonces había sido un burócrata gris. En 1968 incluso se había alineado con Días Ordaz, y nunca se había distinguido por ser un demócrata.

Sin embargo, Víctor Rico Galán y Adolfo Gilly sudaban simpatía y esperanzas cifradas en esa corriente sindical y política. Como decía José Revueltas, no procedían acorde con el entendimiento, sino según esa característica de los políticos mexicanos que se llama latido, y que otros llaman intuición. José la caracterizaba como facultades del hombre rudimentario, que más allá de otear en el clima del día, jamás se elevan en el pensamiento. Más tarde otro compañero, Antonio Gershenson Tafelov, sistematizó lo que se había originado en una intuición, en un trabajo más sistemático sobre el papel de las luchas obreras de entonces y la ideología del nacionalismo que fundaba esa perspectiva.[44] Su trabajo merece una lectura extensa y una reflexión aparte. Y no es tema que en este caso analizo. Pero será sin duda parte del balance que se escriba pronto sobre la continuidad de esa corriente que se configuró dentro del partido gobernante durante el cardenismo, y que ha cruzado la historia nacional hasta la segunda década del Siglo XXI.

Desde la perspectiva de la ideología y la manera como estas corrientes de izquierda emprendían la política, medio siglo más tarde me despierta varias reflexiones que tienen gran actualidad. Aunque para muchos ese tema parecería una anécdota del pretérito de nuestro movimiento, insisto, no ha dejado de tener actualidad. Y quisiera reactivar su discusión, pues, aunque han ~~transcurrido más de cincue~~nta años, vuelve a ser asunto de

[44] **MEXICO: SINDICALISMO Y PODER, en Amazon.** Gershenson, A. (1973). Y **El movimiento obrero ante el nacionalismo revolucionario.** La experiencia cardenista. México: Ediciones Proletariado y Revolución.

análisis y reflexión, pues el presidente actual de México, Andrés Manuel López Obrador, que no es marxista, ni socialista, sino nacionalista y patriota, responde, en cierta forma, al arquetipo que en aquellos años veían venir nuestros compañeros. Para ellos ese nacionalismo revolucionario era el preludio de un tránsito al socialismo. Y hoy, medio siglo después, muchos militantes de Morena, que antes lo fueron del Partido Comunista, o de otras agrupaciones de izquierda, incluyendo a varios grupos armados, repiten o reproducen esa misma visión.

El nacionalismo revolucionario no es motivo de este libro, y sería, en todo caso, tema de otro ensayo, pero hay un aspecto que sí se vincula con nuestra preocupación central que hemos venido tratando, y es la subjetividad y el voluntarismo, que pueden hacer perder no solo la perspectiva de los datos duros, sino incluso la cordura. Y en ese sentido me atreveré ahora a hablar un poco del contexto en que hace medio siglo mis compañeros Víctor y Adolfo, veían venir la corriente nacionalista, y el contexto en el que hoy, muchos de mis ex compañeros, ven otra vez el régimen de Andrés Manuel, como preludio de un cambio orientado hacia el socialismo.

Debo, para tal motivo, de auxiliarme de unos cuantos textos que han reconstruido aquél momento:

Dice Pedro Antonio Reyes, en uno de sus ensayos históricos que

"El debate sobre la privatización del sector eléctrico tiene sus raíces en la discusión sobre el modelo de desarrollo en México desde finales de la década de los setenta. (Cuando) Los periodos presidenciales de Luis Echeverría Álvarez y de José López Portillo, (que vivían) con la bonanza y crisis económica que los marcaron, definieron un campo en el que la fuerza de los que abogaban por un modelo de libre mercado, apoyados en un movimiento internacional que ganaba espacio en Europa y Estados Unidos, vino a desplazar esquemas que centraban el desarrollo en una planeación estatal estratégica.

"Todo el proyecto energético que se había delineado desde 1930, y que había logrado su último triunfo apenas en 1976 con la promulgación de la *Ley de servicio público de energía eléctrica* —que completaba el decreto de nacionalización de esta industria, en 1960—, quedaba en entredicho.

Se empezaron (entonces) a crear perspectivas de "modernización" que desmantelaban la estructura del sector para buscar formas más dinámicas que lo adaptaran a las exigencias de la inclusión de México en el mercado internacional. Pero los cambios no sólo afectaron a la industria eléctrica en aspectos administrativos y técnicos. (Y más específicamente,) El ámbito sindical, especialmente sensible, quedó también a discusión. Los sindicatos electricistas, como otros del sector energético del país, habían sido los artífices del diseño de esta industria: y habían desarrollado sistemas de organización y de injerencia en las decisiones de las empresas —e incluso sobre las políticas en el país— que habían resultado eficaces en el pasado. Al mismo tiempo, en torno a las dirigencias sindicales, se había construido un fuerte coto de poder y un estatus privilegiado para los trabajadores de la energía que perdura aún —si no en la realidad, sí en el imaginario de los trabajadores de otras áreas. Esto les había permitido ocupar un lugar clave en los diferentes procesos sociales, que mantenían a pesar del cambio de gobernante, ya fuera como aliados u opositores. También fueron eficaces agentes de propuestas de política energética, como la del sistema eléctrico nacional, que incluía la formación de una sola industria con un proyecto alterno de integración sindical. Los sindicatos electricistas jugaron así un papel fundamental en las decisiones que sobre el sector y las industrias se tomaban en México, así como sobre los tiempos en que debían realizarse. Las políticas gubernamentales respecto a estas organizaciones se guiaron por la urgencia que representaba para el gobierno en turno la reforma del sector y el control social. Los trabajadores respondieron desde sus propias preocupaciones y urgencias, con alianzas estratégicas históricas, matizadas por intereses personales de sus dirigentes y por su ideología."[45]

En ese contexto, nos recuerda Pedro, el líder de los electricistas había colocado la cuestión sindical como algo que debía contribuir a la reconceptuación del sector público. Y en efecto, don Rafael Galván había dicho

"La nacionalización no solamente significa el desplazamiento del inversionismo extranjero; introduce cambios fundamentales del régimen de propiedad por cuanto sustituye la propiedad privada por la propiedad

---

[45] **Los trabajadores electricistas**, por Pedro Antonio Reyes Linares. 2002. Pedro es investigador del Centro de Reflexión y Acción Laboral, asesor de la Coordinación Nacional de Electricistas cfe-suterm 2001-2002. Es licenciado en filosofía y ciencias sociales. *Noviembre-diciembre de 2002* **RENGLONES 52 45**

nacional que es, en último análisis, propiedad social. Este cambio en el régimen de propiedad debe complementarse con el establecimiento de nuevas relaciones de producción que, necesariamente, deben ser distintas de las que son características de la empresa privada. Como todos sabemos, estas nuevas relaciones de producción no se han definido ni siquiera en proyecto y, en lugar de que los trabajadores intervengan en la gestión industrial de las empresas nacionalizadas, se les ha sometido a las necesidades de una política laboral conocida en nuestro país como charrismo[46] sindical". [47]

Releyendo sobre aquél periodo, he experimentado una sorpresa intensa y especial. Pues me ha ocurrido algo que había yo leído, pero que ahora se me presentaba como realidad. Y no me refiero a los hechos sociales, sino a los de mi conciencia. En aquellos años, en efecto, los presos políticos veíamos con enorme simpatía la lucha de los obreros electricistas. Además, años antes, esos obreros, cuando empezamos nuestra labor de organización entre los petroleros y otros sectores de empresa, nos habían dado su solidaridad. Uno de nosotros, Fabio Barbosa, –a quien me refiero en otra parte de este libro por su comportamiento en la crujía, o en otra parte como aventurero– era el contacto principal con los compañeros del sindicato de electricistas. Aunque ya uno o dos años antes, la Liga Espartaco, de la que éramos militantes, había establecido comunicación y vínculos con algunos de esos mismos trabajadores. Esos obreros electricistas, cuando conocieron de nuestros propósitos de democratizar al Sindicato de Telefonistas, donde hacíamos alguna propaganda, se ofrecieron a imprimir el planteamiento que teníamos. Fabio lo redactó, y los electricistas

---

[46] Se denominaba charrismo a la conducción de los sindicatos apegados a la instrucción gubernamental, y el término venía de una referencia al hecho de que uno de los dirigentes sindicales practicaba la fiesta de la charrería, es decir, el lazar animales y montar novillos y potros no domados, que en esta referencia aludía, onomatopéyicamente el montar a los obreros.

[47] Galván, Rafael. **Perspectivas del movimiento obrero mexicano**, en Revista Solidaridad, Número extraordinario, 1980. Pág. 105

hicieron entonces un tiraje del folleto de miles de ejemplares. Mismo que nos permitió llegar a muchos centros de trabajo.

Gracias a la respuesta obrera y la solidaridad electricista habíamos ido tejiendo una red de propaganda que cruzaba los barrios obreros de la ciudad capital. Red que no planteaba el socialismo, sino la democracia de las organizaciones obreras.

Muchos pensaban que eso era reformista, pero yo y mis compañeros estábamos convencidos de que nuestro planteamiento era profundamente subversivo, pues el Estado Mexicano no toleraba la más mínima expresión de democracia. Y esa había sido la razón de que, en lugar de formar células o círculos de estudio —que venía siendo lo usual por parte de las organizaciones de izquierda–, nosotros, es decir, el núcleo que se estaba desprendiendo de la Liga Espartaco y que hacía trabajo obrero, organizáramos comandos sindicales. Una forma de organización que estaba dispuesta a desplegar acciones de fuerza para democratizar la vida interna de las fábricas y las organizaciones. Y de hecho lo hicimos, pues en la huelga telefonista de aquellos años, que fue la última huelga nacional de industria que se registró en la historia del Siglo XX en México, las corrientes espartaquistas participantes en varias ciudades, junto con los obreros de los comandos y la corriente nacionalista, logramos tirar al charro del sindicato telefonista de apellido Sánchez Torres, y avanzar en el establecimiento de procesos democráticos de elección en el sindicato.

Visto a distancia sigo pensando que teníamos razón, que la lucha democrática era una lucha de transición, que abría la puerta para despertar la conciencia de lo que podía realizar la clase obrera, yendo desde luego más lejos de lo que el Estado podía asumir. Y que eso fue, y ha seguido siendo, el fenómeno más común o usual en toda lucha. Incluso hoy que los pueblos, los indígenas, o los trabajadores de una fábrica o una localidad, exigen o buscan que se respeten sus derechos, su dignidad y sus aspiraciones. Pues las policías comunitarias que surgieron entre las décadas del fin de siglo y el comienzo de este, tampoco se han planteado el socialismo, sino defender a la población y sus derechos elementales. Y eso, que en nuestros lejanos días parecía muy novedoso y creativo, se ha seguido repitiendo hasta la fecha.

Pero este hallazgo o reflexión no ha sido lo único que me sugirió esa lectura histórica. También descubrí que los enemigos de entonces parecían ser los mismos enemigos de hoy, tanto para mí como para muchos luchadores, pues en el Manifiesto de Guadalajara, que fue el Documento más General y abarcador de la propuesta de la Corriente Nacionalista, se decía a propósito de la situación:

"…no ha podido evitarse que aquellos que han hecho de la industria estatal y del sindicato verdaderos botines particulares, salieran rabiosamente en defensa de sus fortunas mal habidas, de sus canonjías y privilegios, empleando contra nosotros los mismos métodos arteros que les han permitido elevarse a los puestos que ocupan y actuar luego a su antojo. Estos señores han demostrado, y lo demuestran ahora, que están dispuestos a llegar a todo, sin que ningún escrúpulo los limite, en su desesperado intento por conservar —obviamente por encima de los más altos intereses del país— el sistema de rapiña capitalista e inmovilismo obrero que ha conducido a una profunda crisis, de la que urge salir no sólo a la industria eléctrica, sino al conjunto de la economía nacional."

Ha transcurrido medio siglo y el lugar que ocupaban charros como Francisco Pérez Ríos (del sindicato electricista) o Fidel Velázquez, de la Confederación de Trabajadores, sigue ocupado, aunque hoy se llamen Romero Deschamps (líder petrolero) o Elba Esther Gordillo (lideresa del magisterio y dueña de una franquicia política transexenal para operar un partido político), o Esparza, nuevo charro del sindicato electricista. Y algunos personajes son incluso los mismos; pues quienes, a lo largo de las décadas, siguen haciendo negocios o saqueando el presupuesto público, no han desaparecido. Y un ejemplo emblemático es Manuel Bartlett, que se recicló a sí mismo, de Secretario de Gobernación de Carlos Salinas (1988-1994), a Director de la Comisión Federal de Electricidad y comerciante de respiradores para enfermos de covid (2018-2021). Y tampoco es la única similitud o semejanza.

Decía yo que mi conciencia parecía estar reproduciendo algo leído. Y pensaba en lo que escribió Karel Kosik, el filósofo checo, desde los años setenta: la conciencia que tienen los personajes que vivieron el pasado, es parte de los hechos. Y en efecto. Ahí se quedó mi conciencia, como un hecho, que hoy, pasado el tiempo, tanto tiempo, me permite ver lo que pensaba, desde los ojos del presente. Y mi conciencia de hoy no refrenda lo que fue mi conciencia en aquél entonces. Y viene al caso, como me explicaré enseguida.

Cierto es que Revueltas tenía razón, los fedatarios de la corriente nacionalista no defendían ese escenario como posible, sino como ineluctable, lo cual evidentemente no cumplía con el mínimo rigor. Pero, además, sus argumentos o los hechos en que fundaban su pronóstico, sólo eran muestra de la convicción de algunos líderes, y no de quienes conducían al Estado o protagonizaban la conducción de las instituciones. Sin embargo, la intuición de estos compañeros, sistematizada por Antonio Gershenson, alcanzaba a atisbar hechos que no entonces, sino décadas más tarde, iban a cristalizar en fuerzas considerables.

Así, en 1988, o sea tres lustros adelante, algunos prominentes miembros del partido oficial retomarían el testamento de Lázaro Cárdenas y fundarían la corriente democrática del PRI. Serían separados de su partido y promoverían la participación independiente en el proceso electoral. Y yo mismo, que había creído que Víctor, Adolfo y Toño habían estado equivocados, me ví como parte de la dirección de ese intento, y hasta como fundador del Frente Democrático Nacional que contendió por la presidencia ese año de 1988.

Revueltas hubiera seguramente repetido que era un error sumarse a una corriente o planteamiento que nos desdibujaba o nos colocaba detrás de los nacionalistas. Y una vez más habría tenido razón. Pero la dinámica de los acontecimientos no configuraba condiciones para que una corriente de carácter socialista o más radical, hubiera podido competir con alguna posibilidad de crecimiento, contra el partido oficial y, en ese caso también, contra los nacionalistas. Me he referido en otro trabajo a lo que ocurrió en esos años y a la discusión que tuvo lugar dentro de la esfera pública.[48] Pero no fue ese el último episodio del nacionalismo revolucionario.

Ya en el año 2006 volvió a aparecer esa corriente disputando la hegemonía política de las fuerzas nacionales, y contendiendo una vez más por la presidencia. Y como en el intento anterior del 88, la izquierda, o lo que quedaba de ella, se volvió a sumar al intento, de nuevo subordinada a la dirección nacionalista desprendida del partido oficial. Con la salvedad de que en esta ocasión aparecieron documentos programáticos que esbozaban un proyecto de nación, ciertamente inspirado en la revolución mexicana, pero también recogiendo el sentido de las luchas que tenían lugar en América Latina, y proyectando algunas tareas estratégicas para recobrar un desarrollo más independiente, menos subordinado, y ciertamente con mejores perspectivas para la mayoría del pueblo trabajador.

El sistema se defendió con todo género de recursos, legales e ilegales, de represión o de fraude, y ese segundo intento no pudo conseguir gran cosa. Pero se rompió la hegemonía política del sistema y se inició un proceso de erosión del control y el dominio ideológico.

Pasaron otros doce años. Y en esos dos sexenios el grupo gobernante terminó de rematar el patrimonio público, abrió las puertas irrestrictas al capital extranjero, se alineó con los Estados Unidos, profundizó la guerra sucia para desaparecer disidentes, matar periodistas y mantener a raya la inconformidad social. Y en el año 2018, cuando el pueblo en general estaba francamente harto del saqueo que desde la esfera pública se practicaba, y cuando el país cumplía tres décadas de estancamiento y caída del nivel de vida, esa corriente fue impulsada por el descontento y ganó las elecciones. En cierta forma se cumplía así el atisbo o

---

[48] De la guerra fría al neoliberalismo. Mario Rechy, Inédito.

intuición de quienes se habían anticipado o equivocado en los años setenta. Ahora gobernaría el nacionalismo, aunque hubiera perdido su filo revolucionario.

Y volviendo a lo que decía de no reconocer hoy mi conciencia de entonces. Podría, o debería admitir, que, desde la intuición, que no es el método científico, se pueden prever escenarios, aunque no sus plazos o ritmos. Pero más importante aún, que estos cincuenta años de participación de la corriente nacionalista, no la han dotado de una propuesta coherente de nación.

Sin duda el nacionalismo, antes revolucionario, y hoy de incierto horizonte, ha emprendido un intento de recuperación del papel protagónico del sector público, y ha avanzado también limitando la injerencia de los monopolios y las trasnacionales. Y no es esa una frase de aquiescencia, sino una descripción sintética de la limitación que se estableció durante los dos primeros años de gobierno de Andrés Manuel López Obrador a los contratos de obra pública que se venían concediendo a las empresas extranjeras, al mismo tiempo que el cese de nuevas concesiones, y un hasta aquí a los grandes, gigantescos negocios, que armaban los funcionarios públicos con capital extranjero. Pero no ha podido resolver el problema del financiamiento del sector público, ni ha sabido reformular cuál podría ser el papel del comercio exterior en el desarrollo nacional, solo se ha plegado a lo que ya se hacía.[49] Eso nos hace pensar que la viabilidad de gobierno y continuidad del nacionalismo revolucionario está todavía por verse. Y sobre todo, porque en América Latina tampoco ha podido mantener la continuidad, salvo, muy probablemente, el caso de Bolivia, donde parece más sólido el proyecto.[50]

---

[49] A mediados de 2020 entregué un texto donde abordo estos puntos y formulo una estrategia. ***Ver Cómo podemos emprender el desarrollo.*** Mario Rechy Montiel Academia.edu

[50] Véase el libro coordinado por Samuel Schmidt de título ***Por qué fracasan las izquierdas en América Latina.*** En Amazon. 2020. Ahí va un capítulo de mi autoría.

158

La discusión sigue pues abierta. Los textos de estudio no son fáciles de recuperar. Pero hay que hacer el esfuerzo. Y como nadie conoce el texto que Revueltas escribió en aquél entonces, pues no fue publicado, me permito transcribirlo enseguida.

LA LOCURA BRUJULAR DEL MARXISMO
(Ensayo ontológico sobre los grupúsculos marxistas).
José Revueltas
"Discutir. He aquí la primera tarea". Con estas palabras su autor inicia las conclusiones de una extensa "Carta de Víctor Rico Galán a los estudiantes en lucha", documento que aparece con fecha del 14 de enero de 1970, en el cual se analizan y debaten numerosos problemas que afectan en su conjunto al movimiento revolucionario y no sólo al de las luchas estudiantiles más recientes, aunque éstas sean su punto de partida. ("Carta de VRG a los estudiantes en lucha". Edición mimeográfica. Pág. 11).

La circunstancia de que esta invitación a discutir provenga de Rico Galán, dirigente de uno de los tantos grupúsculos en que la izquierda marxista (o más o menos) se encuentra dividida (dividida y por añadidura en la cárcel, así no sea sino en lo que hace a cierto número de sus representantes), confiere a tal invitación una naturaleza especialmente significativa. ¿Es el reconocimiento de la necesidad, ya insoslayable, de una confrontación ideológica de los diferentes grupos y grupúsculos marxistas entre sí? ¿constituye una actitud positivamente predispuesta a superar la incomunicación entre las respectivas tendencias de esos grupos y el "espíritu de círculo" (que aquí en la cárcel está a punto de convertirse en una especie de "patriotismo de crujía") a favor de un conocimiento crítico –o sea, democrático- de la realidad objetiva, al mismo tiempo que del grado de validez y justificación histórica de que respecto a dicha realidad pueda disponer cada una de dichas tendencias? ¿Se trataría, por ende, de un cuestionamiento <u>a fondo</u>, de la existencia misma de los grupúsculos marxistas?

Bien: el primer requisito que se impone para analizar un problema, es el de no exagerarlo, y estas preguntas se resienten mucho de aquello que los psicólogos llaman "proyección de deseos". Atribuimos a las cosas la tendencia ideal y subjetiva a no ser lo que son sino lo que quisiéramos que fuesen. De aquí, entonces, la candidez de nuestras preguntas. No; Rico Galán no asume siquiera estos planteamientos. ¿Confrontación teórica de tendencias marxistas? ¿Cuestionamiento democrático de la naturaleza verdadera de cada uno de los grupos? El autor de la "Carta a los estudiantes en lucha se encoge de hombros. ¿Para qué todo eso?, parece decirnos. Este supuesto, por más que parezca puramente retórico, está cargado de contenido <u>real</u>. Cuando Rico Galán afirma: <u>Discutir. He aquí la primera tarea,</u> lo rotundo e inequívoco de la afirmación pudo inducir a que se creyera que el autor abordaría, casi de modo obvio, el problema esencial que la ineficacia, el rutinarismo, la ignorancia teórica, la falta de imaginación y la limitada inteligencia –entre otras cosas- de los grupúsculos marxistas existentes en México, que han terminado por plantear, en efecto, esa como la <u>primera tarea</u>. La inaplazable y decisiva tarea que afecta a todo el proceso revolucionario del país: La de cuestionar el derecho, que cada uno de los grupos se arroga, de ser el único representante del marxismo y, en consecuencia, el único con la autoridad necesaria para trazar los lineamientos tácticos y la perspectiva estratégica de la revolución socialista. Pero no. Precisamente para Rico Galán –como para los demás grupúsculos- este es un problema más allá de todo debate. ¿Cómo va a discutirse, siquiera, su derecho a la existencia? ¿Quién acepta una discusión sobre la base de poner en duda, como principio, la realidad de su propio ser? Nadie, y menos que nadie el autor de la "Carta de Víctor Rico Galán a los estudiantes en lucha". Rico Galán propone una discusión en absoluto diferente a estos problemas, si bien la misma palabra discusión ya resulta un tanto exagerada. Propone, en suma, la "salida nacionalista" como la fase que en México ha de abordar el proceso revolucionario con vistas a que la "perspectiva socialista se aclare y se abra en forma más inmediata". Veamos pues, ante todo, que Rico Galán no hace sino ejercer ese derecho, que asumen como facultad inalienable todos los grupúsculos marxistas y sus jefes, de trazar objetivos estratégicos y formular programas históricos, con el mismo aplomo y la misma seguridad misteriosa de quien decreta las tablas de la ley desde las alturas de su muy particular, propio y privado Sinaí. Esto, repetimos, en primer lugar.

En segundo, pero como consecuencia de lo primero, el método que prescribe (y esta es la palabra justa, como en el médico que garrapatea apresuradamente una receta) para que se asuma una cierta "discusión" dentro de los términos, límites y reglas prefijados por el ponente mismo. Examinemos este segundo aspecto del método propuesto por Rico Galán, y adviértase que no anticipamos nada aún por cuanto a debatir el contenido de los planteamientos que la perspectiva histórica de una "salida nacionalista" presupone.

"Si planteo aquí la salida nacionalista como inmediata -dice Rico Galán en su Carta (pág. 11)-, no es porque me parezca la mejor, ni mucho menos, sino porque es algo que va a suceder, independientemente de nuestra voluntad. Se trata de un hecho objetivo, que no depende de la voluntad de nadie." (El subrayado es mío –JR).

Este razonamiento de Rico Galán esconde una curiosa actitud meteorológica ante los procesos históricos y su forma de producirse, con la salvedad de que "mucho menos" que preferir el uso de instrumentos científicos, su autor se inclina por el culto a las rudimentarias predicciones del campesino patriarcal que otea el horizonte en busca de nubes: lloverá, no lloverá. A este imaginario labriego ideológico – en papel de Rico Galán- no le parece mejor o peor lo que ocurra, -no lo discute, considera inútil hacerlo-, puesto que aquello –lluvia o granizo, le guste o no- "va a suceder", independientemente de su voluntad. La cuestión no puede plantearse en términos más claros.

Si las informaciones procedentes de los aparatos meteorológicos –y, para las mentes primitivas, incluso aquellas que provengan de las predicciones mágicas- anuncian una tempestad, un ciclón, un aguacero, inevitables, la cuestión ya no reside en discutir el fenómeno sino en aceptarlo como algo forzado. Se podrá poner en tela de juicio el qué hacer con lo que ocurre u ocurrirá –llovizna o vendaval nacionalista-, pero nadie será tan insensato como para negar la presencia del hecho terriblemente objetivo, incuestionable y concreto que lo moja de pies a cabeza si no encuentra nada a la mano con qué cubrirse. Por lo que hace a Rico Galán, su preocupación no se detiene más de la cuenta en el problema. Antes de que se produzca su vaticinio, ya está presente ante nosotros, empapado hasta los huesos por el aguacero de la "salida nacionalista" que le chorrea por todas partes con líquida fluidez de una petición de principios que no se cuida siquiera de disimular.

"Insisto –reitera Rico- en que la única salida real para México y para el mundo es el socialismo, y que es por él que debemos luchar. Al hacerlo, apresuramos, nos guste o no, el surgimiento y el triunfo transitorio de la tendencia nacionalista. Pero al mismo tiempo – y esa es nuestra revancha-, estaremos haciendo más próximo, más inminente, el establecimiento de la dictadura del proletariado".

Resulta, pues, la "salida nacionalista" como fenómeno ineluctable que sobrevendrá "nos guste o no", Rico Galán ya no encuentra reparo alguno en concedernos, a mayor abundamiento, todo lo demás (ciertamente que nos mojamos con el chubasco de la etapa nacionalista, pero ya habrá tiempo de secarse bajo los rayos del sol de la dictadura del proletariado), incluso concedernos la gracia de discutir con él, aunque esta sea la "última gracia" que se otorga al que ha de comparecer ante el pelotón de fusilamiento. ¿Qué sentido tienen, dentro de esta tosca urdimbre de reflejos ideológicos condicionados, las palabras de Rico Galán: ¿Discutir? ¿He aquí la primera tarea? Véase lo que añade enseguida: "El proceso se producirá fatalmente (el proceso de la "salida nacionalista"), tal como queda delineado, hagamos lo que hagamos, incluso aunque no hagamos nada". El sentido es deplorable, pero también revelador en alto grado. Porque para Rico Galán – del mismo modo que para los demás grupúsculos marxistas- el discutir no es ninguna otra cosa que eso, una simple alegoría del fusilamiento ideológico <u>preventivo</u>.

"Las leyes de la historia – prosigue Rico Galán, en apoyo de su tesis respecto a la "salida nacionalista" – son objetivas, no se pueden modificar a voluntad". Aquí se estrecha a un extremo tan imposible el margen que pudiera quedar, ya no para un cuestionamiento medianamente serio del problema, digamos, sino aun para que quepa una discrepancia cualquiera, que las leyes de la historia a las que Rico Galán apela, devienen más bien en la ley del embudo cuando por fin aparecen en su auxilio. Si la "salida nacionalista" se erige en una ley histórica objetiva, como lo quiere Rico Galán, esta petición de principio cancela en absoluto la discusión antes siquiera de que se inicie y, en efecto, así "hagamos lo que hagamos, e incluso aunque no hagamos nada". Conforme a las palabras grandiosamente solemnes y vacías con que resume la problemática de la "salida nacionalista" el autor de la "Carta a los Estudiantes en Lucha". (SIGUE IN.2)"

El documento no se continuó escribiendo como anunciaba Revueltas. Se discutió mucho, y se comentó varias veces, Y José fue agregando, de manera verbal, muchas observaciones, en cada reunión o plática, mismas que yo fui escribiendo de memoria. José siempre se quejó, en ese caso, de que yo no transcribía, exactamente, lo que él iba diciendo, pero mi borrador terminó siendo su material para redactar lo que fue su último libro, que se titula **Dialéctica de la Conciencia.** Estaría pendiente una revisión de esos esfuerzos a la luz de los hechos más recientes.

Cuando circuló este texto de Revueltas que he transcrito, Víctor me dijo: –¿ya viste el texto de tu amigo José?, me dice pendejo. –Creo que no es el sentido Víctor, una cosa es la inteligencia y otra el método que se sigue en política. José, en todo caso te está diciendo elemental, burdo. –Pues es lo mismo, me replicó.

El texto de Revueltas no contenía un epíteto, o no se reducía, como Víctor me había dicho, a una descalificación grosera por dictamen apodíctico. Pero no entenderlo era consustancial al momento y el contexto. Pues la izquierda, esos grupúsculos que mencionaba José, se aproximaban a la realidad desde la ideología, que quería ver la Revolución y el Socialismo a la vuelta de la esquina. Y se le hacía tarde para alcanzarla.

Todos procedimos así mucho tiempo. Unos con la ilusión del nacionalismo que era el clarín anunciando la entrada próxima del proletariado. Y otros incluso celebrando al nacionalismo como personificación del espíritu de Marx. En psicología podría calificarse de delirio. Y el delirio es insania. Y con insania no se hubiera podido, como no se pudo, encabezar los cambios.

Pero tiene la misma actualidad ese delirio de hace medio siglo, con el delirio de la izquierda en la segunda década del Siglo XXI. Pues ante el nacionalismo que finalmente tomó el poder se sigue viendo, como espejismo, o como producto de la ideología, que estamos ya enrielados al socialismo.

En todo caso yo diría que Andrés Manuel López Obrador abrió la puerta a los cambios. Y como hombre de buena voluntad, querrá llegar tan lejos como sea posible en bien de los mexicanos. Pero él nunca fue, ni ha sido hasta la fecha, militante del socialismo. Él se reclama heredero de todas las luchas que hubo en este medio siglo. Y la verdad, qué más quisiera uno que eso fuera real. Pero en su programa de gobierno sólo hemos visto la misma economía neoliberal, la misma dependencia, y hasta una mayor subordinación al poder militar.

En la polémica de hace medio siglo yo también participé. Aunque mi texto finalmente trató de alimentar al Partido que estábamos formando a mediados de la década de los setenta, que se llamaba Partido Revolucionario de los Trabajadores. En la cárcel simplemente me aparté de la discusión. No le veía sentido.

Pero ya en la calle, cuando me desempeñaba como profesor de historia y antropología en la Escuela del mismo nombre, redacté mi visión en 21 tesis. Y cuando hoy las vuelvo a leer, cuarenta y cuatro o cuarenta y cinco años después, creo que sigo pensando lo mismo. Siento que tienen actualidad. Por lo que me permitiré también transcribirlas:

Veintiuna tesis sobre la historia nacional y su devenir

I.- Se ha venido planteando mucho tiempo, y sobre esa base se han emprendido muchas luchas por la revolución desde una doble falsa perspectiva: o desde el horizonte del socialismo real, o con el espíritu del socialismo utópico. Y han sido contadas las experiencias en que el proyecto se enunció o se avanzó a partir de la experiencia propia, siguiendo el camino de la historia nacional.

II.- cuando ha existido el propósito de llegar a un proyecto a partir de las condiciones internas de México, el propósito ha estado inscrito en un ámbito ideológico y político con hegemonía del Estado. Por lo que solo se ha podido ser el ala radical del mismo proyecto del Estado.

III.- La corriente estatista, que ha alternado su énfasis socializante de corte soviético, o de la revolución mexicana, a mistificado el problema del socialismo como si se tratara de un proyecto a realizar centralizadamente, a partir de éste Estado, o con la instauración de uno de signo o carácter proletario, sin reparar en las tareas sociales que serían su verdadero fundamento. Es la sociedad la que debe llevarnos al socialismo; no un poder delegado.

IV.- Se trata entonces de realizar la crítica de los proyectos de nación bajo la óptica o concepción estatista y formular el que corresponde al de la sociedad. La sociedad es depositaria de una identidad original que ha mantenido el mismo carácter. Su dimensión y profundidad están en la comunidad indígena, el ejido, el cooperativismo y las instituciones sociales, como el régimen de la propiedad pública.

V.- El peso histórico de la tradición, así como la evolución natural de la identidad nacional tienen una orientación socialista, independiente de la experiencia universal de las teorías y utopías.

VI.- Ese peso o contenido social histórico se ha venido refractando, o expresando en diversos periodos de la historia de México; además de guardar una continuidad en la evolución de grupos, sectores y algunas instituciones (tal es el caso del liberalismo social durante la vida de Ignacio Ramírez, o el del zapatismo).

VII.- El Estado Mexicano se erige como conjunto de fuerzas que expresa el proyecto de nación y, en consecuencia, también recoge –aunque parcial y subordinado—el peso histórico de la identidad nacional. Hay momentos en que la orientación al socialismo baña la acción del Estado y llega a dominar algunas de sus acciones. Por ejemplo, durante el periodo en que se implanta la educación socialista, y se plasma en la primera versión del artículo tercero constitucional.

VIII.- Las fuerzas económicas terminan por conferir al Estado una orientación capitalista, y el proyecto de nación es subordinado a la cosmovisión modernizadora e industrializante.

IX.- Aunque abandonado por el Estado, el proyecto nacional al socialismo está implícito en las luchas sociales que reivindican el interés colectivo, y en algunos segmentos de la sociedad. Se trata, en consecuencia, de realizar la crítica al derrotero seguido por el Estado y de implicar la pérdida de la identidad nacional en su quehacer, ejercicio y orientación, así como de recuperar para la sociedad, ahora de una manera explícita, el proyecto socialista de la identidad nacional.

X.- La economía de México es resultado de una lucha espontánea entre tres fuerzas: la identidad básicamente encerrada en el sector social, pero no circunscrita a él (pues los estudiantes han ido adoptando como un sector sus banderas), La fuerza del Estado, que se abroga la conducción general del proceso y que se autonombra representante universal del interés mayoritario, aunque no lo sea. Y el sector privado, que obedece a los imperativos mercantiles, pero tiene una larga emergencia en la misma historia nacional. Estos tres sectores no constituyen una ficción del discurso oficial, sino que son el reconocimiento de un hecho sociopolítico que configura nuestra realidad y especificidad.

XI.- El sector social, subordinado y deformado hoy, tanto por la hegemonía del Estado cuanto por el crecimiento capitalista es, sin embargo, representativo del proyecto original de nación, y guarda el hilo de continuidad con nuestro origen. La fuerza del sector social está, más que n los doce o catorce millones de personas que lo componen y que viven en sus formas de organización, en el sentido original de nuestra historia y en la identidad de nuestra cultura colectiva, y nuestra concepción del mundo.

XII.- el sector social, como fuerza política y económica, a pesar de las deformaciones que experimenta, se fortalece en el curso de nuestro camino y trasmina su sentido y su *ethos* hacia la sociedad en su conjunto. Es la solidaridad que irrumple en medio de y rebasa a la acción pública, y es también la fuente original que inspira el descontento popular y la búsqueda de independencia.

XIII.- la solidaridad natural en las luchas, y la espontánea manifestación de autonomía política o autodeterminación organizativa, sintetizan el camino social recorrido y el sentido de la orientación popular. Somos un pueblo con raíz, y por ende con destino. Nuestra cultura es esa: la realización de la voluntad de nuestra mayoría, la concreción de la democracia de base nacional.

XIV.- La democracia, como búsqueda siempre presente de la acción popular, es el sino de nuestra cultura; una cultura que erigió momentos de consenso en instituciones memoriales (como el Calpulli), o que condensó el sentido general (como en la rectoría del Estado) durante el cardenismo. Una democracia que hoy es la acción disolvente de la hegemonía priísta, y que debe conferir a cada núcleo social, a cada sector, a cada ejido, a cada municipio, la investidura del consenso y la legitimidad. Será un proceso.

XV.- La cultura nacional está en la educación, pero más que en ella, en las tradiciones y en la memoria histórica popular. La cultura nacional es la herencia indígena, la organización prehispánica y el sincretismo alcanzado por los católicos libertarios (como Hidalgo y Morelos) y el liberalismo social. Cultura nacional es democracia nacional, democracia es historia.

XVI.- El proyecto de nación debe ser desprendido de nuestra cultura, de nuestra historia, de nuestra tradición. El socialismo mexicano tiene presencia y raíz; es el derecho al trabajo y a la vida digna, es el reparto de utilidades que debe conducirnos a una sociedad de todos propietarios. No como retórica del Estado, sino como destino. Dar trabajo a todos, oportunidades para acceder a la cultura y dignidad para la vida. Esas son las líneas para formular nuestro programa y dar continuidad a todas nuestras luchas.

XVII.- El proyecto de justicia social, igualdad en oportunidades y dignidad en la vida no es un programa económico, es una búsqueda de plenitud cultural, con identidad y rescatando la historia. El socialismo mexicano será la hegemonía del sector social, de su lógica y de su orientación. Pero no por la vía de la hipertrofia, o la de devorar o anular al Estado o a la propiedad y a la empresa privada, sino por dejar bajo jurisdicción o autonomía mercantil solo los ámbitos que deben alcanzarse desde ese ámbito del derecho; el del servicio o el de la acción y el logro personal, no el del monopolio.

XVIII.- El país marcha a un socialismo en que el estado devuelva a la sociedad el poder que expropió. Pero lo devuelva a la sociedad organizada y democrática, no a la iniciativa personal. El Estado restante reducirá su acción a los servicios, la infraestructura y la promoción de la cultura y la educación. La iniciativa personal florecerá sin expropiar ni subordinar la sociedad o a la mayoría. Seguiremos siendo una economía mixta, pero con predominio de la cultura social.

XIX.- Dar trabajo a la mayoría y crear condiciones para una vida digna es imposible bajo el proyecto vigente de modernización e industrialismo. La modernización opaca y sustituye a nuestra identidad. Debemos morar y enfilar hacia el futuro. Pero el futuro es cada vez menos la imagen de occidente. Sólo puede crecer la industria a costa de mayor dependencia, y la nación aspira por la autonomía. Sólo merece o se justifica en México una industrialización de acuerdo a nuestras condiciones y recursos. Y nuestras condiciones siguen descansando en una ruralidad por rehabilitar.

XX.- El trabajo para alcanzar la vida digna no es el trabajo regido por los ritmos del capital o la acumulación. Nuestro método no puede ser el crecimiento. Nuestro signo y nuestra identidad no son productivistas. Nos interesa y nos anima desplegar esfuerzos, dominando las condiciones en que se despliegue y la duración en que se extiendan las jornadas. No queremos el retorno al mundo que borró el mundo occidental; no suspiramos por el aire bucólico o del "atraso"; queremos elevar al trabajo y la organización social con valores que nos identifican, y con la solidaridad que ha sido hilo conductor en nuestra historia. La solidaridad y la tradición dibujan mejor el futuro a que aspiramos, no así la técnica o la civilización moderna.

XXI.- La solidaridad que anima nuestro largo camino es el carácter campesino, la acción posterior a cada catástrofe natural donde la gente ayuda a la gente, la irrupción del 68. Todos son signo de nuestra identidad y la verdadera base de nuestro programa. El capital y el Estado lo niegan, los sofocan, lo capturan y lo enajenan. Se trata pues de rescatarla. Es la época de la solidaridad, los principios y la moral, principios que encierran lo que dará fuerza a nuestro destino, y lo que lo hará expresión nacional. Ellos sustituyen la búsqueda de enriquecimiento y el hambre de poder, de jerarquía y confort.[51]

---

[51] Este texto se transcribe de la versión más vieja de 1971. En años siguientes

Desde luego que estos atisbos eran solo una reflexión a desarrollar. Pero en ningún momento concebí esa perspectiva como algo inexorable o automático. Siempre veía y consideraba la participación popular y el esfuerzo intelectual y programático de quienes alcanzábamos a concebir ese escenario.

Y hoy, que la Nación vive subyugada por un caudillo, y que muchos creen que basta su voluntad para alcanzar la tierra prometida, pienso exactamente lo mismo: hay que realizar el diagnóstico de los problemas que tenemos que resolver, hay que diseñar los cambios con rigor, y hay que encabezar las acciones para conseguirlo. Pues nada llegará por un triunfo electoral. Ni es posible sustituir a la mayoría, o conseguir que ésta pueda marchar clara y eficientemente, sin organización.

Mis propios trastornos en medio de la discusión ideológica

Volviendo al tema de las alteraciones mentales, en los mismos días en que tenía lugar esa importante polémica sobre la situación nacional, yo vivía un drama personal. Me había sentido profundamente afectado por la ruptura de la Dra. Yolanda Ortíz Ascencio. La amaba desesperadamente. Nunca antes había tenido una amante, y ella era en muchos sentidos una mujer ideal para un joven fogoso, preso, sensible, que requería vivir con intensidad su juventud. Me sentía verdaderamente trastornado.

Tras su ruptura, me dio por acostar a todas las visitas femeninas. En una lista interminable que incluía a todo género de mujeres y muchachas. Algunas fueron muy significativas para mí, bien porque se trataba de jóvenes con sensibilidad y compromiso, o bien porque se trataba de viejas amigas que de alguna manera había yo contemplado con apetito, pero con timidez, como me

___

se agregaron unas cuantas palabras. Ricardo Pascoe, de la Dirección del PRT recibió otra versión en 1976 o 77. Y Todavía en 1985 lo volví a corregir.

había sido característico mucho tiempo. Pero también hubo simple obsesión. No podía hacerme a la idea de perder a Yolanda y lo que ella había sido sexualmente para mí.

Ella me había acusado de inmadurez por no haber aceptado un compromiso de familia y de carácter permanente. Yo siempre creí que me había portado responsablemente y que no había permitido que mi pasión me condujera a tomar decisiones de las que me fuera a arrepentir el resto de mi vida. Ella era casi diez años mayor y yo la comprendía. Pero yo estaba preso y no aceptar hijos en ese momento fue lo más sensato.

Sin embargo, mi desesperación, junto con las circunstancias mentales de la crujía, me llevaron a la conclusión de que necesitábamos estar en observación psicológica para mantenernos sanos. Platiqué con el doctor Fausto Trejo, que era preso político especialista en salud mental, y le pedí que me orientara. Fausto como psicoanalista universitario, me escuchó atentamente. Le conté lo de Yolanda y sobre el ambiente enfermo de nuestra crujía. El me sugirió tomar los cursos de psiquiatría que impartía la UNAM en el pabellón de psiquiatría de la cárcel, y hacer una lista de lecturas para llevar en círculo de estudios. Total, si teníamos círculos de economía, geografía, matemáticas, música, etc. ¿por qué no organizar uno de psicología y psiquiatría? Nadie lo objetó. Al círculo se anotaron varios miembros de la recua, pero no todos, ni Quico, ni Justino.

Yolanda me había regalado el manual de psiquiatría farmacológica, donde se describía el trastorno orgánico y los efectos de los distintos medicamentos sobre cada desorden. Ese manual lo comparé con los protocolos de atención a los pacientes del pabellón de psiquiatría. Tenía yo pues una noción sobre el tránsito de lo neurótico a lo psicótico, y del brinco que representaba una psicosis orgánica. El manual, que no pude conservar y del cual no he visto un libro semejante después, describía los trastornos metabólicos y químicos que padecen los distintos enfermos, desde los paranoicos hasta los esquizofrénicos. Organizamos entonces un curso de fisiología y anatomía con el doctor Miguel Cruz Ruíz, que resultó un estupendo maestro, y solicitamos permiso para asistir a las lecciones del doctor Peimbert, afamado psiquiatra que llevaba a sus alumnos dos o tres veces a la semana al pabellón de psiquiatría en la cárcel para revisar casos clínicos, verificar la efectividad de los fármacos y aprender el diagnóstico por observación.

Nuestro taller se volvió el centro de nuestros estudios y lecturas. Y aprendí a superar poco a poco el rompimiento con Yolanda.

Pero al mismo tiempo llevábamos el taller con Cesar Nicolás, y ya estábamos muy aventajados en la formulación de grandes parrafadas de lógica simbólica, así que ahora vinculamos estos dos ejercicios y aprendimos a "redactar" como si fuéramos un paranoico, un maniaco depresivo o un esquizofrénico. Era realmente muy divertido.

En una asamblea que tuvo lugar por esas fechas, los miembros del taller nos pusimos a sistematizar las premisas políticas o de valor que tenía cada corriente en la crujía. Luego comentamos los temas que estaban agendados para la reunión y nos atrevimos a deducir lo que cada uno llegaría a decir, según lo conocíamos y según habíamos anotado y sistematizado sus paradigmas o premisas. (Yo tenía presente esa frase de Trotsky que decía "dime qué método tienes y te diré a qué conclusiones llegas").

Antes de la asamblea ya teníamos las conclusiones que se alcanzarían y los acuerdos que íbamos a tomar, y nos atrevimos a formular escenarios sobre quién los presentarían y dando qué argumentos. Cuando en la asamblea se confirmaba nuestro ejercicio no cabíamos de felicidad. No sólo estábamos trazando una raya o frontera con las ideologías, sino que estábamos diseccionando la manera como funcionaban en la cabeza de nuestros compañeros de cárcel.

En las reuniones con el Dr. Peimbert aprendimos probablemente más que los estudiantes que iban de la UNAM, pues nuestra motivación era mucho mayor. En ellos, los estudiantes, esas sesiones tenían un puro componente académico, pero en nosotros representaban la forma de salir de un mundo de ideología y demencia, y una forma de construir un discurso y un razonamiento sano, desprovisto no sólo de ideologías, sino también de todo lo que en el entorno deformaba los hechos e impedía la objetividad.

Por otra parte, debo decir, que en el grupo de estudiantes que llegaban de la Universidad Nacional se contaban varias mujeres guapas. Yo asistía entonces a esos cursos en el psiquiátrico con un doble interés, por aprender y por ver a esas mujeres. Una de ellas que se llama Adela Dugay, y que tengo la suerte de haber conservado como amiga, era y es una de las mujeres más bellas que he conocido en mi vida. Todavía hoy, medio siglo después, sigue siendo una de las mujeres más bellas... ella, por cierto, es psicoanalista o médico psiquiatra y continúa ejerciendo su disciplina.[52]

Sería largo contar cuántos casos vimos en el pabellón con Peimbert, y cómo luego seguimos por nuestra cuenta estudiando a Matusita, un hombre capaz de reconstruir el discurso priísta hasta sus últimas consecuencias, con una brillantez que no tenía ningún diputado ni funcionario público. Cómo observamos también al pelón Lobera, célebre por sus crímenes; ejemplo de cómo quedaban los locos a los que se les practicaba la lobotomía para acabar con su peligrosidad. En fin, tuvimos material humano que me sirvió para conocer en sus grados últimos la tipología del homo *ludens*, el homo *vicious*, o los **Morbus delirensis** y anticiparme a todos los trastornos con los que iba yo a lidiar en mi vida cuando saliera de la cárcel.

Un día, en medio de tales lecturas y reflexiones, José circuló una nueva novela. Llevaba por título *El Apando*. La prensa y los fans de

---

[52] Ella leyó este libro en su primera versión de 2014, y me dijo: Creo que debería ser libro de texto en la Facultad. Pero por favor borra mi nombre. Cosa que no concedí.

José Revueltas rápidamente la celebraron como la más redonda y genial de sus creaciones. Pero cuando tuve acceso a ella y descubrí la forma injusta como José había deformado la realidad de sus personajes, me dio mucha tristeza y mucho coraje. *El carajo*, como le puso José al criminal que en sus páginas aparecía, era un delincuente poseído de los más viles instintos, de la falta total de moral y de vicios incontrolables. Y la descripción física del hombre ¡era la del loco Aviña! Acudí enseguida para expresarle a José mi inconformidad por la manera como se había desentendido de las virtudes de mi amigo, y como lo pintaba como lo más degradado de la condición humana.

José alegó, desde luego, que la literatura podía ser eso, podía ser la presentación extrapolada de los defectos o desgracias a los que podía llegar el hombre. Contra argumenté diciendo que la literatura no podía ser auténtica si tenía que plantear la realidad como totalmente negativa cuando ésta contenía también cosas totalmente buenas o positivas. Pero José me dijo que yo quería verlo todo siempre con optimismo y que la posición tenía que ser más cartesiana, de duda frente a aquello que uno podía percibir como bueno. Que no había nada bueno en los seres degradados del presidio. Le dije que eso iba contra su propia bibliografía, pues en algunos de sus personajes había tragedia porque sus intenciones eran buenas y sus actos fallidos o enajenados, muy perjudiciales, como en Fidel, el personaje de *Los días terrenales*. Que yo le sugería reconsiderar y plantear a los seres humanos con la completitud de sus contradicciones y tragedias o paradojas. Él insistió en que yo pecaba de optimismo. Y yo me quedé con la convicción de que José se deslizaba precisamente por una pendiente de desolación y falta de confianza en el género humano y el futuro. Con el tiempo he pensado que existen en todo caso dos géneros de optimismo. Uno, el que rechazaba Revueltas, y que es consustancial a una visión idílica de la vida que sólo es posible desde la alienación, esto es, entre aquellos que son felices porque les va bien, o todo tienen. O también que es resultado de una visión religiosa, donde el más terrible de los infortunios puede ser asumido como martirologio. Un optimismo para mí despreciable y enajenado, cuya expresión más acabada estaba en la película **La vida es bella**. Ese mismo optimismo ideológico puede también existir en los que no son capaces de ver la realidad y viven en cambio la fantasía o la quimera de lo que imaginan, o que la ideología les dicta. Pero una muy otra manera de ser optimista también existe cuando fuertes convicciones y sólidos valores nos rigen, sin que las condiciones más difíciles los fracturen ni los sustituyan. Este segundo caso es el que ejemplifica Ana Frank, que en medio de su aislamiento en el Anexo y asediada por los nazis en medio de la guerra, puede subir a la parte más alta de su refugio, contemplar la luz y los elementos del cielo y escribir en su diario: "a pesar de todo, creo en la bondad humana."

Me preocupaba por reunir testimonios de esa contrariedad que tenía el drama personal de cada uno; había guardado, por ejemplo, los textos del camarada Mero, que al salir de la cárcel abandonó. Pero cuando me separé de Adriana Valadés (a quien siempre he considerado además como mi segunda mujer, como alguien que jugó un papel fundamental en mi formación y mi estabilidad), o mejor dicho cuando ella me cortó, no pude llevarme todo lo que necesitaba para reconstruir distintos periodos de mi vida, y supongo que ese material se habrá perdido. (Hubo muchos textos de esos años que me sirvieron para repasar fenómenos o confirmar errores. Pero materialmente no tengo ya capacidad para volver a ordenar todo. Pues mi archivo es tan grande, e incluye tan distintos materiales, que necesitaría tiempo completo y varios ayudantes para sacarle todo el provecho. Pero antes de cerrar este pasaje debo incluir cuatro anécdotas más.)[53]

La primera se refiere a la posición o actitud que habían determinado los líderes que deberíamos guardar, ante la familia,

---

[53] En abril de 2021 transferí mi archivo personal al INHERM (Instituto nacional de Historia de la Rev. Mex.)

ante la sociedad y ante la vida. No siempre se discutía, simplemente se adoptaba y en un principio nadie lo objetó. Ver a una compañera con apetito sexual antes que como un ente político era pecado. Ver a alguien en sus virtudes como persona sin que se subordinara eso a su posición política, era pecado. No ver la abnegación militante sobre la efectividad era desdeñar las virtudes y darle importancia a lo que podía herir la moral de un luchador. La revolución y la lucha lo sobredeterminaban todo. Comer era un acto político en el que demostrábamos nuestra unidad y nuestra disciplina. Tener una relación puramente sexual era inadmisible. Se podía tener una compañera. Pero nadie se atrevía a hablar de una amante. Yo defendí que Yolanda era mi amante, aunque me hubiera gustado decir que era mi compañera. Pero eso no cabía entre los presos. Comer sólo, era egoísta. No compartir lo que nos llevaban era signo de auto cultivación y germen de disolución social. Por hablar en términos sintéticos.

En los casi seis años de cárcel sólo dos ocasiones tuvimos veladas literarias, una de ellas una navidad y otra en que ya olvidé en razón de qué hechos leímos y recitamos poemas. Yo gocé esa velada como pocas veces en mi vida. Leí a Gorostiza como introducción y luego dos poemas líricos míos, muy en la misma línea de Gorostiza[54]. Muchos sabían que yo escribía poesía, pero

---

[54] **A d o l e s c e n c i a**

¡Te amo!
pronunciaré seguido del estricto silencio,
terminaré con eso
—con esas cinco letras—
el alud de miradas con que te he acariciado
y el montón de suspiros
 que cargo en la garganta.
Destruiré con tan poco
—como esas dos palabras—
mi inocencia
mi miedo

sólo Juan me dedicó un libro exaltando mis esfuerzos como joven

mi temor
mi incertidumbre ingenua
Será todo mi anuncio
y lo demás
acaso
se continúe en la piel
se diga entre los labios
Pero sí, temo
puede
que a tan estricto inicio
no sigan cachondeos
ni quieras contestar
ni amor ni parlamentos
y se vuelva impasible
pronunciado por tí
—tan breve y tan enorme—
tan sólo mi epitafio
Y aun así lo haré
lo anunciaré...
Con él, con mi confeso salmo
vibrarán en tensión
mi encordado y mis gónadas
en cada letra irá
invisible y total
la vida que me alienta
y la agonía que vivo
Desde aquí, del más íntimo
lugar en que se integran
todas mis células
y todos mis sentidos
se lanzará ese rayo de eléctrico sopor
que me parte la espalda...
Exprimirá en el pecho
la voz con que lo diga
Estaré despojado
del mundo y del momento
Nada estará presente
o vivo sino tú

poeta. Para los demás eso era hasta cierto punto un lujo o una desviación pequeñoburguesa. La música culta no era extraña entre nosotros, pero a nadie se le ocurrió organizar un grupo para tocar juntos, excepto a mí, que formé un pequeño conjunto de armónicas y melódicas. La única música que era siempre compartida se limitaba a las canciones revolucionarias con guitarra a la hora de las guardias o en los días de velar y discutir temas de combate. Ciertamente aprecié mucho esas cantadas, así como el haber descubierto las canciones de la resistencia antifascista que Gilly obtuvo de los camaradas europeos en unos discos de 33 revoluciones. Todavía hoy canto algunas, como aquella que comienza diciendo *Mama no ne mi piangere, della mía triste sorte...* o aquella otra de los Canuteros de la primera insurrección obrera.

No desdeño lo mucho que disfruté cantando las canciones de la Revolución Mexicana con mis compañeros. Pero me hubiera gustado que cantáramos otras cosas. Y solo en esa extraña navidad en que Rolf, uno de los médicos, y yo cantamos villancicos

Pero al hablar tendré
en la emoción y el tono
cada micra del ansia
cada espacio del átomo
¡DELIRO!
No hablo,
no he dicho todavía
pero sé que al hacerlo
cada respiro estará conteniendo
el tenso latir del universo
Acaso oirás con él la confesión
que el cuerpo
ha hecho ante las almas
desde todos los siglos...
Acaso encuentre el mundo
otra vez su misterio
y tu respuesta alcance
la cima y el abismo...

alemanes, y en que alguien más cantó otras cosas, se rompió esa uniformidad. Pocos escuchábamos operas o sinfonías. Y era tan curioso el asunto, que en uno de sus libros Gilberto Balam me describe[55] como "alguien original" que sabía bailar a Haydn, o se sabía de memoria ballets completos o sinfonías. Por eso cuando los jóvenes decidieron romper esa uniformidad, así fuera por la ruta del desorden y el mal comportamiento, yo me enrolé en la insurrección.

Quico fundó la cantina Plasti Marx en plena cárcel, en obvia alusión a la comuna, que se llamaba Carlos Marx, y con la clara diferencia de que en la cantina no se preparaba comida, sino que se destilaba alcohol. De manera muy rudimentaria fabricamos un destilador y pusimos a fermentar frutas con levadura. El tepache que hacíamos era inmundo, pero el alcohol, sin alcanzar lo que podría llamarse calidad, era un alcohol de frutas con graduaciones que iban entre cincuenta y setenta grados. Junto con el alcohol se difundieron canciones de protesta, muchas de ellas identificadas con el movimiento hippie, como aquella sobre San Francisco o el **Let it be** de los Beatles, que cantábamos cuando los demás entonaban el himno.

Inventamos entonces hacer tardeadas con las visitas. Evidentemente con las visitas femeninas. Todos mis compañeros terminaron casados, e incluso algunos con hijos. Yo me sostuve célibe. Era irresponsable adquirir compromisos en la condición en la que estábamos, y era todavía más irresponsable tener hijos. Pero los jóvenes se portaron como lo que eran, y casi llevamos una vida normal. Rompiendo los cánones monacales a que nos habían llevado en un principio de las manos o de los hilos de la ideología militante. Esto podría extenderse mucho, porque anécdotas sobre ese periodo sobran y son ricas en contenido humano. Pero no es el objeto de este libro y las dejaré sólo mencionadas.

---

[55] **Cuarto menguante**, novela, Editorial Costa Amic. México 1968?

Cuando Víctor y Adolfo perdieron la hegemonía sobre la población de la crujía se desarrollaron nuevos procesos. El estudio se hizo más abierto. Yo empecé a leer economía que no era marxista y a muchos de los críticos de Marx. De por sí José me había comentado que Mach tenía razón en algunas cosas contra Lenin, y que Bakunin era un hombre libertario al que había que leer sin prejuicio.

Y así lo hice. Philip Ames leyó mis manuales de Bujarin y yo heredé de él un libro en inglés que lamentablemente se ha perdido, pero que era la mejor antología que hasta la fecha conozco sobre las distintas corrientes del socialismo, el comunismo y el anarquismo. En él leí el texto de Bakunin sobre lo que fueron los masones, texto que me marcó para siempre. Así como otros maravillosos ensayos de Flora Tristán la abuela de Gauguin, el pintor), y otros utopistas.

Gracias a ese nuevo clima conocí a Eric Roll, y muchos otros autores no marxistas que abordaban la ciencia social en alguna de sus facetas con gran rigor. Y escribí entonces una breve introducción a la economía para ser utilizada como apoyo en instituciones de libre aprendizaje. En esos tiempos también tradujimos Hugo y yo el Manual de Jean Baby sobre la Economía política. Y yo me convertí en el corresponsal o enlace entre varias secciones de la internacional mandelista. Camejo había descubierto mi vocación por la escritura y me había demostrado que podía yo dejar en limpio más de seis cuartillas al día. Así que durante más de tres años así lo hice, bien para mantener correspondencia, bien para traducir la *Introducción a la economía* de Mandel, la Historia del Partido Comunista Chino y tantos otros folletos y documentos de uso común.

Gracias a esa formación y esa actitud, siempre supe, a partir de entonces, que tenía que buscar por el pensamiento diferente, y tenía que contrastar lo que me parecía correcto, con los que opinaban lo contrario. Sin esa experiencia no hubiera leído después a Voslensky, a Marc Blaug, a Shumpeter, a Chayanov, a

Krugman, a Stiglitz, a Schumacher, a Yunus, o a Murray Bookchin, junto con tantos otros pensadores que hoy han echado luz sobre la economía y la sociedad.

Cuando en la crujía M quedaban pocos presos los jóvenes decidimos que era más sano ese ambiente y que debíamos irnos a vivir con los que eran los últimos presos del 68. Víctor y Adolfo no lo vieron con buenos ojos, no sólo porque confirmaban nuestra independencia, sino porque nos fortalecía como interlocutores del movimiento, reduciendo su presencia y autoridad.

Víctor tomó la iniciativa y definió una estrategia para limitar nuestra gestión. Para entonces la pandilla ya había conseguido permiso para trabajar en talleres, y yo y varios compañeros acudíamos al taller de estructuras metálicas, donde aprendimos a manejar el torno y otras herramientas. Todo eso había hecho nuestra prisión más llevadera.

Meses más tarde quedábamos muy pocos presos para estar ocupando dos crujías. Y una tarde el general Arcaute me llamó a platicar. No había acontecimientos de violencia ni problemas que pudieran hacerme pensar que me relacionaban con algo, así que acepté acudir a su oficina. El general Arcaute, muy directo, me dijo que nos iban a juntar en una sola crujía y que ya había platicado con Víctor, a quien entendí reconocía como la autoridad o líder de la otra crujía. Y que él le había ofrecido llevarla tranquilo puesto que se veía venir la libertad de todos y estábamos viviendo una etapa de preparación y nada más.

Yo deduje que no habían sido esas las palabras de Víctor. Conociéndolo me imaginé que le había dado garantías al General de poder controlarnos. Sin exaltarme, pero con firmeza volteé a ver al general a los ojos y le dije: —Usted puede hacer u ordenar lo que más le convenga, pero yo lucharé porque nos mantengamos a salvo del control de Víctor, así que si usted nos regresa a la crujía N yo mataré a Víctor Rico y luego confesaré que usted me lo ordenó. Y diciendo esto me fui.

El general era tonto, pero era general, y no sabía si mi amenaza era real o no. Como yo lo dije con toda serenidad, pero sin titubear ni pestañear, Víctor y los otros presos fueron trasladados a la crujía M. Fue un triunfo de los jóvenes contra el ostracismo y el dogmatismo de la generación anterior. Pero también una forma de terminar con el control que habían pretendido sobre la nueva generación. Víctor, que ya en la cárcel mostraba signos de agotamiento, murió pronto después de salir de la cárcel. Adolfo no, todavía sigue generando o justificando ideologías. Pero esa es otra historia de capítulos o textos de más adelante.

José había salido unos meses antes. Todavía recuerdo cuando me anunció que veía venir su libertad. —Pero no te puedes ir, aquí te necesitamos, ¿quién nos va a seguir preparando, le dije sin pensar? —Cómo?, ¡no me chingues!, me contestó indignado, —yo estaré mejor en la calle que aquí, les serviré más produciendo en la libertad que con esta opresión. No supe que responder, pero comprendí que mi expresión había sido egoísta, ¿cómo podía yo pretender que él siguiera preso solamente porque nosotros no podíamos salir todavía? Tiempo antes de obtener su libertad su posición sobre presos, libertad y procedimientos se había vuelto muy clara y muy lúcida. Él, desde luego, no planteaba la libertad inmediata e incondicional, que defendían los líderes de mente cerrada. Su posición había sido expuesta en un texto muy sencillo que tituló *Libertad o más años de prisión para los presos políticos.* Ahí dejaba claro que el gobierno podía amnistiar a todos, y que eso no equivalía a un perdón, sino a un olvido, a una desaparición de los cargos. Lo cual era más parecido a la libertad incondicional que la libertad negociada o de la cual pudiera alguien avergonzarse. Es curioso, yo no me acuerdo ni cómo salió él ni cómo salió nadie. Nunca me importó; para mí era un asunto de abogados la negociación del cómo.

Pero mi desprecio por los aspectos legales y mi ligereza para ver sus implicaciones políticas habían estado a punto de costarme la vida. Yo no había tenido buena relación con mi familia. Mi padre prácticamente había establecido distancia conmigo cuando le dije que era comunista. No lo comprendió, o peor aún, le pareció una estupidez. Así que el primer año de cárcel casi no lo vi. Y cuando en el segundo año de cárcel me puso un abogado, sentí que quería hacer un esfuerzo para sacarme y que eso representaba un acercamiento conmigo. Mi madre comprendía aún menos. Ella tenía un sentimiento incondicional e inalterable, pero no dejaba yo de ser el idiota de sus hijos. Los otros, de los que estaba siempre orgullosa, eran profesionistas, hombres de éxito, empresarios, parte de la sociedad bien vista, con "buenas familias", etc. Así que por acércame a la familia me sentí obligado a aceptar el abogado tal.

Al poco llegó el abogado y me dijo que tenía un arreglo con no sé qué autoridad, que ya había hecho contacto con el presidente Díaz Ordaz, y que éste estaba sumamente predispuesto, y con molestia personal hacia nosotros, pero que era un hombre que sabía escuchar y que sabría valorar el que alguien dijera —¡me equivoqué! o —"yo a usted lo aprecio y le reconozco".

La posición del abogado me pareció una historia probablemente inventada para sacarle dinero a mi padre, pero no quise desecharla, más por aprecio e interés en mi padre que porque la tomara como verdadera. Está bien le dije, proceda usted como dice que es el caso, solamente le pido algo muy concreto, no embarre a nadie ni de mi proceso ni de ninguno otro. Lo que yo vaya a promover lo haré completamente sólo y bajo mi exclusiva responsabilidad. Esto no pareció gustarle al abogado, pero no le quedó más remedio que atenderlo al pie de la letra.

Días más tarde llegó con una carta, redactada por él o por algún sujeto dócil, acostumbrado a la lisonja, en la que yo afirmaba no tener ningún interés en perjudicar la gestión del presidente, y en la que me acogía a su buena voluntad, puesto que se trataba de un "egregio ciudadano".

No tenía yo idea de qué destino tenía la famosa carta, ni los procedimientos que el abogado había acordado con sus contactos.

Pero la carta se publicó inmediatamente en la prensa nacional. Y el día que se publicó calló como una bomba entre los presos políticos. José me llamó al orden. —¿qué pendejadas te traes? Traté de explicarle, pero él fue muy claro. —ni tú ni ninguno de los que tienen alguna autoridad o son vistos como parte de los presos políticos tienen derecho a cometer errores que puedan desmoralizar al resto, tu acto es deleznable. ¡Corrígelo! No necesito decirte más. En efecto, según me contaron luego varios compañeros, entre los jóvenes, se la había tomado como una traición.

En mi crujía había conducido a una Asamblea general en la que se discutió hasta el cansancio, y en la que, tiempo después, me enteré se acordó darme muerte. Yo evidentemente no fui convocado, y a partir de ese día casi todos mis compañeros me retiraron la palabra. El encargado de ejecutar la sentencia fue Eduardo, con quien yo había compartido tantas cosas en la pandilla. Hoy varios ex presos niegan esa asamblea y el acuerdo. Quico incluso me ha dicho en días recientes, tras leer el borrador de este texto:

"eso no es cierto, ¿cómo íbamos a acordar darte muerte? ¿Qué hubiéramos hecho con el cadáver? Ni modo que se lo hubiéremos echado a la celda de Adolfo. Es una fantasía. Lo que sí acordaron algunos fue ponerte una madriza de a de veras. Pero ya ves, ni eso se cumplió… además pintas a todos como robocops y como si solamente tu hubieras pensado"

Haya sido cierto o no, la actitud de todos fue terrible, y no cambió hasta que yo rectifiqué. Tiempo después del supuesto acuerdo contra mí, me lo había contado el mismo Eduardo.

El abogado me fue a ver y me dijo que el presidente estaba muy complacido y que debía yo tener paciencia, que la respuesta no iba a demorar. En el campo de football tuve la primera respuesta. Un compañero esperó a que estuviera yo encarrerado y me tiró a propósito bloqueándome ambas piernas para que cayera de hocico contra el suelo. El golpe fue terrible, y se me hizo una costra que empezaba en la barba y me llegaba hasta la frente. Pero al mes sanó. Estaba yo fuerte.

Decidí esperar unos días. Se me hicieron eternos. La agresividad de mis compañeros no me preocupaba, no tenía miedo y no sabía que estaba condenado a muerte. Pero me pesaba mucho su silencio y su rechazo. Sentí que yo había siempre dado muestras de firmeza y de compromiso y que no debían dudar de mí. Sin embargo, repasé muchos otros momentos. Me acordé de la soberbia de Heberto, me acordé de tantos otros ejemplos en los que por tomar decisiones personales alguien se había separado del conjunto y había o puesto en riesgo a los demás, o les había dañado moralmente.

Una noche que no podía dormir concluí que José tenía razón. Así que redacté una autocrítica, le hice copias y la pegué en el torreón. Tal como acostumbraba expresarme en contra de los que cometían errores fui despiadado contra mí mismo. No porque me sintiera muy culpable, sino porque estaba dirigida a la indignación que había contra mí, y se trataba de levantar la moral y el espíritu de combate de mis compañeros. Yo la verdad no creía haber hecho algo tan criminal ni tan grave. Pero lo que tenía que asumir era la percepción de los demás, esa era la importante, no mi apreciación.

Con todo, mi carta era muy sincera y se colocó en lugares públicos acompañada de mi convicción de no volver a proceder de manera personal el resto de mis días. Pues lo que sí aprendí con ese error era que cualquiera que fuera a ser alguna de mis decisiones futuras, tenía que tener el consenso de quienes estaban cerca de mí, y que nunca más procedería pensando solamente en mi persona. Me sentí culpable de egoísmo.

Desde entonces he sido consecuente. Pues, aunque he tenido que tomar otras decisiones que rompen con el consenso general, no las he tomado solo ni sin antes discutir o polemizar con los otros. De esa manera aprendí que cuando uno procede tomando en cuenta lo que los demás piensan, procede con autoridad, porque uno no deja de defender sus apreciaciones o convicciones, sino que está dispuesto a confrontarlas con quienes piensan diferente.

La carta de autocrítica fue convertida en periódico mural en otra crujía. El compañero de celda de José, había hecho un bello pastiche con poemas, dibujos y la carta. Nunca se lo agradecí, pero lo llevo en el corazón. Su nombre era Martín Dozal. Algunos compañeros que antes no me habían tomado en cuenta se acercaron para darme palabras de solidaridad o de simpatía. Concluí que había sido un error, un grave error, pero que me había servido para saber asumir mi papel como ser colectivo y con responsabilidades que van más allá de mi persona.

Sólo entonces me enteré de que estaba condenado a muerte. Y tuve una larga reunión con quien estaba destinado a ser mi verdugo. Él, como los que lo habían decidido, tenían razón, pero yo había rectificado a tiempo. Eduardo Fuentes y yo hemos compartido lo que nos ha permitido la vida. Siempre lamentando yo que no pueda compartir con él más cosas, pues pocas personas he conocido con tal entereza moral y tal calidad humana.

Estos hechos dejarán ver que entre los presos había locura, había alienación y había cosas tortuosas, pero por encima de ellas había nobleza, había compromiso y había compañerismo. Y eso no era prisión, era el Arcadia que se anticipaba a la sociedad que soñamos alcanzar un día.

Y había algo más, que Eduardo me ha recordado al discutir el borrador de este capítulo, que ha sido corregido y vuelto a redactar después del diálogo que tuvimos él, Hugo David, Roberto, Miriam (compañera de Eduardo), y otros compañeros para evaluar lo que estaba yo escribiendo. Eduardo me ha hecho ver que la llamada Recua, que así nos puso Víctor (por mulas, evidentemente), no solamente había representado una actitud de rebeldía ante la autoridad cuestionable de Gilly y del mismo Rico, ni solamente era una respuesta juvenil para defender nuestros derechos a una vida más normal y menos monacal, y por darle a la crujía un ambiente sano y no de claustro; sino que también había desarrollado una lealtad especial, en la que ninguno de nosotros había pretendido ni reclutar a los otros ni hacerlo pensar como uno; es decir, en la que aprendimos a tolerarnos y, más que eso, a respetar nuestra diversidad. Y eso es cierto y es muy importante. Pues ha sido el origen de muchas cosas que hicimos después. Probablemente Quico haya sido el que menos asimiló esa actitud, sin dejar de compartirla, pero Hugo fue dirigente sindical en la Secretaría de Programación, en una difícil labor de unidad de fuerzas muy disímbolas. Eduardo fue el Presidente del PRD en Puebla unificando a las fuerzas más diversas en un periodo difícil, y yo mismo he sido promotor de gobiernos de coalición, de alianzas entre fuerzas que nunca antes se habían visto juntas y de proyectos de confluencia política, hasta que aterricé en el cooperativismo. Por otra parte, Eduardo también me hizo notar que fuimos desarrollando una ética y una moral distinta a la de la generación anterior. No sólo más fresca, sino también desprovista de los fardos del stalinismo y del iluminismo que caracterizaron a los partidos comunistas y las agrupaciones que nos antecedieron. Ciertamente eso ha sido importante, aunque tal vez no fuimos capaces de generalizarlo en nuestro movimiento. Agrego a este punto, que cada uno ha recordado flashazos diversos, y que incluso algunos no se acuerdan de los mismos detalles. Eso no ha hecho de las visiones reconstruidas sean incompatibles, si bien no podamos ver de la misma manera lo que vivimos y lo que hoy alcanzamos a entender. Quico rechaza mi visión general de los presos, porque dice que los pinto como robocops, donde solamente yo quedo como humano pensante. Hugo no recuerda mi relación con Yolanda, cosa que me ha molestado profundamente, no porque él pueda padecer desmemoria, sino porque ha puesto en duda lo que yo cuento de mi relación con ella, y el que a estas alturas alguno de nosotros cuestione la veracidad de cualquiera de los otros, independientemente de la interpretación que tenga, me parece algo que equivale a poner en duda la integridad.

Esa ética y esa moral, que creímos o gestamos en aquellos días, no fueron una actitud solamente, pues en el contexto político alimentaban también una concepción de la política misma. Romper con el control ideológico era un acto moral, pero también era un acto teórico. Y al franquear esa puerta pisamos la herejía. Y este punto ha adquirido, pasados los años, una importancia fundamental, porque algunos volvieron al redil, al pensamiento convencional de la izquierda, pero otros nos afirmamos en la disidencia. Eso marcó nuestras vidas. Casi todos mis compañeros volvieron o terminaron ingresando al Partido Comunista, aunque antes lo hubieran cuestionado; yo no pude soportarlo. Pero veamos con mayor detalle este episodio, en el que uno de los viejos transitó con nosotros, nos dio ánimos para atrevernos, y fue en varios sentidos pionero.

La Herejía, en sus tres acepciones
La herejía ha sido consustancial a mi vida. Siempre en la medida que el pensamiento común coloca o identifica a los herejes como aquellos sujetos que han cuestionado una fé, un conjunto de dogmas de una iglesia, o una doctrina. Y algunos herejes, pasado el tiempo, y a veces mucho tiempo, y en la medida que sus atrevimientos fueron confirmados en su justeza, se convirtieron en íconos o ejemplos de rectitud y consecuencia ante los que eran ciegos por ideología o fanatismo. Varios herejes son parte de nuestra iconografía, como, Galileo o Giordano Bruno. Y ¿cómo no? Si fueron capaces de cuestionar lo que era el cielo, ¡imaginen ustedes un momento lo que era plantear que las cosas en el cielo estaban organizadas de una manera distinta a como lo habían establecido los administradores de la fé!
La importancia de estos herejes era doble, y en el caso que nos ocupa sólo destacaremos y recogeremos uno de esos aspectos; Fueron herejes porque su conocimiento destruyó una concepción equivocada sobre cómo eran el mundo y el universo. Pero también fueron herejes porque su manera de pensar, su proceder

metodológico, no comenzaba por aceptar los dogmas, los prejuicios y las ideologías, y porque ejercían una actitud y postulaban una manera de conocer la verdad.

Cuando muy joven leí un hermoso relato sobre Galileo, y se me quedó grabada la frase del astrónomo dirigiéndose a Andrea, su ayudante: "Andrea, toma el registro y anota: 10 de diciembre de 1610, el hombre ha escudriñado el cielo, y al asomarnos a nuestro telescopio, vemos lengüetas de fuego en el sol... pero no cederemos de manera inmediata a nuestros sentidos, las consideraremos colas de pez, y trataremos de demostrar que son colas de pez, y cuando hayamos fracasado en nuestro intento, acaso consideremos una vez más que teníamos razón al verlas originalmente como lenguas de fuego provocadas por la rotación del astro..." Me parecía maravilloso cómo ese hombre no se rendía a su evidencia. Miembro de una sociedad en la que parecía evidente la presencia de un orden divino en todas las cosas, éste dudaba hasta de sus sentidos.

Esta actitud de duda y de apertura se había perdido en mi crujía, en la mayoría de sus habitantes. Tal y como hoy se ha perdido en la política, donde los hombres del poder proceden acorde a una doctrina que les asegura su mezquino interés y su continuidad, aunque se hayan apartado del bien común, y estén traicionando los propósitos originales de lo que fueron sus partidos. Tal y como hoy se ha perdido el espíritu científico entre los hombres que enseñan en la universidad la doctrina del choque entre civilizaciones. Tal y como se ha perdido la capacidad de juicio entre los ciudadanos que siguen al caudillo porque éste ha tenido el acierto, el chiste o la fortuna, de encarnar la ideología de un proceso histórico, aunque no tenga respuestas a los imperativos del día.

Concluyo este recuento sobre este aspecto de mi vida con un hecho que cargo en mi conciencia porque no lo había hecho público y que siento necesidad de compartir. Un hecho muy doloroso, muy pero muy doloroso, y que los presos optaron por silenciar, por no volver a mencionar jamás.

En algún momento en que todavía estábamos en la crujía N, un preso político que estaba en las Islas Marías fue traído al territorio firme y trasladado a Lecumberri porque estaba en su periodo preliberatorio. Era un preso acusado de rebelión, y había sido detenido en la célebre insurrección de 1953 en que muchos demócratas habían confiado en el general Cedillo y creían que él iba a ser presidente –y no Ruiz Cortines, el candidato priísta. Albino era miembro del PAN, pero había formado parte de las huestes de algo así como una especie de Frente Democrático Nacional que juntó a toda la oposición en contra del oficialismo. No eran de izquierda, ni Albino ni el Frente opositor de aquellos años. Pero eran demócratas. Él fue por cierto uno de los primeros demócratas que no eran de izquierda que yo conocí.

Albino había conducido el asalto al cuartel de Huajuapan de León en el estado de Oaxaca, donde él y sus compañeros habían sido vencidos.

Llevaba muchos años preso, cuántos exactamente no me acuerdo, pues no sé si estoy hablando hechos que viví entre 1972 y 71. Pero alrededor de dieciocho años. En las islas Marías, donde está la prisión de confinamiento, le había ido mal, pues estaba muy flaco y enfermo cuando llegó a Lecumberri.

Era epiléptico, quién sabe si a causa de la prisión en las islas o desde antes. Nunca lo averigüé. Pero los presos no pensaron si era un preso del PAN o si era un preso de derecha, o si quería estar entre los presos políticos. Simplemente decidieron que como era un preso político y como había combatido con las armas en la mano había que rescatarlo. Víctor lo planteó a la Asamblea y se acordó solicitar su traslado.

El caso es que Albino llegó a la crujía, inicialmente a la celda de Víctor y Rolf. Pero en cuanto se vio lo difícil que era convivir con él, tuvo que abandonar esa celda y empezó un peregrinar. Nadie lo quería de compañero de celda. Pues a más de sucio se le veía francamente muy mal. Ya teníamos bastante con nuestros propios problemas para asumir ahora la atención de un enfermo tan complejo.

El caso es que la Asamblea definió que no había que exigirle tanto como a los demás, pero que debía ser integrado progresivamente a lo colectivo, pues eso lo sacaría de la postración y le abriría un nuevo horizonte.

Así que se le asignó una comisión de cocina, un lugar en una celda y algunas pequeñas tareas. Albino no las aceptó de buena gana, pero no le quedó remedio ni opción.

Pronto ocurrió el siguiente ataque. Y fue espantoso. Todos sabíamos qué era la epilepsia, y teníamos además tres epilépticos entre los presos políticos de otras crujías. Pero la epilepsia de los otros estaba relativamente controlada. La de Albino no parecía tener ni medicación ni tratamiento.

El hombre sufría terriblemente en cada ataque. Al principio varios nos apersonábamos solícitos para ver de qué manera ayudarle. Pero pronto llegamos a la conclusión de que no sabíamos atenderlo o no había forma de hacer menos violento o doloroso cada ataque. Dos veces me tocó presenciar algo así como que le quería empezar su mal. Una vez en la cocina, donde escuché que la terapia de trabajo debía ayudarle, que lo pusieran de inmediato a realizar labores en el turno del día. Otra vez, cuando él pareció empezar a perder la lucidez –porque no vi que se desconectara de repente, sino que le empezaba como de manera progresiva– Hugo se acercó a él, le dio una fuerte palmada en la espalda y le habló con dureza: "nada de dejarse llevar, nada de caer, nada de que ya me va a dar… ¡contrólese compañero!", le dijo. Y Albino, sorprendido, atendió la instrucción.

Sin embargo, para él parecía una tortura asistir a las asambleas, por más que se le quisiera considerar un preso político como nosotros, era evidente que venía de otro contexto y otra visión. Y este conjunto le debe de haber parecido como una manada de locos. Algunos sentíamos mucha conmiseración o dolor por él, pero no teníamos idea de qué hacer para que se sintiera mejor. Yo pasé dos tardes tratando de entablar un diálogo, pero más allá de ciertos relatos de la mala vida en las islas, y la lectura de una carta tierna de un familiar que se dirigía a él como *"Binocho"*, no conseguí comunicación importante. Lo que sí ocurrió pronto es que los más neuróticos o enfermos de entre nosotros no soportaban los ataques de Albino. Era ciertamente desgarrador, doloroso, pero para algunos era insoportable. Quién sabe si porque se veían retratados en su enfermedad, porque no estaban dispuestos a darle solidaridad a alguien tan diferente o distante en la política, o simplemente por egoísmo.

Albino empezó a estar más sólo cada día. Y pronto sus ataques arreciaron. Uno de esos días le dieron dos en una sola tarde. Yo estaba seguro de que el medio que le era adverso estaba agravando su mal. Pero no parecía que los presos estuvieran dispuestos a que se lo llevaran a la enfermería. Empezamos a discutirlo, y Víctor reconoció que teníamos que hacer algo, tal vez mandarlo a la enfermería pronto. Pero fue tarde.

Esa noche estaba yo muy cansado, y sabía dormir profundamente, así que no escuché cuando le empezó otro ataque y su grito recorrió el silencio y la oscuridad. Pero al poco me despertó mi compañero de celda, Gumersindo Gómez Cuevas. —Mario, pon atención a lo que está pasando. —Qué pasa le contesté. —Es Fabio, me dijo, oye cómo le grita a Albino como enloquecido. Al poco volvió a escucharse el grito desgarrador de Albino y un ruido como de haber caído. Me incorporé y Gumersindo me sujetó. —No salgas. —¿Por qué?, le dije. —Porque Fabio ha perdido el control, es peligroso. Además, hay alguien más con él. Mejor espera. Ahora no hay nada por hacer.

El ataque de Albino se prolongó, sus ruidos, quejidos, entre llenos de dolor y angustia, fueron realmente estrujantes. Alguien murmuraba, y maldecía. Y se escucharon golpes; patadas, aseguraba Gume. Luego silencio. —Duérmete, me dijo, ya pasó.

En la mañana muy temprano Albino fue llevado a la enfermería y pronto declarado muerto. Muerto, según esto, de un ataque de epilepsia, en el que se había golpeado al caer y al revolcarse.

Nadie quiso comentar. Nadie quiso que se aclararan los detalles. Nadie interrogó a Fabio. Albino fue entregado a sus familiares como un cadáver, quince días antes del día de su liberación.

Yo acababa de leer los endemoniados de Dostoievski. Pero me pareció una novela rosa al lado de algunos demonios que compartían con nosotros la crujía. Pero encontré diferencias. En los que Dostoievski conoció, y que habían formado parte del círculo de Petrashevski, había un ideal excelso, el de la libertad. En nuestros demonios creo que el ideal era otro... probablemente el de la autoafirmación y la vanagloria. Por eso cuando aquél periodista que me preguntó ¿Qué se sentía estar en libertad?, y agregó su segunda interrogante: ¿Cuál es la lección principal que le ha dejado la cárcel?, yo no dudé en contestarle: Aprender a distinguir entre aquellos que pueden marchar con uno y aquellos que no tienen o reúnen las características para hacerlo. Fabio era para mí el prototipo de éstos. No quería yo que en el resto de mi vida fuera yo a compartir la acción, la tragedia o la gloria, con gente como él, con gente de su especie. Y ya en la segunda década del Siglo XXI me he topado con varios demonios semejantes que tienen en sus manos la dirección de los partidos existentes. Y he tratado de guardarles distancia.

II La locura, la sociedad enferma y las sociopatías políticas

"Si el Diablo, como pensaba Salviano y toda la Edad Media con él, está en todas partes oculto y presente ¿qué puede salvar a los hombres de su contacto, de su contagio, de su aliento envenenador? ...Y como Dios, por razones más obvias que las de Satanás, está en todas partes, ¿no es de pensar que el uno y el otro se encuentran al lado siempre en el mismo sujeto, en la misma alma del hombre? Cada uno de nosotros tendría dos huéspedes invisibles.
Giovanni Papini *El Diablo*

La locura, sostiene el pensamiento convencional, se origina en un desequilibrio químico, o en un funcionamiento irregular del organismo que resulta en deficiencias o sobrantes de elementos, secreciones, humores, hormonas. Y aunque he sido testigo de cómo se tratan ciertos padecimientos dosificando sustancias que restablecen el equilibrio químico; cómo, por ejemplo, controlan la esquizofrenia o la paranoia administrando medicamentos, tengo la convicción, sin embargo, por lo que he observado y ya relaté de manera resumida, que la locura se compone, muchas veces, más de elementos intangibles, que se cultivan en las relaciones sociales, que se incuban en el trato interpersonal, que magnifican hasta el extremo defectos, extravíos, contradicciones de la personalidad; y que todos estos, a su vez, pueden ser producto de la ideología, de la imaginación, de la fantasía religiosa, de las convicciones políticas —o de cualquier orden— que se apoderen del sujeto o de los colectivos. Porque la locura no solamente puede existir en una persona, de hecho puede también apoderarse de todo un conglomerado cuando comparten el fundamento —ideológico o religioso— del trastorno. Y ojo, que la visión religiosa no se refiere solamente a la fe en algún dios, sino también a la fe ciega en un líder o en una doctrina. Y en los días actuales hasta se presenta como patrón de conducta interesada, sin principios, sin conservar la identidad humana, pero con rasgos de crueldad como forma de ser eficiente en el control y en el dominio de los otros.

El mal o la maldad, a su vez, se la ha atribuido al diablo, o a un conjunto de demonios. Que, si fueran tomados como una metáfora del hombre mismo, podría uno aceptarlos como efectivamente responsables o tutores. Pero que cuando uno observa el surgimiento, el desarrollo y los alcances del mal, no puede uno sino confirmar que estaban ya escondidos en el espíritu de sus autores, de sus víctimas posesas, de sus protagonistas. No porque alguien hubiera llegado a introducírseles hasta lo más recóndito de su inconsciencia, sino porque en la historia del hombre, en su génesis social, se fueron adquiriendo virtudes y potencias, valores y defectos, y ha dependido de las circunstancias, de la educación, de cada familia, de su sociedad, de sus propias inclinaciones —resultantes de sus contradicciones o carácter—el que algunos se inclinen por la parte más noble de su espíritu, y otros por la parte más egoísta y orientada al poder sobre los demás.

Al extenderme en un capítulo más sobre lo que venía relatando, proseguiré auscultando el alma de estos demonios que tanto esfuerzo de análisis me pide, y que tan febrilmente acometo; pero debo decirles que el mal que estos hombres han cargado tiene la naturaleza de los que brincaron de hombres a puercos, según describe San Lucas (Cap. VIII versículo 32, y siguientes). En la historia bíblica Jesús se encontró a un hombre que al punto le identificó ser receptáculo de demonios, a los que de inmediato se dirigió para que lo abandonasen. Los demonios, que respondían al nombre de *Legión*, pidieron permiso para brincar a un hato de animales. Y al ser autorizados no solamente abandonaron el cuerpo del hombre, sino que invadieron los cuerpos del hato y lo condujeron a un despeñadero. Y el riesgo es precisamente ese: que los demonios de hoy se la pasen brincando dentro de los que nada deben, y conduzcan a muchos hatos e inocentes al despeñadero.

Nuestros demonios, todos estos que les presenté páginas atrás, han ciertamente salido del escenario en el que estuvieron o habíamos vivido; pero no, lectores míos, no forman parte del pretérito sepulto sino de la más actual de las realidades. Porque los demonios no son materiales, no terminan con la muerte física de unos endemoniados, o con su retiro a la vida apacible. Migran, pasan a otros cuerpos, se apoderan de otras almas, reaparecen cuando menos se los esperaba, inoculan su maldad de manera imperceptible, muchas veces sin escándalo, y con el paso de los años —y a veces de los siglos—aprenden mal del mal para fortalecer su sino y su objetivo. Pero, además, el descubrimiento que hicimos de su presencia y evolución en aquellos días del pasado, nos permiten adivinar, o mejor dicho deducir, que siguen naciendo, siguen multiplicándose en esta realidad tan propicia para su gestación. Y entonces no podría vivir tranquilo si no procedo a diseccionar la realidad que alimenta a los demonios, y si al mismo tiempo no me impongo la clasificación de sus males, y la forma como es posible identificar a cada uno.

Y si hoy me empeño por ir más allá de sus manifestaciones hasta localizar el sitio exacto donde reposa cada una de sus esencias y orígenes, es porque creo que pueden ser vencidos. ¡Deben ser vencidos! En este caso no me voy a limitar a los conjuros o a repetir exorcismos, porque una vez que he descubierto su naturaleza, me queda claro —clarísimo— que pueden ser, si no redimidos y reintegrados a la comunidad, con su perversidad reducida hasta una condición inocua, o que apenas sazone la convivencia, cuando no superados por una responsabilidad colectiva que posea valores inquebrantables -dado su refrendo—, y se conduzca lúcida de los peligros —gracias a una alerta convertida en norma y en conciencia.

Porque los demonios no son, finalmente, lo que está más allá de lo bueno, o de nuestra naturaleza aceptada, sino parte irrenunciable de nosotros, de cada uno, como algo que puede permanecer tan solo como un rasgo antiguo, inactivo o tenue, residual, que venga de las épocas oscuras de nuestra especie en que la lucha por la sobrevivencia nos había exigido rudeza más allá del valor, temeridad más allá del atrevimiento, o violencia para salvar la vida de fuerzas todavía más grandes, como los tigres de garras como tridentes y colmillos como sables.

El hombre inventó sus armas, intelectuales y de carácter, a partir de esa lucha que le permitió salir por encima de las especies que con toda inocencia gustaban devorarle, y si luego las ha utilizado contra sí mismo, contra sus congéneres, es porque el instrumento, que sirvió para salvar la existencia, se prestó luego para ejercer el mando y someter, no solo a los que amenazaban, sino también a los corderos que convenía. El hombre aprendió a tomar la vida para poder comer, aprendió a matar en defensa propia, pero los demonios que había latentes en su corazón pudieron aconsejarle que matara para sentirse grande, para sentir o alcanzar poder, o para controlar a los otros. Y si no ha predominado en el hombre esta tendencia, es porque su propia historia le exigió defenderse de manera colectiva. Pues a título personal la competencia con las otras especies le era completamente desfavorable. Ya he dicho que los paleoántropos robustus se extinguieron, y que es fácil deducir que fueron todos devorados porque su carácter belicoso e individualista los enfrentó a los animales más grandes y más dotados para la lucha. Y ya se han ocupado varios autores contemporáneos en demostrar que no fue nuestra fortaleza física, sino nuestra capacidad de cooperación, lo que permitió a esta especie de monos gráciles de los que descendemos, sobrevivir y seguir evolucionando, hasta llegar a ser plenamente humanos.

Fuimos cooperantes. Simios cooperantes, que se prestaban ayuda y protección unos a otros para cazar, para cuidar a la prole, para defender al rebaño, y esa cooperación gestó la necesidad del lenguaje, y con él la consciencia y la comunicación. Por ello el primer ejercicio que confirma nuestra condición es eso, el diálogo. Y el milenario proceso de humanización nos enseñó a apreciar el valor de lo social y lo colectivo, y de esa manera adquirimos plenitud como especie. Una especie que supo formular los principios de la convivencia y la fraternidad. Que, si sabemos preservar y enriquecer, nos renovarán la vida social y el interés colectivo.

De tal forma que los violentos y asociales resultan ante esta historia los verdaderos desadaptados, los que renuncian a su identidad, a su última naturaleza, y se dejan llevar por el otro. Ese que solo se reconocía a sí mismo en la competencia, ese que se dejó arrastrar por la falsa valentía, el orgullo y la demostración de su poder.

Porque los demonios se apersonan y se enseñorean del ánimo y el cuerpo cuando los valores y los principios —que se originaron no en la lucha sino en la unidad de los grupos humanos y la especie— son menos vigorosos que los intereses egoístas, y cuando se rompe la solidaridad entre nosotros, y se abandona la responsabilidad colectiva. Ese momento, el de flaquear por interés o crecer sin principios y sin amor por los valores, es el reino de los demonios, el imperio del egoísmo —tan distintivo de lo demoníaco—, y que no es otra cosa que la derrota del bien común, para que sólo impere el beneficio propio.

Éstos mis demonios no nacen en un más allá bíblico, ya dije, sino en una realidad enferma, en una realidad gestada en la sinrazón de una historia presente, de un régimen opresivo y de un conjunto de ideologías que elevan las doctrinas por encima de principios y de la razón misma, para gobernar a los hombres de manera caprichosa, y desde luego loca, demente, anormal, aunque se haya vuelto cotidiano. Nuestros demonios, para actuar como tales, emprenden un largo camino, que comienza en la actividad febril o fanática de invención de una realidad ideal o virtual, pero que antes de llegar a las acciones demoníacas, se definen dentro de la locura, de la visión trastorna de la realidad. Como si el demonio o los demonios de sus interiores cavilaran sobre su lucha, justificando y explicando el camino por el que están optando. En el alma del sujeto comenzaron como tendencias o manías, pero a través de la frustración, la angustia y las formas de autoafirmarse, llegaron a la convicción. Aunque su mente las vive como neurosis y como necesidad.

Todo gobernante que desoye la pluralidad, o todo líder que confía solamente en su propio juicio es un ejemplo de esa posesión del mal. Porque el verdadero conductor de pueblos siempre sabe escuchar e incorporar lo diverso.

He descrito cómo la mente de algunos hombres se aferra a unos cuantos dogmas, o a una noción ideologizada de la realidad, donde el filtro de interpretación o procesamiento de los datos de la experiencia pasa por "verdades" bíblicas, o cuerpos doctrinarios. Vimos también que no solamente pueden actuar desde una disparada subjetividad los que se formaron en una cosmovisión religiosa, sino de la misma manera los que asimilaron una doctrina política hasta hacer de ella un instrumental pragmático, o una doctrina de Estado. Llega este fenómeno incluso hasta casos más pueriles, pues no solo puede ser una doctrina de estado la que uniforme a vastos sectores de feligreses o partidarios, sino también un conjunto de prejuicios y descalificaciones pueden ser inoculados por un gobernante en los sectores más sensibles y generalmente irreflexivos, como forma de entender la realidad y desde la cual condenar a los que piensan diferente.

Fanáticos religiosos u obsesos militantes comparten la misma condición alienada. Ambos son convencidos, a priori, de su verdad. Ambos pueden proceder con absoluta convicción sobre la justeza o pertinencia o necesidad de sus actos. Y ambos pueden matar sin remordimiento alguno, porque sus actos, su idea sobre sus actos, no está fincada en valores y principios éticos sobre el hombre, sino en la noción que una fé, una doctrina; y una consecuente locura, les ha sorbido el seso, y les ha confundido el corazón. Porque en el fondo están locos. Aunque procedan como si fueran normales, pues su congruencia, y la exposición que den de sus razones, es presentada con argumentos lógicos que ocultan sus orígenes...

Un antropólogo húngaro escribió que si alguien se dirige a Dios, es que está rezando, pero si alguien escucha que Dios le habla, es que es esquizofrénico[56]. De la misma manera, si alguien ha leído una teoría y ella alimenta su concepción del mundo o su visión sobre la vida, es que se trata de un hombre sensato, que guía sus actos en la experiencia y la reflexión universal.

Cuando su conducta obedece a una fe ciega en lo que leyó, y no es capaz de revisar lo escrito o actualizarlo, es que ha convertido su voluntad en una máquina irracional, y que ese fanatismo casi siempre le ha de conducir a la locura.

Los diccionarios, como refiero al comienzo de este apartado, dicen que la locura es un desorden de las funciones mentales causado por trastornos o desajustes que pueden originarse en las emociones o en la química del organismo. Pero hoy en día sabemos que la química del organismo está compuesta de funciones que no solamente tienen que ver con lo fisiológico, sino también con lo psíquico, o, dicho en otras palabras, que esos desórdenes son, en todo caso, psicosomáticos. O para decirlo de otra manera más simple, son trastornos en los que existen componentes tanto orgánicos como estrictamente subjetivos, que ocurren o se originan en el funcionamiento de la psique o mente del hombre. Y genera tanta o más locura una ideología, una fé, o la confianza ciega en un líder, como un desequilibrio químico de la mente humana.

El cómo una enfermedad puede estar originada en qué factores de la emoción y, sobre todo en la forma como esa emoción actúe sobre el organismo, es justamente parte del estudio, tanto de la ciencia psicológica –que se centra en el funcionamiento de la mente– como de las psicopatologías –que consideran también los

---

[56] "Si hablas con Dios estás rezando; si Dios te habla a ti, tienes esquizofrenia..." **Thomas Szasz**

procesos bioquímicos. La lucha puede motivar mucho la conciencia. Y en algunos puede provocar gozo o tormento. El sufrimiento personal puede fortalecer la personalidad o puede destruirla, reducirla a nada. La adversidad puede ser incentivo para una mente tenaz y firme, aunque igual puede ser fuente de sentimientos de frustración y derrota. No todos los seres reaccionan ante una emoción con la misma actitud, sana o patológica, pues cada uno de nosotros tiene una propensión que resulta de una base diferente en su fisiología y en su capacidad personalizada de procesamiento químico de nuestras secreciones internas, incluyendo las endomorfinas, las hormonas y muy especialmente la adrenalina. El cómo procese uno el estímulo externo depende del temperamento y el carácter. Y sobre todo de las ideas que conformen y definan nuestra noción sobre el bien y el mal. Junto con nuestra perspectiva sobre nuestra participación y responsabilidad social.

Existen personas que ante el peligro reaccionan buscando proteger a quienes están cerca. Y otras personas que ante el mismo estímulo simplemente pierden el control y se paralizan. También existen personas que ante respuestas inéditas o imprevistas de un grupo social o un conglomerado aguzan la observación y desatan procesos analíticos que actualicen su comprensión de las nuevas conductas. Y otras personas que, en cambio, ante las mismas respuestas imprevisibles, reaccionan con desconfianza, de manera irreflexiva, y en ocasiones hasta con rechazo y violencia. Pero ojo, los que se vuelven peligrosos son los que siempre reaccionan buscando sacarle provecho propio sin reparar en lo que los otros sufran o esperen.

Un hombre con formación metodológica estará siempre mejor dotado para reaccionar con espíritu abierto y constructivo. Y un hombre que ha vivido apegado a las normas, o que sigue y practica los rígidos dictados de una doctrina, difícilmente podrá aceptar lo nuevo, y menos aún será capaz de asimilarlo para enriquecer la realidad o su experiencia. El oportunista suele tener ingenio para sacarle partida.

Así pues, que cada organismo tiene una muy particular forma de recibir la experiencia, y de reaccionar intelectiva, emocionalmente y aun físicamente ante ella. La misma realidad puede gestar mártires, santos, demonios o seres simplemente normales.

Además, los organismos se van condicionando; van creando hábitos; van acostumbrándose. Por eso es común escuchar que tal o cual persona es adicta a la adrenalina, con lo que se trata de decir que necesita emociones fuertes, en las que su organismo libera esa sustancia para desempeñar mejor y más rápido sus funciones. Hay organismos propensos a la nostalgia, o la depresión; y existen organismos que debido a una alta, altísima autoestima, procesan las emociones y los estímulos como alimento para su ego y como cuerda o aliciente para su búsqueda o sus obsesiones.

En sentido coloquial, loco se entiende como hombre de poco juicio. Vocablo que empleado como calificativo se utiliza como sin razón, o, mejor dicho, que ha perdido la razón, y por lo mismo se conduce o se comporta de manera que no obedece sino a sus instintos e impulsos. Los tratados sobre la locura emprenden su análisis y clasificación a partir de los conceptos que caracterizan a cada escuela. Algunas corrientes, por ejemplo, subrayan el concepto de locura (que proviene del árabe) como lo que no tiene sentido, lo que es tonto. Otras parten de las aberraciones (del latín aberratio, apartarse del surco), que significa andar errante, haber perdido el curso o la ruta. Algunas más se enfocan en el delirio (del latín delirare), que se entiende como una perturbación de la razón bien sea por una enfermedad o una pasión.

También encontramos escuelas que abordan el asunto como un proceso, que comienza con manías (preocupación caprichosa por un tema o cosa determinada; por un afecto, deseo o necesidad imperiosa y reiterada por algo). Con obsesiones (del latín *obsessionis* u *obsidere*, que significa asediar) y que constituye una idea fija que conduce a una perturbación anímica o a un bloqueo. O con neurosis (del término griego neurón, que quiere decir nervio) que supone una debilidad del sistema nervioso, en el que no es identificable lesión alguna, es decir, en el que no se tiene un daño físico, y que aun así presenta desequilibrios en la psique ante determinado aspecto de la realidad, configurando en el sujeto una actitud reiterativa y sobredimensionada. Más allá de esas nociones básicas, la psicología ha visto desarrollarse un conjunto de interpretaciones sobre lo que es la mente humana, y sobre los trastornos que puede padecer. Cada escuela estudia las fronteras entre la simple alteración temporal de la conciencia hasta llegar a la patología orgánica, y se plantea como indispensable Identificar entonces, en la actitud y el temperamento de los hombres públicos, de los hombres del poder, la base sobre la cual levantan o levantarán sus actos. Nosotros adoptamos en este texto el empleo de instrumentos analíticos de varias corrientes. Especialmente de los elementos que nos explican cómo a partir de aspectos subjetivos es posible que el pensamiento general de una persona o un grupo se orienten en una dirección determinada, a veces sin que tengan un fundamento en la realidad, salvo los intereses de ese grupo.

Quién sabe por qué en la cultura occidental se ha abandonado la formación del carácter. Schiller lo propuso, y en su época varios lo hicieron. Entre los enciclopedistas uno dedicó reflexiones importantes para escribir **Emilio, o de la Educación**. Hoy, empero, gente como Chauyffet hasta suprime la enseñanza del civismo. En diversas culturas de la antigüedad a los gobernantes futuros no sólo se les educaba intelectivamente, sino también como seres que debían cultivar las virtudes que les permitieran gobernar con sapiencia y temple. Entre los mexicas esa función la cumplía el **Calmecac**. E igual había otros equivalentes en otras culturas. Pero, hoy, imaginen ustedes qué educación reciben los políticos si su escuela son los partidos... éstos partidos, que más que centros de formación funcionan como cofradías de cómplices.

Se ha sustituido la educación ética y cívica con la ideología, una ideología que sacraliza al mercado, y que convierte a los seres humanos en títeres o marionetas de la competencia y de diversas instancias del poder que sacraliza al mercado. De un poder que puede ser el de un grupo que detente de manera arbitraria y sin legitimidad al Estado, o de un grupo que, por encima de las instituciones, represente una ideología, una perspectiva sobre la religión, un conjunto de complicidades, o una fé… Fé que ya dije, puede ser en un guía espiritual, o un líder político. No hay peor locura que la afincada en ese caso.

Uno de los diccionarios, quiero detenerme en esto, abunda en uno de estos dos últimos conceptos. Dice que la obsesión es una idea o un sentimiento que tiende a imponerse al yo, y que evoluciona lentamente en el espíritu, a pesar de los esfuerzos que el individuo haga para rechazarla, hasta el punto de que puede crear una disociación psíquica, con desdoblamiento de la personalidad. Con lo que podemos deducir que por un lado la mente del obseso procede a perseguir su objeto, y por otra parte, la mente del mismo quiera conducirse con razón. La obsesión, continúa este diccionario, puede ser irresistible y entonces invade de tal modo el campo de la conciencia, que reduce a un mínimo toda la actividad intelectual voluntaria. Con lo que podríamos entender que el sujeto se conduce impelido o gobernado por su obsesión, y si razona dominado por ella sólo alcanzará a darle congruencia a su conducta en función de la misma obsesión. Algunos gobernantes son claro ejemplo de ello. No tengo que citarlos, pero piénsese en todos aquellos que siempre atribuyen los problemas a su adversario, o que, existiendo muchas interpretaciones para entender la propuesta de alguien, siempre se le atribuyen las peores intenciones y las únicas razones y motivos inaceptables. En ese punto los razonamientos se ajustan a la obsesión, la justifican o la presentan como "lógica". Pero cuando existe conflicto en la mente del sujeto, la obsesión suele ir acompañada de sentimientos de angustia y de síntomas físicos que incluyen molestias precordiales, cefaleas, palidez o enrojecimiento, sudores fríos y micciones frecuentes. Bueno, así se manifestaba el problema en sus orígenes o condiciones pretéritas. Hoy, sin duda ha adquirido las características de nuestros días, de los valores o ausencia de valores bajo los cuales muchos viven. Y de ninguna manera les aparecen esos trastornos precordiales, o sudores, o necesidades de miar. A no ser que se trate de la necesidad de miar a sus semejantes

La neurosis es la pendiente de peligro, pues su continuidad enferma

La neurosis, por su parte, según la corriente de Karen Horney[57], que es precisamente una de las que nos ayudan a entender nuestro tema de preocupación, es un estado anímico y mental originado en una lucha o contraposición entre el yo real y el yo ideal. Ella entiende el yo real como lo que el individuo es, lo que el individuo resulta ser por su experiencia, su temperamento y sus valores. Y define al yo ideal como una imagen o representación de lo que algunos individuos escogen como arquetipo o identidad, aunque no coincida con lo que es su ser real.

El por qué algunos sujetos pueden darle mayor importancia a un yo ideal que a su propio yo verdadero es un tema social, pues es de alguna manera el rechazo de los otros por ese yo real, o la reiterada frustración ante el desempeño de ese yo real, lo que pueden conducir al sujeto a la búsqueda no de una ruta de superación personal, o de defensa de su identidad, sino a la adopción de un yo ideal. El conflicto que viven a partir de ese momento es lo que Horney llama neurosis.

La neurosis, o lucha entre el yo real y el yo ideal, tiene varios horizontes de solución o definición. Pues el sujeto puede haber adoptado un ideal que le exija superarse y llegar a ser algo mejor, o efectivamente ideal; pero el ideal no necesariamente encierra

---

[57] Una de las principales especialistas en el tema. Autora de **La Neurosis de nuestro tiempo**, y otros clásicos.

puras virtudes, pues el sujeto puede construir o adoptar un arquetipo basándose en unas cuántas características que suponen el abandono de valores, virtudes o principios que el yo real podría tener; o puede tratarse también de un arquetipo en el que se han extrapolado características que el sujeto se ve impelido a considerar más importantes que su personalidad completa o que sus virtudes originales.

Por ejemplo, un político puede decidir que el mal mayor de una sociedad no es la economía, la estructura económica o la concentración del ingreso, sino un problema moral o ético, la corrupción por escoger alguno. Y entonces ante cada manifestación problemática de la economía, va a buscar no los mecanismos instituidos que provocan la inoperancia de un sector económico o un programa gubernamental, sino a los corruptos. Y su gobierno puede generalizar su ejercicio como una cacería de corruptos. Que puede o no haberlos, pero que de ninguna manera van a desaparecer si la estructura económica y los mecanismos vigentes del mercado y la distribución del ingreso son los mismos.

También un sujeto puede sentirse incómodo por estar siendo reiteradamente cuestionado en su entorno a causa de lo que los otros consideren un defecto o debilidad, lo que podría conducirlo a adoptar como ideal el de un sujeto que no puede ser cuestionado en ningún momento. Los motivos para que este sujeto proceda a elegir un arquetipo incuestionable pueden ser explicables o explicados en la agresividad de su entorno inmediato, y en el malestar que ese entorno le provoque. De tal manera que el individuo tendría motivos justificados para buscar la forma de sentirse mejor. Al buscar la adopción de un yo ideal está creando un mecanismo de defensa. Así lo entendía Ana Freud. El problema no es esa defensa.

El problema puede o no existir. Pues si su neurosis lo lleva a adoptar un yo ideal como objetivo que perfecciona su conducta o su proceder hasta que llega a ser objeto de reconocimiento, la neurosis habrá sido un motor de mejoría. Pero si la neurosis lo lleva a extrapolar los rasgos que detengan la agresividad del entorno con una agresividad mayor o con una violencia capaz de conjurar cualquier cuestionamiento, lo más probable es que el yo ideal sea un nuevo sujeto más asocial que los que le han provocado el malestar original.

Todos atravesamos en algún periodo por un conflicto con nosotros mismos a causa de la no aceptación por parte de otros; pero si nuestro yo real tiene la fortaleza o la entereza, o ambas, de aceptar las debilidades y superarlas o rodearlas de otras virtudes que las minimicen o equilibren, esa neurosis podría calificarse como una neurosis creativa, correctiva, o de superación. Si lo que más nos importa es nuestra propia consciencia de integridad, y estamos conformes con lo que somos, probablemente busquemos que se nos reconozca como eso, como lo que somos. Pero si no encontramos el camino para conseguir el reconocimiento o si dudamos de nuestra capacidad para mantener íntegra nuestra persona, podemos adoptar o dar mayor peso a lo que los otros quisieran ver o construyen con sus actitudes. Si esa neurosis nos hace despreciarnos a nosotros mismos, y devaluamos nuestro propio ser para adoptar otro que no nos pertenecía, pero que será más eficaz en el desempeño o relación con los otros, probablemente estaríamos traicionándonos a nosotros mismos. Peor aún, tal vez estemos traicionando nuestra condición humana, con sus debilidades y fortalezas, para asumir una impostura.

Cuando el yo real es fuerte y activo, dice la escuela de Horney, nos permite tomar decisiones (en las se aprueba o censura) y podemos entonces asumir las responsabilidades que conllevan estas decisiones, y por lo tanto, ese yo nos conduce a una sensación de unidad, de totalidad. No sólo comprende nuestro cuerpo y nuestra mente, nuestros actos y nuestros pensamientos, sino incluso permite lo que Quijada e Inostroza[58] llaman

---

[58] El yo ideal y el yo real. 1998.

sentimientos consonantes y armoniosos, que representan la superación de los conflictos internos.

Digamos de paso que esta escuela de análisis psicológico pinta su ralla con la noción freudiana del yo, el ello y el ego. Aunque probablemente también habría que distinguir, en honor a la verdad, los matices entre Sigmund Freud y Ana, su hija, pues no dejan de guardar entre ellos ciertos matices importantes que los separan.

Para Freud, como dicen Quijada e Inostroza, el "EGO" es como un empleado que tiene funciones, aun cuando carece de iniciativa y poderes ejecutivos, o sea que no puede ordenarnos, aunque sí condiciona nuestras respuestas; y eso contrasta con la posición de Horney, "para quien el yo real es la fuente de fuerzas emocionales, de las energías constructivas y las facultades de juicio". (Horney, 1950[59])

En Freud el yo es la persona consciente que toma decisiones. El ello es aquella esfera de nuestro ser que responde a los instintos y está impulsada por nuestro sistema glandular. Y el Super yo es la conciencia moral, donde están los valores y los juicios, que de alguna manera condicionan nuestra conducta. Y aunque para los freudianos esta esfera de la psique no tiene mando, la verdad es que juega un papel determinante. La investigación antropológica

---

[59] Horney, Karen. ***Neurosis and Human Growth: The Struggle toward Self-Realization***. N. Y.: W.W. Norton & Company Inc., 1950. Dr. Horney sees the neurotic process as a special form of human development, the antithesis of healthy growth. Under favorable conditions, she believes, man's energies go toward realizing his own potentialities. Under inner stress, a person becomes alienated from his real self and throws his energies into creating and building up a false, idealized self, based on pride but harassed by doubts, self-contempt, and self-hate. Carefully and clearly Dr. Horney unfolds the different stages of this situation, describing neurotic claims, the tyranny of inner dictates, and the neurotic's solutions for relieving the tensions of conflict in such emotional attitudes as domination, self-effacement, dependency or resignation. Throughout, the author stresses the goal of liberation for the forces that lead to true self-realization.

lo ha demostrado. Por ejemplo, las observaciones de Marcel Mauss en algunas culturas han descrito que el tabú es algo que tiene como receptáculo el ello y no solamente el yo, y que cuando alguno de los miembros de la tribu incurre en tabú de manera consciente, puede tal vez haberlo decidido, pero su consciencia moral puede ser tan fuerte que le puede provocar la muerte. Cuando un individuo tiene una alta y fuerte consciencia moral y esa moral pone por arriba de todo el interés del grupo, una falta o falla en responder a ese interés puede convertirse en pena insoportable para el sujeto.

En un sentido positivo también esa consciencia moral puede ser el fundamento de una identidad de grupo o de nación. Otra Anna, en este caso Hirsch Adler, del Colegio de México, ha demostrado en su estudio sobre los valores del mexicano, que poco más de un tercio de los mexicanos consideran que la virtud o valor más importante de las personas es la honradez, y el segundo principio más caro a los mexicanos es el bien común o el interés colectivo. Y es tan fuerte esa convicción, que más de la mitad de ese tercio de los ciudadanos de México piensa y siente que es indispensable colocar de manera práctica ese valor en los actos que realizan o la práctica que tienen, que incluso deben subordinar su interés personal al interés colectivo.

Esa consciencia moral es la argamasa más fuerte que tiene una ciudadanía, pues sobre su base se construyen las conductas colectivas y se condiciona el comportamiento de cada uno. Cuando alguien lo transgrede es desde luego condenado, mal visto, rechazado. Y cuando alguien lo transgrede desde el poder no solamente se vuelve impopular, sino que provoca conductas contra el gobierno y las instituciones donde están esos infractores del principio del bien común.

Tómese en cuenta que esos elementos no siempre marchan al mismo ritmo o con sincronía. Piénsese en el caso de un gobernante que comparte con su pueblo el conjunto de valores morales y éticos generales, pero que al mismo tiempo padece de una subjetividad parcial al abordar problemas sociales o económicos, pues atribuye a éstos como origen una causa moral o una falla ética. Su discurso va a tener eco en todos los que comparten su visión, pero lejos de permitirles comprender las causas de los problemas, sólo los va a predisponer contra quienes fallen en su consecuencia moral.

Los seres humanos vivimos la paradoja de requerir o perseguir siempre la seguridad, pero al mismo tiempo, tenemos necesidad de aceptación. El ser nosotros mismos responde a lo primero, pero el conseguir la aceptación puede contradecirlo. Cómo presentar a los otros lo que realmente somos exige un esfuerzo continuo, y algunos prefieren construir dentro de sí lo que los otros quisieran ver, o lo que imaginan que todos buscan.

Y cuando el status o la imagen externa se empiezan a perseguir con mayor empeño que la defensa de la identidad, el hombre desgarra su consciencia, o abandona su identidad para asumir la que le confiera las mejores relaciones.

Si el medio en el que vive es el de la fraternidad, tratará de ser fraterno, pero si ha caído en el entorno de la política o el poder, y lo que observa es la voracidad, la ambición y la falta de escrúpulos, imitará todos los actos y la conducta de quienes sean más exitosos, y subyugará su consciencia moral, o cambiará de principios.

Por ello la educación que recibimos en nuestra infancia y juventud son determinantes. Los seres formados con valores y principios, y que han aprendido el ejercicio cotidiano de la solidaridad y la ayuda mutua, fortalecerán su compromiso social y tenderán a responder en función del interés colectivo. Pero aquellos que escasamente reciban buen ejemplo, y tengan escasa noticia de los principios morales o los valores que distinguen o caracterizan el interés de su comunidad o de su cultura, probablemente se inclinen por asumir un ideal exitoso, que concentre poder y que no se detenga ante el interés de los otros. Formar ciudadanos es educarlos en la libertad y en el aprecio del ser humano. Y hoy la educación más generalizada prepara para la competencia, al mismo tiempo que los medios masivos de comunicación educan en el hedonismo, la búsqueda de poder y la propensión al consumo.

Los seres humanos que no tengan una sólida familia, con valores y con acceso a la herencia cultural podrán ser avasallados por el mundo del glamour y la ambición. El desarrollo de la confianza básica en uno mismo implica un entrenamiento espiritual en el esfuerzo y en la aceptación de retos y superación de adversidades, es decir, en lo que fortalece la confianza en uno mismo.

Sentirse parte de una familia, y saberse parte de una comunidad también fortalecen el carácter y contribuyen a un temperamento pleno de responsabilidades. Un individuo normal está determinado en ese caso por un ambiente que satisface las necesidades de cariño, seguridad, disciplina, y oportunidades; y si además recibe estímulo a sus esfuerzos para poder madurar como alguien digno de su comunidad, entonces adquirirá un carácter social comprometido. En contraste, un individuo que padezca el abandono desde sus primeros años, que tenga como entorno de formación la calle, con su difícil carácter de agresividad, y que solo consiga adquirir seguridad en la pelea y la falta de respeto por los otros, irá adquiriendo una personalidad egoísta y autoritaria. Los retos serán formativos de carácter cuando el sujeto parta de una base de confianza y cuente con apoyos y alicientes. Serán formativos de la agresividad y crearán relaciones de interés y de escaso involucramiento fraternal o sentimental, si el sujeto tiene que enfrentarlos en soledad, sin alicientes y sólo para salir adelante o sobrevivir. Todo reto será para el sujeto feliz un motivo de esfuerzo. Y el mismo reto podrá ser una frustración y acaso un triunfo para el sujeto desdichado, que solo encontrará en el éxito una confirmación de la necesidad para ser egoísta, como el medio que lo haya rodeado.

Los componentes esenciales del yo ideal –dicen las discípulas de Horney– son inconscientes, y por esto el neurótico confunde las demandas de su yo ideal con las genuinas. Dicho en términos más precisos, lo que compone o se integra en el yo ideal que el sujeto persigue pertenecen al terreno de las deducciones, es decir, de aquello que el sujeto supone o asocia con ese ideal. Y el que sus deducciones tengan un fundamento objetivo o respondan a la conducta que el sujeto ha observado en los ejemplares conocidos del arquetipo, depende mucho de cuestiones anímicas, y de patrones de imitación, lo que no necesariamente conlleva componentes morales. En todo caso, las características del yo ideal son subjetivas, o más claro aún, no son producto de la experiencia social del sujeto, sino de su vida interna, y del género de relaciones que él quisiera construir.

Cuando el sujeto migra completamente de su yo original al arquetipo que ha adoptado requiere de una identificación completa, es decir, de la asunción de los valores, sentimientos y hasta motivaciones y pensamientos que corresponden a ese ideal. Y entonces el individuo abandona su personalidad original y asume la que decidió ser. Hablamos de un cambio psicológico, anímico y desde luego moral y ético. El sujeto que tiene como arquetipo a un narcotraficante no solo se identificará con la práctica que este realice, sino que asumirá toda la conducta de su ideal que haya visto en la vida real o en las películas, y su temperamento podrá parecerse incluso en los actos despiadados en los que se haga ejercicio del poder. Su ideal será entonces más real que su yo original.

El hombre que muta el yo original por un yo ideal cambia también de entorno. Si el medio en el que vivía originalmente le había generado la neurosis, tratará de encajar en el medio en el que el arquetipo se enseñorea o domina. Porque el neurótico necesita de la aprobación del resto para mantener su yo ideal, y por esta razón puede odiar a cualquiera que lo supere en alguna característica de su yo ideal, y se siente bien con personas que aprecien y exalten sus supuestos dones.

El yo ideal que abandona al yo original, y que no hace nada por rescatarlo o mejorarlo, es un obstáculo al crecimiento verdadero de la personalidad libre, tanto en sentido psicológico como emocional, porque los ideales de esta imagen no son un móvil que impele para que el individuo se supere, sino que se agrupan en una idea fija que el sujeto considera verdadera y que es venerada por él. Y por ello, la persona que procede de esta manera va perdiendo la capacidad autocrítica, pues ha abandonado al sujeto cuestionado, y no es capaz de ver sus errores , sino que los niega para poder mantener su yo ideal intacto.(Horney, 1945[60])

Por todo esto es que la psicología es concebida por Horney como un instrumento para conseguir que el sujeto tome consciencia y aprecio por su yo original. No como una realidad estática, sino como una introspección en la que se rescaten los ideales originales del sujeto, se desentrañen los motivos de la frustración, se conozcan los sentimientos hacia sus cercanos, y se consiga un reencuentro consigo mismo sin conflictos, de tal manera que esté dispuesto a la autocrítica y al cambio. Horney no plantea la terapia como una forma de conformidad, sino como una manera de conseguir que el sujeto pueda reunir lo que es con lo que cree ser. Ese camino implica, desde luego, que el sujeto tome consciencia de los mecanismos que le hubieran conducido a adoptar un arquetipo, o generar mecanismos para defenderse, muchas veces de manera subjetiva. El objetivo último sería en ese caso que el sujeto pueda enfrentar su verdadera condición sin sublimar, sin buscar su enajenación, y sin renunciar a su identidad original.

Es de subrayarse que en esta escuela de pensamiento el yo real no es solamente una idea de sí mismo, es de hecho una noción física de sí mismo y una comprensión psíquica de sí mismo. El hombre es para Horney un ser libre en la medida que es un ser lúcido de lo que es y de lo que siente. El hombre que comienza por rechazar su

---

[60] In **Our Inner Conflicts** Karen Horney has developed a theory of neurosis whose dynamic center is a basic conflict between the attitudes of "moving toward", "moving against" and "moving away from" people.

yo real termina siendo un ser enajenado, piensa Horney. Ya que cualquier ser ideal que adopte no será él mismo. Lo que llevado al terreno de la política nos lleva a decir que los políticos que adoptan una personalidad en función del poder que su ideal les promete, son seres necesariamente enajenados. Y desde esa enajenación no pueden hacer el bien, porque les motiva un ser ideal que carece de legitimidad y autoconciencia.

De la neurosis a la psicosis, y de la psicosis a la maldad. Génesis y diversidad del mal

Empecemos por convenir en que no toda la locura tiene necesariamente un fundamento físico. El primero en plantearlo fue Jean Martin Charcot, un distinguido neurólogo francés, que, al repasar los fenómenos de la histeria, que también tuvieron a Freud ocupado de manera preeminente, observó que había histerias o manifestaciones de histeria con claros orígenes orgánicos, pero que igual había también expresiones del mismo carácter que no podían atribuirse a cuestiones físicas. Cuando este estudioso comprobó la salud física de algunos pacientes que aun estando sanos no podían realizar algunas funciones normales, llegó a la conclusión de que había causas psíquicas o subjetivas.

Un aspecto importante de la noción de neurosis que nos dejó Freud, está en que para él se origina en el conflicto entre los impulsos instintivos que todos tenemos, y las estrategias defensivas que adoptamos en la interrelación con las otras personas. Ese conflicto cuando se continúa en la frustración, nos retrae a momentos anteriores donde no había conflicto o donde la situación tenía gratificaciones. Como quiera que sea, ese proceso constituye, piensa él, un rechazo de la realidad inmediata, y como rechazo de la realidad también es el inicio de la creación o invención de una imagen o situación que debe sustituir a la realidad. Rechazo y rebeldía, lo que es también incapacidad de adaptación.

Ya hablamos de la neurosis positiva o creadora de un proceso de superación en el individuo. En esa misma línea está el pensamiento de Erick Fromm, para quien el individuo neurótico es el que no se somete, no está dispuesto a perder su identidad, prefiriendo ser un desadaptado, un anormal, que se refugia en su propio mundo o en su realidad creada. Pero esta misma idea de Fromm nos permitiría agregar que el individuo que rechaza la realidad que no le brinda oportunidades de plenitud y realización, y que decide aceptar su condición de desadaptado, puede tener cuando menos dos escenarios frente a sí al momento de preferir su propio mundo. Es decir, puede optar por una realidad mejor a la que rechaza, o por una realidad en la que haya menos probidad, menos ideales, menos principios, menos bondad, menos humanidad, que en aquella que él rechaza.

Qué sea lo que le lleve a optar por un arquetipo o realidad mejor o peor depende de su historia personal. En ese caso, un psicólogo latinoamericano, Aniceto Aramoni, piensa que existen causas próximas y remotas en la génesis de la neurosis, las próximas ya las hemos referido suficientemente, pero las remotas, que agrega este autor, se refieren a la experiencia en la niñez, que pueden haberle marcado de raíz, y que pueden hacerle evolucionar, precisamente agravando su conflicto con el medio y la realidad. Un niño maltratado podría ser, en este caso, un adulto rencoroso, violento, intransigente, y tal vez maltratador. Sus sentimientos de origen se habrían destilado y fermentado.

Cierto es que ese proceso de maduración de los aspectos negativos implicó o presupuso que el niño no tuvo en su desarrollo, no contó en ese proceso, con agentes que le brindaran afecto, solidaridad, cariño, apoyo, sino que se mantuvieron los estímulos negativos. Pues generalmente las frustraciones de la primera infancia pueden revertir sus dañinos efectos si en el crecimiento aparece otro tipo de estímulos y relaciones.

También es necesario aquí mencionar que además de cambios fortuitos o afortunados, el proceso de maduración del sujeto puede llevarle a superar los conflictos originales a través de una terapia o tratamiento. Y este es un papel importante de la psicología, que por desgracia hoy solo se ha desarrollado como terapia individual, o de pequeños grupos, pero que debiera haber trascendido a una terapia social, en la que los especialistas en la detección de las enfermedades mentales, de los trastornos de subjetivismo, y de pérdida de valores y rasgos de humanidad, nos tuvieran en alerta, y estuvieran siempre atentos de alertarnos a todos y de criticar públicamente a los líderes, a los gobernantes y a los hombres del poder, para prevenir males, daños sociales y procesos colectivos de locura.

Claro está que no se trata de terapias sencillas, y que no es solamente un asunto de dimensiones. Pues en la terapia individual, se puede inducir un proceso de autocrítica, en la que se cuide de no dañar la confianza del sujeto en sí mismo para que tenga la disposición de reconocer o descubrir los orígenes de su neurosis, y para que al asumir su condición esté dispuesto a superarla. Ese proceso suele basarse en gran medida en ejercicios de asociación, cuidando que no ocurra la transferencia o atribución del problema a terceros, y apoyando con interpretación.

En el caso social, puede ejercerse la explicación, no la asociación, porque los conglomerados no suelen estar atentos a que se les sugiera o plantee intelegir relaciones que les cambiarán el sentido de lo que están experimentando. Y los hombres del poder no tendrán para nada la disposición de poner a consideración de los otros las medidas que imponen o que deciden.

Un tratado reciente sobre este punto es el de David Owen, médico y político inglés que además de haber participado como ministro en el gobierno británico, y de haber fundado un partido a fines del Siglo XX, escribió al mismo tiempo este largo ensayo sobre lo que documenta como la hybris[61].

---

[61] Ex rector de la Universidad de Liverpool, Miembro de la Cámara de los Lores, Ministro de Sanidad de 1974 a 76, y de Asuntos exteriores del gobierno laborista entre

La ambición, dice al comienzo de su tratado, debe ir acompañada de modestia. Citando a la laureada Barbara Tuchman[62], nos recuerda Owen que

"el poder genera locura, el poder de mando impide a menudo pensar, la responsabilidad del poder muchas veces se desvanece conforme aumenta su ejercicio. La general responsabilidad del poder es gobernar de la manera más razonable posible en interés del Estado y de los ciudadanos. En ese proceso, es una obligación mantenerse bien informado, prestar atención a la información, mantener la mente y el juicio abiertos y resistirse al insidioso encanto de la estupidez. Si la mente está lo bastante abierta como para percibir que una determinada política está perjudicando en vez de servir al propio interés, lo bastante segura de sí misma como para reconocerlo, y lo bastante sabia como para cambiarla, eso es el súmmum del arte de gobernar."

Por el contrario, los actos de hybris son habituales en los hombres de estado, sin distinguir entre demócratas o autoritarios, como una persistencia de medidas de política en términos de ideas fijas preconcebidas, mientras se ignora o rechaza todo cuanto lo contradiga, aunque se trate en este caso de una política demostrablemente inviable o contraproducente. En resumen, Owen piensa que un acto de hybris es aquel en el que un personaje poderoso, hinchado de desmesurado orgullo y confianza en sí mismo, trata a los demás con insolencia y desprecio. Aunque guarde a veces las formas del trato correcto.

Algunos casos de hybris merecen reflexiones adicionales. Por ejemplo, si el sujeto en cuestión ha padecido una frustración de infancia, y su resentimiento se proyecta en su ejercicio como hombre de estado, podría proyectar ese resentimiento buscando culpables, pero si la sociedad en la que gobierna es una sociedad que ha experimentado grandes frustraciones y problemas, y el soberano les escoge un culpable, es posible que el gobernante

---

1977 y 79. Líder del Partido Socialdemócrata de Inglaterra de l983 a 90. Su obra más notable es, sin duda, *In Sickness and in Power, Illness in heads of governments during the last 100 years*. 2009. La edición en español es de Siruela, 2011.

[62] *The march of folly, from Troy to Vietnam*. Ballantine, Nueva York 1985. La marcha de la locura, desde Troya hasta Vietnam.

arrastre a un sector importante de la sociedad a compartir la elección de aquél sujeto culpable de sus frustraciones. En el líder o gobernante ya no es posible la consideración de otros escenarios o explicaciones, ha entrado, a causa de la hybris, en un camino sin retorno. Está dominado por la fuerza de la certidumbre y una suprema confianza en sí mismo. La mafia del poder, por ejemplo, sin negar que exista una entidad que ha actuado en interés propio y contra el interés público, no es, ni puede ser, la explicación de todos los males, sociales o económicos. Como tampoco lo puede ser la corrupción para todas las fallas administrativas, de gobernanza o de ineptitud.

En nuestro país, ese fue el caso cuando se escogió a López Obrador como el objeto del odio y como representación de todos los males que rechazaba el sistema político dominante. Como lo fueron los judíos para Hitler, o como lo fueron los comunistas para Díaz Ordaz. Paradójicamente, él ha escogido también a la corrupción como la causa del mal.

La hybris es sin duda una de las causas principales de los trastornos del poder, si bien esos trastornos se desagregan o multiplican en varias posibles manifestaciones.

Y así como no es posible aplicar la terapia que se gestó o perfeccionó en los caos individuales, tampoco podemos plantear que al Estado, o al grupo gobernante, se le pueda dar una terapia general de ese carácter. La terapia social requiera de otros mecanismos o técnicas.

En la psicología individual tenemos el recurso de mostrar cómo es que se construyeron determinados mecanismos de defensa, es decir, cómo desentrañamos los Gestalt, o modelos psicológicos de respuesta. Incluso la escuela conductista puede aprovechar los mecanismos de premio o cobro sobre el sujeto, según tenga la respuesta correcta o falle. Pero esto resultaría imposible con grupos y gobiernos.

Lo que sí es nuevo en este sentido es la terapia del shock, que tiene un carácter inverso u opuesto. Pues se basa, como nos ha recordado Naomi Klein, en la teoría del mismo nombre que se planteaba destruir la integridad del sujeto para inducir un determinado acomodo. Y como su nombre lo dice, se le sometía a un terrible golpe, después del cual cualquier cosa era aceptada. Ese golpe podía ser una carga eléctrica que permitiera la reprogramación del sistema nervioso, con nuevas respuestas, nuevas formas de procesar los estímulos o mejor disposición para aceptar las imposiciones.

Hoy, el sistema económico y político somete a las poblaciones a la terapia del shock, pero no para componer algún mal o trastorno, sino para conjurar toda resistencia o protesta y conseguir poblaciones dóciles, sumisas y programables.

La parte que sí es hoy aplicable como terapia social, pero en el sentido inverso, que va no del Estado hacia los ciudadanos, sino de los ciudadanos claros de la enfermedad del sistema y hacia el sistema, es la que comprende una estrategia de sensibilización, de conquista de la opinión pública, no a la manera como lo hacen los medios, sino enfatizando la razón, los argumentos y los intereses en juego, al mismo tiempo que sobre la base de esa sensibilización se enfatiza la sinceridad, la transparencia, y la clara defensa del interés general.

Convendría intentar, a partir de esos elementos expuestos, la sistematización de los tipos de neurosis y trastornos psicológicos que hoy en día se manifiestan socialmente; para proponer luego las respectivas terapias o soluciones.

Tendríamos así la siguiente lista tentativa:

1 La necesidad neurótica de formular realidades virtuales a donde conducir a la sociedad.

2 La necesidad neurótica de aglutinar conjuntos, sindicatos, partidos, grupos, que convalidaran las realidades virtuales para simular consensos.

3 La necesidad neurótica de limitar o impedir la vida normal de los que se encuentran en la realidad real que se opone al mundo imaginario, que sirve de fundamento para todo autoritarismo.

4 La necesidad neurótica de poder y control sobre los grupos humanos, sus instituciones, y los pensamientos de los conjuntos sociales, que responde al apetito egoísta de la ambición.

5 La necesidad neurótica de ejercer los valores instituidos en la realidad virtual, esto es, del hedonismo, el consumo, el dispendio, el autoritarismo, el desprecio por los demás, el engaño, la manipulación, que es entonces el fundamento de la ideología dominante y la postulación del crecimiento económico y la competitividad.

6 La necesidad neurótica de búsqueda de aceptación y reconocimiento a los méritos de su liderazgo y su realidad virtual, instituyendo una intelectualidad a modo, y un conjunto de autoridades culturales que sancionen y revaloren su gestión y su propuesta.

7 La necesidad neurótica por transformar y acumular, transformar todo lo que existe para que se parezca cada vez más al mundo virtual, al mismo tiempo que se alienta y exalta el bienestar y la riqueza, que es la base de la concentración del ingreso y la perpetuación de la pobreza.

8 La necesidad neurótica de autosuficiencia, de auto justificación y meritocracia dentro del mundo de la matrix, que es la fuente de la soberbia, de las decisiones autoritarias del estado y de la sordera y ceguera de la otredad.

Y 9 La necesidad de impunidad, inexpugnabilidad e inaccesibilidad, para que solo los miembros o elegidos para estar en la matrix puedan tener acceso al mando, al bienestar pleno y a los derechos completos. Lo cual ciertamente tuerce el sentido de la ley, anula la justicia y subordina los poderes a la voluntad del ejecutivo.

Esta tipología, debemos subrayar, enumera males que no son disyuntivos o excluyentes, que pueden presentarse juntos, o con mayor acento o peso entre los socios, miembros o cómplices de la matrix gobernante. Y a eso agregamos en frecuentes casos la hybris, como un estado mental que vacuna al grupo gobernante contra la razón y la deliberación.

Con matices o enfoques de detalle estos casos nos permitirán caracterizar las políticas, antes que, por su contenido económico o social, por su condición patológica, como engendros o productos del desvarío, lo que permitirá esclarecer con mayor detalle su inadecuación con la realidad.

En los casos que nos ocuparon durante el encierro, puedo diferenciar claramente entre lo que llamaría trastornos menores, transitorios, muchas veces originados por la fuerte presión de las circunstancias; y los que se erigieron en auténticas patologías, no solamente de algunos sujetos, sino en toda una corriente de pensamiento. Hoy, cuando veo retrospectivamente el tema, me doy cuenta de que grupos políticos enteros se integraron con sujetos de propensiones neuróticas compatibles y asimilables, hasta conformar un conjunto de "tribus", claques, camarillas, cofradías y hermandades que parecían compartir una posición política, pero que en realidad se habían constituido y se mantenían sobre la base de la demencia, la insania y el manejo ideologizado de su práctica y sus procederes.

Intentando una ejemplificación de esto que llevamos dicho, podríamos caracterizar a los priístas ortodoxos como sujetos que manejan un discurso convencional sobre la democracia y la vida institucional; y, hasta antes del periodo neoliberal, también un discurso de justicia social y de rectoría del Estado, de consecuencia antiimperialista o nacionalismo. Y que hoy, cuando han asumido la defensa del mercado como núcleo central de su estrategia económica y eje de su matrix, y cuando pasaron a formar parte de su ideología las cuatro deidades del Consenso de Washington, solo atinan a plantear una infinita necesidad de captación fiscal, el sostenimiento o recuperación de las tasas o índices de crecimiento, una ineludible necesidad de inversión extranjera y de capital en general, como fuente o palanca única de la iniciativa económica, y la promoción unilateral de actividades empresariales o de negocio. O sea, un conjunto ideológico coherente en si mismo, pero que no tiene nada que ver con la realidad nacional y los imperativos sociales. Y en ese sentido como un pensamiento alienado. Y por ende demencial. Todo el sentido anterior de justicia se fue evaneciendo, y en el lugar del desarrollo, que significaba el mejoramiento de las condiciones de vida y convivencia, se colocó el progreso, o el crecimiento. Un concepto que trata de significar aumento, incremento, en primer lugar, del valor en juego, aunque ese valor no tenga nada que ver con su reparto o su aplicación. Y así sucesivamente, para ir dejando atrás todo sentido común, ligado al bienestar, y para incorporar de manera paulatina, pero inexorable, el confort, luego la comodidad, y poco a poco el cinismo, hasta que se enseñorea la desvergüenza y se asume entonces como conducta básica y fundamental la desfachatez y el autoritarismo.

De hecho, podríamos reconstruir literaria y psicológicamente el ámbito mental que comienza en la clase política de loa años de Cárdenas, e ir describiendo la descomposición hasta el régimen de Enrique Peña Nieto.

De una posición en la que se incluían preceptos republicanos de austeridad, nociones de soberanía fundadas en viejas gestas, esfuerzos para la reducción de las desigualdades, compromiso con los hombres del campo como representantes del origen de las instituciones, o hasta la alianza de sectores y clases en un proyecto común, se transitó a una doctrina que redujo o recortó sus aspectos sociales, y que dejó un núcleo de perspectivas económicas basadas en la eficiencia, la competitividad y el lucro. Es decir, una noción que no admite ninguna perspectiva, y que pretende que los objetivos de los demás se alcancen a través del planteamiento que ellos defienden. No hay diálogo, no hay consideración de elementos de la realidad que sean discordantes con su visión subjetiva.

Y con esa nueva forma de pensar, las costumbres de por sí autoritarias, excluyentes, sordas o ciegas ante la oposición o la diferencia, fueron trocando en una especial desvergüenza, que convirtió el discurso en el cumplimiento de un ritual de formalidades, al mismo tiempo que fue adoptando todas las costumbres de la imposición, el engaño, la simulación, la trapacería, la ventaja, la promesa y, con un énfasis muy especial, la nueva función de manipular la opinión pública, desorientando a los ciudadanos, creando en ellos una predisposición para aceptar las decisiones del gobierno, y desconfiando de cualquier frase o acción que pudiera cuestionar el orden.

Convenientemente, los miembros de ese partido, que antes buscaba el poder para cumplir con el Proyecto Nacional que decían representar, ahora asumieron una descarnada y confesa competencia por el triunfo sobre los adversarios. Y esa ideología de la Unidad Nacional, que el presidente Gustavo Díaz Ordaz todavía trató de defender, o los residuos de ese nacionalismo que se había convertido en una patriotería barata, cedieron su lugar a una más tangible necesidad de poder. Poder como control descarnado y pragmático del Estado, como procedimientos para valerse de las instituciones en provecho propio y de la visión ideológica adoptada. Poder como todo aquello que reportara ingresos, capital y capacidad de compra a una elite que detenta todo. Incluyendo en estas adquisiciones no solamente los bienes, sino también las consciencias, las personas y hasta las impunidades.

El perfil psicológico y la conducta de estos hombres tuvieron sus consecuentes ajustes o sustituciones. Esos viejos cuadros llenos de idealismo, que no ideología, que alguna vez soñaron con una Nación de clase media, con un campo próspero, con un ingreso cada vez mejor distribuido, fueron siendo sustituidos por los que, semejantemente a los emilios que mencionamos al principio, solo saben de la impostura, la fanfarronería, la risa burlona, la falta de escrúpulos o el descaro.

Pero el poder, ejercido o practicado con estos nuevos principios, no podía ser bienhechor o salvaguarda del interés ciudadano o de la mayoría, sino acción interesada a favor de unos cuantos. Y por eso uno de los emilios podía, como lo hemos relatado ya, pensar que no tenía por qué escuchar a los maestros inconformes que defendían la plaza laboral que habían ganado en un proceso largo y que tenía ya muchos años vigente. Y por eso podía mofarse con sus gestos de cualquier sugerencia o respetuosa petición, dando al mismo tiempo las indicaciones para cerrar los canales de diálogo que quedaran, y abriendo el camino para la represión.

No veo, en este caso, esa nimiedad del personaje, esa banalidad de la maldad a la que se refirió Hannah en sus reflexiones. Yo sí veo enorme maldad. Una maldad que es producto de la alienación personal, pero que también es posible en el extravío de una organización que originalmente tenía un conjunto de principios que fueron sepultados a lo largo de un proceso inexorable de descomposición, alimentado por el enseñoramiento del interés económico y la falta de principios y aun de escrúpulos, durante el cual los grandes intereses se impusieron a la doctrina histórica. Y aquí cabe una reflexión, pues me pregunto si cuando actúan los hombres en función de la defensa de su poder y de su privilegio, sin sentido de humanidad, y utilizando las palabras convencionales por mero rito formal, puede hablarse de normalidad o de salud mental. O si, por el contrario, estos sociópatas constituyen un peligro para la sociedad, y una negación del carácter de las instituciones al frente de las cuales se desempeñan. Más allá de sus neurosis yo veo claros signos de demencia.

Son un peligro desde el momento que padecen hybris, pues su naturaleza los conduce a imponer, y a despreciar todo lo que pueda cuestionarlos.

Pero me siento obligado a ilustrarlo con dos grandes ejemplos recientes, uno es el de la Reforma Fiscal que tuvo lugar en México en 2013. **El otro es el de la defensa del modelo económico impuesto.**

Veámoslo. Para los funcionarios de Hacienda hay que partir de la Matrix. Y no hago fantasías, aunque el término podría dar esa idea. Por desgracia pretenden que sea real.

Escribí matrix y no matriz. Porque esta reflexión no se refiere a lo que sería un procesamiento de impuestos, sino a una realidad virtual en la que vivía la Subsecretaría de Ingresos de nuestra Secretaría de Hacienda y Crédito Público en ese año. En la exposición de motivos de la Reforma Fiscal, se expresa el supuesto propósito de simplificación. Cosa usual en la presentación de todo documento oficial. Pero a la hora de lo sustantivo se estableció que ahora cada mes los causantes tenemos que adjuntar cada uno de los comprobantes de los pagos que hacemos, al mismo tiempo que extendemos una factura por cada cobro obtenido.

Y es tal la complejidad de semejante ocurrencia. Que cuando en diciembre de 2013, y en enero de 2014, intentamos hacer declaraciones, los portales de Hacienda en internet estaban cerrados. No se pudo hacer ni una declaración. Los mismos burócratas encargados de recibir las declaraciones estaban absolutamente imposibilitados para captar en un formato lo que la Reforma fiscal impuso. Tres meses más tarde no se había podido reanudar la declaratoria fiscal. En octubre y noviembre del primer año citado, cuando el poder legislativo quitó el impuesto a las colegiaturas, y modificó el impuesto a la venta y renta de viviendas y los intereses de los créditos hipotecarios, el Subsecretario Fernando Aportela salió en defensa de la Reforma. Ésta, aseguró a los medios, no ha fracasado, el 30 de octubre dijo literalmente "" Los elementos de progresividad, de equidad, de tener un sistema más simple se están cumpliendo",

Cuando lo escuchamos en su exposición en el Senado "explicando la reforma" nos pareció que estaba tan lejos de la realidad que creímos que era extranjero, y llegamos a pensar que se trataba de un hombre llegado de los organismos internacionales, tal vez impuesto por alguna institución como el Banco Mundial. Así que nos pusimos a averiguar de dónde había salido. Y fue una gran sorpresa descubrir que nació en Veracruz, dentro de nuestro territorio, que estudió primero en Puebla y luego en el Instituto Tecnológico Autónomo de México, para sólo doctorarse en el MIT de Massachusetts. Fue mayor sorpresa, pues entonces no encontrábamos explicación a sus planteamientos demenciales. Pero el tiempo nos fue orientando, pues su ajenidad, o mejor dicho su subjetividad, impuesta en el nuevo modelo o sistema de captación fiscal, ya comprendimos que viene de matrix, independientemente de la escolaridad que tenga.

Solamente desde la matrix se puede plantear, como lo plantea la reforma fiscal, que los anteriormente llamados REPECOS (pequeños contribuyentes que tributaban una cantidad mínima) ahora asignados a un Régimen llamado de incorporación, es decir los causantes menores, como los locatarios de mercados, los expendedores de tacos, los pequeños vendedores de fruta, los ambulantes y todos los que realizan alguna actividad económica, aprendan a llevar registro de sus operaciones en internet, y al cabo de una década, hayan generalizado la extensión de facturas. Y solo desde esa misma matrix se puede plantear que cuando compremos una papaya, o un kilogramo de cebollas, lo consignemos en nuestra declaración mensual.

Solo desde la matrix se puede decretar que, para emitir facturas electrónicas, cuando sean más de quince o diez, se pague una empresa para que nos autorice y emita las facturas electrónicas. Cosa que solamente cuesta cien dólares mensuales. Lo que probablemente equivalga a la mayor parte del ingreso por ventas de muchos repecos. Sólo desde la matrix se puede pretender aumentar la captación fiscal dejando al mismo tiempo intactos los privilegios de exención fiscal de Televisa, la principal empresa privada de televisión, y las empresas mineras[63], pero afectando a los más pobres y más desvalidos.

Nos queda claro que Don Fernando Aportela, subsecretario de Hacienda y responsable de la política de ingresos, es Doctor en

---

[63] Se ha conocido como televisos a los personajes que son dueños de la industria de la televisión, y se menciona a las mineras como las empresas más rapaces del momento, que realizan su actividad contaminando y atropellando el derecho de la mayoría.

economía, y que es además de toda la confianza de Videgaray, el Secretario de Hacienda, y de Enrique Peña Nieto el Presidente. Pero esa relación y ese apoyo solamente hacen que la matrix sea compartida por los tres. Hoy tenemos muchos doctores que diseñan desde la matrix. Pero que han perdido todo vínculo con la realidad económica. No sería grave si al discutir con los que estamos de este lado, pudieran escucharnos. Pero lo grave es que desde el sitio virtual en el que componen, y enchufados a sus máquinas de imágenes, pensamientos que sólo en su interior existen, y procesos controlados por ignotas realidades, no encontramos comunicación alguna.

Y tal vez tampoco importaría si ellos siguieran ahí, y nosotros acá. Cada uno en su mundo y en sus hechos. Pero no. Ellos aspiran o pretenden que todos seamos trasladados al ciber infortunio. Donde cumplir sus dictados conduce a no tener ingresos, empleo ni el escaso bienestar conquistado, o que todavía defendemos.

En julio de 2014, los repecos[64] tomaron la calle para exigir que se volviera al régimen fiscal anterior. Miles desfilaron por las calles explicando lo que estamos escribiendo ahora. Sin que la autoridad respondiera nada. Por eso esta locura legislativa y de política fiscal nos augura duros días. Días en que, desde esta grosera realidad, nueve millones de repecos se insubordinen. Y otro tanto de ciudadanos hartos se pongan en rebeldía ante las declaraciones fiscales que se les exigen con sus respectivos pagos. Total, que, si en Michoacán ya nos enseñaron cómo organizar autodefensas, no creo que estemos lejos de las autodefensas contra la imposición de la virtualidad y el mundo de lo subjetivo. Porque los seres humanos normales vivimos en una inmediatez donde el salario o

---

[64] Se les ha llamado repecos a los causantes menores que estaban registrados bajo el nombre de Régimen de pequeños contribuyentes. Pagaban una cuota fiscal fija según su dimensión. Pero con la reforma están ahora obligados a declarar cada compra y cada venta, y a comprobarla documentalmente en declaraciones fiscales a enviar por internet.

el sueldo tienen que traducirse en comida, vestido y vivienda. Y si eso es lo que nos arrebatan, no van a dejarnos otro camino.

Los funcionarios han declarado que con la Reforma fiscal se espera recaudar unos ciento ochenta mil millones de pesos adicionales. Y algunos pensamos que es justo en ese ámbito donde está la puerta de la matrix. Porque hacen cuentas sumando cantidades que les faltarían para presupuestar el ejercicio del gobierno imaginario. Pero sin reparar que al contrario de lo que pasa allá, el dinero lo generan personas, de carne y hueso —realidad banal— que para pagar tienen que trabajar. Y las condiciones que les están imponiendo las conducen al desempleo, a cerrar sus pequeños negocios, o a pasar a la clandestinidad. Total, si es eso lo que ha hecho el sistema: generalizar la economía informal. Para luego quejarse de ella. Según las notas de prensa la recaudación ha caído brutalmente, ¿y cómo no?

En cuanto al modelo económico general diremos: uno esperaría, si la administración fuera "razonable", sensata, objetiva, que partiera de los requerimientos, expectativas, necesidades más sentidas de los ciudadanos para el diseño de su estrategia económica y de los objetivos que debemos plantearnos.

Esto es, me parecería que debería plantearse, primer lugar, el cómo producir todo lo que comemos, y cómo aprovechar los recursos naturales disponibles sin deteriorarlos. Pues estos dos aspectos son los que la civilización se ha planteado durante milenios. Pero en la matrix el tiempo no tiene historia.

Y congruentemente con esas consideraciones iniciales y esos objetivos compartidos por todos, se procediera a considerar la forma de poner en operación, en actividad, la mano de obra disponible, garantizándole los requerimientos básicos para el desempeño de su trabajo.

Sin embargo, los imperativos de la administración fiscal y hacendaria han venido siendo todavía hasta el año 2021, traer capital extranjero, aumentar las exportaciones y conseguir que aumente la tasa de crecimiento. Claro está que cuando uno los cuestiona agregan que el capital foráneo va a generar los empleos y que entonces todos podrán comprar. Cosa que ha desmentido la realidad económica durante bastantes décadas, pero que no son capaces de ver.

Adicionalmente, es un rollo repetido hasta la náusea que el presupuesto debe ser equilibrado, que debe haber superávit primario, y que debe haber libertad de mercado. O sea, que la administración no debe gastar más de lo que recauda, que debe conseguirse un excedente en los ingresos, y que todo debe estar en un contexto de libertades económicas sin restricciones para hacer negocios.

Se ha vuelto un lugar tan común todo este pensamiento, que los preceptos de José María Morelos sobre moderar la opulencia y la miseria suenan lejanos. Pues el planteamiento de quienes diseñan el marco general de la economía no tiene nada que ver con las necesidades básicas de la población, sino con las realidades ideológicas de quienes gobiernan a nivel del mundo occidental en interés de las grandes empresas y los organismos internacionales que los representan.

La población siente todo esto como extraño, o como incómodo, pero no siempre lleva su sensación hasta la inconformidad. Y no lo hace porque además de requerir un esfuerzo para tener claro que no coinciden sus intereses con los de los que gobiernan, tienen además que vencer o luchar, al mismo tiempo, contra un aparato de control ideológico que ha institucionalizado la locura y sus pérfidas ideas.

El ciudadano de hoy vive bajo una dictadura espiritual, mucho más sofisticada que la que le había impuesto la inquisición para mantenerlo a ralla del pecado y la brujería.

Podemos ver esto expuesto en cierto sentido en el libro ***Pensar rápido y pensar despacio**, del brillante premio Nobel de Economía Daniel Kahneman.* Y en el número de enero de Scientific American de 2014, en que viene otro artículo titulado ***Our unconscious mind***. Estos análisis, así como lo que se ha escrito sobre el efecto de la música repetitiva que se lanza a los jóvenes, y los spots de televisión que no duran más de dos minutos, y las luces parpadeantes de la disco, y el twitter, y el WhatsApp, y la educación de la prisa, todo esto, no hacen sino anular el juicio, impedir la reflexión, y crear dependencia hacia formas de respuesta automática, del tipo de los actos reflejos, tal y como reaccionaban los perros de Pavlov, sin razonamiento alguno, pero como robots rápidos que cumplen funciones institucionalizadas.

El resultado de este proceso inducido son los legisladores que no redactan ni estudian leyes, sino que mandan tweets y aprueban reformas fiscales o de propiedad de las empresas y solo esperan su bono. Tal y como los perros de Pavlov. Y los funcionarios públicos que no leen ensayos ni libros, sino solo tres párrafos antes de tomar decisiones de estado. O como las hordas de fans que alimentan su quehacer con dos horas de mañaneras, pero son incapaces de seguir la estadística, de hojear la prensa, de leer análisis o de escuchar a otras personas.

Dice el periodista Pascal Beltrán en el Excélsior del 17 de enero del año 2014 que

"Frente a cualquier emergencia, basta la viralidad de un tuit, que haga notar que no ha habido un pronunciamiento por parte de un gobernante, para que la crítica dé la impresión de ser clamor popular y exigencia colectiva. Lo que en un sentido positivo sería un excelente método de control de la sociedad, para que los gobernantes tomen cartas en un asunto, está convirtiéndose en atizador de reacciones apresuradas, sin permitir la suficiente reflexión."

Sergio Contreras Padilla, por su parte, que escribe en la publicación *Etcétera*, de este país, nos decía el 1° de dic. de 2007:

"los medios, principalmente los electrónicos, se han transformado en contrapesos de las libertades de información al poder controlar y socavar la opinión pública. En los mecanismos de control social, los medios juegan un papel fundamental, al grado de convertirse en un poder simbólico.2 A lo largo de la historia se han registrado acontecimientos donde los medios han sido utilizados como instrumentos de otros poderes para manipular, persuadir o desinformar a la sociedad. Ante este panorama, el ideal revolucionario del siglo XVIII, una sociedad participante en la construcción democrática se derrumba. Tal pareciera que el modelo que ha predominado en los últimos años se basa en la fabricación del consenso social: 3 "No debe permitirse que la gente se haga cargo de sus propios asuntos, a la vez que los medios de información deben estar fuerte y rígidamente controlados".

"En México –concluye Contreras– los medios conglomerados, aquellos con gran poder económico que participan en otras ramas de negocios, como Televisa o TV Azteca, son claros ejemplos de poderes simbólicos que fabrican consensos siguiendo un interés lejano al contrapeso: han creado herramientas de control mediático para generar una opinión pública carente de juicio. Un ejemplo fue la pasada reforma electoral, donde se utilizaron instrumentos de persuasión y mentira para desorientar a las audiencias a partir de los llamados "líderes de opinión"."

Como dijimos arriba, esta situación no es casual ni espontánea, sino que nos enfrentamos a una realidad inducida. Una realidad que responde a una política intencional. En parte instrumentada por los medios masivos en México, y en parte diseñada desde el imperio.

El imperio también tiene que cuidar por la actitud de los pobladores de sus territorios, aunque sean los del traspatio. No puede cruzarse de brazos ante una educación laica y gratuita, cuando en su propio territorio ha inducido la teoría del creacionismo y ha tratado de impedir la generalización de las teorías darwinianas sobre nuestro origen. No puede ser indiferente ante la tradición de países más democráticos, donde además de convicciones republicanas ha existido un respeto verdadero por la intelectualidad. Un país sin poetas, sin pintores, sin pensadores como Estados Unidos –porque un lingüista y dos economistas, no constituyen una inteligentzia—no puede cruzarse de brazos ante la amplia capacidad reflexiva de los pueblos de América Latina.

Y por lo tanto "La banalización, la simplificación, la trivialización": métodos que se ponen en marcha, reiterados, para hacer parecer que una situación determinada, si no es parte de la norma, tampoco merece más atención que la que se le da a cualquier hecho nimio de la vida cotidiana.

"Considérese la conversión a veces disimulada, a veces evidente, que los propagandistas del statu quo —en la vida económica, la social, la cultural, la política — hacen de palabras o consignas históricamente identificadas con grupos subversivos o disidentes. Canciones pop que toman como motivo la rebeldía de generaciones pasadas; programas de televisión que, so pretexto de la parodia, transforman la vida política de un país es una gracejada; eslóganes políticos que vuelven cliché o lugar común lo que alguna vez fue exigencia novedosa y radical…" como dice Pijamasourf en su página de cultura alternativa en el año 2012.

¿Qué mejor manera de controlar una población —escribe Todhuntern— que induciendo la apatía y la banalidad y promoviendo la trivialización de las causas, ideas o situaciones difíciles de algunos? ¿Qué mejor manera de controlar a los disidentes que ridiculizándolos o, si esto no funciona, en el caso del gobierno indio, levantando cargos de sedición contra 7 mil legítimos manifestantes antinucleares en Kudankulam —simples aldeanos y pescadores?

Si repasamos los hechos nos encontramos que tan solo en la primera semana de enero de 2014, aquí en México, se ha sentenciado a los detenidos el día del Informe de Peña Nieto a penas de tres, cuatro, dos años de prisión, conmutables por multas de cuarenta a setenta y cinco mil pesos. Se ha descalificado a los grupos de autodefensa, se les ha "invitado" a retirarse a sus casas, o se ha ridiculizado a los maestros que regresan a protestar en el primer cuadro de la ciudad capital.

Sylvain Timsit, siguiendo a Chomski, sintetiza los mecanismos que el nuevo poder ejerce para controlar ideológicamente a la población. El primero de ellos nos explica es "la estrategia de la distracción consistente en desviar la atención del público de los problemas importantes y de las mutaciones decididas por las elites políticas y económicas, mediante la técnica del diluvio o inundación continua de distracciones y de informaciones insignificantes. La estrategia de la distracción es igualmente indispensable para impedir al público de interesarse a conocimientos esenciales, en el área de la ciencia, la economía, la psicología, la neurobiología y de la cibernética."

Otra estrategia es la de la degradación, es decir, "para hacer aceptar una medida inaceptable, es suficiente aplicar progresivamente, en "degradado", sobre una duración de 10 años. "Es de esa manera que condiciones socio-económicas radicalmente nuevas han sido impuestas durante los años 1980 a 1990. Desempleo masivo, precariedad, flexibilidad, relocalización, salarios que ya no aseguran ingresos decentes, tantos cambios que habrían provocado una revolución si hubieran sido aplicados bruscamente." O como se vino preparando la reforma energética. O como ahora nos enfilan a un régimen laboral sin derechos, sin estabilidad, sin seguridad social, como se inició con la Reforma Educativa y se instrumenta ahora el tránsito al outsourcing general[65]. Y una estrategia más se ha instrumentado haciendo uso del aspecto emocional. Hablamos de una técnica clásica para hacer corto circuito al análisis racional, y por ende al sentido crítico de los individuos. Además, la utilización del registro emocional permite abrir la puerta de acceso al inconsciente para implantar o insertar ideas, deseos, miedos o temores, pulsiones, o inducir comportamientos...

Uno podría pensar que hablamos solamente de instrumentos intangibles o que se aplican por medio de los medios masivos y las políticas del estado, pero ojo, según algunos especialistas, como Alejandro de Pourtales, de Pijamasourf (enero de 2011), también

---

[65] El outsourcing es una figura no regulada que ha sido base para la contratación laboral sin derechos, es decir, sin seguridad social, sin fondo de pensiones, sin organización sindical y sin contrato de trabajo real.

"los sagrados alimentos hoy en día contienen altas dosis de glutamato monosódico, fenilalanina, aspartame, fluoruro de sodio, y cientos de otros químicos que en buena medida envenenan al organismo humano o coartan las posibilidades de su desarrollo. ¿Quieres abrir tu tercer ojo y ver la red de energía que atraviesa el universo? Eso va ser un poco difícil mi amigo, después de que has bebido toda tu vida fluoruro de sodio del agua del grifo que provee amorosamente tu ciudad. (El fluoruro de sodio se concentra más en la glándula pineal que en ninguna otra parte del cuerpo, calcificándola; esta misteriosa glándula, "que secreta espíritus", según Rene Descartes, es el portal al mundo espiritual según la mayoría de las culturas antiguas y de los modernos místicos). Quieres que tus hijos crezcan sanos y fuertes y sean inteligentes como las personas que hablan en la televisión, cómprales dulces con fenilalanina y aspartame, delicioso desarrollo. O dales helados hechos con hormonas cancerígenas desarrolladas por nuestros buenos amigos en Monsanto. Un mundo transgénico, es un mundo sin hambre (sin hambre de ser) … La industria del alimento, es actualmente una industria de un lento veneno. ¿O tal vez esto sea un poco conspiranoico?, ¿pero quién puede negar que los alimentos industriales son perjudiciales para la salud del ser humano y que pese a que existen numeroso estudios científicos que comprueban esto, las autoridades no solo permiten sino fomentan la expansión de este modo de regenerar la existencia, como comprueban los cables de WikiLeaks en los que funcionarios de España y de Estados Unidos cabildearon directamente en favor de Monsanto y de los alimentos genéticamente modificados. Uno de los grandes beneficiarios del envenenamiento del Food Inc, es Big Pharma, las grandes farmacéuticas, corporaciones multimillonarias ligadas a los bancos y a figuras políticas que necesitan, como si nuestra salud fuera un gadget, que constantemente estemos generando condiciones tratables con medicamentos, un círculo vicioso, el más oscuro Ourboros. Han convertido a la ciencia de Hermes, en la ciencia de Moloch."

Y considerando estas cosas es cuando podemos entonces introducir el tema de las drogas. Que no resultan tan ajenas ni a los gobiernos ni al interés de los grupos dominantes. Por una parte, dice el mismo Pourtales, "tenemos la industria de los antidepresivos, antipsicóticos, antidelirantes, y demás sustancias usadas para tratar condiciones mentales. Estas sustancias son recetadas indiscriminadamente a cualquiera que tenga la más vaga anormalidad mental, justamente a todos los que no son mentalmente "normales". Una forma de uniformar criterios en la sociedad, de ofuscar a las mentes inquietas, posiblemente brillantes y rebeldes, es darles poderosos fármacos que los calmen, que los adormezcan en el plácido confort de no tener demonios, pero tampoco sueños. Actualmente el 25% de los niños en Estados Unidos está bajo prescripción de alguna sustancia de la cual se necesita una receta médica ¿Brave New World, alguien?" Y eso ocurre en lo que pretenden enjaretarnos como modelo de democracia.

"También es notable como algunas drogas ilegales, como el crack han sido empujadas por el mismo gobierno y la policía que las persiguen. Michael Rupert, ex DEA, relata como la CIA vendía cocaína en California. A veces las drogas pueden ser usadas directamente contra una población, como lo fue el opio en China, posiblemente la heroína con las Panteras Negras y el crack contra grupos afroamericanos en los ochenta (se especula que el LSD también fue promovido para acabar con algunos movimientos cuya conciencia cristalina se enturbió con esta sustancia o para manipular a ciertas personas como el caso de Charley Manson y su familia de asesinos, los cuales tomaban LSD como parte de su religión sincrética). La CIA experimentó con el LSD, con soldados, prostitutas y hasta con un pueblo entero en Francia."

Además de todas las sustancias que envenenan la mente o inhiben funciones normales del cerebro y la consciencia, también existen instrumentos físicos. Estudios muestran que ver televisión, independientemente del contenido, afecta la actividad de las ondas cerebrales, llevando a la mente a un predominio de ondas alfa y teta asociados con estados de pasividad. En realidad, el nivel de ondas alfa que provoca la televisión ocurre de manera natural cuando cerramos los ojos. La televisión sustrae a los individuos a una dimensión mental fuera del presente como si estuviéramos soñando despiertos, sólo que no son nuestros sueños lúcidos. El estado alfa de receptividad pasiva en el que sume la televisión al cerebro es perfecto para la formación de improntas, implantes inconscientes, justamente sueños ajenos que introyectamos como nuestros.

Por otra parte, nos explica también esa página Pijamasourf, tenemos la transmisión de ondas electromagnéticas de baja frecuencia, algo que el mismo Nikola Tesla ya había teorizado podía ser usado para afectar al cerebro humano. *"Si podemos controlar este sistema de resonancia electrónicamente, podemos controlar el sistema mental de la humanidad"*, escribió Nikola Tesla. El cerebro humano trabaja a ciertas frecuencias, esto es lo que denominan ondas cerebrales, las cuales tienen diferentes amplitudes y longitudes de onda. Cuando se expone a ondas electromagnéticas, como puede ser la televisión, o como puede ser el caso de la fotoestimulación, en las llamadas máquinas mentales de luz y sonido, las ondas cerebrales pueden mimetizar u alterar su comportamiento en relación a las ondas que está recibiendo. Teóricamente una antena capaz de emitir ondas electromagnéticas y rebotarlas en la ionósfera para dirigirlas a una población podría instalar estados mentales dominantes, generar estrés o ansiedad en millones de personas. Teóricamente las antenas del proyecto HAARP en Alaska podrían estar emitiendo ondas electromagnéticas bajas, que además de afectar el clima – como sostienen algunos–, podrían además manipular el estado mental del planeta, de forma similar a un casco de dios inalámbrico.

En el año 2020, en el curso de la epidemia del coronavirus, aparecieron varias noticias que aseguraba que se iba a difundir una o varias vacunas dentro de las cuales se incluiría un polvo fino de aluminio, que jugaría el papel de antena receptora de las emisiones de HAARP, o inclusive de las nuevas antenas G5 del sistema de telefonía móvil. Y que los fabricantes del virus podrían entonces lanzar ondas o señales que afectarían el funcionamiento físico, biológico y químico de todos los que trajeran esa antena. Cosa que al comienzo del año 2021 no se había podido probar, pues apenas comenzaba el programa de vacunación y no se tenía todavía acceso a muestras para analizar. Sin embargo, sí se tenía conocimiento de que vacunas aplicadas en años recientes en África habían provocado numerosas muertes, muy por encima de la media estadística que se había registrado en vacunaciones anteriores. Y que en India otra vacuna había provocado esterilidad en toda la población vacunada. Lamentablemente estos casos, aunque documentados, no han sido tomados en serio por las asociaciones médicas, y los ciudadanos seguimos urgidos de tener acceso a toda la información relacionada.

Por otra parte, Leonard Horowitz cree que hemos sido víctimas de una frecuencia inarmónica en la música, debido una conspiración orquestada por la Fundación Rockefeller, que habría estandarizado la frecuencia de A=440Hertz como sintonía de la música comercial, robándonos de la frecuencia más armónica de A=444Hz (C5=528Hz), la cual aparece en la naturaleza de forma dominante.

No, si la matrix no solamente la habitan los que nos gobiernan, después de sus estudios en el extranjero donde fueron convertidos en ideólogos de la realidad virtual, y ahora nos pretenden meter a todos ahí.

Otras personas teorizan que este tipo de control de las frecuencias electromagnéticas nos alejan de la resonancia Schumann, la frecuencia fundamental de la Tierra ubicada entre los 7.5 hertz y los 7.8 hertz, o que incluso estarían alterando esta frecuencia a través de armas como HAARP.

Quizás la más radical de las teorías de conspiración con las frecuencias electromagnéticas es la que sugiere que controlando las frecuencias a las que somos expuestos —aunado a lo que comemos, a lo que recibimos en el aire y a la propaganda- se crea una especie de Matrix o programa de realidad virtual en el que vivimos. Este mundo que experimentamos no existe entonces más que como un programa informático, holográfico al cual hemos sido condicionados, o estamos siendo condicionados. Allá fuera está el universo, mientras nosotros vivimos en una simulación. En la que nos quieren prisioneros nuestros amos y verdugos. Los que nos convidan de las migajas de su mesa hacen como que nos gobiernan después de unas supuestas elecciones, y nos tienen contentos con el partido del football...

¿Cómo, parece prudente preguntarse, podría ser sana la economía, y sano el ejercicio de gobierno si detrás de sus políticas está todo esto?

Y en la "izquierda" también podríamos describir un síndrome específico. Ahí una parte de la conducta tiene algunos de los mismos antecedentes, pues hoy la izquierda no está compuesta –hablo de México–, solamente por los socialistas que antes militaron en la insurgencia o en el comunismo, sino también por los que vienen de la misma tradición y escuela que el partido oficial PRI. Y el hecho de que estos ex priístas hayan sido, o sigan siendo en su corazoncito, de alguna manera tan priístas como siempre, se explica porque aquélla institución tenía su nacionalismo, su antiimperialismo, y hasta vocación agraria como fue característica durante el gobierno del viejo Lázaro Cárdenas, y hoy, más que una izquierda proponente o promotora de un régimen socialista, lo que tenemos es una izquierda que defiende las viejas políticas de soberanía nacional, los compromisos verbales con el campo, la convicción de que es posible una mejor distribución del ingreso, siempre y cuando se traduzcan en votos cautivos y hasta que es también necesario y alcanzable un régimen democrático, en el sentido electoral. Pero, y ojo, porque aquí se fusionaron no solamente las demandas o aspiraciones compatibles entre los que se formaron en el socialismo y los que se formaron en el nacionalismo revolucionario, sino también se fusionaron los autoritarismos, aunque uno fuera oriundo, de cepa caudillista, coherente con el sistema oficial, y otro fuera estalinista, simulador, ajeno a la pluralidad o la verdadera aceptación de lo diverso. Y esos dos autoritarismos pesaron más que las coincidencias en la democracia o en el agrarismo. Y por eso los viejos dinosaurios de ambos orígenes han podido no solo compartir el partido, sino hasta las complicidades. Y si alguien lo duda ahí está la matanza de Iguala, y la desaparición de 43 estudiantes, donde gobernaba un militante del "izquierdista" PRD, dentro de un estado gobernado por el mismo partido. Y podríamos enumerar muchísimos otros ejemplos de esa convivencia o sociedad natural, desde la que ha incluido a Elba Esther, o Bartlett, hasta la que le ha otorgado impunidad al charro de PEMEX.

Y me atrevo a decir complicidades porque quien cree en la democracia como algo formal, y no en el respeto a la diversidad, y el reconocimiento del derecho de todos por igual, sustituye la justicia, como precepto siempre válido, por esa forma más modesta de "hágase la voluntad de Dios en las mulas de mi compadre", que al cabo yo tengo caballos.

Los izquierdistas de hoy, los de partido, nada tienen que ver con aquellos samaritanos que hace medio siglo entregábamos nuestra vida a una causa. Han llegado a compartir el poder y sus valores, tan poco arraigados o tan poco incorporados a una doctrina de servicio y de trabajo, que permitieron hacer concesiones con tal de ganar espacios, y terminaron por abandonar lo sustantivo, lo que los ligaba con la comunidad, con tal de ascender más. De ascender en el poder, naturalmente. Un poder que ya en sus manos, pero sin cometido o proyecto, se les trocó en poder personal. Exactamente al contrario de eso que los rebeldes han sintetizado como "mandar obedeciendo". Estos, hoy, solo obedecen a su interés y ambición.

Su proceder es también alienado. Y sus actos no pueden inscribirse en el lado bueno o sano de la política. Porque el hombre público, el hombre de estado, sólo conserva ese carácter cuando sabe subordinar su interés personal al interés colectivo.

Pues de otra manera está negado para hacer el bien. Aunque diga misa.

Otra cosa serían los rebeldes que hoy son descalificados como dementes o sujetos asociales, primero porque quien los descalifica es parte del aparato institucional encargado de sancionar o recordar lo que el sistema acepta, lo que se difunde como normal; y, en segundo lugar, porque es evidente que este aparato no podría aceptar que la rebeldía forme parte de una sociedad jerárquica, donde los intereses económicos y los grupos de poder quisieran mantener siempre una paz social en la que nadie cuestione el dominio, la opresión, y el enriquecimiento infinito que mantienen. Los rebeldes muchas veces no saben exactamente por qué están inconformes, o solo alcanzan a identificar lo más inmediato, lo que les está limitando o afectando en sus libertades o imperativos fundamentales. Los rebeldes no son revolucionarios porque, aunque quieren cambiar la situación, y combaten los efectos de una política o una organización social que los limita, no tienen sin embargo clara una propuesta alterna. Y lo más que alcanzan a buscar, o a decir, es que la sociedad debe asumir o conducirse de acuerdo con otros principios a los que ellos padecen. En esto son ejemplares, inspiran respeto y motivan la extensión de la rebeldía. Pero solo son el cimiento para que otro tipo de inconformes pueda formular la salida que supere la condición que a todos daña o perjudica.

Cómo un medio —trátese de una sociedad o un reclusorio— configura un conjunto de presiones o limitaciones que al actuar sobre los sujetos gestan en ellos manías, obsesiones o neurosis, es un asunto fundamental. Y pienso en concreto que ese hecho es el que explica el nacimiento de la antipsiquiatría, esa disciplina que rechaza el concepto de locura porque hoy se utiliza para descalificar a todo aquél que se sale del estándar, de la conducta aceptada por el orden establecido y el sistema político y de pensamiento vigente o dominante.

En Rusia se encarceló en manicomios a los disidentes durante mucho tiempo. Y claro, antes de hacerlo se expuso que alguien que cuestionaba al Estado de todo el pueblo y al gobierno de los obreros y los campesinos tenía que estar loco.

independientemente de que la conducta excepcional —ya sea locura cuestionadora o rebeldía— se origine en inconformidad contra la realidad existente, bien porque no permite la libre expresión de la naturaleza humana, bien porque reprima algo de esta naturaleza, es indispensable convenir en qué cosa es el hombre, y qué lo caracteriza. Sin convenir en ello no podemos compararlo o ver su correspondencia con la sociedad y sus instituciones. Y si no hubiera coincidencia, necesariamente lo que estaría mal sería la sociedad, no el hombre; pues el hombre genérico (no el caso enajenado que hoy existe en grandes dimensiones) tiene necesidad de vivir en especie y de manera colectiva, pero no para dejar de ser lo que es o aquello a lo que aspira, sino para alcanzar la plenitud de sus potencialidades, de su realización y naturaleza.

En última instancia, toda sociedad cuestionada resulta ser una realidad antihumana. Por más que se pueda aceptar que la naturaleza humana tiene un carácter histórico, y por más que nuestras necesidades hayan evolucionado con los siglos, pues siguen siendo los mismos imperativos los que nos mueven, y siguen siendo las mismas pasiones primigenias las que nos animan y caracterizan. Aunque han cambiado las nociones de bienestar o de libertad, desde los tiempos de Adán siempre hemos querido satisfacer el hambre, conseguir la seguridad y la integridad de nuestra persona y la oportunidad para procurarnos los imperativos básicos. Esa naturaleza es la misma.

Lo que no ha sido lo mismo es la respuesta que tenemos como colectivo o como persona ante la escasez, las restricciones del medio, o los impedimentos institucionales. En un sentido histórico probablemente convenga describir una tipología social que cambia. Así como existe una tipología de los trastornos, también podría hablarse de una tipología de los patrones de conducta o respuesta social ante los modelos o sistemas sociales.

Y no es un asunto menor. Piénsese por ejemplo que cuando hemos descrito cómo grupos enteros o sociedades deciden seguir a un arquetipo que representa su ideal de responder ante la frustración o la forma que encarna las ilusiones, describimos también un patrón de conducta, que implica o supone ciertas condiciones sociales, económicas y espirituales de un momento dado.

Los hombres han hecho la guerra generalmente sólo cuando no veían otro remedio para quitar un obstáculo a sus derechos, a sus libertades o su supervivencia. Sin embargo, también tenemos guerras injustas en las que participaron o participan grupos o conglomerados por convicción o por adopción de ideas y conductas que no eran expresión de su interés, sino que, exactamente al contrario, exigían su alienación. Tal fue el caso del racismo antisemita de los hitlerianos, o el apoyo a Netanyahu, el gobernante israelí, por parte de una gran parte de la comunidad judía durante los bombardeos a Palestina en julio agosto de 2014. Sin duda ese papel de Netanyahu tiene antecedente en el Jehová que llama a la venganza o al ojo por ojo. Por dios que espero que esos dogmas religiosos se extirpen de los pueblos en este mismo siglo.

El hombre mantiene una naturaleza básica a lo largo de los siglos y los milenios. Y en esa naturaleza conserva imperativos que a todos nos hacen compartir un espíritu semejante. Por su parte, la realidad social, y las relaciones que guardamos con esa realidad social —e incluyo en estas relaciones tanto las transparentes y reales como las enajenadas e ideológicas— también gestan o agregan parte de nuestra naturaleza e identidad, aunque ésta sea histórica y transitoria. Su transitoriedad no le quitará el signo bueno o negativo que la posteridad revele, y tampoco exonerarán a los grupos sociales de su asunción.

Defenderíamos entonces esa parte de la naturaleza humana que no ha sido deformada por la falsa conciencia ni el interés, y propondríamos una filosofía de la educación, tal y como Schiller o Rousseau lo fundamentaron. O como está previsto en la filosofía de la Paideia y la Toltequidad.

Convenir en lo que es la naturaleza última del hombre nos permitirá rechazar todo aquello que la niegue, la sojuzgue o la trastoque. También nos serviría de base para rechazar lo que se agregue a ella o se pretenda incorporarle, distanciándola de su condición virtuosa o noble.

El hombre, su esencia, aunque suene metafísico

Si el hombre estuviera condenado a caer en estos niveles de miseria de su espíritu que hoy vemos por igual en izquierdas y derechas, terminaríamos suscribiendo la necesidad del juicio final. Pero si en lugar del fatalismo pudiéremos construir un planteamiento sobre la forma de humanizar la sociedad y de templar o entrenar a cada persona para que tuviera la fortaleza de conducirse acorde con principios y valores, tal vez habría nuevos alientos para el diseño de otra forma de organización social y de actuación política. Requerimos por de pronto de una medicina que vacune la mente y el ánimo de la generación actual. Requerimos de una herramienta para impedir, de entrada, los dos más terribles demonios, el demonio de la subjetividad ideológica, y el demonio del interés egoísta. ¿Cómo curar o conjurar la enfermedad sin saber cuál es nuestra naturaleza, sin tener cuando menos una propuesta o una posición sobre lo que es el hombre?

Primo Levi, un escritor judío que vivió el Holocausto, me dio una de las claves para entender lo que somos. En la reconstrucción de su dura experiencia en el campo de concentración de Auschwitz, y tras ser testigo y describir cómo perdían los prisioneros el amor por la vida, toda alegría y dignidad, se preguntaba si era posible preguntarse si quedaba en ellos algo de humano. En su relato mismo creí encontrar una respuesta distinta a la que reflejaba él en su pesimismo, pues no importara cuál fuera el grado de destrucción y desgarramiento que tuviera cada uno, lo que Levi describía era un gran sufrimiento. Y por ello me dije: mientras haya sufrimiento hay humanidad. Hay humanidad porque quien sufre espera o recuerda una condición mejor, y acaso feliz. Porque quien sufre siente que merece otra cosa. Porque quien sufre se ama a sí mismo. Porque quien sufre lanza una acusación contra los que provocan su sufrimiento. Porque quien sufre tiene, sin duda, la capacidad de no sufrir, de experimentar la dicha. Y esa potencia es la fuerza que lo hace humano. Marx lo había expresado en estas palabras:

"El hombre, en tanto que ser sensible y objetivo es, pues, un ser sufriente, y, porque siente su sufrimiento, un ser apasionado. La pasión es la potencia del hombre persiguiendo con energía su objeto".

Y tal vez eso explique, cuando menos parcialmente, por qué algunas religiones instruían o educaban en la aceptación del sufrimiento. Equivalía a una manera indirecta de cultivar la condición humana, con una actitud o una enseñanza que, a falta de conocimiento explícito sobre la naturaleza de los hombres, prefería cultivar las virtudes, aunque ello se consiguiera con dolor. Prefería postular el dolor que elogiar las apetencias, que sólo proporcionan goces. Sea no así, lo que sí es muy probable es que quien sufre tendrá reservas o límites para hacer sufrir. Y quien no ha conocido el sufrimiento podrá infringirlo sin noción sobre sus dimensiones y consecuencias.

No ha sido la única clave o rastro que hube de recorrer...Después de todo yo también había abrevado en Marx, y lo primero que conocí de sus textos había sido su ensayo sobre la enajenación. Y si en algo me había sentido marxista, era ante todo en lo que él expresaba en ese texto. Además, uno de sus más esclarecidos discípulos me dio acceso a un extraordinario resumen sobre su concepción del hombre.

El hombre cambia en el curso de la historia, dice Marx. ***Él se desarrolla a sí mismo, él se autocrea, él se transforma a sí mismo, es el***

producto de su historia. Y puesto que él hace su historia, él es su producto. La historia es la historia de la autorrealización del hombre; no es otra cosa que la autocreación del hombre a través del trabajo y la producción. Todo eso que llamamos la historia del mundo no es otra cosa que la historia de la creación del hombre a través del trabajo humano y la consecuente emergencia de la naturaleza humana. El hombre es la prueba irrefutable de su propia obra...

Y Marx todavía agrega:

"pero diferenciemos entre la naturaleza humana en general, y la naturaleza humana como esa realidad que se modifica en cada periodo histórico, según la dirección que toman las distintas culturas, y según se desarrollan, consecuentemente en ella, los relativos apetitos, que no son parte constitutiva de esa naturaleza, sino que deben su origen a ciertas estructuras sociales y a determinadas condiciones de producción y comunicación".[66]

En Marx esa apreciación o sentencia parecía insuficientemente fundada. Pues no hay datos detrás de su forma asertórica. Pero el desarrollo del conocimiento lo ha confirmado. Frans de Waal, por ejemplo, demostró en este Siglo XXI que los antecedentes del hombre, nuestros padres más remotos, lograron sobrevivir porque aprendieron a vivir en sociedad, en grupo, para protegerse y ayudarse mutuamente. Y este etólogo ha demostrado que los sentimientos de empatía, conmiseración, solidaridad, fueron necesariamente anteriores al mismo lenguaje, es decir, anteriores a la misma condición humana, que fue ni más ni menos producto de esa convivencia.

Marshall Sahlins, el antropólogo norteamericano, lo redondea con las siguientes hermosas palabras:

"la cultura es más antigua que el Homo sapiens, mucho más antigua, y fue una condición fundamental del desarrollo biológico de la especie. Las evidencias de la existencia de cultura en la línea humana se remontan a unos tres millones de años, mientras que la actual forma humana tiene sólo unos cientos de miles de años… durante unos tres millones de años, los humanos evolucionaron biológicamente por selección natural…el

---

[66] Erick Fromm, Capítulo *La naturaleza humana* en el libro *Marx y su concepto del hombre*.

cerebro humano es un órgano social; que evolucionó en el Pleistoceno bajo la presión de mantener un conjunto de relaciones sociales relativamente extenso, complejo y solidario…"[67] Y luego Sahlins cita a Ferguson para agregar: "No hay ningún individuo presocial, no hay un ser humano que existe antes o aparte de la sociedad. Los humanos están constituidos, para bien o para mal, dentro de la sociedad, y de forma diversa según las diferentes sociedades. Nacen en sociedad y ahí permanecen."

Y si nuestra naturaleza, o lo que es el hombre, es un ser social solidario, todo lo que se aparte de él será eso que Marx llamaba "producto de las circunstancias sociales, pero no de nuestra parte constitutiva". Y si hoy lo que se ha generalizado es la parte egoísta, sin valores y sin principios, es porque el Estado está en manos de quienes no representan la identidad última del hombre, sino esos intereses que están determinados o gestados en "ciertas estructuras sociales y en determinadas condiciones de producción y comunicación" como había anticipado Marx.

¡Atención!, que inclusive éste visionario ya había dicho que

"todas las culturas en decadencia se caracterizan por una tendencia a que prevalezca la subjetividad, mientras que todos los periodos de prosperidad tratan de apoderarse o aceptar el mundo tal cual es, incluyendo la propia subjetividad, pero sin separar o distanciar la existencia de su comprensión de ella."

Recapitulando. El hombre fue una creación original de la naturaleza, que lo hizo un ser frágil o desvalido en comparación con especies mejor dotadas para la sobrevivencia, y que gracias a esa su condición vulnerable, fue obligado por las circunstancias a desarrollar la vida en común, la defensa colectiva, y las formas de ayuda mutua y la solidaridad. Esas fueron al mismo tiempo sus ventajas para conservar la integridad y para continuar formándose. Como ser que estaba incompleto hasta el momento en que lo produjo el medio, desde que asumió su propio destino fue también el artífice que modeló su espíritu, su consciencia y sus

---

[67] *La cultura es la naturaleza humana*, en el libro *La ilusión occidental de la naturaleza humana*. FCE. México 2011.

valores. Tal y como había imaginado Pico Della Mirándola, ejerció su libre albedrío y se enfiló a adquirir las virtudes celestes y la vileza más repulsiva. Y en el curso de esta historia, inventó las quimeras, como aquellos horizontes donde la dicha alcanzaría los más altos niveles, e inventó también el poder, donde su egoísmo pudiera realizar los mayores excesos. Al perseguir sus utopías o sueños y enfrentar la adversidad transitó por muchos momentos de sufrimiento y dolor. Y reconoció así su condición más profunda, que encerraba tanto el sueño de la felicidad, como el pesar y la desdicha por no haberla alcanzado.

Su condición gregaria o social gestó la cultura, como conjunto de prácticas, y como principios y valores comprobados, y sobre ese fundamento levantó la civilización. Ciertamente su historia ha sido accidentada, no solamente porque no siempre tuvo consciencia de su propia identidad, y desde tiempos remotos tuvo la inclinación por hacer metáforas de su propio origen y de su propio sentido en el mundo. Además, la diversidad, que lo ha hecho rico en opciones y lo ha conducido por muchos derroteros, conservó sin embargo los rasgos distintivos de las especies que parecía haber dejado en el pretérito de sus antiguos ancestros. Y ante circunstancias especiales de escasez, o de competencia por los satisfactores, le hizo recuperar elementos o rasgos de su condición anterior de animal sin consciencia de humanidad. Y esos especímenes, separados del rebaño, han sido los que, en lugar de conducirse como humanos, han revivido la rapiña y la violencia. Y tienen que ser reeducados o sujetos de una eutanasia que se instituya ante su amenaza, y que tenga que repetirse de cuando en cuando.

El hombre, como especie, no como sujeto histórico de hoy, es un ser sensible, de espíritu colectivo y nobles sentimientos. Formado para hacer el bien, y para disfrutar la vida. Y solo las condiciones adversas a su naturaleza social lo hacen caer en la tentación del egoísmo y en la práctica del mal. Eso he aprendido de esta larga experiencia.

Soy refractario a las definiciones, porque acotar algo a términos precisos es de alguna manera asumir una parcialidad, pero si tuviera que describir al hombre diría que es un ser que se ha creado a sí mismo de manera social, y que, por requerir de esa condición colectiva para su existencia, ha hecho de sus rasgos solidarios y recíprocos lo más distintivo de su naturaleza. Y como ser que ha luchado durante toda su génesis, y ha debido mantener un empeño para satisfacer sus necesidades, es también un ser apasionado por lo que hace y por lo que hoy ya sueña. Y en el ejercicio de su pasión ha adoptado valores y principios que le sirvieron como formas de conducta para mantenerse unido como especie, y para dar fundamento a sus creaciones.

En su sino o identidad se conserva entonces su imperativo por su libre albedrío y su facultad de movimiento, a lo que ha llamado libertad; y en su proceder ha cultivado y exaltado la actitud que mantiene constante esa forma de ser para considerarla bondad y virtud. Su propia historia le ha dado entonces la noción del bien. Y su propio esfuerzo le ha enseñado la lección del sufrimiento. El sufrimiento como la experiencia extrema para regresar a su consciencia última como ser sensible que sueña y que busca el bienestar, que lo reconstruye como esperanza.

Medio siglo más tarde de los hechos que he relatado sobre la cárcel, donde aprendí lo que es el hombre, tuve la fortuna de vivir circunstancias que me permitieron entender bien al primero de los demonios que amenazan la identidad del hombre, ese que he llamado el demonio de la subjetividad ideológica.

Carlos y yo… un diálogo para encontrar al maligno en el lenguaje de la santidad

La intolerancia más profunda no se muestra como fuerza que se impone, sino como convicción que ciega. El que impone tiene un pie puesto sobre la duda de sí mismo, porque si tuviera seguridad sobre aquello que defiende sabría convencer. Sólo el que concibe su conciencia como algo infalible cierra los ojos del entendimiento a quien le contradice.

Tener puras certezas no es humano. Es humano aproximarse a la verdad. Es humano tratar, intentar el entendimiento; desentrañar el fenómeno, indagar por lo cierto. Procedemos por aproximación, como decía el oscuro de Éfeso. El hombre que pone sus dos pies en el suelo está hecho de dudas, de preguntas y de respuestas siempre limitadas, que tienen una vigencia y un alcance.

Para creer que se ha alcanzado la verdad final es necesario algún vínculo con lo que está más allá de los hechos, de las evidencias y del entendimiento. Las verdades últimas sólo puede creerlas el que concibe su experiencia, o su inteligencia, o su comprensión, como el *súmmum* de las esencias, como el metaconocimiento. Aunque debemos admitir que el hombre tiene la tendencia o inclinación a querer saber las respuestas, esto es, a tener claro el sentido de lo que hace y explica su existencia.

En el hombre primitivo ese estadio o condición se alcanzaba en el trance. En ese estado anímico en que el hombre dejaba de ser él mismo y se convertía en expresión de los elementos, o del espíritu. Ayudado por el tambor o por los cantos, se envolvía en un vértigo de la danza, del rotar, o de los ritos y gesticulaciones que propiciaran la acumulación de vivencias, o de sensaciones que fueran despojando al sujeto de su cotidianidad, hasta sumirlo, o tal vez elevarlo, a esa dimensión en que la música, el ritmo, los símbolos y el pensamiento onírico, consiguieran trasladarlo a una dimensión diferente, desde la cual creía poder interpretar o descubrir lo trascendental para sus testigos…. ese era el sujeto en trance...

En el hombre creyente, esos ritos y ceremonias fueron relevados por la fé. Dios se mostró suficiente para que quien pudiera sentirlo, o creerlo, lograra trascender su condición vulgar y terrena. En el hombre creyente el principio de verdad no parte de la experiencia, ni de la demostración. La verdad es revelada, es trasmitida, es siempre presente.

Por tales razones, o antecedentes, el hombre verdaderamente religioso –esto es, practicante de una religión– o tal vez sería más correcto decir el hombre que ha decidido aprender las bases de su visión del mundo no de la historia del conocimiento, ni de los resultados de la vida como experiencia, sino de lo que considera la fuente de toda verdad y sabiduría, que es la palabra sacralizada y convertida en manual doctrinario, la verdad responde en primer lugar a lo que no comprende, aunque cree, y ahí se mezcla una parte de espiritualidad, y otra parte de dogmas, de los principios expuestos en ese texto que recoge el libro o el saber de los elegidos, y que el mortal o sujeto tiene apenas la posibilidad de interpretar, más o menos fielmente, más o menos en el mismo espíritu.

Lo demás puede contener generosidad ante quien emita sonidos que no tengan referencia con la palabra de dios, perdón, de Dios. Lo demás es "tolerar" la impiedad o la herejía, "sabiendo" que es posible, como es posible el pecado, o es posible el error. Ante el cual, o los cuales, el que tiene la dicha de conocer la verdad tiene que armarse de paciencia, y de conmiseración, en el mejor de los casos.

Se oye sólo para ser testigo de la distancia que existe con la palabra divina. Se responde, como concediendo una gracia, para brindar la oportunidad de que el infiel pueda sentirse atraído por la verdad, por la palabra de Dios, por la fé. Se puede hasta ceder un poco cuando el que se empeña procede con intención admisible, y la paciencia puede aparecer como la estrategia de un mejor proceso de convencimiento o de una demostración de la verdad única.

En lo más recóndito de ese uno, en la intimidad de la meditación, en esa sincera condición interior donde descansa la voluntad que concede o que decide, la convicción –y todo aquello que compone la verdad– permanecen siempre inalterables. Porque "Dios lo dijo" desde el comienzo de los tiempos, y cuando se le ha dado a uno, es decir a él, el acceso a su palabra, ésta es como la sangre que circula en el espíritu, como la sustancia que más adentro de los huesos, de los ojos y de los pensamientos, nos guía sin yerros. Carlos no solo creía que Dios le hablaba al oído, de plano estaba convencido de que su mente tenía sincronía con Él.

Desde ese ámbito en que la duda está superada, desde esa confianza infinita en la vastedad de la dimensión divina y la múltiple falibilidad humana, el que cree, el que cree con toda la fuerza de su aliento, aunque él la llama alma, no puede oírse, no puede verse, no puede aceptarse, no puede concederse, no puede acordarse, no puede demostrarse, no puede cambiarse.... sino aquello que ya fue dicho, previsto, recogido en el texto y convertido en doctrina. Lo demás es asunto de forma, de plazos y de saber conducir al rebaño para que camine por donde está previsto, anticipado, "desde todos los tiempos" y para el resto de la vida hasta el Apocalipsis, o el poder absoluto, que en algunos tiene la misma dimensión.

Y Carlos Abascal[68]—Secretario del trabajo y luego Secretario de Gobernación de México—, que es a quien describo, había decantado esa doctrina y su mensaje al conjunto de principios morales y éticos que le permitían, o mejor dicho que le obligaban, a ser no digamos inalterable, sino constante, él mismo. Cuando ser él mismo significa que cualquier camino que se recorra por necesidad, o cualquier argumento que deba considerarse, se lo transita tratando de llegar finalmente a la verdad, que, desde el silencio anterior, o antes del camino andado, ya se había conseguido.

Él, como otros hombres del poder, según encontramos descrito en Owen, vivía una certeza sobre su mando y poder, pensando que estaba dirigido por una voluntad suprema, que le dictaba, que le señalaba qué hacer. Y en verdad que creía esto, que estaba convencido de recibir la voz. Su fé era su doctrina sobre la forma

---

[68] Secretario de Trabajo y Previsión Social en México, de 2000 a 2005, y Secretario de Gobernación en 2005-2006.

de ejercer el poder y más aún, incluso pensaba que ahí descansaba el verdadero derecho a gobernar.

Owen dice que en el mundo de George Bush y Tony Blair, y nosotros podemos agregar de Abascal, dios es la fuerza que impulsa al héroe a desafiar la realidad: la hybris no es algo por lo que haya que preocuparse, y la némesis[69] no es nada más que la mala suerte con la que todos los héroes están abocados a tropezar en algún momento de su cruzada por este valle de lágrimas. Creen que tendrán su recompensa en el cielo.

Carlos oía, y podía formalmente aceptar que uno pensara o contuviera en su cabeza pensamientos distintos a los suyos; pero cualquier idea, cualquier camino o final alterno a lo que él veía, era sometido al tamiz de su moralidad, y puesto a prueba en un ejercicio de concordancia, para terminar, trazando una ruta que condujera siempre a su propuesta original. Tenía la vocación de humildad, pero su yo ideal era el del predicador que está obligado a que su oyente asimile la verdad. Quería ser atento, pero le ganaba su vocación de absoluto.

Le era difícil este ejercicio, porque la realidad a menudo le demostró que se imponía, con una lógica distinta a la de su mundo interior, y al imponerse era un mentís a lo que él había montado con fé, con devoción o con fidelidad. Era tan grande su confianza en esa verdad que defendía como parte de su doctrina y era tan fiel a su creencia, que podía ejercer una especie de selección o expurgación, o censura, de las contradicciones o de las diferencias conforme mantuviera un diálogo, hasta conseguir la congruencia y la armonía formal con lo que él seguía pensando. O dicho en vulgares palabras, encontraba la forma de acomodar las intenciones de él con las de su interlocutor para que si no

---

[69] Némesis: Es una deidad primordial, por lo que no está sometida a los dictámenes de los dioses del Olimpo. Castiga sobre todo la desmesura; y sus sanciones tienen usualmente la intención de dejar claro a los mortales que, debido a su condición humana, no pueden ser excesivamente afortunados ni deben trastocar con sus actos, ya sean buenos o malos, el equilibrio universal. Wikipedia.

coincidían los argumentos cuando menos se hermanaran los sentidos o los propósitos.

Por eso aprendí que lo que tenía que esgrimir ante él no eran argumentos, sino principios. Y lo que tenía que presentarle eran demostraciones de la fidelidad ante valores éticos, más que escenarios mortales. Con razones no se le podía persuadir. Con principios se podía conseguir su empatía.

Si uno enfrentaba a su parecer datos duros, entonces el respondía con elementos intangibles. Si uno afirmaba, él podía negar de mil maneras hasta deformar la certidumbre.

El diálogo con él ocurría en una dimensión en donde las palabras se referían a la forma de conducir el desenlace de los hechos acorde con lo que se consideraba válido, procedente, o moral. Y él, no recuerdo que me contradijera trayendo a colación hipotéticos resultados o previsiones, sino sola y únicamente subrayados de valores o exaltación de actitudes.

Si los pragmáticos se rigen o conducen como Santo Tomás el tonto, los creyentes profundos o soldados de la fé están dominados por la conducta que juzga o asume ser virtuosa en la medida que mantiene principios aterrizados en la defensa de lo que es único, y valores inalterables sobre lo que su doctrina ha sancionado como justo, que a su vez son la forma terrenal de lo que contiene su ideología. Los hechos pueden ser relegados a un plano de lo grosero, mientras el espíritu vuelque todos los sentidos que sustituyan los argumentos.

El científico social pone a prueba sus previsiones y trata de verificar la justeza de su análisis en el desarrollo de los acontecimientos. El hombre de fé pone a prueba lo que piensan los demás, todos los demás, para comprobar en cada ocasión que la palabra divina es la única que vale.

Por eso detrás de la tolerancia no existe sino un profundo desprecio, y en el fondo de la buena y profunda fé se esconde la condena de todo lo que sea diferente. No creo que pueda uno encontrar grados más profundos de la alienación, porque en esa dimensión el hombre no es más que una ocurrencia de Dios, y el mundo no es más que un accidente temporal redimible en otra parte. ¿Qué significación o sentido tiene para ellos la Historia?

El creyente puede no combatir, pero esperará el momento para ganar, para su fé y para su Dios, lo que sólo a ellos corresponde. Y aquí podemos introducir en esa fé o en el lugar del concepto de Dios, la fidelidad a su grupo, a su caucus, a su secta a su tribu. Porque no reconocerá maldad en mantener fidelidad total a lo único, a lo divino, a lo que le ha dado seguridad, a lo que le asegura permanecer. Y porque el resto no ha llegado, o no ha querido, ser tocado por el espíritu, por la "verdad" para integrarse a lo eterno y bienaventurado, o simplemente correcto. Si los hechos son deformados es porque el sentido de lo espiritual no puede quedar subordinado al grosero argumento de los datos, o porque los argumentos son simplemente el color con que los extraviados alcanzan a mirar. Y ahí no hay mentira. Porque la verdad está más allá de lo que los silogismos, las inferencias o la evidencia puedan reunir. En ellos existe una inferencia de otro orden, que no se basa en la razón sino en la fé.

Cuando conocí a Carlos no pude sino mostrar sorpresa de verlo sentado en la silla contigua a la que me tocaba, en una reunión de oposición. Pero él se adelantó a mi pregunta con una frase: "estoy aquí porque compartimos los mismos ideales", guardando un silencio breve para agregar enseguida: "últimos". Nunca dijo por pensar o proponer lo mismo, porque se refería a los principios de justicia, libertad y tal vez igualdad. Y no tenía que aclarar, en ese momento, la acepción religiosa que cada uno de esos ideales tenía para él.

Desde ese día yo acepté que compartíamos ideales, y que de lo que se iba a tratar era de ver cómo encaminarnos hacia su realización o vigencia, desde distintas perspectivas o plataformas. Y me parece todavía hoy, que él había llegado con sinceridad a la misma o parecida convicción. Él me concedía la duda de poder encontrar el camino...

Más allá, o más acá de su fé, Carlos mostraba buena disposición y la reconocía en quienes habían venido siendo sus adversarios políticos. Era un gran comienzo. Mejor sin duda que cualquier otro en el que podíamos partir en otros casos, o con algunas otras personas de la misma filiación política, pero sin reconocernos mutuamente ninguna buena fe ni disposición constructiva, como me ha ocurrido con muchos supuestos compañeros de partido.

Ese mismo día en que lo conocí me dí a la tarea de indagar de dónde podía surgir, o en qué podía descansar la confianza o el reconocimiento de esos principios en un adversario. Y me enteré de que su padre tenía algo en común con nosotros, sus en ese día compañeros de mesa: tanto aquél como nosotros habíamos decidido tomar un arma para buscar la realización de un ideal. Y esa consecuencia de la persona en la que le puede ir la vida, era, para Carlos, señal de probidad, de convicción profunda y de auténtico compromiso. Era la prueba del fuego, que a veces es más elocuente que el habla.

Me lo encontré poco después en otro evento semejante al que lo había invitado Jorge Poo, y como ese día llevaba yo conmigo un librito que acabábamos de editar los izquierdistas que proponíamos a Vicente Fox, que era un demócrata de derecha, como nuestro candidato, me apresuré a dedicarle un ejemplar: "A Carlos, porque compartimos los mismos ideales. "Él lo agradeció con una espontánea sonrisa y un estrechón de manos.

Pasaron semanas. Como me había dicho que debíamos platicar, así que me presenté en su oficina de la Aseguradora o Afianzadora Insurgentes, en la que me recibió su Secretaria Flor, y platiqué un buen rato con él. Ese día lo visitó su hijo mayor, y Carlos lo recibió sin dilación, en medio de lo que estábamos platicando. Me preguntó luego cuáles eran los temas prioritarios que me planteaba para el nuevo gobierno[70], y como yo sabía que ese iba a ser el asunto a poner sobre la mesa los enumeré:

---

[70] Veníamos ambos de participar en la Campaña electoral de Vicente Fox, yo

—En primer lugar, el campo, Carlos, porque es mi convicción que sin un campo próspero no habrá desarrollo nacional. En segundo lugar, la democracia, que nos obliga a desmantelar el aparato corporativo de control, y a ciudadanizar los aparatos de participación política. Y en tercer término lo laboral, pues ahí está el núcleo de una nueva forma de organización de la economía.

Y entonces Carlos me anunció: trabajaremos juntos, aunque no comparto el punto de vista de Porfirio. Figúrate que él[71] piensa que debemos otorgar, entrando al gobierno, un aumento generalizado del diez por ciento a todos los salarios. Y no se dá cuenta del proceso inflacionario que desataríamos. Yo creo en cambio en la gradualidad. Y se apresuró entonces a sacar unas hojas grandes con gráficas para mostrármelas, en donde se ilustraban curvas de aumento paulatino de precios y productividades y salarios. Y me preguntó: ¿entiendes que no es posible resolver las cosas de un golpe? El gobierno te necesita para que juntos conduzcamos este proceso de manera gradual y lo llevemos hasta donde tú y yo sabemos que está la justicia....

Dicho sea de paso, que unos años después, en 2019 y 2020, el gobierno federal de Andrés Manuel subió el salario mínimo en cincuenta por ciento. Y no hubo inflación.

Yo no sabía en ese momento si iba a aceptar su propuesta. Otra historia es esa, o, mejor dicho, asunto de otro momento del relato, pues Fox me había promovido para ser parte de la Secretaría de Agricultura, aunque su hombre de confianza era un empresario rural de apellido Usabiaga, y ese era asunto pendiente. Ese día de la entrevista con Carlos todavía estaba creído de que Fox cumpliría, dándome un cargo en la Secretaría de Agricultura y Ganadería[72] pero meses después, cuando finalmente

---

como uno de los abanderados de la izquierda que decidía jugársela por un gobierno de coalición; él como correligionario de Vicente.

[71] Se refería a Porfirio Muñoz Ledo, quien también era parte del numeroso grupo de supuestos o reales izquierdistas que apoyábamos la candidatura de Vicente Fox.

el Secretario de Agricultura nombrado definió las líneas generales de lo que iba a ser su política, le dí las gracias en una carta en la que literalmente le puse: ¡No puedo ser tu cómplice! Y me fui a colaborar con Carlos.

La relación con Carlos me permitió sin embargo entender más, pues su visión ideológica era el sumun de la enajenación. Y el grupo que iniciaba un nuevo gobierno se me hacía comprensible a través del análisis de su persona. Era indispensable entender el pensamiento alienado de la nueva élite. No hablaré en este inmediato apartado del titular del ejecutivo. Porque merece análisis aparte. (De hecho, tengo tres volúmenes en borrador en que me ocupo de él. Volúmenes que en su momento haré públicos). Me aboco ahora describir el contexto mental de los recién llegados.

Los conservadores, vistos desde una dimensión humana, dan muina y coraje, pero sobre todo pena

Es un lugar común el que los reaccionarios o derechistas se originan en la defensa de los privilegios. Sin embargo, habría que diferenciar entre los conservadores, que quisieran mantener el orden como está, porque funciona, y los reaccionarios, que se oponen ideológicamente al cambio, descalificándolo y atribuyéndole de manera intransigente los defectos de todo lo que no analizan y menos comprenden. Pude en aquellos días conocer conservadores que encantan por su elocuencia y su buena voluntad. No hacen daño ni buscan acrecentar sus privilegios porque odien al género humano, o porque sientan que los demás no tienen derecho a la riqueza. Viven, experimentan,

---

[72] De hecho, no solo era yo representativo de la agricultura campesina, donde había trabajado muchos años, sino también contaba con la simpatía de los empresarios del campo, pues les había ayudado a definir una posición ante las carteras vencidas. Durante la campaña, además, había presentado todo un programa de trabajo, que desde luego incluía a los empresarios del campo. Y su líder, Jesús Vizcarra, me había promovido ante Fox como representante de ellos.

con una naturalidad algo ingenua o cándida, esa su condición, y defienden un pensamiento que les viene a la medida, sin reparar en la inconveniencia que tenga para otros.

Dialogando con ellos y tratando de ver más allá de sus palabras, he buscado los resortes de sus obcecaciones, pero sólo he encontrado vacío. Como si el ser de derechas fuera una manera de ser ignorante, limitado, sin alcances, de pobre espíritu, de corta generosidad. En cierta forma así me lo pareció. Y no hubo nada después que me llevara a cambiar esa impresión. No porque para ser derechista se requiera ser tonto. De ninguna manera. Conocí conservadores y reaccionarios muy inteligentes, de pensamiento puntual, coherente, rigurosos en la lógica de su razonamiento y del interés que defienden. Pero limitados al fin. Limitados por un espíritu autocontenido, un ánimo que no necesita las grandes dimensiones, sino los espacios familiares y conocidos. Enclavados en una mediana cultura de autores clásicos y un desdén por el pensamiento contemporáneo o por la ciencia social.

En la cultura nacional no me encuentro ejemplos de esta gente que sobrevivan a los siglos. Algunos pensadores de corte reaccionario jugaron un papel importante en sus días. Pero pasado el tiempo su discurso ha adquirido un tono pueril o ridículo, o como dice Leonardo de Jandra, "de un espantoso anacronismo"[73]. Vasconcelos, por ejemplo, parecía culto. Había leído ciertamente a los clásicos, y había tomado de aquí y de allá algunas ideas clave, algunos referentes de repetición universal. Al escarbar en sus propuestas, más allá de la reflexión inteligente, no se halla nada de prospectiva perdurable.

En su contexto peleó la sucesión presidencial cuando Calles todavía ejercía la dictadura, y cuando el sucesor estaba ya escogido, decidido. Al oponerse al autoritarismo se convirtió en adalid de todo el que quería un México sin hegemonías ni

---

[73] Prólogo a **La otra raza cósmica.**, de José Vasconcelos, Ediciones de Proveedora Escolar, libros para todos, México 1926 y Reeditado en 2010.

monopolios del poder. Al formular su propuesta, más allá de la educación universal que era su bandera, lamentablemente no encontramos otra sustancia.

Plutarco Elías Calles, presidente y caudillo en los años veinte, autoritario y traidor al ideal maderista, era sin embargo un visionario que proyectaba y concretaba nuevas instituciones de todo tipo, financieras, agrícolas, económicas, educativas; y que no obstante aplicar procedimientos verticales y excluyentes de la pluralidad, conseguía elevar los niveles de bienestar general y mejorar los índices de desarrollo. ¡Qué más argumento necesitaba para vencer a Vasconcelos!

El ilustrado reaccionario que era Vasconcelos no triunfó porque el aparato del poder lo controlaba Calles, pero tampoco pudo conseguir suficiente respaldo del electorado, convertido en ciudadano inconforme y enardecido, porque no supo ofrecerle nada mejor de lo que el dictador estaba concretando. Y por eso se sintió decepcionado de que las masas lo abandonaran, pero nunca se dio cuenta de que él no tenía nada concreto que ofrecer al pueblo trabajador. Su defensa de la dignidad del ciudadano no le fue arma suficiente para alcanzar el triunfo.

En el final de sus días mostró un cobre de baja denominación al escribir sobre las luchas obreras. Habló de Demetrio Vallejo, el líder obrero, con desprecio, como si éste fuera un simple peón de la conspiración comunista. Haciéndose eco de las visiones demagógicas y propagandísticas más pueriles, atribuyó las luchas ferrocarrileras a la injerencia soviética, y nunca pudo ver el descontento obrero por el control sindical que detentaba el estado; nunca pudo ver la necesidad de la independencia de la clase trabajadora respecto del estado autoritario; nunca pudo entender el proceso de conclusión del camino de la revolución, y el inicio de una nueva transformación más radical y de otro signo.

Y ese fue el ilustrado. ¡Cómo serían los reaccionarios ignorantes! A lo largo de la historia nacional tenemos varios. Algunos no merecen la pena de que nos detengamos en su registro o mención. Algunos han intervenido de manera hábil y sagaz trastocando el desarrollo de los acontecimientos. Esos merecen algún seso, alguna reflexión, pues sin entenderlos no podríamos demostrar por qué el camino hacia delante era el justo y necesario. Es necesario analizar a Bulnes. Y es necesario profundizar el texto sobre Lucas Alamán que redactaron Elías Palti, Moisés González Navarro, Lorenzo de Zavala y José María Luis Mora.

Algo que siempre me pareció evidente, y que cada ejemplo me ha ido confirmando, es que los reaccionarios responden, o participan, impelidos o acicateados por hechos o propuestas que hace la inteligencia progresista, o por iniciativas que toman las clases populares. Al responder, estos sujetos parecen o se conducen como pivotes de respuesta automática. Respuesta que corresponde a mecanismos inconscientes, irreflexivos, que, aunque utilizan o se expresan en la palabra, podrían quedar reducidos a gestos, sin perder nada. No tienen argumentos, no analizan, no toman en cuenta ni los hechos ni lo que aducen sus contrarios. Sólo se atienen al fenómeno en cuestión, es decir, a la superficie de lo que están rechazando. No a sus implicaciones interiores o sus motivos profundos.

Son como consciencias que solo pueden responder desde el entendimiento común, y que tienen anclada la inteligencia en esa esfera de la mente en la que se conecta la adrenalina o la testosterona con la lengua, pero nunca la serenidad con el cerebro o la empatía con el ánimo.

Cuando escriben bien, pues no solamente Vasconcelos tenía el oficio, sustituyen las razones con bellas metáforas; y para disfrazar sus falacias o carencias de conocimiento, optan por las alegorías y las fábulas. Cuando no saben escribir acuñan frases sintéticas, lapidarias, de descalificación; siempre cargadas de algún prejuicio de presencia universal, para reforzar sus propuestas o sus condenas sobre la base de una ceguera compartida, o una incomprensión que se resguarda en el temor a lo nuevo, o en la exaltación de dogmas perenes.

Ciertamente la educación es el único remedio final contra el pensamiento reaccionario. Y no existe otra razón de fondo para que todos los reaccionarios cuestionen la educación laica y científica. Intuyen, aunque no sepan, que la educación universal, la instrucción básica, vacuna a los ciudadanos contra sus aberraciones y sus propuestas retrógradas. Para ellos la única educación válida es la educación religiosa, pues es en la ideología y en los actos de fé en que descansa la vigencia de sus planteamientos. Además de la educación, el cambio tiene que darle seguimiento a las ideas que actualizan los voceros de la reacción para mantener al pueblo sumiso o disciplinado. Pues algo común a todos los reaccionarios es su horror a la participación popular y a la iniciativa de masas.

Para ellos el pueblo debe descomponerse en ciudadanos individuales. La persona humana no es, en su ideología, la persona genérica de la que habla la filosofía, sino la individualidad aislada. Para ellos el espíritu aristocratizante es el que debe guiar al estado, porque la masa nunca podría estar a la altura ni de los hechos ni de las decisiones.

Lo más grave y más triste es que todo reaccionario no solamente cree que es el depositario de lo que llama "la verdad", cuando la verdad es en él una mezcla de principios religiosos de los más arcaicos —convertidos en dogma— con las instituciones y las conductas, tal cual existen en cada momento. De tal manera que el *statu quo*, es decir el orden imperante, con sus defectos y relaciones, debe ser aceptado como inalterable, y toda inconformidad o propuesta de cambio debe ser rechazada porque atenta contra lo que ya se construyó, se instituyó, o ha consolidado.

El reaccionario es, en este caso, un conformista, o peor aún, un mediocre del espíritu que descalifica la grandeza o la trascendencia, por el simple hecho de ser nueva.

Su sino es la desconfianza, y su divisa la inmovilidad. Y de ahí, lo característico de su escritura más elaborada es la retórica, y su fórmula preferida el decálogo, la analecta, o la letanía.

Surgidos de la vida pueblerina, guardan el encanto de lo popular, envuelto en giros regionales o ilustrado con estampas de la tradición. Formados en el camino que va de la hacienda a la iglesia, y de la iglesia a la presidencia municipal, ven el paisaje, pero rara vez entrenan su mirada para elevarla por encima de su valle, de su cerro o de su rancho. Contemplan el mundo con la desconfianza del que prefiere el calor del fogón a la tormenta de las cumbres. Y cuando se les saca del pueblo o de su casa, llevan consigo las consejas de sus coterráneos como medida que aplicarán a toda nueva experiencia. Su espíritu sabe entonces comparar los acontecimientos de lo universal con los eventos de su lugar de origen, pero nunca avanzan para adquirir nuevos referentes o fundamentos para experimentar la vida.

En la conciencia de quienes conservan la identidad bucólica, o gustan del sabor regional que tienen los relatos o pensamientos de estos autores, lo que les convence es la nostalgia compartida por el terruño, y no los argumentos, siempre pobres, que encuentran en sus reflexiones y condenas.

Mientras permanecen, como ha ocurrido en la mayor parte de la historia de México, en el ámbito de la prensa o de las clases acomodadas, nos son a todos simpáticos, porque representaron siempre una voz costumbrista, que al hacer la crítica del cambio y del vértigo de la modernidad, nos recuerdan algo de lo que está siendo barrido, y un poco de lo que debíamos conservar. Pero ¡qué desgracia fue cuando… como resultado del triunfo del Partido Acción Nacional estos sujetos tomaron la administración pública! Han convertido la política en una novela costumbrista. Una novela donde los intereses más pequeños y los valores más locales, son ejercidos como razón de estado.

Sobre esa base, han establecido una alianza ideológica con los neoliberales. Porque ambas corrientes coinciden en mantener lo que domina en el mundo. Nunca en imaginar un horizonte distinto o renovador; y porque tanto unos como otros son alérgicos al populacho, a quien solo están dispuestos a conceder algo de pan, pero a quien no reconocen la misma estatura de dignidad que desde el poder se inventa.

Para ellos no hay historia sino anecdotario. No ocurrieron gestas, sino masacres. El heroísmo está en las ideas no en los actos.

Con el espíritu de tendero de pueblo, cerrado el corazón a las grandes gestas de la identidad nacional, desdeñosos de los cambios en el mundo, se abocaron a administrar durante doce años lo que antes habían creado y mantenido los miembros de una clase ilustrada y autoritaria. Y el resultado ha sido lastimero y terrible, pues nos trajeron los criterios de la abuela para reorientar las finanzas, y en lugar de los dictados de estado pusieron la prédica del cura de su pueblo. Hasta dejar un país en el que la agricultura se administraba como tienda del coyote, y la industria como concesión de una marca llegada de allende las fronteras.

Sin experiencia en la planeación, y sin formación alguna en el ejercicio de una rectoría estatal que ponía —así fuera parcialmente— el estado y el gobierno al servicio de preceptos constitucionales, esta legión de ciudadanos que venían de la marginalidad del poder, y de las fronteras de la cultura, se enseñoreó en los cargos públicos, procediendo como si fueran los salvadores de una patria pequeña, cuya estampa retrataba su colegio, su parroquia, su linaje. Ciegos de la herencia que iban a administrar, y ensoberbecidos por un triunfo que creían patrimonio exclusivo, fueron desmantelando lo que funcionaba, desarreglando lo que cumplía funciones, y abandonando todo lo que no comprendían, hasta dejar un país semiparalizado, con índices más altos de desempleo, con una delincuencia que rebasó todo coto legal y llegó a amenazar no sólo a la ciudadanía sino al poder mismo del estado. Y lo peor de todo, esta nueva clase mantuvo cuentas alegres, como cuando va mal el abarrote, pero representa solamente un pedazo o tramo transitorio de un camino de permanente bonanza.

Con la palabra de dios en la boca y con el rezo permanente ante los signos del fracaso, se prepararon a la última resistencia contra la respuesta de los que habían sido removidos del poder por autoritarios y rateros. Como dice la gente, fue una batalla desigual, porque todos parecían preferir ¡que regresaran los rateros con tal de que se fueran los pendejos[74]! Consuelo de tontos. Pero realidad al cabo.

Además, estos conservadores nos amenazan con peligro, ya que, en su visión mezquina, han convertido la chapuza en dictado de administración, y al hacerlo su divisa le dieron curso legal, para que en lugar de practicarse en lo oscurito hoy se repita diario con el mayor cinismo. Entre la trampa callejera y la dimensión nacional, no pueden ver diferencia, y hoy creen que lo mismo es engañifa a un peje que sólo ocupa el Paseo de la Reforma, que al sistema político recobrado. El fraude que practicaron en las elecciones de 2006 tiene el signo de la rabieta provinciana, que no repara en la responsabilidad histórica, ni en la indignación y el hartazgo general. Y lo sorprendente fue que la gente lo aceptara. ¿Podrá asimilarlo como cueriza del abuelo necio? Como quiera que sea, ese grupo encerró a la Nación en un clóset de castigo… Y así se lo regresó a los herederos de Calles.

El signo más trágico de su paso por el poder fue su analfabetismo constitucional. Como no comprendían el origen de su articulado, y no comprendían los conceptos básicos de soberanía, carácter social y autodeterminación, fueron capaces de signar el Plan Mérida, que cedió la administración de justicia al imperio norteamericano. Y yendo más allá de lo que se le ha atribuido a Santa Anna, el que firmara la pérdida de la mitad de nuestro territorio, Felipe Calderón autorizó la administración de nuestro

---

[74] En México pendejo es empleado como un calificativo que denota extrema estupidez y torpeza.

territorio por parte del Departamento de Estado, dejando a la Nación como protectorado.

Volviendo a Carlos, del que no me ocuparé por el momento como Secretario con el que conviví y a quien confronté durante seis años, pero del que sí relataré el final, porque cierra y remata la tragedia. Tanto la suya como la nacional.

Me habían avisado que estaba enfermo. Y decidí ir a verlo a su nueva oficina. Después de haber sido el titular del Palacio de Covián, sobrio y hermoso lugar donde residió con el máximo poder de gobierno, estaba ahora en una modesta oficina en la Colonia del Valle, en lo que aloja una fundación del Partido Acción Nacional.

Flor, su secretaria, como siempre, en la antesala. Al entrar Carlos me recibió afectuoso y correcto como le era usual. Y tras el formal obligado de cómo estás… Bien, me respondió, para mi sorpresa. Y entonces dije: —pues te vine a ver porque sé que estás enfermo…. Cambió el rostro, se sentó, y asintió: —pues sí, tengo cáncer, y he pasado por momentos difíciles, pero creo que ya estoy estable. Y pasó a relatarme de las operaciones a que lo habían sometido, de las torpezas de los médicos que lo intervinieron, del olvido de una pieza de cirugía en el interior de su cuerpo, y de una serie espantosa de calamidades que uno con dificultad puede aceptar como casuales.

—Carlos, te estás castigando por lo que hiciste o sentiste que debías hacer en la represión en Oaxaca a la Asamblea Popular… me precipité a decirle. Pues en el último año de su gobierno, y ya como Secretario de Gobernación, había lanzado el ejército contra la población de Oaxaca, que en aquella ciudad del sur de México exigía la renuncia de un sátrapa que atropellaba los derechos fundamentales de todos. Y Carlos había lanzado al ejército a partir de la sencilla consideración de que el poder constituido no debía nunca ser abolido. Y considerando que el gobernante, por malo o autoritario que fuera, cuando era producto de un proceso legal de elección, tenía todo el derecho de su lado, toda la autoridad, que

Carlos pensaba que ningún pueblo podía impedir o conculcar. Carlos había preferido al gobernador asesino, que al pueblo enardecido. Su visión ideológica y conservadora le hizo perder de vista u olvidar que el pueblo tiene, en todo momento, el derecho de cambiar su forma de gobierno.

Cuando le expresé mi interpretación a su enfermedad y a su estado físico, Carlos se levantó, cerró el puño, tensó algo los músculos y dijo con un énfasis especial y alargando las palabras – Nunca había estado tan tranquilo en mi consciencia. Con la consciencia de haber cumplido con mi deber. De haber actuado conforme a mis principios… y de haber hecho el bien (¡sic!!). Y recordé entonces otros momentos en que habíamos discutido. Por ejemplo, cuando me mandó a convencer a los trabajadores de Euzkadi que no querían entregar la fábrica, después de que la empresa Continental declarara un *lock out* unilateral y despidiera a todos.

En aquella ocasión le había yo dicho: –Carlos, voy a ir, como tú me indicas, a platicar con los obreros de Euzkadi, pero no a convencerlos de aceptar su liquidación, ni de nada, sino a escucharlos primero. Y al volver e informarle, semanas más tarde, que los trabajadores tenían la convicción de que la empresa era viable y debía reabrirse, me contestó que la propiedad era de Continental, y que él ya había platicado con sus directivos y de ninguna manera se podía considerar siquiera la menor posibilidad de reiniciar actividades. –Pues ese no es problema insalvable, le había yo dicho, sólo se trataría de cambiar la propiedad. Carlos había enmudecido un instante, y había tensado el rostro tal y como lo acababa yo de testificar en este nuevo encuentro, y me había respondido extendiendo la mano y apretando el puño. –"La Propiedad. ¡Cómo puedes pensar en cambiar la propiedad?! Lo que tienes que hacer es un acto de amor (¡Sic!!) y liquidar a esos trabajadores. ¡No sabes lo que es la propiedad!" –Claro que lo sé Carlos, sólo se trataría de cambiar la propiedad de su condición privada a una forma social. Y no terminaba de decirlo cuando él me miró con ojos que no supe si interpretar de conmiseración o lástima. Lo había yo dejado lívido, mudo...

Ahora lo veía nuevamente lívido ante mi afirmación de que su enfermedad era una flagelación que se imponía a sí mismo.

Carlos murió a los pocos meses. Tengo claro recuerdo de cómo en el último acto público en el que tomó la palabra, en la Universidad Anáhuac, tuvo todavía unas palabras de amor sincero y de reconocimiento a nuestro difícil diálogo. Lo dijo sin citarme, porque sabía que estaba yo escuchándole, pero sin mencionar mi nombre. Haciendo referencia al que venía siendo su cercano interlocutor y adversario. Después del acto, cuando me acerqué a cambiar lo que entendía iban a ser las últimas palabras entre los dos, todavía me dijo: "¿escuchaste cómo te tengo presente?"

Creo que yo también lo he tenido presente. De hecho, he aprendido a dialogar con su fantasma y con otros fantasmas con los que tuve que discutir a lo largo de mi vida. Dado que me cuido de no pensar sin cuestionarme. Me cuido de no creer que mi discurso es siempre la palabra final. Y sólo después de escuchar "al otro", y de considerar que pudiera tener algo de razón y de sentido, me atrevo a corregir o confirmar lo que mi entendimiento dicta. Pero extraño su entereza, su sinceridad, su talante caballero. Como opositores uno del otro, siempre hubo respeto. Y yo aprendí a apreciar y valorar su trato, como un afecto político y un amor cristiano.

El hartazgo y el delirio crean la propensión a las salidas falsas e ideológicas

Entre la sociedad y sus miembros existe una relación de condición y condicionante, de acción y reacción, y cuando la sociedad deja de responder a los imperativos de la mayoría es porque en su conducción una parte de ella, un grupo generalmente privilegiado, ha puesto sus instituciones y su pensamiento en función de sus intereses, despojando a la mayoría de su sentido de identidad o de sus posibilidades de realización. Al ocurrir esto, además, la sociedad se vuelve opresiva, y al oprimir gesta en el hombre rebeldías o neurosis, que conducen a la lucha o a las patologías. Toda opresión introyectada en el sujeto se vuelve necesariamente lo que llaman stress, y que más coloquialmente podríamos calificar como tensión, inconformidad, angustia; que necesariamente causa enfermedad, o provoca y alimenta el estallido de la personalidad, de su conducta. Enfermedad que puede ir desde una gastritis crónica hasta un conjunto de desequilibrios mentales, comenzando por neurosis y pudiendo llegar a la locura.

Detrás de un partido o un proyecto político debería existir un programa y un conjunto de principios. Un programa para cambiar la realidad, para ajustarla a las necesidades y expectativas de la mayoría, y un conjunto de principios que normaran la conducta para luchar por tal programa y futuro. Pero una sociedad enferma y una época alienada contribuyen a que lo que prevalezca sobre los principios éticos sean a veces los valores pragmáticos, y a que sobre un programa caiga como un lastre el interés del día, hundiendo el quehacer de los grupos e instituciones en el mundo de la manipulación y el disfrute obsceno del poder.

Quisiéramos ver en los escenarios de la contienda actual, entre partidos o fuerzas, la competencia entre opciones de desarrollo o entre modelos económicos; lo que termina decidiéndose, sin embargo, es solamente quiénes gobiernan un mismo sistema, un mismo estado, en el que los grandes intereses prevalecen, y los cambios son solamente de escenografía, sólo disfrazada por ideologías o doctrinas. Ahí el quehacer de sus protagonistas es alienado, enajenado, o sea ajeno al hombre, loco, pero en función del interés respectivo.

Mis compañeros de cárcel o infortunio fueron en ese caso mi escuela y muestrario de delirios y demencias, como una anticipación de lo que testificaría en una escala de dimensiones históricas y de extensiones nacionales y universales. Y el ejercicio que aprendí para hacer las historias de vida, revisando los expedientes de los locos en el pabellón de psiquiatría, fueron parte de las herramientas que hoy me permiten caracterizar las mezquindades que sobajan y desvirtúan (en el sentido etimológico de la pérdida de las virtudes) el quehacer político.

Estamos ante una sociedad enferma, en la que, por ejemplo, en tan sólo dieciocho meses —de la administración de Vicente Fox[75]— los crímenes entre grupos del poder, que establecieron un parteaguas entre la represión disimulada y la confrontación abierta, sumaron ejecuciones, decapitados, policías muertos, secuestros, denuncias de corrupción de funcionarios públicos, e incontables negocios de políticos al amparo del poder. Pero que al final del siguiente sexenio habían elevado la cifra hasta más de ochenta mil muertos, con alrededor de diecisiete mil desaparecidos, llegando a tener más muertos que en la guerra de Irak. Los presidentes Carlos Salinas y Ernesto Zedillo habían matado alrededor de seiscientos líderes sociales de izquierda. Pero el régimen del PAN, en el que un día sabremos estuvo profundamente manipulado por su ala radical denominada El Yunque, desapareció diecisiete mil disidentes sociales, además de matar decenas de miles de ciudadanos a los que se les englobó como parte de la lucha contra el crimen. Si eso no es insania, y si no pudiéramos aceptar o convenir en que es la prueba irrefutable de que un enfermo mental se encaramó en el poder, no podríamos encontrar salida al escenario que vivimos. Pues no basta con definir caminos para la economía, ni reorientar los programas sociales, también tenemos que limpiar el poder de los demonios. Es decir, tenemos que devolver a la política la transparencia, y desterrar de ella las ideologías, al mismo tiempo que ponemos obstáculos al ejercicio patológico del poder. Pero obstáculos efectivos, no con la quimera legal como divisa.

El yunque merecerá algún estudio social y psiquiátrico aparte. Años después del gobierno de Fox, cuando yo organizaba una

---

[75] Presidente de México de 2000 a 2006.

cooperativa para rescatar el Río Laja, en el Estado de Guanajuato, quien fuera subsecretario de Abascal se desempeñaba en aquél estado como Secretario de Gobierno. Con la misma cordialidad con la que nos tratamos en la Secretaría, me recibió luego en Guanajuato en su nuevo cargo. Yo recurría a él para pedir protección contra los gatilleros y golpeadores de las empresas que saqueaban la arena de las orillas del río, y que se oponían a la labor de rescate. El hombre escuchó mi petición, la juzgó correcta, pero me invitó a asistir a misa para poder intervenir, porque mi condición de izquierdista se le presentaba como un impedimento demoníaco. Gerardo Mosqueda, que era su nombre, se quedó expectante ante su petición para que yo acudiera a misa. Lo que naturalmente acepté, pues entendí que no lo hacía de mala fé, sino para poner a prueba mis intenciones. Y fuimos a misa, y luego me ayudó, hasta donde le era posible. Pues el gobernador estaba atrás de las empresas de areneros.

Gerardo era miembro del Yunque. Esa organización entre religiosa y fanática que concibe al izquierdismo como algo demoníaco. Y que justifica sus actos en una defensa de la fé. Y ello no lo impedía ni su experiencia universitaria ni su historia personal en una sociedad plural. Pero los dirigentes nacionales que habían conducido a la organización habían probado a sus nuevos adherentes exigiéndoles en ocasiones la ejecución de personas que consideraban nocivas a la fé o a la causa. Y cuando no podían suprimirlas cuando menos estaban obligados a ponerles los más grandes obstáculos.

Con esa lógica, otro subsecretario que quedó en el lugar de Abascal, cuando éste asumió la Secretaría de gobernación, prefirió acordar con la dirigencia corrupta de la cooperativa de Euzkadi, antes que permitirme consolidar lo que podía ser una cooperativa de izquierda. Me retiró los viáticos, me quitó el cargo de Director General con que me habían dejado Fox y Abascal, me desapareció la oficina, y mandó al oficial mayor a ofrecerme apoyos para mi jubilación anticipada con tal de que dejara de trabajar[76]. De la misma manera nos enteramos que acordó con la minera México el retiro de la vigilancia encargada de la seguridad en Pasta de Conchos, entre otras cosas, lugar donde Luis Téllez luego, según me han contado personas cercanas, hizo explotar el gas grisú para terminar con la resistencia obrera y conseguir la autorización de aprovechamiento del gas. Francisco Xavier Salazar Sáenz, el nuevo Secretario, había removido antes al encargado de seguridad, y colocado ahí a su yerno. Javier Castellanos Cervera, asesor del Secretario, me había advertido que Francisco estaba en negociaciones turbias.

En su afán de lucha contra la izquierda, el yunque cometió increíbles crímenes, o fue cómplice de actos criminales de estado. Pero estos hechos son menores ante lo que fue capaz de instrumentar Felipe Calderón durante su mandato. Tema que será sin duda motivo de otros investigadores en los siguientes años.[77]

En todo caso, fui testigo de un proceso en el que se operó una conversión del noble ejercicio de la política hacia una comedia de simulaciones, en la que los pederastas exoneran a los narcotraficantes, los instrumentadores del fraude rezan en las iglesias, y los diseñadores de la continuidad del sistema, por los medios que sean, "hablan con dios todas las mañanas". Un panorama en el que los que debían ser los adalides del interés de la mayoría, o los defensores de un proyecto de mayor justicia, cumplen un ritual de apariencia, cubiertos solamente con jirones y andrajos de lo que fuera una ideología de esperanza, pero metidos en sendas babuchas de comodidad, sin sacrificio ni sobresalto.

Estamos en el reino de Satanás, donde el consumo ha llegado a mercantilizar los ideales, y a llenar este tiempo profano de una

---

[76] Evidentemente no acepté. Intenté seguir realizando mi trabajo. Y ciertamente tuve dificultades para jubilarme nueve años después, con solo la mitad de mi nuevo sueldo, que era a su vez la mitad de lo que me pagaban en esa Secretaría.

[77] Olga Wormat publicó finalmente en el año 2020 el libro que recoge el testimonio de ese sexenio: *Felipe el oscuro.*

niebla maloliente a petróleo, al dinero sucio que acumula la mugre de miles de vendedores del patrimonio público, y a generalizar la idea de que la Revolución de cada país terminó por hacer justicia a todos los que ejercen el oficio de la política, aunque no haya podido ni reducir el número de los pobres, ni abrir camino alguno para ellos.

¿De dónde, cómo, en qué hogares, en qué barrios, en qué medios han crecido estos descendientes del maligno que gobiernan o dominan? ¿Cómo, de qué manera, eso que es originalmente el hombre —eso que se formó a través de la cooperación y la solidaridad— devino en esta monstruosidad que se mueve por puro egoísmo y apetito insano de poder? Intentemos describirlo.

Muy lejos de la concepción religiosa que postula que todo lo bueno es divino y todo lo malo es humano, para mí ambas cosas vienen del hombre, pero de diferentes aspectos y experiencias. Lo bueno, ya explicamos, viene como resultado de su experiencia histórica que le enseñó a ser comunitario para sobrevivir, y le condujo además a adoptar un conjunto de principios y valores de ayuda mutua y de solidaridad que han llegado a despertarle sentimientos nobles.

Lo maligno, por lo demás, no es solamente —como ya explicamos— un residuo de su etapa salvaje, en la que tenía que enfrentar la violencia para sobrevivir; lo paradójico es que el hombre, si bien ha vivido la mayor parte de su vida creando lazos de fraternidad para la convivencia, también ha permitido frecuentemente que algunos de los miembros de la congregación se separen y asuman intereses parciales, desde el poder o desde la propiedad.

Yo pongo el acento en la etapa larga de cooperación, de unidad y valores, pero otros han dado mayor importancia a los mecanismos o procesos que gestaron esos momentos de separación y a las instituciones que han gestado.

Mi historia es un fragmento de la historia de la perspectiva optimista, la de fraternidad humana. La historia de la maldad, aunque parcial y de menor duración, es la historia de la lucha entre los hombres, o como dijo Marx, la historia de la lucha entre las clases. Sin embargo para Marx, esa lucha se explicaba por las relaciones que contraían los hombres independientemente de su voluntad, según las relaciones que tuvieran con la propiedad y con los medios de producción, y hoy debemos pensar, sin embargo, que eso no ha sido todo; es decir, que no basta la explicación económica de las clases sociales, pues para asumir las funciones de propietario, no se reciben nociones de las circunstancias, las ideas no se desprenden o brotan de las máquinas que se poseen, ni son producto exclusivo o expresión directa y diáfana de esas relaciones sociales, además, para adoptar el papel de explotador no se asume la función de extraer plusvalor al descubrir que la propiedad confiere ese derecho, y que los obreros no tienen manera de impedirlo. No es un fenómeno de carácter determinista, o más claramente expresado, no es un destino inexorable, sino una realidad a la que se han agregado elementos fundamentales de la subjetividad, del espíritu personal y colectivo de los hombres.

No me refiero al hecho estudiado sobre el proceso mediante el cual a una realidad corresponde una expresión ideológica. Sino a un fenómeno más complejo en el que a una realidad, a la que podría corresponder una opción de expresiones ideológicas, a veces le resulta una expresión mórbida o patológica.

La formación económico-social no es solo resultado de la evolución de las fuerzas productivas y de las relaciones de producción que debían provocar un determinado albedrío; ¡no!, la formación económica o el sistema de producción no es un modelo o una noción sudada por la economía para que invada la mente de los hombres. Hace falta también ser empresario, tener espíritu de transformador y organizador para hacerse líder de una empresa. Y hace falta su contraparte, compuesto de falta de iniciativa e incapacidad para organizar un proceso colectivo, sea por cuestiones de carácter o por circunstancias familiares y sociales, para sólo poder aspirar a un empleo. Y estos aspectos se mueven y ocurren en lo que los marxistas llaman la supraestructura, que de otra manera podríamos denominar en la subjetividad, en la cultura.

En el régimen esclavista faltaba la pérdida de la noción de humanidad, y el no reconocimiento de ese carácter en una parte de los congéneres, por las razones que fueran. En el régimen feudal podía no haber maldad en la protección que ofrecían los reyes, con sus ejércitos, a los siervos, pero el sostenimiento del aparato burocrático militar terminó por imponer una búsqueda de extensión a los dominios, y una creciente capacidad para avasallar. En esos casos, no todos los hombres tenían las características de personalidad, o la fuerza de temperamento para las funciones que el proceso social gestaba o permitía en dos sentidos opuestos; se requería lo que algunos psicólogos han denominado propensiones, o lo que otros consideran parte del inconsciente colectivo. En esas propensiones había tanto bondad y mansedumbre, como perfidia, ambición y villanía. Y por ello también, al mismo tiempo que surgió el esclavismo, tuvieron lugar los desarrollos de comunidades libres. Al mismo tiempo que hubo señores feudales, otros ingresaron a los monasterios a dedicar su vida a la meditación. Y hoy, cuando muchos salen a pasear en sus Mercedes Benz y Audis deportivos, y visitan los templos de Baco y Dionisio los fines de semana, los otros realizan trabajo social y denuncian la concentración del ingreso.

Además, como bien lo ha establecido la ciencia social, y la psicología en particular, toda enfermedad tiene una base y un componente que influye o condiciona el sentido de su evolución o maduración. Como decía Galeno, detrás de la conducta y la actitud, y aun antes del trastorno, observemos los humores del sujeto como receptáculo de la propensión, pero también tomemos en cuenta su medio. A pesar de los siglos, nadie ha podido desmentir a Galeno en que tres almas se disputan los mandos del ser humano. Dos, decía él, se alojan en el hígado y son concupiscibles; y de ellas dependen las venas, la sangre y la nutrición; pero la tercera, se aloja en el corazón, y es irascible. Ésta última rige las arterias, el pulso y el calor del cuerpo. También Galeno pensaba que el alma racional se asienta en el encéfalo y preside la sensibilidad, el movimiento y la inteligencia. Y todo ese conjunto entra en relación con la experiencia, donde la mezcla de humores puede ser bienhechora o perturbada. Trátese de humores o de genes latentes la maldad no es ajena a ninguno de nosotros. Sólo que solamente en algunos predomina o crece, y en otros apenas puede resistir la fortaleza de un corazón noble y de una mente guiada por principios y sentido de honor.

Tiempo después de Galeno, Aristóteles, situaba la inteligencia en el corazón. Él pensaba también que de ese nicho ascendían los pensamientos al cerebro para ser procesados y pasar luego a convertirse en motivos y actos. Este gran pensador tuvo así el acierto metafórico de concebir el componente sentimental que tienen todos los pensamientos. Ya Hipócrates había agregado también que por la nariz y la boca entra el aire, y aunque nunca pudo determinar su función, entendía que, al circular, se combina o transforma en el *pneuma*, sustancia que recoge los humores combinados, y que acorde con una alimentación determinada, mantiene el equilibrio necesario para el estado saludable, o cuando menos tiende a hacerlo, pues los estímulos exteriores sobre la secreción de humores suelen ser determinantes.

A las tres almas sugeridas por Galeno les corresponden tres formas de vida, la vegetativa, la animal y la física. Y siguiendo los pasos de su antecesor Hipócrates, Galeno sostiene también la existencia de cuatro humores y los respectivos trastornos o bonhomías cuando predominan o rompen el equilibrio: el humor negro atrabiliario que engendra la melancolía y el pesimismo; la bilis amarilla, en que se asienta el temperamento colérico y el idealismo; la flema, donde se explica la calma y lo racional; y la sangre donde encontramos la base del amor, la esperanza y la valentía.

Cuando la sociedad esté en condiciones de someter a un proceso de transparencia a sus gobernantes y líderes, descubrirá detrás de los discursos y las frases estudiadas, que algunos "paladines" de la justicia han tenido un alma fundada en los humores negros más amargos, o que la verborrea no coincide para nada con las bases descompuestas que predisponían y han hecho madurar la ambición y el apego al poder y al dinero.

Aunque Herófilo demostrara después que la inteligencia radica o tiene lugar en el cerebro y no como creía Aristóteles en el corazón, seguimos viendo en los humores inconfesos de nuestros políticos que su escaso funcionamiento intelectivo muchas veces tiene lugar todavía en el hígado o la bilis. Y aunque poco después del descubrimiento de Herófilo su contemporáneo Erasístrato, como primer patólogo de la historia, reuniera las evidencias empíricas de las enfermedades, claramente localizadas en los distintos órganos del cuerpo, tampoco pudo conjurar o impedir que la enfermedad siguiera entrando por la nariz y la boca hasta envenenar el pneuma de los propensos al fanatismo y la ideología. Lamentablemente no es nuestra intención recorrer el largo camino que nos ha traído hasta las demencias políticas y las sociopatías que se han apoderado de grupos enteros. Sólo queremos mostrar que los trastornos de hoy han ido siendo previstos o caracterizados, cada vez mejor, por los muchos especialistas que han tratado de prevenir al mundo, pero más exactamente a sus contemporáneos, de los peligros que significan los locos, y de las terapias que la sociedad tendrá que acordar para aplicarles. Y eso, cuando la sociedad haya consolidado formas democráticas de gestión, pues hoy cualquier terapia sería producto de autoritarismo.

Hoy, los locos que pertenecen al populacho o la gente común, son encerrados en manicomios cuando su práctica social altera el orden público, y por otra parte, se les deja circular en todos y cada uno de los casos que aceptan conducirse de consuno con la autoridad. Si alguien mata en un acceso de cólera es procesado; si otro es un asesino serial que paga sus cuotas al sistema, entonces recibe toda la protección de la ley.

Y si tuviéramos hoy que encerrar a todos los que atentan contra la integridad de terceros, como dice el derecho, o que afectan el equilibrio y lo justo de las relaciones sociales, no bastarían las cárceles, pues los que están en el poder han organizado un ejército tan grande de delincuentes a su servicio, que materialmente resultaría impagable mantenerlos en reclusorios improductivos. De hecho, gran parte del ejército ya actúa como una corporación demencial y delictiva, con la connivencia de los otros poderes.

El gran remedio no estaría en castigar a los soldados, sino a los generales. Y así se ha instituido algunas veces en la Historia universal. Dice por ejemplo Ristich de Groote, en su Historia de la locura[78], que a comienzos del Siglo XVIII se instituyó La Bastilla como una prisión elegante para las víctimas de la arbitrariedad real, o para los aristócratas degenerados. Aquí se mandó a su casa al general Cienfuegos.[79]

Seteux, y Libert, contemporáneos de esos días, decían que en la Bastilla se alojaba a "los demasiado lúcidos para la casa de los alienados, insuficientemente responsables para la prisión, y demasiado maléficos para estar en libertad".[80] No es sorpresa que en semejante encierro se encontrara el célebre Marqués de Sade.

Aquí, en nuestros días, la cárcel sigue siendo cárcel para los disidentes como Pussy Riot en Rusia, o para los que en México protestaron por el fraude electoral o defendieron a sus familias

---

[78] La locura a través de los siglos, Michele Ristich de Groote, Editorial Bruguera, España 1972, pág. 140.

[79] Cienfuegos, que había sido Secretario de la Defensa en México en la segunda década del Siglo XXI, fue acusado formalmente en Estados Unidos de ser parte del narcotráfico. Pero el gobierno mexicano lo rescató y lo mandó a su casa.

[80] Les lettres de cachet. Prisonniers de famille et Placements volontaires. 1912, cité par Chatagnon y Morel, L'Ancien Régime et l'assistance aux malades mentaux. Annuaire Medico-Psichologique. 1960.

contra los criminales contratados por el poder. Tan sólo en julio de 2014 teníamos en México por este caso de autodefensa cerca de cuatrocientos presos políticos, muchos más en China, y muchos también en los países árabes.

Pero la cuestión sería justamente encaminarnos a la situación inversa. Es decir, a empezar el diseño de una justicia en la que pudiéramos recluir a los presidentes de las Cámaras de Diputados y Senadores, a algunos Secretarios de Estado, y desde luego a los tiburones de las finanzas, todos los cuales jefaturan el ejército de la delincuencia que secuestra, cobra cuotas a los ciudadanos comunes, y ha impuesto su voluntad en el comercio y la economía de facto, pero ilegal.

Cuando el pueblo transite de esta incipiente protesta, a una convicción generalizada de la necesidad de hacer justicia, la violencia será menor, porque la indignación y la fuerza de la mayoría habrán generalizado la vigilancia entre todos los ciudadanos, y la resistencia del Estado en proceso de sustitución, por feroz que se presente, estará reducida a una insignificante minoría. El pueblo organizado podrá entonces establecer juicios sumarios como el que se realizó en Núremberg después de la Segunda Guerra Mundial, y los condenados a la pena máxima también serán unos cuantos, sólo aquellos cuya peligrosidad y sevicia conocida obliguen al pueblo a desaparecerlos para prevenir cualquier conspiración futura. Muchos más sólo requerirán una prisión educadora, donde el Alcalde humanitario también los invite a la convivencia, para observar su conducta y testificar la enmienda de su espíritu.

Fantaseo. Y lo hago ciertamente apegado al repaso que he tenido que efectuar no solo de las locuras de los seres humanos, sino también y con mayor detalle, de las soluciones que se han tenido que instrumentar en distintos periodos de la historia para atenderlas.

A lo largo de la Historia Universal nos topamos con que los mecanismos de opresión y la justificación de las conductas demenciales han ido simplificando sus formas o consiguiendo mayores sutilezas, pero que en términos generales el grado de maldad era el mismo y sus efectos también.

Por ejemplo, la prostitución del derecho, justo antes del estallido de la Revolución Francesa, registraba como algo usual el que las familias poderosas enviaran Cartas Lacradas a los jueces y directores de prisión. Y en esas Cartas...sólo se contenía la instrucción de someter a juicio por los delitos que a modo aplicaran a los disidentes, o simplemente a quienes estorbaban o representaban un obstáculo a sus ambiciones y voracidad.

Hoy, los grandes consorcios tienen en su nómina a los jueces, o acuerdos con los ministerios públicos que están encargados de presentar las acusaciones. Algunas firmas, como *Tu Casa Express*, en México, tienen un cuerpo profesional de sobornadores y especialistas en comprar los juicios que presentan los demandantes defraudados por sus prácticas chuecas de incumplimiento de contratos, afectando a miles de ciudadanos necesitados de créditos de vivienda. *Modesto Gutiérrez Losada* es la figura emblemática de una casta de criminales protegidos por las instituciones para ejercer su oficio de robapobres.

Así, la prisión del Dr. Mireles, líder de autodefensas en el Estado de Michoacán que fue detenido el año 2014, por una Carta Lacrada de Castillo, el Virrey designado en aquel territorio, le incluyó cargos de tráfico de enervantes, aunque el Doctor estuviera combatiendo a los narcotraficantes; y todavía, para sazonar la inculpación, agregaron portación de armas exclusivas del ejército, aunque estuvieran registradas, es decir, autorizadas.

Una cosa es entonces abordar cómo podría tratarse a los Astarots, Belcebuts, o Satanachios que dirigen la demonología gobernante, y otra más compleja es el remedio de las locuras colectivas. En cada época se ha dado un tratamiento muy distinto, y pocas veces afortunado. La locura de la inquisición, por ejemplo, cubrió siglos terribles, en los que las mujeres sabias, las mentes más brillantes y todos los que tenían ideas originales, fueron exterminados, y no se pudo detener a la inquisición hasta que sus propios errores fueron acumulando resentimientos y rechazo.

Comenzaron los de la inquisición matando a los cristianos que habían hecho voto de pobreza y que observaban las normas más sencillas de devoción y rectitud, en parte porque estos sencillos cristianos no querían alabar a Dios en grandes templos sino en comunión con la naturaleza; y porque no admitían que tuvieran que enseñorearse supuestos intermediarios entre el común de la gente y el creador o soberano del cielo. Más de un siglo estuvieron matando los inquisidores a estos cristianos de auténtica fé, sin que hasta la fecha, siete siglos después, ningún papa hubiera aceptado la culpa o pedido el perdón[81]. Y todavía se prolongó esa locura fanática, intransigente y feroz durante muchos años, hasta que un hombre les quitó el monopolio del texto sagrado y lo tradujo a la lengua franca para que todos pudieran tener acceso a él, y dejaran de asistir a ceremonias donde no se comprendía nada. Me refiero a Lutero, naturalmente.

De tal manera que la locura requirió como tratamiento una dosis de razón inoculada a la multitud, un rechazo del esplendor, el boato y la rigidez de la parafernalia, pero convertidas en una convicción de grandes masas.

Desde el martirio de los cátaros, hasta la publicación de la Biblia por Lutero pasaron tres siglos de locura, en la que no hubo fuerza capaz de vencer a los demonios papales.

Y hoy el mundo registra a varios émulos de Inocencio III, el hombre que decretó la teocracia católica y condenó la humildad y la sencillez. Imaginen ustedes, Putin en Rusia; los neoliberales en Estados Unidos y parte de Europa; los fundamentalistas en varios gobiernos del medio oriente, —empezando por Netanyahu—; el sistema político mexicano, y otros émulos menores como Pol Pot, los Bush, Tony Blair, Maodzedong apenas veinte años antes, y toda la Nomenklatura del socialismo real; y todavía ningún viso de

---

[81] La primera cruzada la ordenó el papa contra los cátaros, y duró un siglo.

Reforma, como la que tuvo lugar en el Siglo XVI, que eche abajo la ideología totalitaria.

Y ningún texto sagrado que traducir para degustación del vulgo y alimento de la asonada universal. Sólo conciencia. Porque la actitud ha dejado de tener efectividad en una sociedad masificada donde el performance y la descalificación de todo faquirismo anulan la intención de educar por la vía de ejemplos y conductas virtuosas, que de por sí nadie ve.

La sociedad moderna, o mejor dicho sus administradores y usufructuarios, se han empeñado en que la mayoría vegete en la condición que describía Esquirol sobre sus contemporáneos:

" Los enfermos son seres a los que es preciso comprender, comprender bien, porque les falta fuerza de convicción, fuerza que solo adquirirán mediante una conmoción; hay muchos melancólicos que conocen el desorden de sus facultades intelectuales, siguen perfectamente los razonamientos que se les hacen, ligan bien las ideas, a veces se les sorprende en su soledad repasando lo que se les ha dicho; hacen grandes esfuerzos para creer, pero no pueden concebir la idea determinante que se trata de sugerirles. Recaen siempre en sus ideas favoritas a las que se adhieren con tanta más fuerza cuanto más se les quiere disuadir."[82]

Los han acostumbrado a una mediana vida, en la que comen mal, salvo que sea cumpleaños; duermen poco; sobrellevan sus mórbidos estados físicos; y distraen su intelecto con series de televisión y celebraciones patrias; sin que se les permita participar en las grandes decisiones que les acotan la existencia, sin que puedan alterar los impuestos, el nivel de salarios o la distribución de los ingresos.

Los grandes cambios que pareció anunciar el final del Siglo XX fueron diluyéndose bajo una cortina de cotidianidad a la que se agregó una terapia de masas para romper el espíritu crítico que parecía formarse y la idea de que el pueblo podía transformar la sociedad.

---

[82] Jean-Étienne Dominique Esquirol Tesis 1805, *Las pasiones consideradas como causas, síntomas y medios de curar casos de locura*, citado por Groote, *opus cit. pág. 199.*

Desde el final de los sesentas teníamos la idea de que el orden imperante tenía los días contados, y muchos nos aprestamos a demoler sus cimientos y a preparar la edificación de lo nuevo. Y lo que encontramos fue la cárcel o la muerte, y luego la terapia de shock.

En el mundo socialista se había celebrado la **Primavera de Praga** y se veía ascender el movimiento de un socialismo democrático.[83] En occidente la juventud rechazaba la rigidez de una sociedad jerárquica y refractaria a toda crítica social. Y en la cultura se respiraba un nuevo florecimiento espiritual, con algo de lo que había tenido el Renacimiento.

Pero en las clases dominantes había preocupación. No se quería perder el control y la hegemonía. Y se fue elaborando un cuidadoso discurso para envolver los ideales de la regresión y el inmovilismo en una retórica que enfrentara la herencia crítica de los años sesenta.

Fueron varios los ejemplos notables de este esfuerzo del estatus quo por detener el pensamiento y la nueva actitud ante la vida. Honnecker, el último presidente de la Alemania socialista, lo intentó cuando veía venir la caída del sistema autoritario alemán hacia fines de los años setenta. Lo intentó Tony Blair, el impostor de la tercera vía, con su rollo sobre el gobierno democrático mundial. Lo intentaron los redactores del acuerdo de Maastricht que buscaba dejar claras bases de unificación capitalista de Europa. Pero sobre todo lo intentó Nicolás Sarkozy el presidente francés al buscar la reelección en el año 2007. En un extraordinario galimatías, en el que culpa a la izquierda y los herederos del 68 del desenfreno financiero y de todos los males del capitalismo decadente, toma como premisas o tesis los valores más comunes de los ciudadanos, para construir un conjunto de

---

[83] Véanse los textos de mi autoría *El 68 en el mundo*, y *Caminos divergentes*. Ambos son capítulos de esta misma obra *Tiempo profano y tiempo sagrado, Historia Universal de un solo hombre, también en mi libro Cultura e Historia. Amazon 2020.*

falsos silogismos, en los que termina por defender lo que la última generación había abolido. Su intento, desde luego, tenía el propósito de descalificar el sentido de las luchas juveniles, al mismo tiempo que de sentar la base ideológica de una restauración espiritual. Como si Inocencio hubiera tomado el discurso de los Cátaros para fundamentar la quema de las brujas y el exterminio de los más piadosos.

Leamos algunos fragmentos:

"Contra los herederos de mayo del 68

"No me da miedo la palabra "moral". (Dijo en un momento, para agregar enseguida de manera efectista:) "Desde mayo de 1968 no se podía hablar de moral. Era una palabra que había desaparecido del vocabulario político. Hoy, por primera vez en decenios, la moral ha estado en el corazón de la campaña presidencial. *Mayo del 68 nos había impuesto el relativismo intelectual y moral. Los herederos del 68 habían impuesto la idea de que todo vale, de que no hay ninguna diferencia entre el bien y el mal, entre lo verdadero y lo falso, entre lo bello y lo feo. Habían querido hacernos creer que el alumno vale tanto como el maestro, que no hay que poner notas para no traumatizar a los malos alumnos, que no había diferencias de valor y de mérito. Habían querido hacernos creer que la víctima cuenta menos que el delincuente, y que no puede existir ninguna jerarquía de valores. Habían proclamado que todo está permitido, que la autoridad había terminado, que las buenas maneras habían terminado, que el respeto había terminado, que ya no había nada que fuera grande, nada que fuera sagrado, nada admirable, y tampoco ya ninguna regla, ninguna norma, nada que estuviera prohibido."*

Ninguneando la protesta ante el autoritarismo, la deforma como si se tratara de una actitud que no quiere reconocer límites, valores o principios, ni diferenciar entre el bien y el mal. Tomando luego una frase bien escogida para demostrar su tendenciosa pretensión:

"Recordad el eslogan de mayo del 68 en las paredes de la Sorbona: "Vivir sin obligaciones y gozar sin trabas". Así la herencia de mayo del 68 ha liquidado a la escuela de Jules Ferry en la izquierda francesa, que era una escuela de la excelencia, del mérito, del respeto, del civismo; una escuela que quería ayudar a los niños a convertirse en

adultos y no a seguir siendo niños grandes, ... Pero *la herencia de mayo del 68 ha liquidado esa escuela que transmitía una cultura común y una moral compartida, cultura y moral gracias a las que todos los franceses podían hablarse, comprenderse, vivir juntos. La herencia de Mayo del 68 ha introducido el cinismo en la sociedad y en la política. Han sido precisamente los valores de Mayo del 68 los que han promovido la deriva del capitalismo financiero, el culto del dinero-rey, del beneficio a corto plazo, de la especulación. El cuestionamiento de todas las referencias éticas y de todos los valores morales ha contribuido a debilitar la moral del capitalismo, ha preparado el terreno para el capitalismo sin escrúpulos y sin ética,* para esas indemnizaciones millonarias de los grandes directivos, esos retiros blindados, esos abusos de ciertos empresarios, el triunfo del depredador sobre el emprendedor, del especulador sobre el trabajador. "

Como si la izquierda hubiera querido o se hubiera planteado ayudar a la impunidad de los ejecutivos corruptos y la acumulación sin límites. Lo curioso en este caso es que muchos hombres de derecha lo pensaban realmente, no atribuían o podían reconocer que en la voracidad del capital estuviera su propia naturaleza, ahora se la proyectaban a su adversario. Pero Sarkozy fue más y más lejos, diciendo enseguida:

"La izquierda hipócrita

"Los herederos de *Mayo del 68* han degradado el nivel moral de la política. Todos esos políticos que reivindican la herencia de mayo del 68, dan al prójimo lecciones que jamás se aplican a sí mismos, quieren imponer a los demás comportamientos, reglas, sacrificios que jamás se imponen a sí mismos. Proclaman: "Haced lo que yo digo, no hagáis lo que yo hago". Ésa es la izquierda heredera de Mayo del 68, la que está en la política, en los medios de comunicación, en la administración, en la economía. La izquierda que le ha tomado gusto al poder, a los Privilegios. *La izquierda que no ama a la nación porque no quiere compartir nada. Que no ama a la República porque no ama la igualdad. Que pretende defender los servicios públicos, pero que jamás veréis en un transporte colectivo. Que ama tanto la escuela pública, que a sus hijos los lleva a colegios privados. Que dice adorar la periferia, pero que se cuida muy mucho de vivir en ella. Que siempre encuentra excusas para los violentos, a condición de que se queden en esos barrios a los que ella, la izquierda, no va jamás. Esa izquierda que hace grandes discursos sobre el interés general, pero que se encierra en el clientelismo y el corporativismo. Que firma peticiones y manifiestos cuando se expulsa a algún "okupa", pero que no aceptaría que se instalaran en su casa. Que dedica su tiempo a hacer moral para los demás, sin ser capaz de aplicársela a sí misma. Esa izquierda, en fin, que entre Jules Ferry y mayo del 68 ha elegido Mayo del 68, es la que condena a Francia a un inmovilismo cuyas principales víctimas serán los trabajadores, los más modestos, los más pobres."*

Nótese cómo de actitudes reales o apariencias obvias de unos cuantos izquierdistas que tenemos en todos los países, deduce o desprende pecados imperdonables y defectos capitales. Y lo peor viene enseguida, pues apoyado en los defectos de unos cuantos políticos de izquierda, lo que quiere atacar es la herencia de una generación al decir:

"Ésa es la izquierda que desde Mayo del 68 ha renunciado al mérito y al esfuerzo, que ha dejado de hablar a los trabajadores, de sentirse concernida por la suerte de los trabajadores, de amar a los trabajadores; porque el valor trabajo ya no forma parte de sus valores, porque su ideología ya no es la de Jaurès o la de Blum, que respetaban a los trabajadores, sino que ahora la ideología de la izquierda es la del reparto obligatorio del trabajo, la de las 35 horas, la del asistencialismo. La crisis del trabajo es ante todo una crisis moral, y en ella la herencia de Mayo del 68 tiene una enorme responsabilidad. Yo quiero rehabilitar el trabajo, quiero devolver al trabajador el primer lugar en la sociedad."

Ojo, que cuando dice quiero rehabilitar el trabajo se refiere a quitar cualquier cosa que la derecha considera privilegio o conquista. No se puede admitir que la tecnología podría reducir la jornada laboral, hay que rehabilitar el trabajo... Pero redondea su perorata con una confesión final:

"Liquidar la herencia de Mayo del 68

"La herencia de Mayo del 68 ha debilitado la autoridad del Estado. Esos herederos de los que en mayo del 68 gritaban "CRS = SS" (las fuerzas del orden son iguales que las tropas de élite nazis), toman sistemáticamente partido por los violentos, los alborotadores y los estafadores contra la policía. Lo hemos visto tras los incidentes de la Estación del Norte. *En lugar de condenar a los violentos y de apoyar a las fuerzas del orden y su difícil trabajo, no se les ha ocurrido nada*

mejor que esta frase, que merecería ser inscrita en los anales de la República: "Es inquietante constatar que se ha abierto una fosa entre la policía y la juventud". Como si los vándalos de la Estación del Norte representaran a toda la juventud francesa. Como si fuera la policía la que estaba actuando mal, y no los violentos. Como si los violentos hubieran destrozado todo y saqueado los comercios para expresar una revuelta contra una injusticia. Como si el hecho de ser jóvenes lo excusara todo. Como si la sociedad fuera siempre culpable y el delincuente siempre inocente. Ésos son los herederos de mayo del 68, que denigran la identidad nacional, que atizan el odio a la familia, a la sociedad, al Estado, a la nación, a la República."

¿Cómo ven? Justamente el mismo discurso que se dijo en México cuando los jóvenes protestaron por el fraude electoral en 2012, y fueron agredidos por provocadores pagados por el Estado, y cuando aparecieron nuevas protestas por la simulación y la intransigencia y se condenó toda crítica y se justificó la violencia policíaca.

"En estas elecciones, remató Sarkozy, se trata de saber si la herencia de Mayo del 68 debe ser perpetuada o si puede ser liquidada de una vez por todas. Yo quiero pasar la página de Mayo del 68. Pero tiene que ser más que un gesto. No hay que contentarse con poner banderas en los balcones el 14 de julio y cantar la Marsellesa en vez de la Internacional en los mítines del Partido Socialista. No se puede decir que se desea el orden y tomar sistemáticamente partido contra la policía. No es posible seguir denunciando la "provocación" y el "Estado policial" cada vez que la policía intenta hacer respetar la ley. ..... *Yo propongo a los franceses romper realmente con el espíritu, con los comportamientos, con las ideas de mayo del 68*, con el cinismo de Mayo del 68. Propongo a los franceses devolver a la política la moral, la autoridad, el trabajo, la nación. Les propongo reconstruir un Estado que haga realmente su trabajo y que, en consecuencia, domine las feudalidades, los corporativismos y los intereses particulares. *Les propongo rehacer una República una e indivisible contra todos los comunitarismos y todos los separatismos. Les propongo reedificar una nación que de nuevo esté orgullosa de sí misma."*

¿No les parece curiosa la coincidencia con los que condenan los acuerdos de San Andrés, firmado entre el gobierno mexicano y los representantes zapatistas, diciendo que es un proyecto

284

separatista, o con los que quieren fortalecer la vida comunitaria y la economía social y son vistos como nostálgicos y anacrónicos? Sarkozy terminó su discurso siendo claro:

"Quiero decírselo a los franceses –sentenció ese candidato–: el pleno empleo, *el crecimiento, el aumento del poder adquisitivo, la revalorización del trabajo, la moralización del capitalismo, todo eso es necesario y es posible. Pero eso no son más que medios que deben ser puestos al servicio de una cierta idea del hombre, de un ideal de sociedad donde cada cual pueda encontrar su lugar*, donde la dignidad de todos y cada uno sea reconocida…y respetada."[84]

Sarkozy defendió así su propuesta en los mismos términos que los funcionarios mexicanos defendieron su programa de gobierno 2013-2018. Tal y como se ha expresado la autoridad en México sobre la Reforma energética y la Reforma Fiscal. De nada ha servido la evidencia sobre la caída en el empleo, en el ingreso, en las ventas, y en la seguridad. El gobierno siguió diciendo en México en 2014 que esa *restauración del Estado* iba a traer crecimiento y prosperidad. Aquí cada día pierden credibilidad esas expresiones, y siguen madurando las autodefensas de los ciudadanos que los libran de la delincuencia al margen de las policías cómplices. Y en Francia…es desde luego una satisfacción saber que, a mediados del año 2014, siete años después de ese célebre discurso, Sarkozy fue acusado de tráfico de influencias y corrupción del poder público. Era un buen demagogo, pero sus actos terminaron por mostrar sus verdaderos motivos y condición al formular discursos. Pero el discurso de Sarkozy viene al caso no solamente como ejemplo de falsa consciencia, y no nadamás como ilustración de un pensamiento falso sobre la realidad, sino también como caracterización de una estrategia para controlar a los ciudadanos, para confundirlos y manipular el gobierno y las instituciones. Entender la falsedad de su naturaleza es por ello fundamental.

---

[84] El discurso de Sarkozy fue pronunciado el 29 de abril de 2007 en Bercy, Paris.

Implica de alguna manera dejar claro lo que es la verdad, y qué es lo que persiguen aquellos que la ocultan o la desmienten.

La verdad es siempre una coincidencia con lo real. No existen varias verdades porque la realidad es una

La política es uno de los actos humanos, y como todos ellos, encierra un propósito y descansa en determinados supuestos. Cuál sea el propósito de cada político es algo no evidente, aunque éste se empeñe o esmere por proclamarlo. Pues cuando los grupos humanos conservaban el trato de tú a tú, la vida comunitaria o la convivencia, la política iba de la mano con la transparencia y las palabras coincidían con las acciones. Pero cuando la persona se convierte en esa amalgama de sentimientos, convicciones, compromisos, intereses, apariencias y aspiraciones, muchas veces los políticos dicen lo que no piensan, expresan lo que no sienten, anuncian lo que no es para ellos ningún compromiso, ocultan buena parte de lo que aspiran, y hasta creen más en su imagen externa que en su yo interior y verdadero.

Además, la mente humana, que necesita de un ámbito de comodidad o de confianza en sí misma, se auxilia de recursos diversos para conseguir o alcanzar ese estado. Así, cuando en la práctica o la vida diaria algunos descubren que transcurre la convivencia más fácilmente si asienten igual a todos los que expresen juicios o emitan opiniones, pueden optar por darle a todos por su lado para ahorrarse el diálogo con razones, o la discusión para defender alguna perspectiva. Cuando descubren también que es más fácil llegar a un objetivo si ese objetivo se guarda, o se expresa a medias, pues elude cuestionamientos u oposiciones, y pueden optar por un reiterado ocultamiento de sus más caros propósitos.

Cuándo el hombre proclame a los cuatro vientos lo que piensa y lo que quiere, y cuándo, en cambio, adopte una actuación con toda la impostura, dependerá de varias cosas. En primer lugar, de la coincidencia o separación entre aquellos ideales que le animen y los ideales que sean más comunes o generalizados. Dependerá también de que los procedimientos que siga o que se hayan vuelto norma de su conducta sean los mismos que la mayoría acepta como probos o decentes. Y dependerá, desde luego, de la formación moral e ideológica que tenga el sujeto, pues si es parte de su naturaleza el sentirse miembro de la comunidad le será difícil actuar contra las convicciones e intereses de ésta, y en cuanto a su formación ideológica —que resulta la parte más compleja— pues el sujeto podría haber tenido experiencias que hubieran ido forjando en él una visión de la realidad, un enfoque para abordar los problemas, y hasta un modelo sistemático para ordenar la información que le permiten sus sentidos.

La psicología también se ha ocupado de todo esto. Y en esta ocasión yo adopto el tratamiento que le dá un especialista que me ha parecido el más sistemático y convincente, el Dr. Régis Jolivet, académico de la Facultad de Filosofía de Lyon, expuesta en su Tratado de Filosofía[85]. Jolivet intenta algo más que una síntesis histórica y epistemológica del conocimiento del tema, reúne las aportaciones de casi todas las escuelas para explicarnos cómo es que algunos sujetos deforman la realidad en su consciencia, y cómo actúan acorde con esa realidad virtual.

Para arribar a la comprensión de ese demonio que es la ideología, con su consecuente, que es el actuar por convicción y según un cuerpo doctrinario y un conjunto de prejuicios, tenemos que empezar por la descripción de la exterioridad natural y nuestra relación con ella. Lo externo o exterioridad a nuestra conciencia es anterior a nosotros, es por decirlo de manera convencional, objetiva, frente a nuestros sentidos y percepción. Y nosotros estamos físicamente facultados para tener una imagen visual o

---

[85] 4 Volúmenes, Ediciones Carlos Lohlé, Buenos Aires, Argentina 1956. Las menciones que se hacen de esta obra se refieren al Capítulo II del Volumen 2, al Capítulo II del libro II titulado *la Vida Intelectual*, a los capítulos III, IV y V, *La idea, El juicio y la Creencia*, del mismo Volumen; y al Capítulo II *La Conciencia*, del Libro III.

una imagen construida a partir de los elementos que se pueden registrar por el tacto, el olfato, el oído...pero ojo, que el oído no solamente registra sonidos, también conceptos. Y en los conceptos ocurre un fenómeno de juicio, pues sólo podemos apropiarnos o registrar los conceptos con otros conceptos que están guardados en nuestra memoria. Como decía Abd El Raman Ibn Jaldún, el más grande sabio de la antigüedad del Magreb, sólo aprendemos a través de lo conocido.

Las imágenes se convierten en representaciones, esto es, en dimensiones, proporciones, cualidades, características y hasta substancias de las cosas. Y esas representaciones se asientan en imágenes anteriores, pues nuestra conciencia procede por asociación y referencia.

Sin embargo, las percepciones también están sujetas a otro fenómeno que contradice la situación objetiva. Por ejemplo, un palo sumergido en el agua es visto por nosotros como un palo roto, una torre cuadrada de lejos parece redonda, o las paralelas que parecen juntarse en la lejanía... Y estos fenómenos engañosos resultan a veces de un proceso óptico, pero otras veces resultan de que las asociamos a cosas que vimos antes. No podemos imaginarnos que un león nos reciba con cariño si lo que hemos visto es su ferocidad, ni que un rayo pueda ser silencioso, si lo hemos asociado al trueno. Podemos pues percibir cualidades que no le pertenecen necesariamente a algo. Jolivet le llama ilusión de las percepciones. De esas ilusiones es fácil que algunos tengan propensión a percibir un objeto en la realidad, aunque falte objetivamente, lo que comúnmente conocemos como alucinaciones, o bien, a que cuando el objeto real es percibido bajo una forma o atributo anterior que ya no posee el objeto que tenemos enfrente, que será el caso de la ilusión o la paramnesis, es decir, se podría ver lo que ya no existe.

Dirán ustedes que parecen afirmaciones exageradas, pero cómo podemos interpretar a Sarkozy cuando dice que los herederos de mayo del 68 ya no desean el orden, aman la violencia, o desprecian al obrero.

Jolivet nos alerta y dice, no se trata de errores de los sentidos, sino de errores del juicio. Desde Aristóteles se explicó que los sentidos registran la realidad fielmente, pero los entendemos mal a causa de los juicios que hacemos de esos datos. Y las causas son varias. Por ejemplo, el que la atención decaiga, o que la actitud del sujeto en cuestión sea de desprecio por los datos que tiene enfrente o que se le pide tome en cuenta. Si su atención no existe, o si no quiere ver la realidad porque cree conocerla ("ni los veo ni los oigo" –decía Carlos Salinas respecto de la oposición. Otros han empleado frases equivalentes, como "tengo otros datos" distintos a la realidad, naturalmente), ello tiene por resultado una modificación de las cualidades percibidas y de la apariencia de la realidad. Y los elementos que no se dan inmediatamente en la percepción se han dado realmente a los sentidos, pero no se restituyen al objeto.

El mundo de las ilusiones, tan de la mano con esta actitud de la falta de atención o la incapacidad para considerar los nuevos datos de la realidad, consiste en atribuir al objeto o la realidad cualidades o atributos representados por imágenes asociadas a él o ella, aunque no se den, aunque no existan. Lo que constituye un defecto de correspondencia entre la sensación, la percepción de lo que esas sensaciones transmitieron y la representación o juicio que se pueda tener de ella.

Se trata, en sentido estricto, de la influencia del medio en el que el sujeto ha existido, y del subconsciente que se le ha formado. Pues ambos elementos están condicionando su capacidad para ver la realidad, y su facultad para realizar juicios válidos, es decir, juicios verdaderos, juicios con datos objetivos. El saber adquirido, o la incomprensión o falsa conciencia sobre la realidad que forme parte del pensamiento del sujeto, podría impedirle ver lo que guarda la realidad.

Como lo han explicado los epistemólogos en la época reciente, los paradigmas (premisas) constituyen no solo un fundamento para procesar los datos de la realidad, son también un límite para comprender lo que vemos o experimentamos. Un hombre que nunca ha visto una baraja con seis bastos, o con tres reyes en la misma carta, no tendrá capacidad o referente para verlo cuando lo tenga enfrente. Un economista que sólo ha recibido entrenamiento abstracto para combinar variables atribuidas a la realidad no podría medir el impacto de las políticas que instrumente en una economía, aunque el desempleo esté ante su puerta y la inflación se haya comido todos los aumentos nominales de salario.

Jolivet llama ilusiones anormales a aquellas que resultan de una deficiencia orgánica o psicológica del sujeto. La orgánica no viene al caso, porque queremos suponer que nuestros neoliberales y demonios son seres nacidos normales, pero la ilusión anormal de orden psicológico sí es indispensable explicarla: cuando en el sujeto existen ideas fijas, obsesiones, psicastenias, y todas las formas de la alienación mental, la atención expectante tiende a objetivar lo que representa sus temores o deseos inconfesos. Por ejemplo, así como un niño puede tomar por un fantasma el tronco de un árbol en la oscuridad, un neoliberal puede tomar por un dictador en potencia al político que proponga medidas para redistribuir el ingreso.

Como dice nuestro autor, la alucinación se define como un estado patológico, semejante al sueño, en el cual se imponen a la conciencia ciertas imágenes que no tienen realidad objetiva. Él no tuvo la oportunidad de considerar como elemento de las alucinaciones a la ideología, estrictamente hablando, y más bien cita las drogas y el alcohol como elementos que pueden provocarlas, pero los trastornos que conlleva en la mente humana la presencia de verdades pseudocientíficas, y de doctrinas que impiden el sano raciocinio, juegan exactamente el mismo papel. En lo que sí tenemos plena coincidencia es en que para que ocurra la alucinación es indispensable que existan predisposiciones constitucionales. No podemos imaginarnos a los verdaderos estadistas jugando el papel de Bush o de Felipe Calderón, cuyas historias registran periodos claramente identificados con el alcohol o el fanatismo religioso. Calderón incluso vivió periodos de delirium tremens en momentos en que no estaba alcoholizado. Y desde esa condición planeó y justificó el fraude electoral realizado en 2012.

En el tratado que empleamos como referencia, se describen sistemas alucinatorios que pueden regir todo un comportamiento. Ello implica, asegura nuestro referente, que el sujeto padezca deficiencias psíquicas graves, y en verdad que eso constituye el sistema de pensamiento que, en lugar de concebir la economía como una disciplina orientada a satisfacer las necesidades básicas de los seres humanos, se plantea el crecimiento del producto bruto, el aumento de las exportaciones, el control de la inflación y el aumento de reservas en divisas. Es en verdad demencial y demoníaco pretender que tiene mayor importancia la acumulación de dólares, que no inciden absolutamente nada en la producción de alimentos o en el financiamiento de la producción en general, aunque se niegue que la divisa no tiene otra función que garantizar las importaciones y los pagos de compromisos internacionales.

El sistema alucinatorio de la economía ha sustituido el ahorro interno por la inversión extranjera, la redistribución del ingreso por una reforma tributaria que exige la expedición de facturas a los tenderos y la relación de compras y gastos asentados por internet a que ahora están obligados hasta los boleros o vendedores del tianguis.

La locura tiene todavía un componente nacional que la hace aún más peligrosa y perversa, pues la herencia ideológica del callismo, esa que recogió el discurso social y justiciero al mismo tiempo que conculcó la democracia real desde su origen, ha enseñado a los políticos de hoy a justificar su modelo, su sistema alucinatorio en conceptos opuestos a lo que realmente significa. Así tenemos que la Reforma Hacendaria es descrita no como un conjunto de mayores complicaciones declarativas y de aumento para los pequeños contribuyentes, sino, como dice la Página de la Presidencia de la República (hasta antes de 2018),

"busca resolver estos problemas (refiriéndose a la baja captación y a la desigual distribución del ingreso) a través de los siguientes objetivos estratégicos: • Aumentar la recaudación y que el cobro de impuestos sea justo. La reforma busca reducir los elevados niveles de desigualdad entre los mexicanos al eliminar privilegios y establecer que paguen más impuestos los que tienen ingresos más altos, y protegiendo a los que menos tienen. • Incrementar de manera responsable y justa el gasto público. Los recursos recaudados atenderán necesidades prioritarias de la población en áreas como educación, salud, seguridad social e infraestructura. • Reducir la informalidad y la evasión fiscal, a través de mecanismos de formalización accesibles para todos y de nuevas reglas e incentivos, y sanciones para los que evadan su obligación..." Por citar solo un ejemplo.

Resulta muy interesante traer a este punto lo que la escuela psicológica cita como inclinaciones instintivas de la socialidad. Es decir, las características adquiridas por los seres humanos para mantener y enriquecer su carácter social. Jolivet dice que son la empatía, la imitación y el juego. La primera de estas características se refiere a la capacidad de sentir con nuestros semejantes y de participar de los mismos sentimientos y emociones. Y únicamente citaré esta primera característica con detalle porque el juego implica la capacidad de compartir la diversión, el tiempo que se llena departiendo y compartiendo, cosa verdaderamente ajena a los políticos en el poder. Pero la simpatía debe ser tomada como un índice inequívoco de lo que son las personas del poder. Basta observar los gestos, las actitudes, la prepotencia, el desprecio hacia otras opiniones, el aire de autosuficiencia, la subestimación que muestran hacia los demás, y la absoluta falta de interés para comprender, no digamos ya compartir, las emociones y los sentimientos de los desempleados, los hambrientos y los inconformes por su exclusión social. En esto, nuestros enfermos han perdido una parte sustantiva de lo humano. Y han dejado en su lugar una característica nueva, putativa del poder, pero del poder contra el pueblo.

La simpatía activa dice Jolivet designa un conjunto de actitudes de benevolencia para proteger, ayudar y socorrer o aliviar al prójimo, es decir que está muy próxima a la amistad. Busca expandirse más allá de las relaciones naturales o formales hacia la sociabilidad. Max Scheler incluso agrega[86] que la simpatía es el soporte y apoyatura del sentimiento social, de sentirse parte de una comunidad, de un pueblo. Pero recordemos que para Sarkozy se puede defender al Estado y condenar y atacar el comunitarismo. Y en el caso de Mancera, el Gobernador de la Ciudad de México (hasta 2017), su sentimiento es contrario a todos los que protestan por las muchas injusticias, entre otras la prohibición que él impuso para que se pudieran mantener vehículos viejos, declarando que se pretende proteger al ambiente, cuando en realidad aspira favorecer a la industria automovilística.

En el arte sibilino del decir político hay juicios explícitos e implícitos. Los primeros son los que se formulan conscientemente, es decir, que son dichos a propósito de la naturaleza, semejanza causalidad, objeto de lo que se aborda y que precede a la acción o intervención. Los juicios implícitos, que realmente no merecen el nombre de juicios sino de prejuicios o estimaciones prácticas que no proceden de la inteligencia, son más bien opiniones, es decir, que presuponen juicios anteriores, ideas preconcebidas o referentes que alteran la consideración completa y cabal de la realidad.

El juicio auténtico es exactamente lo otro de las asociaciones automáticas y las visiones por costumbre. No puede haber inercia en el juicio verdadero, porque todo juicio tiene que ser sobre algo que es anterior a la conciencia, externo a ella, y determinante por necesidad de lo que se diga o piense. No porque la consciencia no

---

[86] En *Ciencia y formas de la simpatía.*

pueda anticiparse al movimiento de la realidad, sino porque no puede atribuirle a la realidad un sentido determinado, y porque tiene más bien que descubrir en la realidad lo que empuja en determinada dirección. Todo el esfuerzo científico, y toda la lucha contra la visión ideológica y mistificada del mundo constituyen un esfuerzo perseverante para sobrepasar el dato sensorial, por hacer a un lado la asociación que mistifica los datos de los sentidos, y por sistematizar lo real no siguiendo el mecanismo de la imaginación, sino apegado a las leyes inteligibles a la razón y el mundo objetivo.

La verdad, entendida según esta visión epistemológica del pensamiento y la aprehensión del mundo no se atribuye o localiza en los objetos o los hechos. Los hechos son, es decir, tienen una existencia que es independiente y concreta, la percibamos o no. Y en nada cambia la realidad el que la comprendamos o no. Donde descansa la verdad es en las operaciones intelectivas o intelectuales; es en nuestros juicios y pensamientos donde puede haber verdad o falsedad. Todo juicio está encaminado a constatar o negar la existencia o inexistencia de algo, o la forma de ser o desenvolverse que tiene. Y es ahí, en ese juicio, en que encierre lo que realmente es, o lo que realmente ocurre en su movimiento, lo que constituye la verdad o la falsedad.

Hay teorías muy coherentes en toda la historia del pensamiento humano que han permanecido como testimonio de lo que el hombre imaginó o usó para explicarse los datos que percibía del mundo. Los antiguos, al ver el cielo, creyeron que había esferas transparentes que detenían los astros. Euclides concibió una geometría útil en representaciones abstractas, pero no siempre verificables, es decir, objetivas. Y lo mismo les ocurrió a Lobatchevsky y a Riemann en la época moderna. Incluso entre ellos podría establecerse una coherencia o compatibilidad. Y aun así sus teorías no pueden defenderse como siempre verdaderas.

La verdad ciertamente puede ser relativa. Es decir, puede encontrar un ámbito donde su juicio se confirma como hecho o como tendencia de los hechos. Así tenemos que la teoría de la gravitación de Newton se confirma en el mesocosmos, es decir, en el mundo de las dimensiones humanas. Resulta falsa si la referimos al interior del átomo o a las dimensiones estelares.[87] Plantearnos por ejemplo que esa teoría es siempre válida y de cobertura universal es una falsedad. Y de la misma manera, el cálculo de rentabilidad de un proyecto productivo puede reflejar hechos reales de una empresa, pero será completamente falso si lo referimos a las dimensiones de una economía nacional. Y los sistemas ilusorios o alucinantes suelen tomar verdades válidas en ámbitos específicos y atribuirles luego validez en otras realidades o dimensiones.[88]

El conocimiento específico y verdadero de la realidad implica, necesariamente, la destrucción de las visiones alucinantes o ideológicas. No podemos esperar que ese conocimiento sea aceptado por los alienados, pues ellos se mueven por intereses, no por amor a la verdad, ni por simpatía. Y en ese caso no podemos detenernos ante su cerrazón o necedad, hay que estigmatizarlos y aplicarles el ostracismo social.[89]

---

[87] Véase Dialéctica de la Física. Eli de Gortari, Edición de la UNAM.

[88] Euclides y Pitágoras son dos de los padres de las matemáticas. Por todos es creído que las matemáticas son exactas, una ciencia que nunca comete error. Dos más dos siempre son cuatro. De la misma forma que dos más dos son cuatro, Euclides nos dice que la suma de los 3 lados de un triángulo forma 180 grados. O que dos líneas paralelas no se juntarán nunca, ni en el infinito. Toda la matemática actual, está construida a base de afirmaciones tan rotundas como éstas, que se llaman axiomas, podría decirse a este propósito que las normas o reglas básicas que forman nuestras matemáticas tal y como las conocemos, y que nos permiten afirmar que dos más dos son cuatro, constituyen apenas una verdad relativa. Euclides, padre de la geometría, pensaba que la Tierra era plana, así que su modelo matemático está basado en ese concepto. En la actualidad sabemos que la Tierra es redonda. Un triángulo dibujado sobre la Tierra, no mide 180º exactamente. Desde un observador externo, que mirara ese triángulo desde del espacio, el triángulo, no es plano, es curvo y sus ángulos miden menos de 180. Tomado de **Descifrando el universo.es Internet.**

[89] "El **castigo por ostracismo** o, simplemente, **ostracismo** (en griego antiguo ἐξοστρακίζω), era la decisión que permitía excluir de la comunidad durante un plazo de entre diez años o de forma permanente a las personas incómodas para las instituciones…Cada año durante la sexta pritanía (entre enero y febrero) época que la

Desde Bacon, con su ***Órganon***, y desde Malebranche, en su ***Investigación sobre la verdad***, se ha dicho que los errores que nos apartan de la verdad[90], es decir de los juicios sobre los hechos, comprenden los siguientes: errores por falla de los sentidos, errores por imaginación, errores por defectos en el entendimiento y errores por las inclinaciones, y éste último caso resulta de gran actualidad, pues como los mismos pensadores dijeron, las inclinaciones comprenden la inquietud o carencia de serenidad para los juicios, la curiosidad más que el amor por la verdad, y el amor por la grandeza, por la riqueza, por el placer, por la estima ajena y el apego o la esclavitud por las pasiones. En estos casos, en lugar de partir de la observación o de la búsqueda de los datos en la realidad se comienza en lo que se desea, en lo que se justifica con toda clase de silogismos o falacias, y esta lógica busca resultados más que conclusiones, porque está dominada por el interés no por el conocimiento ni el compromiso social, no por las exigencias objetivas de la realidad, sino por las necesidades afectivas, los apetitos. Ahí no hay conocimiento, solo producción de ideas que reducen todo a nuestra manera de ver, a lo que justifica nuestros procederes, aun en contra de lo que piensen muchos o todos.

No es pues algo extraño que quienes así son sientan que la razón de Estado les permite buscar caminos para que el pueblo acepte

---

cual la mayoría de los ciudadanos podían acudir a la polis (las cosechas se almacenaban), se reunía en asamblea y votaban sobre si se debía proceder a un ostracismo . Para aplicar cada año la ley se reunía en Atenas la asamblea; votaban a mano alzada, no había un debate y los nombres de los candidatos no se revelaban y si el resultado era positivo, volvían a tener una votación pública dos meses más tarde, en la siguiente pritanía: se reunían en asamblea solemne (*catekkelesía*) con un quorum de 6000 votantes, y cada ciudadano que deseaba votar, inscribía sobre un fragmento de cerámica o eventualmente en una concha de ostra (de ahí la palabra *ostracon*), el nombre del sujeto cuyo destierro le parecía necesario para el bien público." De Wikipedia. Por esto es que el poder actual ha tratado de impedir el referéndum en México. Sería la base para aplicar el ostracismo.

[90] También se podría agregar a Nicolás de Cusa, que aborda el tema en ***De docta ignorantia***.

sus aberraciones o mundos imaginarios, y hasta para que se conduzcan como si los supuestos de esos mundos fueran reales.

Como la resistencia está presente, y como la crítica social resulta no erradicable, la idea que tienen estos gobernantes les lleva a buscar las formas de desarticular el pensamiento y la acción de los ciudadanos. Y nace así la teoría del shock.[91]

En el cuerpo social existe una consciencia compartida. Ella es parte de la identidad, es decir, de la manera como ese colectivo se comprende y concibe a sí mismo. Y esa consciencia tiene una atención o preocupación, que guarda íntima y directo vínculo con la satisfacción de las necesidades comunes o colectivas. De esos intereses, y de la forma como históricamente se han satisfecho, se desprenden ideas colectivas, o como lo llamó Carl Jung, el inconsciente colectivo. Él nunca aclara donde se contiene o cómo se hereda o mantiene, pero la experiencia y la investigación más reciente indican que ese inconsciente o subconsciente colectivo se plasma y mantiene en valores y principios[92], es decir que tiene una existencia en los memes, que son genes culturales. Si la atención está determinada por la ley de interés (Jolivet), nuestros intereses dependen entonces de nosotros mismos, de nuestra voluntad. Lo que somos y lo que queremos ser son lo que le da sentido a nuestra consciencia y a nuestra presencia en la sociedad y en el mundo. Sobre esa base soñamos, vivimos, luchamos e impugnamos lo que nos contradice o se nos contrapone.

Por eso es que el poder busca, además de confundirnos o de vendernos sus alucinaciones o su matrix, también destruir la coherencia de nuestra identidad y la fortaleza de nuestras convicciones. Y para lograr esto ha adoptado la teoría del shock.

Un historiador de la locura nos ha reconstruido cómo comenzó la aplicación de esta "terapia":

---

[91] Véase la obra de Naomi Klein sobre este punto. *La doctrina del Shock*, Paidós, Barcelona 2007.

[92] Los estudios de Ana Hirsch Adler, del Colegio de México, constituyen una prueba contundente e ilustrativa.

"Con las sienes impregnadas por una pasta conductora, tendido sobre una cama o una mesa, enclavado por todas partes entre almohadas para amortiguar los choques y evitar luxaciones o fracturas, el paciente debe mantener entre los dientes un tampón de caucho para proteger la lengua, durante el paso de la corriente y en plena inconsciencia. Algunos minutos más tarde sentirá convulsiones violentas y se apoderarán de él intensas contracciones musculares. Y luego seguirá un sueño profundo. Al despertar, en un estado de semiinconsciencia y obnubilación el enfermo es sometido a la influencia de la sugestión. Se reestructura así una personalidad que el choque ha desconectado, es el principio que consiste en rehacer algo nuevo partiendo de retazos sueltos..."[93]

"Los últimos 35 años, nos decía Naomi Klein en su celebérrima obra publicada en 2007, adquieren un aspecto singular y muy distinto del que nos han contado. Algunas de las violaciones de derechos humanos más despreciables de este siglo, que hasta ahora se consideraban actos de sadismo fruto de regímenes antidemocráticos, fueron de hecho un intento deliberado de aterrorizar al pueblo, y se articularon activamente para preparar el terreno e introducir las reformas radicales que habrían de traer ese ansiado libre mercado. En la Argentina de los años setenta la sistemática política de desapariciones que la Junta llevó a cabo, eliminando a más de treinta mil personas, la mayor parte de los cuales activistas de izquierda fue parte esencial de la reforma de la economía que sufrió el país con la imposición de las recetas de la Escuela de Chicago, lo mismo sucedió en Chile, donde el terror fue el cómplice del mismo tipo de metamorfosis económica. En la China de 1989, la masacre de la plaza de Tiananmen fue el shock que desató oleadas de detenciones, más de decenas de miles, las cuales permitieron al Partido Comunista convertir el país en una zona de exportación al por mayor, bien surtida de trabajadores demasiado aterrorizados como para exigir ningún derecho laboral. En la Rusia de 1993, Boris Yeltsin decidió enviar los tanques al parlamento y maniobrar para impedir que los líderes de la oposición fueran un obstáculo para la privatización fulminante que dio lugar a la nueva clase dirigente del país, los famosos oligarcas..."[94]

Esa terapia de shock, copiada de las experiencias de la psiquiatría salvaje de hace seis décadas, ha sido también el fundamento de la tortura como forma de imponer la política. La misma Klein nos

---

[93] Groote, opus cit. pág. 254.
[94] Opus Cit. págs... 31 y 32.

relata que los interrogatorios coercitivos incluyen técnicas diseñadas para colocar al prisionero en un estado de profunda desorientación con el fin de obligarle a hacer concesiones contra su voluntad. La primera etapa de esa técnica va encaminada a aislar al sujeto y privarle de todo vínculo con la realidad, para someterlo luego a estímulos arrolladores intensos para provocar una especie de huracán mental que provoca regresión y terror hasta que el sujeto deja de poder defender sus intereses. (pág. 39) Luego, como describe un manual de la CIA se produce un intervalo de animación suspendida con parálisis psicológica, en la que el mundo del individuo estalla, y en ese momento de ruptura es cuando se imponen al sujeto las nuevas actitudes o conductas que debe adoptar. (pág. 40)

Los Chicago Boys, que diseñaron esta terapia en sus dimensiones sociales, que se sigue aplicando en este caso de manera muy generalizada y rabiosa en este país llamado México, se plantea eliminar los patrones de las sociedades y devolverlas a un estado de capitalismo puro, como dice Klein, purificado de toda interrupción como pudieran ser las regulaciones del gobierno, lo que implicaba infringir de manera deliberada dolorosos shocks a la población a través de políticas de terror que dejaran el cuerpo social tal y como hemos descrito que queda un sujeto bajo tortura, o como dejaba una descarga eléctrica al paciente al que se había aplicado una descarga de corriente desde las cienes. (pág. 80).

No creo que sea necesario describir qué instrumentos han jugado el papel de los cátodos eléctricos aplicados a la cien de la población. En cada país se han diseñado de manera específica. Comenzó en Chile con la dictadura de Pinochet, y ha registrado muy diversas variantes, pero con algunos elementos permanentes, pues en todos los casos se ha ejercido algún tipo de violencia social, desapariciones, muertes de miles de personas, ausencia de autoridad o de estado de derecho, y mucha verborrea ideológica y complicidad del poder legislativo, además de un conjunto de reformas de ley y de políticas económicas que han disparado la acumulación y empobrecido a las grandes masas.

En México, en doce años habíamos vivido la desaparición de unas treinta mil personas. Se había acuñado el término *levantados* porque indica la acción de sustraer del piso, de la tierra a los que nunca más son encontrados. Se han descubierto decenas, centenas de cementerios colectivos de cadáveres. Se ha difundido que en muchas ocasiones han disuelto en ácido a las víctimas. Y se han reconocido cerca de cien mil muertos. Y al mismo tiempo, México firmó un acuerdo con Estados Unidos para frenar la delincuencia, lo que conllevó una inversión enorme en equipo de guerra. Se han multiplicado las policías, y tan solo para que hoy seamos testigos de una cordial convivencia de los criminales con las "fuerzas del orden", sin que el Estado reconozca complicidad alguna. Y la población ha tenido que hacer un gran esfuerzo para pasar de la actitud peticionista y de tibia protesta, a la consciencia de que solo ella mismo puede defenderse. Pero ese atisbo, esa lucidez, no se ha generalizado todavía, y los brotes de autodefensa o la organización de policías comunitarias no han provocado sino una represión especial.

Hacia agosto de 2014 decía un editorialista en un diario de circulación nacional:

"Adam Smith es un congresista demócrata del estado de Washington, en Estados Unidos. El pasado 5 de agosto (de 2014) informó de un encuentro que tuvo con Anthony Wayne, el embajador de su país en México, en el que le solicitó que presionara a las autoridades de Guerrero para que Néstora Salgado sea liberada inmediatamente. No es la primera ocasión que el congresista Smith aboga por Salgado. El 13 de abril pasado envió una carta al secretario de Estado, John Kerry, en la que le pidió que demandara al gobierno mexicano garantías para el debido proceso y una mejor atención de Néstora, porque sus condiciones carcelarias son deplorables. Dos meses más tarde volvió a insistir en el asunto. El 16 de junio, en un comunicado de la Facultad de Derecho de la

Universidad de Seattle, en Washington, Smith advirtió: Estoy preocupado por la detención de Néstora y estoy indignado ante los informes sobre las deplorables condiciones de detención y tratos que violan sus derechos humanos.

"Néstora Salgado, la mujer por la que el congresista aboga, es comandante de la policía comunitaria de Olinalá, en la Montaña de Guerrero. Fue injustamente detenida el 21 de agosto de 2013 bajo la falsa acusación de secuestro agravado. Fue trasladada al penal de máxima seguridad de Tepic, a 3 mil kilómetros de su pueblo. La demanda del congresista Smith en favor de su libertad no es un capricho. Néstora tiene raíces en el estado de Washington. A los 20 años de edad se fue de bracera a Estados Unidos junto a su esposo, sin tener documentos migratorios. Trabajó arduamente de recamarera, aseando casas y de niñera en Washington, hasta que en 2000 obtuvo su estancia legal en ese país y en 2008 logró la ciudadanía. Además de ser residente de Olinalá lo es también de la ciudad de Renton, en el condado de King. De regreso en Olinalá, Néstora se topó con el clima de inseguridad pública que asuela la Montaña y la complicidad gubernamental con los maleantes. En lugar de quedarse con los brazos cruzados, organizó a la población para enfrentar el problema. Formó una policía ciudadana e hizo que la tasa de criminalidad disminuyera en 90 por ciento en 10 meses. El 15 de noviembre de 2012 el gobernador Ángel Aguirre Rivero se tomó la foto con ella y calificó de heroico el esfuerzo de los habitantes del municipio.

"Pero Néstora cometió un error. Primero, sin pelos en la lengua, denunció las amenazas que los socios de políticos corruptos hacían a los empresarios locales para que se retiraran de las ventas de materiales y mercancías, y así monopolizar el mercado. Después publicó un comunicado en el que denunciaba la implicación del alcalde y otros funcionarios gubernamentales en el tráfico de drogas. El desafío de la comandante resultó inadmisible. Salado no es la única comandante de la policía comunitaria guerrerense presa. Desde que hace un año comenzaron en Guerrero los *operativos* contra la Coordinadora Regional de Autoridades Comunitarias-Policía Comunitaria, al menos 10 de sus integrantes se encuentran en circunstancias similares y por razones parecidas. Es el caso de Gonzalo Molina, Bernardino García, Arturo Campos y el opositor a la presa de La Parota, Marco Antonio Suástegui.

"Al doctor José Manuel Mireles Valverde, líder de las autodefensas michoacanas, lo mandaron un poco más lejos que a Néstora: al Cefereso[95] de Hermosillo, Sonora. Está acusado de portación de arma de fuego de uso exclusivo del Ejército y delito contra la salud, en su modalidad de *narcomenudeo* en la variante de posesión simple de mariguana y cocaína. La verdad es que, como han declarado el comisionado Alfredo Castillo[96] y el secretario de Gobernación, Miguel Ángel Osorio Chong, el doctor Mireles está preso por no haber cumplido los acuerdos de mayo, firmados por el gobierno federal y los autodefensas, es decir, que el detenido se negó a desmovilizarse y desarmarse.

"El doctor Mireles se define como un preso político. Su abogada, Talía Vázquez, concuerda con él. Como le explicó a la periodista Sanjuana Martínez: "Quien no cumplió ninguno de los acuerdos fue Castillo. No liberó a los 517 presos de los grupos de autodefensas, tan solo en Michoacán. Y, sobre todo, no cumplió con el arresto de *La Tuta* ni restableció el estado de derecho. No pasó nada. Quien rompió el pacto fue Alfredo Castillo y no el doctor Mireles. Esto también demuestra que es un preso político".

"Al igual que el doctor Mireles están presos otros 319 autodefensas michoacanos. Su verdadero delito fue garantizar su seguridad y la de sus familias, a riesgo de su propia vida, ante la omisión (o la abierta complicidad) del Estado. La lista de luchadores sociales encarcelados va mucho más allá de aquellos que vienen de las filas de las policías comunitarias y las autodefensas de Guerrero y Michoacán.

"El pasado 6 de abril fue detenida Enedina Rosas, comisaria ejidal de San Felipe Xonacayuca, en Puebla. Apenas dos días más tarde aprehendieron a Juan Carlos Flores, vocero del Frente de Pueblos en Defensa del Agua y la Tierra, Morelos, Puebla y Tlaxcala, y a Abraham Cordero, integrante de Los de Abajo y del Frente Campesino del Valle de Texmelucan y Sierra Nevada. Se les acusa de cargos ridículos. La razón por la que están tras las rejas es oponerse a la imposición del Proyecto Integral Morelos, que contempla la construcción de una termoeléctrica y un gasoducto que atraviesa Puebla, Tlaxcala y Morelos, en las faldas del volcán Popocatépetl. El activista mixe Damián Gallardo lleva 15 meses encarcelado en el penal de alta seguridad de El Salto, en Jalisco. Bajo tortura, fue obligado a confesar que había secuestrado a dos menores de

---

[95] Cefereso o Cereso es el nombre que dan a las cárceles en México.

[96] Ya nos referimos a este mismo sujeto como el Virrey en un fragmento anterior. Es el comisionado para la paz que envió el gobierno federal al Estado de Michoacán, que en realidad ha protegido a los delincuentes y encarcelado a las autodefensas.

edad en Oaxaca. No fue el único. Del mismo delito están acusados Mario Olivera Osorio, Sara Altamirano Ramos, Leonel Manzano Sosa y Lauro Grijalva. Las autoridades les arrancaron sus autoincriminaciones por la misma vía que obtuvieron la de Damián. La lista de dirigentes sociales injustamente detenidos es mucho más extensa. Las cárceles de México están llenas de presos políticos."[97]

Continuidad de la locura y aspiración por un mundo desideologizado

El sistema político ha extendido y profundizado su demencia. Y hasta la ha convertido, como nos explicó Martín Tetaz, en una forma de ser o responder, como sujetos dominados por sus paradigmas, con una conducta de consumo, hedonismo y extravío. Pero esa no es la única locura que ha tenido continuidad. Los izquierdistas que vivieron convencidos de la justeza del leninismo –de esa doctrina que inventó Stalin y se mantuvo en el conjunto de las organizaciones políticas de inspiración marxista–, mantuvieron una fé semejante o equivalente, solo sustituyendo al santo, pero sin superar la convicción absoluta, o la confianza ciega. Las nociones de bien y mal han seguido asociándose a una clase o a una corriente. Y cada caucus o secta o partido ha continuado sus exorcismos contra lo diferente. Aunque el rito se haya simplificado, o se sujete a una parafernalia menos teatral o circense.

Lo que no parece haber sufrido transformaciones o evolución notoria es el grado o extremo de su vehemencia, y de los actos que en su nombre o con su inspiración los seres humanos siguen siendo capaces de cumplir, de ejecutar. Aunque la sociedad hoy haya creado toda una legislación sobre derechos humanos, o sobre la pluralidad y las garantías para los diferentes.

---

[97] Luis Hernández Navarro. La Jornada. 19 de agosto de 2014. Y no se trata de guerrilleros o saboteadores, sino de ciudadanos que nunca antes acudieron a la violencia, y que, en todo caso, la repelieron con los mismos medios.

Los juicios como los que Inocencio III celebró en el Siglo IX, los volvieron a realizar grupos comunistas en el Siglo XX. Y la quema de infieles o la fabricación de guillotinas sigue a todo vapor.

Nuestro mundo vive, mientras yo escribo o usted lee, matanzas en el medio oriente en nombre de la verdad, o fingiendo la defensa del "mundo libre", pero protegiendo intereses mezquinos. Países enteros padecen cercos económicos. Y hasta se crean epidemias que ocultan las crisis de la economía, y las hacen aparecer como derivadas del encierro o la política de salud.

Yo he relatado un periodo muy acotado entre los últimos años sesenta y el comienzo de la década siguiente. Pero en esos mismos años setenta tuvimos otras demencias y protagonistas más trastornos.

Tuvimos, por ejemplo, a un presidente que para combatir a sus críticos y cuestionadores enviaba a policías o sicarios a cometer crímenes o actos que para todo mundo resultaban execrables y motivo de toda indignación. Y enseguida culpaba a sus enemigos de haberlos realizado. Y tuvimos, al mismo tiempo, grupos de militantes que castigaban la disidencia dentro de sus propias filas dando el mismo trato que al peor enemigo.

Ojalá y mis compañeros sintieran motivación por denunciar los actos deleznables de ese periodo, explicando la compleja deformación de la política que tuvo que darse para incurrir en prácticas tan equivocadas.

Ojalá, en verdad deseo, que hoy estemos en proceso de dejar atrás los linchamientos y los comités de salud pública que se han aplicado en tanto tiempo, impidiendo la pluralidad y la confrontación que mantengan la vitalidad de la vida cívica.

Por ello la terapia social que planteo en este trabajo, debe ser claramente diferenciada de la acción de grupos que se hacen justicia solos. No quisiera que se confunda la ética de un grupo de autodefensa, que responde y combate al crimen defendiendo el interés comunitario, con una cofradía de intransigentes que linchan a todo el que critique. No es lo mismo gente como el Dr.

Mireles (QPD), con los lunáticos que ya quieren pasar a la Poniatovska[98] y a todos los críticos del presidente Andrés Manuel a la guillotina.

No cabe duda de que alcanzar una visión auténtica y verídica de los hechos sociales es hoy mucho más difícil que en los tiempos anteriores a los medios masivos y la tecnología de difusión. Sabemos también que, si antes se planteaba desentrañar la realidad profunda detrás de la apariencia de los hechos, hoy, además, se requieren conocimientos de varias disciplinas para guiarse en los acontecimientos que forman nuevos fenómenos en la vida cotidiana.

Antes, hace ya mucho tiempo, la diferencia podía establecerse entre un hombre de fe y un hombre con formación científica. Pero hoy, innumerables y doctos profesionales, con títulos y postgrados, defienden automóviles que contaminan más, o sustancias químicas que acompañan a los fertilizantes y causan terribles enfermedades.

Dentro de una misma profesión y con una preparación académica semejante encontramos periodistas o profesores que igual pueden estar tratando de crear conciencia entre sus lectores o alumnos, y los que los están entrenando para defender el sistema tecnológico y mantener el statu quo.

El ensayo que escribió Marx sobre el trabajo enajenado, hace ciento sesenta años, mostró un método para desentrañar cómo es que el ser humano perdía lo más distintivo de su espíritu al someterse a una forma de producción, donde él quedaba reducido a la condición de fuerza impulsora y a donde el producto de su labor le fuera completamente ajeno. Pero hoy esa enajenación, que es mucho más comprendida que en el tiempo en que se desentrañó, es una entre muchas. Y los nuevos elementos de

---

[98] Elena Poniatowska, escritora y periodista democrática, que lo mismo levantó un testimonio sobre la matanza de Tlatelolco que pidió al Presidente que suspenda sus locuciones mañaneras por estar incitando a la división y la pelea.

enajenación, sabemos hoy, requieren niveles de información, despliegue y entrenamiento de procesos de análisis que no ocurren espontáneamente, y experiencias personales y colectivas no solo de trabajo, sino también de lucha y de estudio, para ser superadas. La conciencia histórica que hemos mencionado postulaba el marxismo, no ha tenido lugar, pero hoy es tanto o más complejo alcanzar la comprensión de los fenómenos dentro de los cuales actúan los grupos humanos, distinguiendo el discurso de los hechos, la intención de los resultados, o la calificación, como capacidad adquirida, de la vehemencia con que se rechaza o propone algo.

El Partido revolucionario era concebido, en el Siglo XIX, como un guía político que orientaba la lucha, pero hoy, cualquiera que vaya a ser el organismo que adopten los grupos de inconformes o con vocación de transformar el mundo, tendrá que ser un informador, un divulgador de conocimiento, un destructor del mundo pseudoconcreto, un depositario de los conocimientos y la ética sobre los mundos posibles donde quepamos todos, y todos podamos alcanzar plenitud.

III Exorcismo y terapia para un mundo sin alienación ni razón de Estado

El mundo parece vivir en el espacio de los intentos fallidos o la pelea de sombras. Ante los atropellos claros del poder los ciudadanos apelan a la Comisión de Derechos humanos, aunque esta Comisión se la pase atacando a los que se defienden y haciéndose de la vista gorda frente a los más asquerosos crímenes. Ante las acusaciones que se imputan a los ciudadanos de narcotráfico y portación de armas, encerrándolos en cárceles de alta seguridad porque defienden a sus familias y su comunidad, los familiares apelan ante la Presidencia que nombró a los fiscales, y ante la Procuraduría que los jefatura. Ante las medidas económicas impuestas por la Secretaría de Hacienda los economistas hacen críticas rigurosas en los medios de comunicación y la academia, para que los autores de esas medidas económicas sólo hagan mofa y escarnio. Y ante los crímenes cotidianos contra la población, con desaparecidos, secuestrados o asesinados, los ciudadanos siguen apelando a la vigencia de las leyes y el Estado de derecho, como si sus apelaciones tuvieran efectos por ensalmo o sortilegio. Parecería que una ceguera colectiva ha invadido a la población para que no puedan ver que el Estado es un cascarón vacío de justicia, pero lleno de dientes.

Y la sociedad no parece cansarse. Los ciudadanos no parecen darse cuenta de lo infructuoso y fallido de sus protestas y caminos trillados. Porque ¿qué efecto puede tener la crítica de un discurso económico que está concebido y formulado desde la locura? ¿Qué peso puede tener la lógica o el rigor de la teoría contra un dictado que se encapsuló en frases económicas de sentido común, pero que en realidad responde a intereses no expresados y a trastornos mentales que han deformado la mente de sus autores donde se han sustraído los principios y la identidad nacional para dejar solamente la ideología y su necesaria demencia?

No ciudadanos, no podemos seguirnos engañando. La economía, cuando es racional y cuando efectivamente persigue satisfacer las necesidades básicas de los seres humanos, sigue siendo una ciencia, pero cuando la economía se ha convertido en un instrumento al servicio de un orden de explotación, que perpetúa las injusticias, que se desentiende de la satisfacción del hambre, y que solo garantiza más acumulación de capital, no puede enfrentarse con argumentos que cuestionen las premisas del modelo propuesto y vigente, sino que se tiene que reconocer que el origen de lo que está mal está detrás de las propuestas neoliberales, debajo de las frases que justifican las política económica, en una deformación mental que no admite cuestionamientos, en una actitud que desprecia a los seres humanos, en una demencia ideológica que ha convertido en demonios a los que están a cargo de la economía, demonios que mentirán para disfrazar su perversidad, y que tratarán de confundir el pensamiento de sus víctimas, tal y como los describe la biblia.

"Vosotros sois de vuestro padre el diablo, y los deseos de vuestro padre queréis hacer. Él ha sido homicida desde el principio, y no ha permanecido en la verdad, porque no hay verdad en él. Cuando habla mentira, de suyo habla; porque es mentiroso, y padre de mentira."[99]

"Seis cosas aborrece Jehová, y aun siete abomina su alma: Los ojos altivos, **la lengua mentirosa**, las manos derramadoras de sangre inocente, **el corazón que maquina pensamientos inicuos, los pies presurosos para correr al mal, el testigo falso que habla mentiras**, y el que siembra discordia entre los hermanos."[100]

A estos enfermos, a estos endemoniados, no se les puede vencer desde la discusión sobre paradigmas. Sólo se les puede tratar como lo que son, solo se les puede aplicar la terapia contra el mal y la locura. Para estos enfermos mentales todo el que los critique es un enemigo. Es enemigo el que otorga prioridad a la alimentación en lugar de dársela a las exportaciones. Es enemigo

---

[99] El Evangelio de Juan 8.44
[100] Proverbios 6.16.18

todo aquél que llame a invertir en la producción en lugar de aumentar las reservas de dólares en el Banco Central. Es enemigo el que pide creación de empleos en lugar de reconocer que esa necesidad es solamente un asunto de los privados. Es enemigo el que protesta por la insuficiente demanda de educación. Es enemigo el que se defiende del crimen ante la complicidad de éste último con las policías. Es enemigo el que clama por justicia porque no termina de aceptar el orden de cosas tal y como se ha dictado.

Dice el joven historiador Alberto López Limón que un estado represor procede a una construcción ideológica antes de ejercer su nefasto ejercicio práctico. Y que esa construcción ideológica tiene un propósito múltiple, comenzando por atraer a su lado a la opinión pública mediante su control y confusión y terminando por sentar las bases para la justificación histórica que haga digeribles sus crímenes.

Alberto lo plantea como la invención del enemigo[101]. Esto es, como la señalización o estigmatización de aquel sujeto que se pretende destruir. Pero lo grave es cuando ese sujeto es la mayoría de la población, porque entonces pasamos a vivir como en México, donde una minoría absoluta está en guerra contra el pueblo en su conjunto.

Al inventar al enemigo, el Estado, o la entidad de que se trate, se basa en los sentimientos y valores más comunes y generales que tiene la gente en una época y en una región o nación. Si se trata de una población hambrienta, se va a hablar del enemigo como el causante de esconder los alimentos, o de envenenarlos, aunque esté proponiendo producirlos. Si se va a hablar a una población fanática, creyente, se va a inventar en el enemigo la condición demoníaca, aunque este sujeto esté expresando de la manera más cándida su buena voluntad. Si se va a manipular a una población

---

[101] *La Liga, una cronología*. Editorial La Casa del Mago, Colección *No se olvida jamás*. Guadalajara, Jalisco, México 2013. Pág. 14.

que no consigue salir de la pobreza, no se le va a explicar cómo podría emanciparse del paro o desempleo, ni se le va a decir cómo podría redistribuirse mejor el ingreso. Y no se le va a decir eso porque el objetivo o fin del Estado puede ser simplemente perpetuar su existencia, y el destino de la masa le puede ser completamente ajeno, o, mejor dicho, incómodo. En cuyo caso el enemigo podrá ser cualquiera que plantee terminar con el orden injusto, o cualquiera que se atreva a proponer medidas razonables, posibles, concretas, objetivas y bien diseñadas, pues cuestionan los fundamentos de la desigual distribución del ingreso. Ese enemigo puede ser caracterizado como violento, negador de las libertades, hereje, ateo, o cualquier cosa que pueda atemorizar a la gente, y que justifique ante los ojos de esta gente, los golpes o crímenes que puedan cometerse contra ese enemigo.

Y me pregunto, ¿cuánto tiempo tiene que pasar para que entendamos que se trata de pelear contra esa tergiversación, esa impostura, pero no con los argumentos que hasta ahora empleamos sino con los instrumentos que sean eficaces?

Durante los largos siglos en que la sociedad estuvo dominada por el clero católico, lo que los curas juzgaban como el mal fue objeto de dos caracterizaciones, o el de la herejía o el del poseído. Al primero se le torturaba y asesinaba, al segundo se le exorcizaba. Los herejes, es decir los que sostuvieran o difundieran versiones o explicaciones que contradijeran a la iglesia, recibían la pena de muerte. La sexualidad, la angustia, la esquizofrenia, la disidencia política, todos estos casos, fueron abordados con conjuros ideológicos, con invocaciones a las fuerzas que tenían en su mente los todavía más enajenados clérigos. La protesta consciente era herejía, pero la protesta inconsciente o que se expresaba de manera incomprensible para el sacerdote, recibía el tratamiento correspondiente al exorcismo. Hoy, como tenemos que dar nuevo significado a las palabras para poder usarlas, haremos un exorcismo de nuevo tipo. No porque pretendamos erigirnos en curas de una nueva fe, ¡dios nos libre! Simplemente porque se trata de una propuesta ciudadana. Claro, si hoy alguien debe cuidar por la salud mental de sus gobernantes y de los responsables de la administración de los bienes públicos, y por conjurar el peligro de la ideologización de las masas, como ocurrió durante el nazismo o como ocurre hoy todavía en Cuba, en Corea, entre algunos grupos neonazis, o entre seguidores de líderes "carismáticos" y fundamentalistas, sólo puede ser el pueblo mismo. Y cuando esos exorcismos no basten, no conjuren o destierren el mal, entonces el pueblo tendrá que aplicar la terapia. Pero vayamos por partes.

La democracia hoy poco tiene que ver con el voto universal o la división de poderes, pues esas instituciones han quedado completamente superadas por el control ideológico, los medios masivos de difusión de información y estandarización del pensamiento ciudadano, la uniformidad de las noticias que se difunden, y la educación, concebida como ejercicio de adiestramiento y domesticación de las voluntades.

Y los enemigos de la nueva democracia, más allá del fraude electoral, están agazapados en la ideología, el control de la información, la orientación de los procesos y contenidos educativos, y la estructura de organización del poder público, a través de nuevas correas de corporativismo que abarcan a los partidos, las fuentes de ideología, las agencias de información, y la institución de los deportes, como nuevo circo, es decir como el papel del viejo circo romano.

Si algo se ha mostrado eficaz en el control o la distracción de la opinión pública, ha sido precisamente el futbol. Varios gobiernos procuran que sean coincidentes los golpes al interés popular que aplican las políticas públicas, con la celebración de juegos estelares o series de partidos. Pero desde luego no se circunscriben las políticas de distracción al uso de ese deporte, pues también se viene empleando todo tipo de manipulación mediática sobre cualquier figura del cine, de la tv, o de la farándula. Incluso se han promovido capillas culturales, a través de las cuales se induce la lectura de material políticamente "correcto" o inocuo, o de supuestos opositores que pueden parecer estridentes, pero carecen de propuesta alternativa y por lo mismo no causan problemas al sistema.

Estas formas de alienación o distracción del pensamiento han ido perfeccionando inclusive formas nuevas que impiden la reflexión ciudadana y hasta el pensamiento racional. Por ejemplo, se dice que, en el proceso de la evolución, el hombre aprendió a recibir estímulos sensibles para digerirlos. Pero que cuando los estímulos son repetidos y breves, no se deja al organismo pasar a la siguiente etapa, es decir, no puede digerir lo que vio, escuchó, sintió... pues antes de que cierre o concluya el proceso intelectivo, ya tuvo un nuevo estímulo. De tal manera que su actividad no trasciende una presencia en el cortex o superficie cerebral. El individuo tweetea, podría decirse, nunca profundiza, nunca razona. Sólo alcanza a dar respuestas automáticas. Como cuando se operacionalizan las jugadas de ajedrez y no se permite que el adversario analice, pues debe responder de manera instantánea.

Esta forma de vacunar la comunicación contra todo verdadero pensamiento, nos retrae a la condición de los primates menos evolucionados, los que hacían gestos, o respondían lanzando objetos o gritando monosílabos.

Otro mecanismo para conjurar todo pensamiento reflexivo es llenar a los sujetos de tareas mecánicas o administrativas, hasta que su tiempo real para la lectura o el estudio se reduzca a cero. Sólo existen tiempos de comida, dormir, sexo y televisión. Pero les dejan cero tiempos para mirar el paisaje, o sentarse a cavilar. Y estos funcionarios, ejecutivos o simples empleados, van abandonando la consulta de fuentes, la lectura de grandes textos, y la revisión de estadísticas. Quieren que todo se los resuma en un párrafo, y que el conocimiento quede cifrado en diez renglones.

Evidentemente terminan por ejercer su trabajo o cumplir su "responsabilidad", siguiendo instrucciones muy precisas, donde no se requiere criterio alguno, ni conocimiento tampoco. Y es solo el gran hermano, el jefe, el funcionario más alto, el director del corporativo, o la autoridad, cualquiera que esta sea, el que le hace llegar el manual de operación, de procedimientos o de tareas.

Y la administración pública queda reducida a una estructura burocrática insensible, a la que le tweetean la neta desde alturas burocráticas, sin que se pida pensar, y sin que el perfil de quienes son incorporados a la administración, admita la curiosidad, él espíritu de la duda o el oficio del investigador. Pues solo se requieren dóciles animales que actúen cumpliendo instrucciones. Su bono[102] es, en consecuencia, del mismo carácter del bocado que Pavlov le daba a sus perros cuando cumplían el movimiento que se les estaba enseñando.

En la sociedad, por fortuna, ocurren muchos fenómenos que transgreden ese marco, y que amenazan la estructura de control que el Estado y los monopolios ejercen sobre los ciudadanos. Sin embargo, esos hechos que se disparan de la vida cotidiana, y que muchas veces impactan la conciencia inmediata de los hombres y mujeres enterados, no han podido todavía constituir una cultura alterna. En parte porque se silencian sus significados y difusión, y en parte porque los ciudadanos no se han podido organizar para rescatar ese conjunto de efemérides, revalorizaciones de experiencias o descubrimientos de verdades, que habían permanecido, o permanecen, ocultas o prohibidas. Aun así, tenemos que mostrar cuáles son los ejemplos que apuntan a una reconsideración del pasado, o mejor dicho, a una reinterpretación de los hechos, pretéritos o recientes, que nos conduzcan a un replanteamiento del presente y una comprensión del futuro necesario.

Y el hecho, es decir, ese fenómeno en curso, en el que se reinterpreta lo que ocurrió, en el que se recuerda lo que se había

---

[102] Pago extra que se "concede" a los funcionarios públicos por su buen desempeño.

olvidado o se había menospreciado, ocurre en todas partes, y lo que quisieron ver como globalización se ha ido convirtiendo en una conciencia planetaria sobre la opresión, la degeneración del poder, y la urgente participación ciudadana en la definición de su existencia.

Lo que pasó en la Unión Soviética, y lo que está ocurriendo hoy en China, nos concierne en la misma medida que el juicio a los torturadores del periodo de la dictadura en Argentina o en Chile.

De cómo desde la maldad del poder fue hecho a un lado el intento de reformar el socialismo

Antes, mucho antes de la crisis terminal del llamado socialismo, hubo muchos herejes que plantearon la solución a sus problemas. Con una característica común: todos cuestionaban la centralización del poder y proponían el restablecimiento cuando menos parcial del mercado. Desde Lieberman en Rusia, hasta Ota Sik, Radoslav Selucki, en Checoeslovaquia, o Kuron, Modzelewski y Brus en Polonia[103], tenían claro el diagnóstico y la solución. Pero el poder de la burocracia era tan absoluto, que a todos purgaron y a ninguno escucharon. Abrir el entendimiento a sus propuestas conllevaba cuestionar la centralización del poder y admitir la participación ciudadana.

Finalmente, las cosas fueron ocurriendo, no acorde con una propuesta racional anticipada, sino porque los ciudadanos hicieron estallar el modelo. Y como el proceso fue espontáneo, no tuvo derrotero previsible ni conductor capaz de comprenderlo. Así, durante el periodo de gobierno de Gorbachov tuvieron lugar varios momentos inéditos y fundamentales, muchos de los cuales fueron pronto silenciados o desdibujados por la reinserción de la burocracia reciclada del Partido Comunista, ahora organizada en

---

[103] Liberman escribió sobre el **Socialismo de mercado**, Ota Sik sobre **La tercera vía**, Selucki sobre la libertad sindical, Kuron la famosa **Carta al Partido polaco** que algunos consideramos el Nuevo Manifiesto Comunista, y Brus hizo la propuesta más lúcida para reformar el socialismo de manera democrática.

mafias del poder y en nuevos partidos de una supuesta Nueva Rusia. Esa etapa convulsa llena de opciones que se fueron cancelando, sin embargo, dejo sembrada en la consciencia del pueblo ruso un camino de esperanza y búsqueda.

Uno de los primeros análisis sobre la degeneración del Estado soviético que trascendió a su entorno fue el libro de Michel Voslenski, texto que a tan sólo tres décadas podría ser considerado ya un clásico sobre la Historia Universal, con la misma importancia que el tratado sobre las *Guerras del Peloponeso*, que escribiera Tucídides, o que la *Historia Verdadera de la Conquista de la Nueva España*, de Bernal Díaz del Castillo. Incluso el término que él empleo para caracterizar a la Nueva Clase, se volvió vigente, fue adoptado por todos. *La Nomenklatura* nos muestra el largo proceso a través del cual la doctrina de la revolución se convirtió en una ideología que era indispensable conservar para dar legitimidad a cada uno de los actos del Estado, pero ahora mantenida por una burocracia que no solo era ajena a la lucha revolucionaria de los fundadores del régimen y la sociedad soviéticos, sino que había ido adquiriendo sus propios intereses como detentadora o propietaria de las instituciones y el poder. Y no hablo en sentido figurado sino lato. La burocracia no fue propietaria de los medios de producción, pero no necesitaba serlo, pues al ser usufructuaria monopólica de la maquinaria del Estado, adquiría un poder mayor que el que otorga la propiedad, pues su dominio y mayorazgo lo hacían soberana de la opinión pública, y de la vida misma de los ciudadanos.

El viejo esquema de la evolución, en el que se describía un proceso de progresiva emancipación del hombre, desde el esclavismo, al feudalismo, donde ya no era objeto del amo, sino tributario, y la supuesta libertad del mercado, quedaron anulados en el nuevo régimen soviético, en el que una minoría detentaba el poder, y a través de él las consciencias, la educación, la propaganda, el excedente económico, y hasta la vida o la muerte de los ciudadanos.

Durante años simularon estos funcionarios nomenklaturos hacer todo en nombre del socialismo, pero solo la primera generación lo tomó con sinceridad, y a partir del stalinismo consolidado, se convirtió en un uniforme o ritual en el que la gran mayoría no tenía verdadera convicción, aunque al pueblo sí le hicieran mantenerlo como una fé. Pues la restricción original para adquirir estatus, si no se era miembro del partido, se convirtió en una falsedad cuando ese partido era en realidad una agencia de colocaciones de los más serviles y oportunistas. La ideología original que se mantuvo durante los primeros años, era ejemplo de solidarismo y compromiso con el prójimo. Pero en la nueva etapa era pura simulación. Y por ello gestó una conducta caracterizada por el cinismo. Y hoy el poder en Rusia, una vez que decretaron la desaparición del Estado soviético, y con ello de la supuesta propiedad "de todo el pueblo", descarnó o desnudó a los nuevos gobernantes, como seres sin doctrina, sin principios, que se han descarado como partidarios del poder del que puede, del que se impone y es capaz de atropellar a los demás. Putin, el defensor y supuesto salvaguarda del interés del Estado, devino en Putin el usufructuario sin máscara.

Y fueron tan exactos la previsión y el análisis de Voslenski, que la Nueva Clase, que fuera producto del voluntarismo de fundar el socialismo en un solo país y sin democracia, que además de haber anticipado cómo el interés burocrático se impondría sobre la herencia de la revolución, prácticamente nos anunció un régimen como el de Putin. Sí, Putin había sido el jefe de la policía, y justamente por eso pudo poner orden, sancionar el reparto de los bienes públicos entre los ex miembros del partido comunista, y crear la nueva economía –que por cierto nada tiene que ver con el capitalismo, en cuanto a libertad de mercado o filosofía de empresa–, pero que ha sido tanto o más intensa en el proceso de acumulación de capital en pocas manos.

Es probable que los historiadores del futuro califiquen a esa Nueva Economía como Economía de Monopolios Privados sin Mercado. Pero ese es otro asunto.

El libro de Voslenski[104] se puede comprar en Moscú y en las principales ciudades de Rusia en la Casa del libro (Dom Knigui), (fue traducido al castellano hace ya más de treinta años). Se puede comprar en Rusia porque sus ediciones no pasan de mil ejemplares. Y **La Nomenklatura** ha calculado que mientras ella controle la televisión, los contenidos educativos y la información en general que se difunde, mil pinches ejemplares no representan ningún peligro. Los tiempos de las copias clandestinas, la reproducción de panfletos que hacían de fermento en la opinión pública, ha dejado de tener impacto. Quién sabe si para siempre o solo porque los cambios vertiginosos no han dado tiempo para un nueva reflexión colectiva y una proliferación de **Zamisdat**[105].

Cuando hablé en la Rusia postsoviética de éste libro con aquellos con los que lograba un diálogo verdadero, se mostraban sorprendidos. Ninguno lo conocía. Y tuve que ir varias veces a las librerías para adquirir ejemplares y regalarlos. Pues o estaban incrédulos de lo que yo decía, o simplemente aceptaban el nivel de información o consciencia que ya habían "alcanzado". Me pareció que la sociedad rusa estaba lejos de poder emanciparse de la nueva dictadura. (Una de las pocas voces críticas era, desde hacía veinte años, la de Boris Kagarlitski. Pero luego aparecieron otros disidentes, o se sumaron algunas personalidades a la oposición. Tales son los casos de Limonov, que vendía sus libros entre los jóvenes y encabezó las manifestaciones en el segundo lustro del nuevo Siglo y fue un nuevo **enfant terrible**[106], o Kasparov y las Pussy Riot durante la segunda reelección de Putin.)

---

[104] Historia de la nomenklatura. Hay traducción al castellano en Editorial Argos Vergara. Barcelona 1981.

[105] El Zamisdat era un periódico popular en el que las masas inconformes difundían sus denuncias y anotaban sus demandas.

[106] Lamentablemente Limonov falleció en 2020.

Además de los libros que ofrecen nuevas versiones sobre la historia rusa —algunos de los cuales son ejemplo no solo de tesón y disciplina de trabajo, sino también de profundo sentido histórico e identidad—, también debemos registrar la resistencia que ofrecieron los obreros para entregar las fábricas. Movimiento que en occidente no fue siquiera mencionado; o el sordo malestar que ha pintarrajeado las terminales de transporte o las estaciones menos vigiladas con consignas contra la oligarquía. Especial mención merecen los libros del General Alexander Shebiakin (lamentablemente todavía no traducidos)[107], en los que sacan a la luz **los procesos que condujeron a la destrucción de la Unión Soviética. Según Shebiakin, la caída de la Unión Soviética, a la que considera la mayor tragedia del Siglo XX, peor aún que el Holocausto, no ocurrió según las versiones conocidas, sino que fue preparada cuidadosamente desde la KGB, como verdadero artífice de la destrucción, demandando un verdadero juicio histórico a sus autores. En su documentada versión, existía un estrecho vínculo entre los servicios de inteligencia norteamericanos y los responsables de la policía política de la Unión Soviética, que conspiraron juntos y diseñaron cada paso, con ayuda de sofisticadas tecnologías, para destruir a la Nación. Y el otro ejemplo notable de recuperación de la conciencia histórica lo constituyen los** tres tomos de Vitali Shentalinski, que durante el breve periodo de la Glasnost revisó apresuradamente los archivos de la KGB y fotocopió los documentos de la disidencia que fue silenciada durante los setenta años del comunismo, para redactar esa estupenda trilogía, en la que recupera para todos nosotros el pensamiento de la intelectualidad silenciada o exterminada en la URSS (existe traducción castellana[108]).

---

[107] Zagadka Gibeli URSS (En ruso) y su Historia de la conspiración para derrocar a la URSS, que ha sido borrada de Internet, junto con toda referencia a su persona. Sin duda por el poder de Putin. Yo tengo un ejemplar de la edición original en ruso.

[108] Galaxia Gutenberg, Barcelona 1996.

Está por escribirse sin embargo algo que sintetizaríamos como la doble derrota del socialismo. Porque una derrota es aquella del falso socialismo que se nos presentó como el único posible. Es decir, ese socialismo diseñado acorde con los manuales, siguiendo *Las cuestiones del leninismo,* y que implicaba el centralismo democrático para suprimir la autogestión y la democracia social; que instituyó la religión de estado, la disciplina ideológica y la economía al servicio de la industria militar y la carrera espacial. El fracaso de ese socialismo se explica por sus propias contradicciones y no tendríamos nada que agregar a lo que Kuron y Modzelewski escribieron[109]. Pero el otro fracaso, que es probablemente más sensible y difícil de superar, está en que durante tantos años creímos que estábamos construyendo y luchando por algo correcto, por un ideal que efectivamente representaba el porvenir para todos los seres humanos. Al vivir ese ideal, haya sido como fé o como doctrina, millones lo hicimos con sinceridad y con devoción. A veces con un apostolado que solamente los cristianos de las catacumbas habían tenido. Y enfrentarnos en un momento a la cruda consciencia de que una cosa era lo que creíamos estar haciendo, o el ideal que queríamos defender, y una muy otra era la dirección internacional del proceso y el interés real de los partidos marxistas, de todas las corrientes, ha sido un golpe terrible. Un golpe que algunos pocos aprendimos a superar con estudio y reflexión, pero que muchos sólo vivieron como derrota, como fracaso, como pérdida de horizonte y esperanza. Y social e históricamente hablando, este aspecto de la derrota fue de millones de ciudadanos. Que todavía hoy no terminan de entender qué paso en el Siglo XX, y que miran en consecuencia con escepticismo la realidad del mundo, pues han perdido la capacidad de ilusionarse o perseguir la utopía. Y privar a

---

[109] Yo hice la primera traducción al castellano estando en la Cárcel. La prologó José Revueltas. Su prólogo está en sus obras completas.

los hombres y mujeres de la facultad de la utopía es una de las más grandes desgracias que le ha ocurrido a la humanidad.

En mis viajes al ex bloque soviético he recopilado los testimonios de esa tragedia y ese desencanto. He sido testigo de cómo la caída del ideal multiplicó el alcoholismo y la disolución familiar. He visto cómo después de setenta años de gobierno "proletario" las masas obreras sobreviven en pocilgas o departamentos minúsculos y sombríos. He convivido con los sobrevivientes de la caída, y he llorado más que ellos su infortunio y su condición actual.[110]

Y si algo me anima a buscar ahora el perfil o mapa del porvenir es la convicción de que no debemos repetir los caminos de la ideología, ni las ilusiones voluntaristas. Porque ese ha sido el camino de la locura ideológica.

El discreto encanto de Lin Yutang y la grosera versión del socialismo chino

En China la situación es muy distinta pero no mejor. Distinta pues el régimen pretende ser todavía la continuación del comunismo, aunque haya introducido el mercado casi libre, y aunque la inversión extranjera haya penetrado más que en Rusia. No mejor porque la supresión de las libertades es más violenta. Pero el partido gobernante se cuida de que la participación actual de la población no se plantee reconsiderar o revisar críticamente los hechos históricos desde fines del siglo pasado.

Pocos trabajos nos llegan a occidente sobre lo que pasa en China, pero a través de esos testimonios alcanzamos a percibir una amplia producción de críticas y reflexiones que están difundiendo allá muchas personas. Por ello resulta importante mencionar cuando menos algunos de los casos que han sido publicados en lenguas occidentales. Aunque por algún tiempo seguiremos teniendo una visión parcial o incompleta. La última década nos ha

---

[110] Mi testimonio sobre la situación en los ex países del socialismo está en otros Capítulos de *Tiempo sagrado y tiempo profano. Cómo se extendió el liberalismo por el mundo. De próxima publicación Amazon 2021*

develado ejemplos literarios y de ensayos que muestran una rica vida intelectual y una creciente participación de los estudiantes y los intelectuales en la reflexión histórica y social de su experiencia y del carácter de su gobierno.

No tenemos duda de que la población china ha producido varios nuevos pensadores profundos sobre su realidad. Cierto es que algunos libros traducidos a lenguas occidentales tienen un carácter casi puramente descriptivo, pero otros también son profundamente analíticos de las injusticias, o francamente contestatarios. Y entre éstos últimos algunos que parecen seguir una línea cuidadosamente concebida para extender la resistencia sin que el régimen pueda cuestionarlos. Entre los escritores chinos más difundidos están, desde luego Mao Yan, y Liao Yiwu, que es menos citado o difundido, pero acaso de pensamiento más independiente. Mao Yan ha sido laureado y publicado en occidente, pero Liao Yiwu ha escrito cosas que hacen pensar. En sus relatos de *El paseante de cadáveres* ha trasmitido el contexto y algo de los impactos de la matanza de Tiananmen, ocurrida hacia 1989. Otro autor, Ha Jin, nos trasmite los atropellos y la locura colectiva de los guardias rojos, alentados por Mao, durante la revolución cultural, y los antecedentes de las protestas que condujeron al martirio de la *Plaza de la Luz Celestial* (Tiananmen) en 1989.

Hasta antes del maoísmo apenas conocíamos el profundo y antiguo pensamiento oriental. Teníamos noticias sobre Confucio, Mencio y Laotse, hasta que Carl Jung y Richard Wilhelm nos introdujeron al pensamiento de Launaisuang, el que sistematizó la filosofía del Yi Ching. Pero el Siglo XX registra también a un pensador que aprendió a expresarse en el lenguaje occidental, y nos puso al tanto de la herencia de oriente a la filosofía. El gentil Lin Yutang dejó una docena de libros suyos traducidos a lenguas occidentales.

Viene al caso porque la filosofía China se había caracterizado por su énfasis en los valores y principios, en la formación moral, y en la espiritualidad. Y el maoísmo constituyó una especie de occidentalización de China en la medida que el materialismo era uno de sus fundamentos. Para Lin, el objetivo del hombre no es la modernidad ni el confort, sino la libertad y la paz. Pero con acepciones bien distintas de las que han tenido en occidente.

"El materialismo es la verdadera sustancia y fibra del pensar moderno –nos dice Lin Yutang–, domina todos los planes para la paz y hace una filosofía de paz completamente imposible. ¿Es que no es cierto que casi todas nuestras propuestas para la paz futura se basan en la presunción de que el remedio para los males del progreso económico se halla en un progreso económico mayor? ¿Es que no pensamos en la paz únicamente como un comercio libre, como en una libre circulación de mercancías, como en la prosperidad? La paz es algo que podemos vender y vender en abundancia...Porque el mundo es ahora negocios, negocios políticos y negocios económicos... Una nación es una empresa, un gobierno es sólo el mostrador de una tienda, ¿Quién puede negar que el pensamiento económico ha reemplazado a todas las otras formas de pensamiento, que las cuestiones económicas han hecho sombra a todas las otras cuestiones, que nuestra esperanza más espiritual consiste en que haya buenos negocios?... ¿Y quién puede negar que estos motivos de fuerza y provecho encierran las semillas de las guerras futuras?"

En su libro ***Lágrimas y risas***[111], este autor concluye, citando a Kuangtse:

"Las cuatro amarras del barco del Estado son: cortesía, justicia, integridad y sentido del honor",

y comenta:

"la restauración de los valores de la vida humana es la primera tarea que corresponde a la inteligencia del hombre contemporáneo",

y todavía agrega, citando a Mencio:

---

[111] Editorial Centro Americana. El libro no tiene píe de imprenta, por lo mismo no tiene fecha. Por su contenido debe estar editado en la década de los años cuarenta, pues en algún momento sugiere que puede haber una Tercera Guerra Mundial. Las citas son entresacadas a lo largo de todo el libro.

"aquel que no tenga un corazón de misericordia no sea un hombre; que quien no tenga sentido de la vergüenza no sea un hombre; que quien no tenga sentido de la cortesía, y la consideración para los demás no sea un hombre; que quien no tenga sentido de lo justo y lo injusto no sea un hombre".

Ciertamente representando en sus analectas una visión ajena por completo al maoísmo y sus dictados pragmáticos y fríos, como el más descarnado pensamiento occidental de intemperie. Muy al contrario de lo que se impuso en su patria, Lin decía que lo que necesitábamos en esta época es ante todo una teoría del ritmo de la vida y la unidad e interdependencia de todas las cosas, y que, sin esta fe, la doctrina de la fuerza no podría ser destruida. La paz es imposible hasta que se aloje en el corazón humano, concluía él.

Y los nuevos literatos chinos han reemprendido el camino hacia esa visión humanista y moral del hombre, de la historia y de la sociedad que hoy padecen. Y por ello representan no solamente una recuperación de la herencia intelectual de China, sino también una propuesta espiritual para comulgar con occidente.

Pues los disidentes chinos no buscan occidentalizarse, sino hermanar su amor por la libertad con los ideales de la ilustración.

Así, dice Liao Yiwu:

"Un día por la noche estaba paseando por detrás de la sede del diario de Sechwan y me encontré con varias personas practicando Falun Gong. Una fila de personas haciendo ejercicios de meditación, sentados frente a un muro. Aquél día corría un viento gélido. Yo llevaba un suéter, una chaqueta y un abrigo de plumas, pero ellos, en su mayoría personas mayores, sólo llevaban ropa deportiva y por su aspecto parecían más sanos que yo…ella me respondió "¿Has practicado alguna disciplina similar Esto es Falun Gong, es diferente a otras modalidades tradicionales? Su objetivo no es hacer desaparecer los pensamientos, sino poder concentrarte en lo más hondo de tu corazón…

"Ya no estamos en tiempos de Mao, con su filosofía de que "todo poder político crece a punta de cañón". Todo comenzó tras Maodzedong. El Partido mantiene que se apoyaba en la gente y se mezclaba con ella, pero la realidad es bien distinta y, salvo en el poder, no creen en nadie ni en nada más…El Falun Gong sigue un proceso de disminución del mal karma que trascenderá hasta constituir el camino mundial de los débiles, el destino…El Partido comunista eliminó lo "divino", eliminó el universo enorme que se alza sobre nosotros, haciendo que la gente no tema a nada excepto a la autoridad terrenal. El materialismo nos vacía los corazones. "lucharé siempre por el comunismo" no es más que "por el escepticismo, para eliminar deseos". Pero el Falun Gong no ataca, no tiene "lucha de clases". Si los hombres se rigieran por los principios de "verdad, benevolencia y tolerancia", ¿el mundo no iría mejor? …La deificación personal de Mao llevó al fanatismo, millones de personas se convirtieron en soldaditos para luchar en su mismo bando. Sin embargo, el Falun Gong, aunque tenga muchos seguidores, no desencadena fanatismo, lo único que hace es ir desvelando el código de la vida del maestro a través de la práctica…Las religiones buenas descartan la violencia y el ansia de conquista y se basan solamente en "verdad, benevolencia y tolerancia". Si crees que tienes la capacidad de hacer bien a los hombres y de unir los corazones de millones de personas, quizás no sea mala idea…Se trata de un tipo de ritual. Si no te lo crees, haz lo que yo hago, incluso sentado. Pon la palma hacia arriba y levanta los brazos así…No siento soledad, el tiempo pasa. De dentro a afuera, siente la rueda girar. Soy la eternidad, si algún tipo de secta amenazante destruye toda la cultura del mundo lo único que queda es la eternidad. Y aquí me alzo, por mí, por mis familiares, por mis muertos y por las almas que no conozco…¿Cuánto tiempo ha tenido miedo al poder el pueblo chino? Desde un obrero hasta un jefe, pero el día que comienzan a practicar el Falung Gong ya no temen a nada y se colocan con fuerza ante la línea de seguridad en Tiananmen…"[112]

Otro autor, en un título sugestivo (Sombras del pasado[113]), ya había escrito:

"En estos momentos la Universidad es bastante caótica, porque cada día miles de estudiantes se echan a la calle para manifestarse contra la corrupción oficial. Están enojados sobre todo con los hijos de los dirigentes que han hecho fortunas aprovechándose de sus cargos y conexiones. Muchos estudiantes hablan de una marcha hacia la plaza de Tiananmen. Tengo entendido que se trata del esfuerzo conjunto de los

---

[112] *La practicante del Falun Gong*. Disciplina espiritual introducida en China por Li Hongzhi, un antiguo guardia de seguridad chino exiliado en Nueva York. Capítulo del libro *El Paseante de Cadáveres*. Retratos de la China profunda. Liao Yiwu, Edición Sextopiso. Coyoacán México. 2012. Páginas 153 a 164.
[113] Ha Jin, Colección Andanzas. Tusquets editores, Barcelona 2005. Las citas son tomadas a lo largo del libro.

estudiantes de varias universidades de Pekín. Exigen reformas políticas inmediatas y que el gobierno adopte medidas drásticas para poner fin a la corrupción y a la inflación...

"...Para mi asombro, me llegó el sonido de gente cantando y gritando consignas. La locutora anunció en un inglés pausado y sencillo que una multitud de estudiantes de la Universidad Popular se dirigía a la plaza de Tiananmen para unirse a los que ya estaban allí. A través de la crepitación de los parásitos radiofónicos se oía el grito al unísono de centenares de voces: "¡No regresaremos sin una victoria total!, ¡Abajo con la corrupción!, ¡Salvar al país es deber de todos!, ¡Dadnos libertad y democracia!...

El estudiante que relataba esto, en la novela de Ha Jin, tenía poco después un diálogo con su maestro de la Universidad, quien le decía –Tengo entendido que quieres ir a Hong Kong, y convertirte en un hombre de negocios... a lo que el estudiante había contestado –Están interesados en contratarme, pero aún no me he decidido ....

–¿Podrías prescindir del estudio de la poesía?

–Precisamente eso es lo que me ha hecho dudar. Si he de ser sincero, no me atrae el mundo de los negocios. Amo la poesía, usted lo sabe, pero hoy en día todo el mundo quiere hacerse rico.

...Sí, pero tú no eres "todo el mundo" ...Si estás decidido a estudiar literatura, espiritualmente tienes que ser un aristócrata. Muchos de nosotros hemos sido pobres toda nuestra vida, pero somos ricos en nuestro interior, satisfechos de ser unos quijotes...

No me resultó nada fácil adoptar aquella decisión, escribió el estudiante, que para mí suponía un sacrificio. Sin embargo, una vez resuelta la cuestión, de repente me sentí en paz....

Tiempo después, Ha Jin nos dejaría uno de los testimonios de la matanza de Tiananmen:

"...quiero controlar mi destino con mis propias manos, y cuando muera, quiero terminar sintiéndome satisfecho y realizado...Me refiero a tener mis propias opciones...

–Hemos decidido sumarnos a la lucha de Pekín...si no participamos ahora, ya no habrá ninguna esperanza para China, le había dicho su compañero Mantao.

El respondió, entre otras cosas, que sólo tenía un motivo personal para participar, que le impulsaba la desesperación, la cólera, la locura y la estupidez...quería demostrar que no era un cobarde, quería abrir un agujero en el capullo indestructible donde se hallaba encerrado. De alguna manera percibía que el lugar apropiado para hundir un cuchillo era Pekín, el corazón enfermo del país…

"…Muchos de los estudiantes tenían el rostro sombrío, como si se hubieran vuelto adultos de repente…Una vez en la estación, nos informaron de que no había autobuses porque todos los vehículos se estaban utilizando como barricadas para impedir la entrada del ejército en la ciudad. Incluso el metro estaba cerrado, y se rumoreaba que los militares empleaban los vagones para transportar tropas al centro de la ciudad por los túneles subterráneos. Una joven muy delgada, con uniforme ferroviario, nos entregó un panfleto salpicado de eslóganes: ¡La Patria está en peligro! ¡Esta es nuestra lucha! ¡Salvemos a la República! ¡Impidamos que el ejército entre en la capital! ¡Basta de ley marcial! ¡Abajo el gobierno corrupto!

"…Desde donde me encontraba divisé a un joven de cara chata y cabello largo que le cubría las orejas, apostado ante la portezuela trasera del primer vehículo blindado. Parecía un estudiante universitario. Trataba de convencer a los soldados de que el gobierno los había engañado, de que el orden reinaba en la ciudad y de que allí no hacían ninguna falta…Aproveché la oportunidad y avancé entre la gente para acercarme más al primer vehículo blindado. El coronel, de elevada estatura, se apeó y se dirigió hacia el estudiante que aún continuaba hablando a los soldados. El aspecto del oficial era impresionante: ojos anchos, cejas espesas, nariz recta, dientes blancos y fuertes y macizo mentón. Tenía madera de general, al menos en apariencia. Al contrario de sus hombres, llevaba una corbata negra debajo de la chaqueta, que tenía cuatro bolsillos. Sobre el hombro, sus galones mostraban dos franjas y una estrella. Un cinturón violeta le ceñía la cintura, y de la cadera izquierda le pendían unos gemelos de campaña. Sin mediar palabra, desenfundó su pistola y disparó contra la cabeza del estudiante, que cayó al suelo sacudiendo las piernas y poco después de dejó de moverse y de respirar. Fragmentos de su cerebro quedaron esparcido como tofu aplastado sobre el asfalto. Del Cráneo destrozado emanaba vapor….

—¡Adelante! Disparad contra cualquiera que se interponga en vuestro camino. ¡Dad una puñetera lección a esta chusma! Y alzó la pistola y disparó al aire…

"Un reportero de la BBC anunció (al otro día) con pesar que se calculaba en cinco mil el número de víctimas, que muchos estudiantes habían muerto aplastados por los tanques y por los vehículos blindados; que podría estallar una guerra civil en cualquier momento, puesto que más cuerpos del ejército se dirigían a Pekín..."

Lo siguiente lo supimos por la prensa. Conocimos los juicios sumarios y las ejecuciones con disparos a la cabeza de los que el gobierno chino escogió para escarmentar a la población.

Ha Jin, reflexionó con las palabras siguientes: "Veo a China como una vieja bruja tan decrépita y demente que devora a sus hijos para alimentarse. Ya había engullido muchas vidas tiernas, y ahora, insaciable, se atracaba de carne y sangre frescas; casi con seguridad muchas vidas más caerían en sus fauces...aspiraba a desligarme de la máquina revolucionaria. Así pues, actué motivado por un deseo de rebelarme contra un destino predeterminado...

"La gente afirma con frecuencia que el sufrimiento purifica el alma, ennoblece el corazón y refuerza la moral. ...el señor Yang exclamó en su lecho de muerte –Sólo temo no ser digno de mi sufrimiento... Algunos grandes hombres y mujeres se fortalecen y redimen por medio del dolor, e incluso buscan la tristeza en lugar de la felicidad; Van Gogh solía decir que el pesar es mejor que la alegría, y Balzac afirmaba que el sufrimiento es tu maestro. Pero estas máximas sólo son aplicables a las almas extraordinarias, a los elegidos...Para las personas corrientes... demasiado sufrimiento los vuelve más mezquinos, más locos, más rencorosos y más desgraciados".

Así pues, que una de las lecciones que nos dejaron las víctimas de Tiananmen, fue aprender a distinguir entre aquellos capaces de sufrir para ser nobles, y aquellos a los que el sufrimiento conduce a su vileza y demencia.

Pero probablemente el libro que más influirá en la posteridad de esa nación sea la Biografía de Mao escrita por Jung Chang, quien fuera una de las primeras becarias que el gobierno chino autorizó a estudiar fuera de su patria.

Jung Chang, ya en Inglaterra, primero escribió una semblanza sobre la vida de tres generaciones –su abuela, su madre y ella misma—haciendo una descripción de los atropellos y las injusticias que se cometieron durante el gobierno de Mao; pero más exactamente, durante la Revolución Cultural (**Gansos salvajes** fue el título de esa autobiografía familiar). Pero ya estando en Inglaterra, sus amigos y parientes la presionaron para que escribiera algo de carácter más político, lo que finalmente la persuadió para hacer una interpretación independiente de la vida del líder chino. El trabajo resultó una denuncia terrible, porque sin carga emocional, y con juicios muy equilibrados y documentados Chang nos muestra a un hombre que, como también lo afirmó su propia secretaria (Li Rui), "no tenía ninguna consideración por la vida humana, ni preocupación alguna por el sufrimiento o la muerte que pudieran provocar sus políticas", hasta el punto de que pudiera provocar que más de cuarenta millones de personas perdieran la vida, y todavía lo juzgara como "necesario" o "inevitable". El trabajo de Ju Chang, de más de ochocientas páginas, sobre la historia desconocida de Mao, describe la absoluta falta de conmiseración y la monstruosa frialdad con la que Mao tomaba decisiones o liquidaba a sus críticos o adversarios, desde aquellos realmente enfrentados a él, hasta los más leales, como Chouenlai, el noble y sabio canciller que consolidara la apertura de China hacia occidente, a quien impidió tratarse médicamente para deshacerse de él.

En la descripción de la política del gran salto adelante, Chang nos revela que la supuesta industrialización estuvo llena de voluntarismo y subjetividad, y que los enormes sacrificios muchas veces condujeron a resultados ridículos, al mismo tiempo que Mao podía decir, como lo hizo en noviembre de 1958, que

"al trabajar intensamente, como lo hemos planeado en todos estos proyectos, es posible que la mitad de la población de China tenga que morir, o si no la mitad tal vez un tercio o una décima parte..."

Como efectivamente ocurrió, pues como dijimos arriba, el saldo en muertes de esos procesos fue de más de cuarenta millones de personas.

La importancia de estos testimonios ha sido decisiva para desmitificar lo que, durante algunos años, sobre todo a partir de las diferencias chino soviéticas, parecía mostrar un rostro más amable y consecuente en la parte oriental, sobre sus distantes ex correligionarios. Y para mí mismo esta literatura fue un golpe tremendo, pues yo había sido uno de los más entusiastas defensores y panegiristas de Mao y sus políticas. Todavía en el año de su muerte, 1976, había yo publicado un artículo donde lo presentaba como el más brillante discípulo de Marx, junto con Rosa Luxemburgo, pues desconocía yo por completo la lista de sus crímenes y el carácter infinitamente autoritario de su gobierno. El texto, que sin duda recogía la parte más brillante de sus hazañas, ponía énfasis en su capacidad de movilización de amplios sectores, en su extraordinaria destreza como divulgador de temas profundos en el más sencillo de los lenguajes, y como uno de los pocos teóricos de los cambios a partir de los elementos de la cultura.

Es innegable que un hombre que consiguió los triunfos militares que Mao tuvo, era un genio. Y es innegable también que se requería un temple especial y una personalidad capaz de tomar grandes decisiones para conducir una nación tan grande, tan diversa y tan desigual. Pero todas esas dificultades, he comprendido después, no justificaban la deslealtad hacia sus propios compañeros, ni el desprecio por la vida humana, ni la extrema concentración del poder que él había impuesto. En alguna forma ese enorme poder de Mao lo hizo perder la objetividad, pero su ejercicio lo hizo ir abandonando los valores humanos, dejando una ideología hueca como saldo, pues de otra manera no hubiera sido posible que cometiera tantos asesinatos y provocara tantas muertes.

Su biografía, así como la reflexión independiente que encontré al mismo tiempo sobre algunos de los líderes de la Revolución rusa, me devolvieron una perspectiva sobre las paradojas y las contradicciones de un proceso histórico; o cuando menos me hicieron empeñarme por conseguirla, me permitieron reinterpretar los hechos sin ideología, y me llevaron a reconsiderar la teoría sobre el socialismo, para separar la parte puramente subjetiva o voluntarista, de lo que hoy creo constituye el fundamento real para una nueva sociedad, que ciertamente no está ni en la tecnología ni en el capital, ni solamente en la planificación ni en una conducción central, sino en la formación del hombre, en la educación política y social de sus protagonistas y constructores. Y al arribar a esa idea, me sentí más cerca de los jóvenes norteamericanos que protestaban contra la guerra en los sesentas. Me sentí hermanado con Martin Luther King. Me sentí más cercano a la generación del 68. Me sentí alumno de Ota Sik. Me sentí compañero de Jacek Kuron. Me sentí muchas cosas; pero no pude sentirme más como parte del marxismo leninismo.

He sido primero un devoto y fiel militante del comunismo. Y celebro haberlo sido, porque tengo la convicción de que el afán y la sinceridad con que dediqué mi juventud a luchar por lo que creía era el socialismo, ha servido para alimentar un conjunto de luchas que mi generación libro para democratizar un poco la patria en la que vivo. Y me congratulo de haber tenido la entereza y la fuerza para poder descubrir que esas dictaduras que se instituyeron en el nombre de ese bello ideal, tenían un fundamento que iba más allá de la locura y la ambición de sus representantes, y que estaba en una perspectiva falsa sobre lo que tiene que ser el camino hacia la nueva sociedad.

Me jacto de entenderlo ahora y de no guardar ni amargura ni lamento, porque viví esa etapa histórica junto con varias generaciones abnegadas y auténticamente idealistas, que tuvimos que hacer la experiencia y sufrir muchas derrotas, no ante nuestros adversarios, sino como producto de nuestros propios extravíos. Y me da felicidad conservar la utopía, hoy sin caminos que pasen por una dictadura, y sin que sea posible hacer a un lado o desdeñar el alto aprecio por la vida humana, y por cada gota de sangre.

Y, por cierto, me preguntaba si esa habría sido también la forma principal de construcción del socialismo que existió en el antiguo Paraguay durante muchos más años de lo que duró la **Unión Soviética**, y si en efecto fuera también la más importante herencia de lo que fue el socialismo real. Y me lo pregunté porque la educación y la difusión de la cultura eran el fundamento de la utopía que construyeron los misioneros socialistas en Sudamérica hace siglos, y son hoy el cimiento de una generación que podrá ver más lejos, y mirar más hondo.

China, donde el ideal occidental de democracia apenas empieza a ser descubierto por la nueva generación

Es muy difícil saber, a ciencia cierta, hasta dónde la población china tiene hoy acceso a los materiales que en occidente están circulando hace unos cuantos lustros. Y por lo mismo resulta aún más difícil hacer pronósticos objetivos sobre la evolución de ese gigante. Sin embargo, en mi acuciosa revisión de la historia china (si es que puede hablarse de acuciosidad sin conocer su lengua) he podido identificar una constante: nunca le fue posible al Partido comunista desterrar o erradicar la iniciativa personal y familiar de la economía. Nunca pudo tampoco ni estatizar toda la economía, ni terminar con la propiedad individual. (Ojo, que digo individual y no privada) Y algo todavía más interesante: siempre han existido en China iniciativas de una economía no estatal, y que no se reclama comunista, que son sin embargo propiedad de los mismos trabajadores. Sea bien bajo la modalidad cooperativa, o bajo otras denominaciones que en occidente no tienen equivalente, los chinos han mantenido diversos grados de organización independiente del Estado y sus políticas. Incluso identificamos momentos en que las cooperativas financieras se constituyen en el principal agente financiero de la producción en el medio rural. Y hablo de décadas.

En lo personal, pienso que los momentos espectaculares que ha tenido la exportación china, y que la mayor parte de los analistas atribuyen a los cambios introducidos desde el poder por el Partido Comunista, son en buena medida, o más bien, logros que se cimientan en la producción cooperativa, en la salvaguarda y autonomía que mantuvieron ese tipo de empresas aun en las etapas más radicales de la revolución.

Por ello, este pasado diciembre de 2013, cuando cientos de miles han desafiado al gobierno, que trataba de minimizar el 120 aniversario del natalicio de Maodzedong, los inconformes con la administración actual inauguraron una estatua de oro puro de tamaño natural del líder en su pueblo natal, y conmemorando su natalicio en cientos de ciudades, cuando paso esto, decimos, se inicia una nueva etapa en China. Para los occidentales no se trata más que de una efeméride, o de un ejemplo del fanatismo o devoción de los fans de Mao. Un periódico incluso tituló la nota diciendo: ***Mao es más popular que Cristo en China***. Pero viendo detenidamente el proceso de la historia de esa nación, ese evento puede ser una referencia para entender el cuestionamiento sibilino del modo corrupto de capitalismo que se ha introducido en nombre del socialismo, pues los críticos, que no confrontan por de pronto al sistema, están hablando del "verdadero camino", y al reivindicar la memoria de Mao, no lo hacen ignorando sus crímenes, sino reconociendo la parte social y el interés mayoritario que el líder representó mucho tiempo.

En China, los ciclos históricos se dividen —acorde con la tradición— en periodos de seis décadas, así como en las antiguas culturas de Mesoamérica el ciclo se componía de cincuenta y dos años. Y es muy probable que los nuevos pensadores chinos, y los nuevos disidentes, estén iniciando un periodo de reconstitución de un camino con identidad propia. No porque vayan a dar marcha atrás a la apertura hacia el mundo, sino porque quieren un futuro con equidad y justicia.

Y antes de entrar en las reflexiones sobre nuestro mundo occidental, nos detendremos todavía en una realidad situada a medias entre el socialismo que vino del frío, y las realidades latinoamericanas. Estuve en Cuba en el cuadragésimo aniversario de la Reforma Agraria. Ya han transcurrido más de dos décadas desde entonces, pero mi percepción se ha ido confirmando a partir de aquél momento.

De los revolucionarios barbados al remojo de las barbas burocráticas

Hace ya más cuarenta años que se publicó ***Retrato de Familia***. Un libro de Carlos Franqui, uno de los revolucionarios cubanos que llegaron en el Granma[114]. El libro tenía en la edición mexicana dos fotos, o mejor dicho la misma foto, pero una con el rostro del autor del libro a un lado de Fidel, y la otra sin Franqui. Fue probablemente la primera expresión crítica sobre la Revolución cubana. El libro estaba escrito con amor, no del tipo que ya mencioné que tenía Abascal por las cosas que le resultaban ajenas o contrarias a su ideología, sino un amor por algo que era parte de sí mismo. Un libro que no planteaba una perspectiva marxista, sino una vocación democrática y plural.

Durante el breve periodo en que Franqui se había desempeñado como titular de Educación y Cultura en Cuba se habían desarrollado encuentros inéditos y trascendentales de la intelectualidad del mundo. Su visión incluyente comprendía, desde luego también a los empresarios, que, sin decirlo de manera explícita, él juzgaba necesarios en la construcción de la nueva sociedad. Franqui cuenta con amargura que sus posiciones recibieron el rechazo de Fidel, y que prefirió el exilio desde los primeros tiempos de la Revolución.

A ese libro se sucedieron varios, que a veces desaparecían de las librerías en México a los pocos días de haberse publicado, hasta el punto de que llegamos a pensar que el gobierno cubano los mandaba comprar todos antes de que fueran reseñados o divulgados en mayor escala. Franqui publicó una biografía de Fidel, y una importante breve semblanza de la participación de Camilo Cienfuegos. En este último libro da a entender que la muerte del prócer no había sido un accidente, sino una decisión de Fidel.

---

[114] Granma era el nombre del yate en el que viajaron y desde el cual desembarcaron los revolucionarios que desataron la guerra civil en Cuba y derrocaron a Fulgencio Batista.

Por nuestra cuenta ya habíamos concluido que la salida de Guevara de Cuba era un caso semejante, es decir, que Fidel no toleraba las diferencias de Ernesto Guevara, y que le había dado la opción de abandonar la isla para no entrar en confrontación. Ciertamente la estúpida muerte de Guevara fue responsabilidad de él mismo, pero Fidel y los comunistas no fueron ajenos al abandono, a la falta de solidaridad y el cerco que requirió el enemigo para aniquilarlo. Aunque esta afirmación me cause condenas, estoy convencido de que la posteridad dejará clara la responsabilidad criminal de Fidel, de Carlos Rafael Rodríguez, y de varios comunistas más en la muerte de Guevara, de Camilo y de muchos más.

Los jóvenes izquierdistas de América Latina han adoptado al Ché como un icono de la libertad y un ejemplo de valentía, pero no han escarbado en las diferencias que había entre aquél que se proponía construir un hombre nuevo, a partir de valores y una visión sobre la solidaridad, y el pragmático Fidel que monopolizó el poder. Tampoco han sido capaces de caracterizar la aventura del Ché en una región donde no tenía posibilidad alguna de desatar una guerra civil o despertar al pueblo trabajador contra el gobierno.

Por estas razones yo no tenía interés en visitar la isla. Me había dicho que hasta que no cayera el tirano no iría. Sin embargo, amigos varios me incluyeron en la delegación mexicana que acudiría al festejo mencionado, y de última hora, en parte por solidaridad con mis compañeros, me sumé al viaje. Quise aprovechar para atestiguar de manera directa la situación real y su probable evolución. Y al final regresé con una enorme satisfacción de haber podido ver el campo, la crisis en las ciudades, el clima moral del pueblo, el operar del Estado y hasta la forma como se conducía Fidel.

Nuestra llegada a la isla había sido completamente inusual. En el aeropuerto nos habían subido a vehículos oficiales que nos trasladaron de manera directa hasta un centro de capacitación o adiestramiento campesino o de cuadros. El lugar se encontraba a una hora o algo más del aeropuerto, con instalaciones muy rústicas pero decorosas, y nos distribuyeron en pequeñas habitaciones. Mi mujer y yo recorrimos luego el espacio haciendo recuento de las instalaciones. Una amplia área de cocina, un auditorio como para trescientas personas, un área de canchas deportivas, un museo sobre la vida en el campo antes de la Reforma agraria, y oficinas.

Al pronto nos llevaron al primer alimento y bienvenida, donde el líder de la Reforma agraria nos dictó cálido discurso con palabras sencillas y sentidas. En la comida nos dimos cuenta que ahí se concentraban representantes de la izquierda latinoamericana. Chilenos, argentinos, colombianos, centroamericanos. La comida fue sencilla pero muy bien preparada, con abundante ración de un arroz que nunca había comido y que desde entonces he querido volver a degustar.

Por la tarde se nos concentró en el auditorio, a donde nos enteramos se redactaría un documento de expresión de la solidaridad de todos nuestros pueblos al proceso de la reforma agraria y la revolución en Cuba. Los delegados latinoamericanos ya sabían del objeto de la reunión, y algunos ya llevaban parte de las ideas que propondrían incorporar. No quise intervenir, y acaso no hubiera podido hacerlo, pues los que ya venían preparados estaban decididos a tener un papel protagónico en tan importante evento.

El documento se redactó con gran sentido de la ocasión y con muy afortunadas expresiones. Y concluido el trabajo se nos invitó a una plática de pequeño comité con un compañero del Comité Central. Desde luego que no faltaron los rones. Bajo una noche tropical y reluciente de estrellas cambiamos impresiones con el funcionario, que esperaba nuestras expresiones políticas y atento hacía registro mental de lo que íbamos diciendo, según pude deducir de sus gesticulaciones. En algún momento estábamos unos cuantos interlocutores con él, que no dejaba de celebrar los logros de la revolución. Pero me pareció indispensable que no todo fuera apología u optimismo, y me atreví a opinar que no debían cometer el mismo error que yo había observado en Alemania Democrática antes de la caída del muro, donde los miembros del partido solo podían ver los logros del socialismo y no reconocían la falta de libertades, el error del partido único, y la represión de la disidencia. El funcionario dejó ver su malestar por mis opiniones, que no respondió. Y nos fuimos a dormir.

Al día siguiente se nos mostró el museo, donde pudimos constatar que la vida de los mambíes era probablemente igual o peor que la de los peones acasillados del porfiriato en México, y a donde se nos hizo ver que la revolución no sólo les había dado la libertad, sino la posibilidad de disponer del producto de su trabajo y de un camino hacia el bienestar.

Yo pedí que se nos permitiera recorrer algunas cooperativas, que no estuvieran comprendidas en el programa, y así se nos concedió. Recorrimos varias, donde no solamente se producía caña, sino también verduras y hortalizas. Recorrimos varios poblados donde la gente, siempre amable, daba la bienvenida a los visitantes.

Siempre tuve la sensación de que sabían quiénes éramos y buscaban conocer a profundidad nuestros pensamientos. En la velada anterior había estado presente una atractiva muchacha negra, que decía trabajar de intérprete, y que por alguna casualidad había estado en Alemania democrática años antes. De tal manera que se dirigió a mí en alemán, e incluso me pidió que la invitara a salir en alguna oportunidad en los días siguientes. Yo le dije que sí, pero no le dije cuándo. Iba con mi mujer y no planeaba hacer de ese viaje un viaje de aventura sino un recorrido de análisis y observación, tan detallado como fuera posible.

Al tercer día nos trasladaron a la Habana. Y mis compañeros pidieron que fuera a un hotel que ya tenían identificado, no en el primer cuadro de la ciudad, sino cercano al mar hacia la parte vieja. Como yo no sabía las intenciones de mi delegación, ni tenía idea de cuál podría ofrecer las mejores opciones de movimiento o de lugares de interés, no lo objeté. Pero pronto me dí cuenta que querían estar más aislados para que los anfitriones no notaran tan fácilmente el peregrinar nocturno y la cacería de lugareñas.

Al siguiente día de llegar a la Habana se nos invitó al festival de la canción campesina en un gran auditorio, con miles de personas. Y fue en verdad una maravillosa oportunidad, pues desfilaron innumerables compositores y grupos de intérpretes que en unas cuantas horas nos mostraron y nos permitieron conocer la extraordinaria capacidad creadora del pueblo cubano. Melodía tras melodía sentí que cualquiera que fuera el estado de la revolución, y no obstante el papel autoritario de Fidel, el pueblo estaba en condiciones de expresar una riqueza espiritual como probablemente no había en ninguna otra nación del continente. Yo salí de ese festival con un gran optimismo sobre el destino del pueblo cubano. Un pueblo capaz de cantar así, y de producir tal cantidad de belleza, es un pueblo, me dije, capaz de construir su propio porvenir.

En los días siguientes se nos llevó a la escuela de Ballet, a la empresa de seguros agropecuarios, a una cena con funcionarios del agro, y a recorrer la ciudad. Una ciudad que se veía abandonada en su mantenimiento, y por donde circulaban solo vejestorios con ruedas, pero que no dejaba de trasmitir un espíritu de ilusiones y esperanzas. Yo decidí proseguir el recorrido solo, pues necesitaba ver cuanto más pudiera. Mi mujer y yo entramos a varios cafés, casi todos cantantes. No importaba si el lugar era modesto, pequeño, en cualquier barrio, siempre encontrábamos músicos con un especial espíritu, lleno de sensibilidad, con algún aire de la vieja música de piano que alguna vez animaran las tertulias de la hacienda, de la plantación, y que yo había escuchado por primera vez en discos de 78 revoluciones que heredara mi madre.

Un día y una noche siguiente decidí vagar de manera solitaria. Visité dos librerías que eran de por sí algo escaso, compré algunos libros viejos, algunos recuerdos para llevar, entre ellos una pintura, una pieza de madera tallada y unas pastillas de lo que años más tarde tuviera su sucedáneo en el viagra de la cultura occidental, que muchos cubanos consumían como si fuera un alimento cotidiano, y que quise conocer en su eficacia.

El gran momento llegó. Se nos citó en el Palacio de la Revolución. A donde acudimos muy puntuales. Y fuimos recibidos con una revisión exhaustiva, como si fuéramos criminales o sospechosos. Tras la revisión, se nos trasladó a otra área, donde fuimos nuevamente revisados de manera minuciosa, y ahí se nos anunció que íbamos a ser testigos de la entrega de los premios y reconocimientos a los héroes del trabajo.

Cuando llegaron estos laureados y se expuso el extraordinario logro de cada uno, al ver la innegable satisfacción y orgullo que cada uno tenía en su rostro, y la infinita sencillez con que se conducían, no pude impedir que se me salieran las lágrimas. Pedí que se me permitiera tomarme una foto con aquél obrero que había sobrepasado todas las metas y todas las expectativas. Era un hombre menudo, que en su físico no mostraba la hercúlea o recia fortaleza física, y donde podía yo reconocer un espíritu más poderoso que el cuerpo.

Y después de la ceremonia se nos confirmó que veríamos a Fidel. Hasta ese momento no había tenido consciencia de que iba a ver al sujeto que me era tan antipático y al que sabía yo capaz de tantos atropellos y excesos. Pero cuando pasamos la tercera revisión y entramos al salón donde él se encontraba, nunca se me permitió que la distancia entre él y yo fuera menor a cinco metros. Luego se nos pasó a un salón donde se dijo que cenaríamos con Fidel, quien seguramente tenía que departir con otras delegaciones. La delegación mexicana ocupó doce sillas, y se me sentó en una de las cabeceras, anunciando el personal que Fidel ocuparía el extremo opuesto. Luego se acercó el encargado de tomar la orden de servicio a preguntarme qué vino se iba a servir. Le pregunté el menú y después de dármelo me volvió a preguntar qué vino quería yo que se sirviera. Y me extrañó un poco, por lo que me atreví a preguntar por qué era yo quien debía decidirlo, y el mesero o capitán me contestó que yo era el único que en esa mesa sabía de vinos.

Ese incidente me hizo pensar, una vez más, que sabían quién era cada uno de nosotros. Le dije al mesero que trajera un Penedés, y él todavía continuó preguntando si rojo o blanco, y después de que yo dijera que rojo me preguntó qué cosecha, y entonces le dije que no importaba siempre y cuando fuera un Penedés, que no era yo tan exigente. Pero todavía me volvió a preguntar: ¿espumoso o normal? Dios, le dije, ni siquiera sabía que en Penedés hubiera espumoso tinto, que trajera un espumoso entonces.

Fidel nunca se sentó a la mesa. Y así que nunca tuve oportunidad de evaluar si podía darle alguna opinión sobre su gobierno. Pero varios de mis compañeros aseguraron que después de la cena tuvieron la oportunidad de estrechar su mano. Si eso fuera cierto querría decir que efectivamente sabían lo suficiente de mí para que no me dieran la oportunidad de dialogar con él, o de que fuera yo a atreverme a cuestionarlo.

Pero a la mañana siguiente se nos llevó al gran acto del aniversario. Y al llegar la delegación mexicana, tras las revisiones de ley, se nos separó y a mí me sentaron en la tercera fila, con dos compañeros guaruras de cada lado. Todos mis compañeros fueron sentados unas líneas atrás, incluyendo a mi mujer, que quedó al lado de un líder de Portugal o Brasil, al que ví muy animado platicando más que efusivo con ella en distintas ocasiones, pues sin duda pensó que asistía sola.

Primero intervinieron dos Secretarios, cuyos nombres y cargos no anoté, y no recuerdo, y luego habló el líder campesino, el que concibió la Reforma Agraria y la creación de la Agrupación de pequeños campesinos. Fidel se dirigía a él por su apócope, Pepe. Su informe sobre los cuarenta años de trabajo fue realmente extraordinario. Un documento de gran aliento histórico, donde se relataban todas las grandes dificultades para distribuir la tierra, para ponerla a producir, para concebir la organización cooperativa del campo, para diseñar el abasto de las ciudades, para diversificar la producción, para financiar el trabajo de la siembra, para contrarrestar la guerra bacteriológica que los norteamericanos intentaron varias veces con bombardeos de microbios; para establecer los laboratorios de investigación rural que mejoraran las variedades de siembra, para concebir el perfil de los extensionistas rurales, y en fin, para hacer del campo cubano ese vergel de prosperidad que habíamos visto, tan distinto a la miseria urbana y la escases y el racionamiento.

Comprendí entonces que el régimen se había podido sostener, con todo y sus crímenes, su represión del pensamiento y su absoluta incapacidad para organizar una economía urbana e industrial que diera empleo decente y alimentación y bienestar a sus cientos de miles de habitantes y trabajadores urbanos, gracias al logro de la Reforma Agraria. Y comprendí también, que ese hombre que tenía yo enfrente había respetado a Pepe, y al proceso que él representaba, porque era lo único que funcionaba en Cuba, o acaso una de las dos cosas que funcionaban si considerábamos también el sistema de salud. No era poco, sin duda, pues producir la comida, así fuera apenas justa, pero para alimentar a todo un pueblo, a una nación, era el aporte de la Reforma Agraria y sus cooperativas.

Han pasado años. Años intensos que han cambiado el panorama del mundo. Y siguen llegando noticias sobre la educación cooperativa, sobre cómo han luchado los campesinos cubanos para que se les permita vender directamente al mercado y han conseguido una autorización parcial.

En ese contexto, apareció más recientemente Yoani Sánchez, la joven bloguera que ha encontrado la forma de cuestionar la cotidianidad de la dictadura en breves cápsulas magistralmente escritas y enviadas al ciberespacio. Yo recibo sus envíos, y seguramente también los virus y el espionaje de los servicios de inteligencia del gobierno cubano. Pero me queda claro que Yoani Sánchez es una de las chispas que encenderán la llama. Y que los campesinos cooperativistas serán el germen de una sociedad auténticamente democrática en esa nación, y para ejemplo de toda América.

Sobre el fin del estado de bienestar y las políticas del desarrollo en el mundo occidental

Constituye un lugar común hablar del Estado de Derecho. Y lo que se entiende por tal es un régimen en el que la Ley protege un pacto social y se aplica sin excepciones y de manera pareja, sin distingos. Sin embargo en este país, donde tal estado quedó atrás, ha existido algo más que conocimos como *Rectoría del Estado* y que venía siendo producto del proceso histórico, según el cual, más allá de la salvaguarda de la legalidad y el Estado de Derecho, la administración estaba obligada a mantener los compromisos de orden social que a lo largo del proceso político había ido instituyendo como responsabilidad para cuidar de los desvalidos, los más necesitados o simplemente aquellos que se encontraban en desventaja frente al mercado, el poder económico o la aplicación discrecional de la ley.

En este país, la *Rectoría del Estado* jugaba o se desempeñaba con el mismo rango que en otras naciones ha tenido la Razón de Estado. Y escribo en tiempo pretérito. Porque eso acabó, eso fue sustituido en un proceso más bien intempestivo al final de la administración de Miguel de la Madrid (1982-1988), que fue el presidente que gobernó después del último representante de la Revolución Mexicana.

Ello requiere una explicación somera de las diferencias entre *Razón de Estado* y *Rectoría del Estado.*[115] Pues en los países occidentales ha prevalecido la Razón de Estado, y en México,

---

[115] **La Rectoria del estado.** Enviado al ciberespacio por redakal, mayo 2010, 60 Páginas (14830 Palabras) . Mi texto está en el blog de Academia.edu

como consecuencia de la impronta y herencia de la Revolución, se vivió un largo periodo donde la Rectoría tuvo mayor peso.

El termino rectoría del Estado significaba orientar y conducir una cosa o situación, por lo que la "Rectoría del Desarrollo Nacional" era la atribución que tenía el Estado en México, en cuanto hace a la orientación y conducción de todo lo relativo al desarrollo nacional, en donde la economía desempeña un papel fundamental. La Rectoría Económica del Estado se entendía entonces como el ejercicio de la responsabilidad gubernamental en el ámbito económico.

Nuestra Constitución lo define y conceptúa todavía como sigue:

"ARTÍCULO 25.- Corresponde al Estado la rectoría del desarrollo nacional para garantizar que éste sea integral y sustentable, que fortalezca la Soberanía de la Nación y su régimen democrático y que, mediante la competitividad, el fomento del crecimiento económico y el empleo y una más justa distribución del ingreso y la riqueza, permita el pleno ejercicio de la libertad y la dignidad de los individuos, grupos y clases sociales, cuya seguridad protege esta Constitución.....El Estado planeará, conducirá, coordinará y orientará la actividad económica nacional, y llevará al cabo la regulación y fomento de las actividades que demande el interés general en el marco de libertades que otorga esta Constitución.

"Al desarrollo económico nacional concurrirán, con responsabilidad social, el sector público, el sector social y el sector privado, sin menoscabo de otras formas de actividad económica que contribuyan al desarrollo de la Nación..." (Hasta aquí la Constitución).

La crónica del sexenio de Miguel de la Madrid, publicada por el Fondo de Cultura Económica, que es la editorial del Estado Mexicano, refrendaba esta posición según puede leerse en la Crónica del mes de diciembre de 1982. Sin embargo, para ese momento era ya una fraseología hueca.

Esta verborrea institucional tenía ciertamente un carácter apologético, pero no dejaba, al mismo tiempo, de reflejar una intención política verdadera, pues al Estado le era indispensable mantener el pacto social amenazado hasta por los inconformes dentro del mismo grupo político gobernante, y fortalecer el consenso tan debilitado ya por los cambios en el modelo económico.

Habían madurado corrientes que venían exigiendo la corrección inmediata del rumbo. En el sector relacionado con el campo, algunos de los más brillantes especialistas, y no pocos de los funcionarios que habían estado en los primeros niveles de responsabilidad, proponían hacer efectivos los pronunciamientos sobre la justicia agraria, los apoyos al desarrollo, y la participación de los organismos campesinos en la redacción de los planes de gobierno. Nombres como Reyes Osorio, Gustavo Esteva, Casio Luiselli, y casi un centenar de Académicos, entre los que yo mismo debo contarme, realizábamos el Congreso Mundial de Sociología en México para ventilar la discusión. Algunos publicaban sus textos sobre la disyuntiva nacional (***La batalla por el México Rural***[116]) , o mantenían negociaciones a todo nivel dentro de las oficinas gubernamentales.

Sin embargo, el sistema procedió de manera inflexible. Dijo que haría cambios, que no se realizaron, y anunció políticas que no pudo cumplir. Al contrario, excluyó de la administración a los impugnadores, y cerró filas ante un nuevo discurso que pronto sustituyó esa Rectoría anunciada, y esa pluralidad constitucional de los tres sectores.

La explicación de esta trayectoria, de ese cambio sustantivo en la orientación del estado, sin embargo, no la he visto todavía escrita hasta hoy, y por ello me atrevo a ofrecer una apretada interpretación.

La crónica hecha por el Fondo de Cultura había dicho:

"Una de las reformas más controvertidas fue la que se refiere a la rectoría económica del Estado y a la economía mixta. El 4 de diciembre (de 1982), el Presidente envió al Congreso una iniciativa de reformas a los artículos 25, 26, 27, 28 y 73 de la Constitución. Esta iniciativa

---

[116] David Barkin y Gustavo Esteva. Editorial Siglo XXI.

establece un sistema de planeación del desarrollo cuyo mecanismo se tipifica en la Ley de Planeación; fija las bases para el desarrollo rural integral y una mejor justicia agraria; precisa la definición de las áreas reservadas exclusivamente al Estado y la función y desempeño de las instituciones, organismos descentralizados y empresas de participación estatal, y define la economía mixta como principio del desarrollo económico mexicano. En realidad, la modificación de la ley pretendía reconocerle explícitamente al Estado una responsabilidad que ya de hecho tenía y que consiste en conducir el desarrollo nacional propiciando que éste sea equilibrado, integral y justo."

"En el artículo 26 se establece que el mecanismo para regir la economía será la planeación democrática. En la exposición de motivos de la iniciativa presidencial se reconocía la necesidad de dar cauce a una creciente organización y participación de la sociedad civil en todos los procesos de la vida nacional... Adicionalmente, el Congreso discutió y aprobó la iniciativa para establecer la Ley de Planeación, reglamentaria del nuevo texto del artículo 26 constitucional. En ella se establece la obligación para el gobierno de hacer consultas permanentes entre los diversos grupos sociales, tomando la opinión de las organizaciones civiles y políticas, así como de los particulares."

Desde el mundo de la cotidianidad donde solo es posible contrastar los anuncios con los hechos, resulta muy difícil descubrir o precisar las causas de la no correspondencia entre tantos anuncios y tantas inconsecuencias. Probablemente no sea correcto dudar o descalificar la intención que tenía el ejecutivo en aquél momento. Pero sin duda el contexto social y económico nos ofrezca elementos para descubrir por qué se trató de un acto fallido. Un acto fallido fundado en la ideología, pero condicionado por la demencia.

En primer lugar, hay que hacer referencia a la situación dependiente de la economía de México. En los años sesenta, durante la administración de Díaz Ordaz, habíamos tenido por primera vez que importar alimentos. Y la razón no tenía un horizonte inmediato, pues obedecía a un largo proceso durante el cual los abundantes recursos destinados al campo habían privilegiado a la agricultura comercial de exportación y a las grandes unidades productivas. Pero los alimentos, es decir, el maíz, el frijol, el arroz, el trigo, el azúcar, lo producían centralmente los ejidos, y para ellos los recursos venían siendo menores. La presión demográfica y los lentos índices de productividad se habían encargado de provocar nuestra deficiencia, o mejor dicho, nuestra incapacidad para producir lo suficiente.

Estados Unidos estaba molesto por la independencia que mantenía México en el terreno internacional, y particularmente por su defensa de la Revolución Cubana[117], de tal manera que empezó a diseñar una política que se nos impondría para depender en el renglón más sensible de una economía, que es el de la alimentación.[118]

En segundo lugar, hay que explicar cómo pasamos de la Rectoría a la Razón de Estado. Pero de un estado que había sufrido profundas transformaciones, en parte por la fusión de los intereses financieros y la esfera pública, y en parte por el proceso

---

[117] Había tenido lugar una reunión de Naciones Unidas donde México defendió la autodeterminación de los pueblos, y en particular el derecho del pueblo cubano. Y en la Organización de Estados Americanos México había votado varias veces en sentido contrario al voto de apoyo de otros países al proceder norteamericano.

[118] Durante la presidencia de Gerald Ford, del 9 de agosto de 1974 al 20 de enero de 1977, Georg Bush estuvo al frente de la Agencia Central de Inteligencia. Y como director de esa agencia emitió una circular instructiva en la que afirmaba que la política de México tenía que dejar de ser independiente, y que la forma de conseguirlo era hacer al país dependiente por la vía más sensible que era la subordinación alimentaria. Esa circular se convirtió en una instrucción para acabar con la política de soberanía o seguridad alimentaria, y fue provocando todo género de medidas para conseguir la reducción de siembras y cosechas de productos básicos en México, para que el país tuviera que importarlos de Estados Unidos. La Circular la obtuvo el gobierno mexicano y nos fue repartida a los hombres de confianza que trabajábamos en el sector de producción y distribución de alimentos.

de globalización que empezó a determinar la orientación del gobierno mexicano.

La Razón global de Estado

Estrictamente hablando, la **razón de Estado** es un término empleado a partir de Nicolás Maquiavelo para referirse a las medidas excepcionales que ejerce un gobierno o un gobernante para conservar y fortalecer las instituciones que lo componen. Lo importante en este caso es que ese derecho o razón descansa en el supuesto de que la supervivencia de dicho Estado es más importante que los derechos individuales o colectivos.

Maquiavelo dijo en *"El Príncipe"*, hace casi cinco siglos, que el primer deber del gobernante es mantenerse en el poder y, con tal propósito aconsejó a los príncipes que es mejor ser temidos antes que amados, que han de manejarse con la astucia de la zorra y la fuerza del león, que nunca faltarán razones legítimas a un príncipe para cohonestar la inobservancia de sus promesas" y que los príncipes sabios deben preocuparse siempre "de contentar al pueblo como de no descontentar a los nobles hasta el punto de reducirlos a la desesperación". Como usted lector podrá recordar ahora, tales consejos encajaban perfectamente en la tradición callista del Estado, aunque no hubieran tenido vigencia doctrinaria, pues se aplicaban alternando con el discurso social.

Pero hubo algo más, pues es un saber común que Maquiavelo también proclamó que el gobierno o el príncipe debe conservar su vida y su Estado, antes que nada, y

"si lo consigue, todos los medios que haya empleado serán juzgados honorables y alabados por todo el mundo".

O dicho en palabras llanas, propuso el principio de que *"el fin justifica los medios",* que desde entonces se ha considerado no sólo parte de la política maquiavélica sino la esencia de la *razón de Estado* que suelen invocar los gobernantes. Por ello la expresión ha cobrado muy mala fama y conlleva una significación negativa. Hasta tal extremo, que en la actualidad "*por razón de Estado*" se utiliza de manera generalizada para definir las medidas ilegales o ilegítimas tomadas por un Gobierno con intención de mantener el orden establecido o mejorar su posición frente a enemigos y disidentes. Lo que para el sistema político mexicano se volvió indispensable cuando la inconformidad ciudadana se generalizó a partir del final del Siglo XX.

El Príncipe estará situado más allá del bien y del mal, decía Maquiavelo. El Estado podrá ser amoral, inmoral o moral según la razón misma de su conservación, existencia o incremento necesario de fuerza. Pues los fines políticos son diferentes de los fines morales de un particular. Para empezar, el político, o gobernante, el Estado, el soberano, no ha de ser bueno, pues esta no es una buena estrategia ni proporcionará resultados eficaces.[119] Nunca se ha de olvidar la necesidad de la violencia en política agregaba Maquiavelo, quien distingue entre una violencia reparadora y una violencia destructora. La primera según él es positiva y necesaria, y renunciar a ella es una insensatez. Lo que un político revolucionario, innovador o conservador no debe ser nunca —nos dice nuestro autor— es lo que Maquiavelo califica genialmente de «profeta desarmado».

El engaño a la opinión pública, al pueblo, es fundamental, dice Francisco Javier Conde parafraseando a Maquiavelo. La política se convierte en retórica: pues siempre habrá gente que quiera ser engañada por el Estado. Además, el pueblo, el vulgo tiene un conocimiento que, en términos platónicos llamaríamos «doxa», opinión. No se trata tanto de ser ante el vulgo, cuanto de parecer. Por ello «el «vulgo», no tendrá acceso a la verdad efectiva de las cosas. El juicio del vulgo no producirá «verdad», sino «opinión».[120]

---

[119] «perché uno uomo che voglia fare in tutte le parte profesione di buono, conviene ruini infra tanti che non sono buoni. Onde è necessario a uno principe, volendosi mantenere, imparare a potere essere non buono, e usarlo e non l'usare secondo la necessità.» Citaba Francisco Javier Conde del famoso autor.

[120] Francisco Javier Conde, Prólogo a «**El saber político en Maquiavelo**», Revista de Occidente, Madrid 1976, Prólogo.

En política, lo que cuenta es la eficacia de los resultados. Tales resultados le traen fama al Estado, al gobernante. Eso es lo que cuenta: aumentar el poder del Estado. El fin entonces justifica los medios utilizados. Se plantea así la necesidad de carecer de escrúpulos y todos los medios serán juzgados entonces honorables si el príncipe consigue los resultados necesarios para el Estado. En eso consiste la *virtù* de Maquiavelo, que es la *areté* de los griegos o la *virtus* de los romanos, excelencia, potencia, poder, cumplir con la función asignada. Además, para Maquiavelo, según otro autor, «la política no es otra cosa que la lucha de opuestos, el equilibrio de tensiones, el reajuste de fuerzas en oposición.»[121]

Viene al caso toda esta citología sobre el Estado y la razón, porque agregando un elemento más, que se refiere a lo que cede cada persona de sus libertades al asumir un pacto social o aceptación del Estado, tenemos el principio que agregó Hobbes. El habla del derecho de naturaleza, con lo que se refiere a la libertad de utilizar el poder que cada uno tiene para garantizar la autoconservación, al mismo tiempo que el derecho que cada uno tiene para renunciar, cuando menos parcialmente a ese derecho, para dar vigencia al Estado.

Hobbes decía que, para no estar en una guerra perpetua, el ciudadano se autolimita para no realizar ningún acto que atente contra la vida de otros. De esto se deriva la segunda ley de naturaleza, en la cual cada hombre renuncia o transfiere su derecho, mediante un pacto o convenio, a un poder absoluto que le garantice un estado de paz.

Y justo hoy está de nuevo sobre la mesa esta discusión. Porque la locura ha invalidado el principio de la rectoría, pero, además, la ausencia del derecho, y el vacío del poder, han dejado a los ciudadanos en una completa intemperie, en el más total

---

[121] Rafael del Águila Tejerina, «Maquiavelo y la teoría política renacentista», capítulo II del segundo volumen de la *Historia de la Teoría Política* (Fernando Vallespín ed.), Alianza Editorial, Madrid 1990, pág. 110.

desamparo, y no hay más esperanza que la defensa de los ciudadanos por ellos mismos. Pero cuando vivimos esa circunstancia es cuando el gobierno pretende hacer efectiva la Razón de Estado.

Y ¿qué sentido puede tener que contemplemos impasibles ese ejercicio, si carece del principio de rectoría, pero además diseña e impone una política desde la matrix y la locura?

La cuestión de fondo es la inexistencia de un Estado que represente a la ciudadanía. Y en ese caso cabe preguntarse ¿cuál es el camino para que los ciudadanos restauren su representación o construyan una nueva?

Si la vía institucional de acceso al poder son los partidos, y si los partidos están dominados por el sistema, parecería un círculo imposible. Y la respuesta la dan los hechos. Los ciudadanos agraviados por el poder ya ni continúan planteando demandas ante el poder, ni se plantean sustituir a los que hoy gobiernan. Simplemente están defendiendo que se les deje en paz, que se deje de atentar contra sus derechos elementales. Pero como el poder reacciona oprimiendo más y reprimiendo con violencia, los ciudadanos han pasado al ejercicio del contrapoder. Eso es lo que constituyen las policías comunitarias y las autodefensas.

El poder hoy se está renovando por la vía de su construcción como autogobierno. Y como no es posible construir el Estado Nacional de manera directa, lo que los ciudadanos hacen es construirlo en cada lugar, al mismo tiempo que rescatan la identidad nacional, es decir, los valores que distinguen a los mexicanos y que salvaguardan el proyecto histórico. Un proyecto ciertamente ajeno al neoliberalismo, pues en lugar de competitividad y exportaciones, los mexicanos quieren producción de alimentos y una economía con justicia, donde se pague lo que vale el trabajo y donde se adquieran los satisfactores básicos con el ingreso honestamente devengado.

Lo que los mexicanos buscan es la reactivación de las economías locales, la restauración del campo, la vigencia del respeto entre todos, y la educación popular, al servicio de la ciudadanía, y no de las trasnacionales.

Este proceso tendrá sin duda una duración prolongada antes de ver cumplidos sus objetivos generales, pues implica la construcción de un poder soberano que termine con el poder de la delincuencia y con el de sus cómplices, que son las fuerzas del estado actual. No tiene además conducción precisa o jefatura nacional, pues requiere de muchos, de miles de iniciativas que se gestan en cada poblado o comunidad donde ocurren atropellos y se padece la ausencia de ley y la impunidad de los delincuentes.

Y es además imprevisible cuán violento o cuán pacífico vaya a ser el curso de su emergencia y construcción, pues la violencia no parte del pueblo, sino de quienes han conculcado sus derechos y desviado las políticas de su carácter popular y nacional. A donde se reprima a los ciudadanos como en Ayotzinapa o Iguala, la gente reaccionará con la fuerza suficiente para impedir la continuación de la violencia contra la población y los estudiantes. A donde el ejemplo y la civilidad sean lo distintivo y se fuerce a la autoridad al diálogo y a aceptar las peticiones y el camino que la mayoría establece, como parece ser el caso de la lucha de los estudiantes del Politécnico, es probable que la autogestión se dé con menores sobresaltos.

En todo caso, como bien lo ha previsto Trotsky, los pueblos no escogen la revolución con mayor gusto del que los lleva a escoger la guerra, es decir, sino cuando no tienen otra esperanza o alternativa. Y la decisión no será suya, sino de la matrix y los demonios que hoy exhiben su locura.

Pero el proceso no podrá ser del todo espontáneo, pues la denuncia del mal, y el exorcismo contra la locura, así como la sanidad del cuerpo social –que verá muchos episodios como los de Tlatlaya–[122], no pueden ser previstos por la población en

---

[122] En la población de Tlatlaya, y en general en esa región del sur del Estado de México, los maleantes, aliados a algunas autoridades, habían establecido el cobro por derecho de piso, practicaban el secuestro y azolaban a la población,

resistencia, y en ese caso los estudiantes, los intelectuales y los hombres de bien tendrán que acompañar a los que se vayan movilizando. Tendrán que levantar las banderas principistas del interés general, y fortalecer los valores de la transparencia y la justicia. Pero no todo ocurrirá acorde con un derecho que castiga a los soldados que se "exceden" en el cumplimiento de su supuesto deber, al mismo tiempo que protege "los derechos humanos" de quienes han cometido los más espantosos crímenes contra el pueblo.

El mundo vive una encrucijada, o volvemos a los principios o la descomposición de la sociedad será general.

La democracia, que originalmente fue el gobierno de la mayoría, se ha convertido en la competencia entre unos cuantos partidos. Y la democracia como participación en el ingreso y la riqueza generada fue dejada de lado, para dejarnos un cascarón que nos vende la ilusión de ejercer nuestros derechos ciudadanos en un acto momentáneo que se realiza cada tres años y que no tiene ninguna realidad entre una fecha y otra de elecciones.

A los ciudadanos se les presentan opciones de voto. Sin embargo, los candidatos que pueden votar los ciudadanos han sido antes escogidos por los partidos. Los verdaderos electores no son entonces los ciudadanos, sino los partidos. Y los partidos escogen a sus candidatos en función de sus objetivos de poder. De poder

---

hasta que un grupo de militares aplicó un escarmiento a los halcones, que eran su fuerza de choque de reciente reclutamiento, ajusticiando cinco docenas de delincuentes. La opinión pública nacional condenó los hechos, pero no analizó los hechos, dejando pendiente en la reflexión nacional lo que la población de aquella zona había celebrado del comportamiento de los militares. Un mes más tarde, el 11 de octubre de 2014, los familiares de los soldados detenidos y procesados por tales hechos, iniciaron las protestas contra el autoritarismo legal del Estado. Yo visité esa población varias veces en ese periodo, para capacitar una cooperativa cafetalera, y me tocó comer en los mismos lugares donde comían los halcones que después fueron muertos

estar en el gobierno y al frente y hasta arriba de las instituciones. Como si estar en el poder y dirigiendo al estado fuera el objetivo último de la participación política. Y como si no debiéramos ver el poder como un medio de resolver problemas.

Perder de vista que el objetivo de la política es resolver problemas y servir a la ciudadanía es perder de vista el origen de la política como acción consciente que busca el perfeccionamiento de la sociedad y el apego de sus instituciones al interés general. Hoy las instituciones han sido desvirtuadas. Y muchas tendrán que renovarse, desde abajo y en forma autogestiva.

Cuando los partidos ven el poder como un objetivo final entonces se hacen a un lado los instrumentos con los que pueden corregirse las imperfecciones de la ley, o superarse los problemas de la economía. El poder adquiere entonces una condición extrapolada, y asume una dimensión propia, situada en el más allá del servicio público o del compromiso con la sociedad. Y los partidos empiezan a buscar el poder para cumplir con el apetito egoísta de colocar a sus hombres por encima y más allá de los ciudadanos. El poder parece ser el fin, y la política queda reducida al registro legal y al derecho que se confiere a una elite para colocar en el poder a quienes tienen más apetito y más interés. Los partidos están sucumbiendo a la ambición y al egoísmo de sus militantes como consecuencia de una escasa formación ética, y como resultado de un bombardeo de la ideología mercantilista.

Se ha educado a las últimas generaciones en un apetito de posesión y en una búsqueda de propiedad. Como si el mucho disfrutar de las posesiones fuera el imperativo de los seres humanos, y como si la propiedad de bienes y dinero fueran la forma de alcanzar la plenitud y la realización personal. Ser exitoso es hoy ser competitivo. Competitivo para derrotar a todos los que puedan ocupar un lugar al que se aspira. Es la conversión del servicio por la venta de las oportunidades. Y el abandono del bien común o el interés colectivo en aras de una gloria repartida entre las élites y unos cuantos potentados.

La sociedad no buscó ni diseñó esta situación. Han sido los grandes intereses los que introdujeron sus valores en todas las esferas de la vida social. Antes el político tenía que demostrar su condición de tribuno, de representante popular, de aportaciones o realizaciones a favor de sus conciudadanos. Hoy los mercadólogos fabrican candidatos con atributos tomados de la publicidad y con virtudes virtuales que sugieren éxito, fuerza, decisión, arrastre, temeridad, osadía, atrevimiento; pero que en ningún momento recuerdan compromiso, abnegación, entrega, desinterés, altruismo o vocación alguna. Nos llenamos así con imágenes de "triunfadores" fabricados por la mercadotecnia que carecen de diagnóstico ante las necesidades, pero que manejan discursos grandilocuentes que sugieren el avance, la modernidad, el acceso al glamour, la seducción, o el encanto. Pero que no muestran consistencia, ideas, propuestas o conocimiento. Pan y circo decían los romanos en el periodo de su decadencia.

Si permitimos que la sociedad sea arrastrada por esa vía, el poder terminará de vaciar sus contenidos originales y perderá lo poco que aún conserva de representación de los ciudadanos. Habremos permitido que las instituciones sean dirigidas por quienes se valen de ellas para fortalecer a sus verdaderos electores, ajenos por completo a la sociedad y los intereses de la mayoría. Pero si estamos decididos a impedirlo no podemos permanecer impasibles ante el abandono de los principios y el saqueo de los patrimonios políticos. En cada sitio y en todo lugar existe una herencia y una doctrina que salvar y levantar de nuevo. Se requiere espíritu para hacerlo, y sólo desde el compromiso con la gente habrá la inspiración y las ideas que actualicen un legado.

Quienes creen todavía en la posibilidad de la democracia, deben luchar contra el poder de los individuos que se enseñorean en los partidos y las instituciones como si fueran su instrumento y su camino hacia el poder personal. No debe haber más poder que el que permitan los principios. Y no debe haber más principios que aquellos que representen lo mejor de la gente. Ayuda mutua, esfuerzo como camino para alcanzar nuestros objetivos, compromiso para recorrer todo el trecho de trabajo necesario, deberes para tener derechos, ingresos sólo bien habidos, tanta riqueza como el esfuerzo y el mérito permitan, y tanta mesura como la escasez y la necesidad obliguen. Nada para uno si va contra el bien común. Sin esta batalla la política será botín y rapiña. Y quedará reducida a un ejercicio de quienes gobiernen para despojarnos de bienes, de dignidad y de destino.

El poder ya sólo tiene sentido para servir y educar al hombre, el poder como instrumento de interés no hace sino envilecer a los ciudadanos.

El final del Siglo XX y el comienzo del nuevo milenio están marcados por guerras, intervenciones, globalización y terrorismo que arman los gobiernos y los estados, y que presentan como responsabilidad e iniciativa de los ciudadanos. Como si el enfrentamiento real y verdadero fuera entre los grandes mentirosos y manipuladores y sus víctimas.

Las guerras con causa de justicia, o con motivo de liberación, han sido sustituidas por las guerras del interés oculto o inconfeso. La globalización nos fue vendida o presentada como el camino universal al progreso y la prosperidad, aunque sólo ha representado y se ha traducido en el proceso más grande de concentración de la riqueza, empobrecimiento de los que algo tenían, y dominio del capital especulativo y parasitario sobre todo el planeta.

China ocupa el Tíbet y la Mongolia interior. Estados Unidos ocupa Irak, Afganistán, Granada, República Dominicana, Guatemala, Vietnam. La Unión Soviética, y mejor dicho Rusia, ocupa Abjasia, Osetia, Georgia, Afganistán, y luego Crimea y ciudades de Ucrania. Todos por razones geopolíticas, control de los energéticos, o necesidad de cohesión nacionalista, pero ocultando sus intereses y presentando cada caso como una defensa de la libertad, un combate al terrorismo, un combate de los fanáticos o una defensa del mundo "libre".

Las trasnacionales imponen sus intereses, tendiendo una cortina de humo sobre los atropellos, los asesinatos, los genocidios, y poniendo por delante sus ganancias. Desde el Tíbet o China, y hasta Tlatelolco o Munich, lo que se ha vendido es otra vez el glamour y la celebración, sobre un montón de cadáveres y atropellos. Porque el mundo necesita mantener su esparcimiento, el pan y circo de hoy que oculten la miseria y la angustia de la ciudadanía y que condenen la resistencia, disfrazan de rencor y envidia la rebeldía. El delito del terrorismo ha conseguido elevar a falacia legal el derecho de los fuertes para aplastar a los inconformes.

El poder fue reduciendo su ejercicio, limitando el papel de la educación y el ejemplo de probidad, y dejando en su lugar el de la administración de los centavos y la protección de los negocios. Del estado tutelar hemos pasado primero al estado clientelista, para llegar finalmente al estado oligárquico donde gobiernan los cleptómanos de la riqueza pública. De la división de poderes transitamos a la unificación de los grandes intereses bajo una sola cobertura institucional. Y del postulado de la diversidad y la competencia entre propuestas llegamos a la homogeneidad de los delincuentes, al cuello blanco de los jefes de los cárteles y las mafias, y a la complicidad generalizada.

La sociedad veía a la autoridad como el ogro que le protegía y le castigaba cualquier infracción al orden y la ley, pero hoy lo confirma todos los días como el cinismo del que oprime, el engaño del que se sirve de la ley para su interés, y como el régimen de las componendas, de las complicidades o las alcahueterías. Decíamos partido y pensábamos en camino o instrumento. Vemos hoy los signos de los partidos sólo como privilegio, exclusión y favoritismo. Teníamos país porque creíamos en la continua mejoría y en el favor o la concesión de los de arriba. Pero conforme pasa el tiempo, la patria se nos ha vuelto chiquita, y han crecido más que ella los capitales, las empresas y las filiales de matrices que viven en otra parte. Antes sentimos que podíamos ser una parte de la nación, y hoy apenas podemos aspirar a la franquicia que otorgan las marcas o las nomenclaturas.

Los hombres, los ciudadanos, se enaltecían al ingresar al servicio público o al afiliarse a la causa de los partidos. Pero hoy se vuelve sospechoso el recluta reciente o el funcionario nuevo. Y lo que sorprende es la medianía o la dudosa probidad después de unos cuantos meses de nómina. El carnet o la credencial han sustituido el sello ideológico de los actos. Como si se tratara de una marca o licencia para acumular en nombre del patrocinador.

El estado, con todas sus instituciones, prosigue o se pliega ante esta inercia y pérdida de identidad, y la sociedad está perdida si depende de él. Si nadie expresa su inconformidad y protesta, la sociedad sólo podrá reivindicarse en Consejos Populares y en Atencos que reclamen la dignidad devaluada. Si el ciudadano respinga y no procura otros caminos de nueva dignidad y sobrio consenso, nadie habrá de responderle o reconocer sus derechos. El camino a la dignidad se vuelve rebeldía con riesgo de cárcel, pero sin otra alternativa. Los hombres libres, los que no aspiran a la propiedad del poder, sino al servicio de sus conciudadanos, son la esperanza de que esto no termine por sepultar el signo de la democracia y erigir como fin último al becerro de oro de las ambiciones egoístas y las ilusiones.

Nuestros objetivos se plasman en los objetivos de la educación: Limitar la apetencia y la voracidad, detener el crecimiento, sustituir el modelo de predación y consumismo por una política de la sustentabilidad. Y todo eso sólo es posible si en lugar del poder por el poder buscamos el empoderamiento de los ciudadanos.

Los grandes momentos de la historia universal se han visto antecedidos por largos procesos de educación y formación de conciencia. La reforma de Lutero tuvo éxito, como cuestionamiento de la decadencia papal, no sólo porque los papas habían llegado al extremo en las bulas y el mercantilismo, sino también porque los ciudadanos querían una iglesia recta, donde el ejercicio de la vocación no estuviera movido por la ambición de la jerarquía y el manejo de fortunas. Porque la ciudadanía quería conocer el contenido de aquello que venía repitiendo sin entender palabra. Porque la ciudadanía quería tener cerca su fe.

Los cátaros fueron acabados, suprimidos, porque la fuerza del papado se negó a llevar a la institución hasta la mansedumbre y la sencillez, y porque el poder se había ya enseñoreado en el corazón de la iglesia como riqueza, alianza con la aristocracia y como ejercicio de fuerza. Lo más fiel a la sencilla vocación del cristo no pudo sobrevivir a la ambición y el egoísmo de los hombres. Pero los cátaros educaron a sus fieles en una doctrina de tolerancia y pluralidad, en un ejercicio de humilde convivencia; y la educación que dieron a sus fieles les ha sobrevivido como identidad de los catalanes, de los languedocianos y los marselleses. En ninguna otra región de Europa se respira tanto respeto por la mujer y tan clara vocación de justicia, sin grandilocuencias y sin doctrinarismos.

Confucio educó a sus discípulos en la observación y la reflexión sobre la naturaleza y la sociedad para atemperar la acción de los hombres y los cambios que perseguían. Y el lento desarrollo de la cultura china nos ha mostrado que un cimiento construido sin prisa, y a lo largo de siglos, es más sólido que la capacitación acelerada y los cursillos en los que se gradúan los yupies y los nerds que mueven hoy las finanzas del mundo. Los griegos concibieron la educación, la Paideia, como la forma culminante de la política, como el fin último del estado, que tenía como su cometido y realización plena la educación espiritual de los hombres libres. Ni la política ni la filosofía estaban por encima de ese compromiso. Sin educación el sentido del poder y del estado perdían su naturaleza. Gobernar era formar ciudadanos. Por ello bajo Pericles vivieron todos, o fueron su herencia: Desde Praxíteles y hasta Aristóteles, el esplendor griego fue producto de la educación como forma más alta y plena de la política.

Más allá de la bizarra versión que llega a nuestros días sobre la República en España, esa gesta tuvo pueblo y tuvo fuerza porque fue el resultado y la culminación de décadas en que los anarquistas y los demócratas se dedicaron a educar a los niños, a los jóvenes y a los hombres y mujeres de España en los derechos civiles, en las muchas formas y ejercicios de la democracia, en la creatividad artística y en la participación colectiva. El triunfo electoral de la República estaba cimentado en muchos años de educación y formación de conciencias. Y sus enemigos —los totalitarismos— que no estaban dispuestos a ver florecer una democracia que opacara o contradijera sus propuestas, fueron quienes lo suprimieron a sangre y fuego. Stalin y Franco eran aliados contra la democracia. Stalin y Franco demolieron la catedral de la democracia occidental que fue la República Española.

Pero, ¿qué enseñaron todos estos hombres? ¿Qué clase de ciudadanos eran los que construyeron la Atenas de Pericles, la China de Confucio y la República de España? Eran hombres educados en el servicio a los demás, en la responsabilidad colectiva, en la solidaridad y la coordinación de esfuerzos. Eran ciudadanos preocupados por la justicia y el cimiento de las leyes en la protección de los necesitados, la subsidiariedad hacia los débiles y la limitación de los fuertes y poderosos. Los ciudadanos libres que han vivido el esplendor de la civilización no han sido los dueños de la tecnología de punta, ni los más competitivos, sino los dueños de la mesura, los artífices de la proporción y los amigos de la temperancia. No los más dispuestos a la fuerza sino los más hábiles en la convivencia plural y la suma de la diversidad.

Porque la civilización no ha construido sus ejemplos más perdurables en los periodos de la concentración, sino en los momentos de convergencia en los que todos ponen y todos ceden. Y porque levantar una cultura y el progreso de las naciones no es el privilegio de la fuerza que somete a los pueblos débiles, sino el logro de las doctrinas que concitan la unidad y conjugan la visión de muchos para diseñar caminos. Lo que prevalece no es la fuerza de

Esparta, ni la estrategia de Darío. No son las legiones romanas, ni los ejércitos de cruzados, no son las invasiones de hunos ni las tropas de asalto nazis y las SS; es el templo de Karnak en Luxor que mantuvo un pacto durante dos mil años, la Alambra que sintetizó el ecumenismo de Mahoma y la herencia Celta y de los Iberos, el espíritu de Córdoba donde convivieron las grandes religiones, la construcción de París como monumento de la ilustración, Chichén Itzá y la herencia maya como suma de culturas y de épocas, los derechos humanos heredados por la Ilustración, el modelo republicano gestado en Atenas y perfeccionado en Europa y, sobre todo, el ideal de la libertad individual, el respeto a la persona y el derecho social, cuyo más alto ejemplo tiene su meca en América Latina.

Los latinoamericanos, o acaso habría de decirse los latinolusitanos de America, tenemos una vocación colectiva, con hondas raíces de respeto y devoción por la naturaleza. No nos sentimos reyes de la creación, sino modesta parte de la armonía de la naturaleza. No traemos en el corazón el derecho romano que nos lleve a lanzar a los leones a nuestros esclavos, sino el derecho indígena que nos tiene presente el compromiso con los otros. Los latinoamericanos no estamos acostumbrados a tirar el bosque para convertirlo en dólares, porque preferimos escuchar el canto del baobab en la copa de la Ceiba y creemos en la purificación del aire antes que en el respiro de la bolsa. Los latinolusitanos no ponemos por delante de nuestro buen vivir el consumo del día. No cambiamos una cerveza en la tertulia por una hora más de ocho dólares. Nosotros, aquí, en los pueblos de América Latina, apreciamos mucho más el ser que nos distingue, que el tener que nos obnubila. Y como tales, queremos un mundo donde todos convivamos, más que un mundo donde unos cuantos sigan acumulando.

Por todas estas razones, nos resultan ajenos los políticos que quieren consolidar el poder como una forma de la propiedad y la acumulación. Y por todas estas razones queremos devolverle a la política el signo de una actividad a favor de una mejor convivencia y un bienestar compartido.

No queremos un crecimiento que lo único en lo que se traduce es en índices que nos comparan con el mundo decadente, y que solo disfrutan los dueños y señores del tener. Preferimos un camino donde muchos –y acaso todos– podamos ser más ciudadanos, más solidarios, más fraternales y felices. Habrá candidatos ciudadanos para la construcción de un nuevo parlamento. Pero no queremos candidatos del mundo de la fuerza, de la visión del consumismo o del dinero. Queremos candidatos grandes en principios, profundos en su compromiso de servicio y probados en su fortaleza moral.

Si la sociedad se salva será porque los ciudadanos decidan ejercer una participación consciente, y porque generen formas de participación colectiva que acoten a los partidos y sustituyan el poder del dinero y los grandes capitales con nuevas estructuras de gobierno y con una puesta al día del derecho.

Y la terapia hacia la locura sólo podrá tener lugar en el proceso de asalto a las instituciones, y de construcción de nuevas estructuras. Pues no habrá hospitales ni cárceles de excelencia para los desplazados del confort y las canonjías, sino duras lecciones.

Vemos venir todo esto. Hacia fines de este arranque de la ira popular y el surgimiento de las autodefensas el Estado ha infringido golpes terribles a los pioneros. Más de cuatrocientos presos lo atestiguan, además de los muchos muertos que lo denuncian.

Alejandro Nadal lo ha reseñado de una manera magistral: "Los crímenes en contra de los estudiantes normalistas rurales de Ayotzinapa (septiembre de 2014) tienen la huella de un modelo económico en el que los jóvenes campesinos y su cultura son redundantes. Es decir, no hay lugar para los jóvenes campesinos que aspiran a una vida digna y en libertad. La juventud de Ayotzinapa se ha rebelado y los poderes establecidos han respondido.

"En realidad, más que un modelo económico (con su mezcla absurda de políticas económicas) deberíamos hablar de un estilo de vida en el que la solidaridad es despreciable. **La razón es que bajo el neoliberalismo se lleva al extremo la idea de que la sociedad es un apéndice del mercado y que las relaciones mercantiles son la esencia de la naturaleza humana. En Ayotzinapa los jóvenes han manifestado su rechazo a esta forma de deshumanización.**

"En el neoliberalismo encontramos lo que Polanyi describe con claridad: en lugar de que las relaciones de mercado estén incrustadas en un marco de relaciones sociales, son las relaciones sociales las que se encuentran subordinadas al predominio de las leyes del mercado. Llevado todo esto al extremo en el neoliberalismo el resultado es que todas las instituciones sociales terminan siendo moldeadas para adaptarse a las necesidades del mercado.

"Aquí encontramos el problema central de nuestro tiempo. En su lucha, los jóvenes de Ayotzinapa pugnan por mantener una escuela normal rural abierta. Es un instrumento de vida y de cambio social. Los gobiernos estatales y federal, así como la cúpula empresarial, han buscado por todos los medios satanizar y castigar a los estudiantes. Les parece que ceder en lo que piden los jóvenes es demasiado peligroso para su idea de orden social.

"Y es **que, en el neoliberalismo, el sentido de la moral y la justicia debe reducirse al lenguaje de los contratos de negocios**. El signo monetario de las ganancias y las pérdidas es lo único que importa. El mercado y el capital subordinan todo a su lógica, y los poderes no pueden permitir que alguien se atreva a desafiar ese orden de cosas. **En Ayotzinapa los estudiantes han rechazado un mundo en el que la dignidad se mide en dinero.**

"El neoliberalismo lleva hasta sus últimas consecuencias la noción de que la sociedad no existe, como tampoco existen las clases sociales. Lo único que existe es un conglomerado de individuos, todos ellos egoístas: en ese conglomerado la ética de la solidaridad se reemplaza por la práctica del egoísmo en la perpetua búsqueda del triunfo personal. Y como el único y máximo espacio de interacción entre individuos es el mercado, las relaciones humanas son tasadas en términos monetarios y todo lo que no sea dinero es secundario o irrelevante. Se dice sin cesar por los que alaban este sistema que en él los individuos son libres porque el Estado no restringe su conducta. Pero la realidad es que la libertad termina por irse a la basura en un mundo en el que lo único que importa es lo que puede ser cuantificado en dinero. O como dice Jack Nicholson en un diálogo del clásico film *Easy Rider*, es difícil ser libre cuando uno es comprado y vendido en el mercado.

"Los estudiantes de Ayotzinapa saben todo esto y buscan una opción distinta. Desde el poder primero les impusieron la violencia del mercado y criminalizaron su protesta, pero los estudiantes no se rindieron. Hoy el poder les envía un proyecto de intimidación por el terror. Los estudiantes tampoco se han doblegado. La tensión y el peligro aumentan porque el poder no perdona esta afrenta. La izquierda institucional lleva años entregada a los pactos y a la lógica de conseguir votos como fin supremo. Por eso es hoy copartícipe de este crimen. Es más, si algo ha demostrado la izquierda oficial es que no tiene ningún interés de promover la construcción de caminos de resistencia. Tampoco está interesada en abrir nuevos espacios de cultura, educación y reflexión que permitan a las clases oprimidas defenderse de la embestida neoliberal....

"La lucha de los estudiantes normalistas de Ayotzinapa tiene una historia y es la de todos nosotros. Es la lucha por convertirnos en actores de nuestra propia historia. Y eso es lo que el terror y la militarización de la represión en su contra busca quitarles. Por eso el asalto del que han sido víctimas es una agresión contra todos nosotros. Eso es lo que configura un crimen de Estado."[123]

Los cuarenta y tres estudiantes desaparecidos son nuestros mártires y serán reivindicados.

Pero esa lucha es solo una de tantas. O, mejor dicho, ese es un frente de batalla, como tenemos también otros en Michoacán, en Guerrero, en Chihuahua, en Campeche, en Puebla o en Morelos.

En Morelos se gesta una gran Comuna, más grande que la que construyó Zapata, no solamente porque los morelenses se sienten herederos de una tradición sagrada de dignidad, sino porque vienen siendo despreciados y golpeados por la alianza entre el crimen y el gobierno.

El 3 de abril del mismo año 2014, la red Oikos circuló un documento de las redes sociales en el que se caracteriza al gobernador del estado de Morelos y se traza una estrategia de lucha. Sobre ese hombre se dice ahí:

---

[123] Alejandro Nadal. Periódico La Jornada, miércoles 8 de octubre de 2014.

"La trayectoria y actualidad de Graco Ramírez Abreu. 3 de abril de 2014. Red oikos[124].

Graco Ramírez es un ejemplo de aquel grupo humano de seres nocivos que la psicología forense define como psicópatas, o sea seres que padecen de un trastorno mental y que forma parte de un grupo de personalidades de alto grado de peligrosidad como lo fue en su momento el padre Maciel, fundador de los Legionarios de Cristo o la ex dirigente de los maestros Elba Esther Gordillo y tantos ejemplos de talla mundial que sobran mencionar...

Graco, dice el documento, padece un desmesurado sentido de autovalía, una propensión patológica a la mentira, una voracidad estafadora, y una ausencia de remordimiento o sentido de culpa. Tampoco tiene sentido de empatía, y menos puede aceptar la responsabilidad por sus errados actos. Lo caracteriza un estilo de vida parasitario, y no es capaz de establecer metas realistas en su gestión, pues todo lo caracteriza su impulsividad.

"Su trayectoria ofrece un preocupante perfil delincuencial que debería de alertar   a los distintos sectores de la población del estado. A lo largo de su vida, desde   su adolescencia, definió su identidad con una suma de actos inescrupulosos. Entender la patología y riesgo implícito en éste personaje nos ofrece la ocasión de mitigar en la medida de lo posible, los efectos de su administración y advertir esas constantes funestas en su vida actual como gobernador. Bajo su gobierno, la depredación organizada de la vida de los morelenses está teniendo ya un doloroso resultado sobre los niveles de bienestar siempre anhelados y de éste análisis se esperaría la acción ciudadana como medio para detener el deterioro en el estado.

El abuso del poder, el engaño, la corrupción, la traición a personas e instituciones han sido su constante según consta mediante testimonios personales y

---

[124] Este largo fragmento del texto citado se apoya a su vez en los siguientes autores y fuentes que menciona a su calce: *FBI Law Enforcement Buletin*, Autores varios. Julio 2012. **Escala de Evaluación de Psicopatía** de PCL-R, Robert Hare, Ph.D. **Manual sobre Psicopatía y Leyes**, de Kent A. Kiehl. Oxford University Press. **Sin Conciencia: La Desagradable Historia de los Psicópatas en Nuestro Alrededor**, de Robert Hare, Ph.D. **El Psicópata de al Lado**, de Martha Stout, Ph.D., Random House. **Ponerología Política**: *Ciencia sobre la Maldad Utilizada con Fines Políticos*, del Psic. Andrej Lobaczweski. Y **Escala de Evaluación de Psicopatía** de PCL-R, Robert Hare, Ph.D.

documentales, fuentes para éste análisis. Los descalabrados han sido sus colegas estudiantes, sus mecenas, sus cómplices políticos, sus compañeros de partido y ahora sus gobernados.

"Desde estudiante preparatoriano ha traicionado por dinero a quienes se suponían parte de su círculo más íntimo, sin mediar el menor grado de remordimiento o consciencia sobre sus acciones, como lo señala la escala anterior. Sus intereses vitales, dinero y poder lo han arrastrado siempre, una compensación psicológica típica a la falta de humanidad. Sus víctimas le ofrecieron amistad, credibilidad, colaboración y hasta voluntario sometimiento. A ello correspondió con traición. A todos lesionó de manera consistente con su estructura de personalidad trastornada.

"Pasando a los detalles de su denuncia, el documento agrega: Uno de sus hijos, de verdes años y sin ningún antecedente de servicio público ni profesional, Rodrigo Gayosso, fue Secretario del Ayuntamiento de Cuernavaca donde promovió negocios y componendas junto con el ahora diputado Manuel Martínez Garrigós y actualmente con orden de aprehensión. Un estudio meticuloso de su trayectoria familiar ofrecería claros indicios de como la desintegración en su escala de valores y personalidad se formó a raíz de posibles traumas o conflictos familiares desde su niñez y cómo esta ha sido un eje en la conducción poco ética del círculo familiar actual al grado de hacerlos cómplices y protegidos como es también el ejemplo de nepotismo al nombrar a su exmujer como directora del canal estatal de radio y televisión.

"Desde sus orígenes como estudiante a finales de los años sesentas, Graco
Ramírez se ofreció a la policía política de ese entonces, la tenebrosa Dirección Federal de Seguridad para prestarse como informante desde su escuela, la Preparatoria No. 6 de la UNAM. Informaba a cambio de dinero de lo que acontecía dentro del movimiento estudiantil de la época, cosa que coincide con los penosos años de la guerra sucia en donde las desapariciones y represión a personajes de izquierda nos deja una amarga memoria. su papel de soplón delator sobre el movimiento estudiantil de 1968 fue de gran dinamismo. Desde su Escuela Preparatoria se infiltró en varios grupos desde los que obtenía información. Aún al servicio de la DFS, continúa con su encargo al incorporarse al Partido Mexicano de los Trabajadores, donde cultiva a la par su imagen de activista de izquierda mientras que es responsable de espiar las actividades de distinguidos personajes como Carlos Fuentes, Heberto Castillo y demás miembros

hasta que es descubierto y expulsado de tal instituto.

"Con esta trayectoria, se mantiene como alfil de los gobiernos priístas para minar los esfuerzos de la izquierda mexicana al formar junto con otro mercenario, Rafael Aguilar Talamantes, el Frente de Reconstrucción Nacional apoyado con el financiamiento gubernamental a cargo de la Secretaria de Gobernación, lo que le valió al partido el mote de "paraestatal" al hacerse pública esta corrupta relación. Con la misión de dividir para vencer, su constante activismo se vincula con movimientos de invasores, porrismo y rompimiento de huelgas o simplemente en el cumplimiento de "misiones" naturalmente bien remuneradas que se le asignaban desde a DFS. En su doblez obtenía prebendas y dinero también de la Dirección de Investigaciones de la misma secretaría.

"En el año 1988 Graco Ramírez y su asociado Aguilar Talamantes rompen con el proyecto Cardenista para crear con su partido un grupo de legisladores a modo de los intereses del gobierno del entonces presidente Salinas, cosa que debilitó y fragmento al naciente movimiento opositor. Es así que a partir de sus encargos y los fondos gubernamentales para financiar tales operaciones que empieza a construir una inmensa fortuna cuyos oscuros orígenes nunca ha podido demostrar. Nunca ha exhibido recurso alguno que demostrara su origen honesto, por ejemplo a través del pago de impuestos que esto implicaría.

"En ese entonces, traiciona a su socio Aguilar Talamantes para venderse a los "Chuchos" del PRD, Jesús Ortega y Jesús Zambrano. Como miembro del Partido de la Revolución Democrática, encuentra en Andrés Manuel López Obrador un soporte de sus intereses y es promovido por AMLO a los cargos de diputado y senador sin que haya mediado una sola elección directa. Es un sátrapa abrigado por las candidaturas plurinominales en el congreso. A últimas fechas, es reconocida su abierta traición al candidato López Obrador previo uso de su imagen y peso electoral para aprovecharlo en su proyecto personal en Morelos. Este último ha señalado abiertamente el juego de manipulación y conveniencia con el que se benefició a lo largo de su relación con el ex candidato presidencial. Hoy es blanco de terribles críticas pues se ha abierto como sólido simpatizante de Peña Nieto. La tendencia a la manipulación y estafa, en perspectiva muestra que no hay límites y sí una profunda carencia del sentido de responsabilidad por sus acciones.

"Con una megalomanía desbocada, de forma oportunista ahora se asume crítico

de AMLO y lo juzga por haber perdido la presidencia al "no haber escuchado mis consejos y estrategia electoral" (sic). Este rasgo de personalidad se ha venido revelando cada vez como más enfermizo en las últimas épocas y es una señal importante de su grado de trastorno mental. Tales personajes son proclives a una pérdida de contacto con la realidad motivada por un narcisismo agudo observable en la necesidad de proyectar su imagen personal en cualquier espacio o circunstancia. El narcisismo como condición de trastorno mental es uno de sus rasgos más notorios además de alejarlo de manera preocupante de la realidad. De su trayectoria como mercenario gubernamental y confirmación de su estilo de vida parasitario, otro aspecto con alta calificación de su perfil psicópata, se tienen fuentes públicas de las que nunca ha intentado desmarcarse ni desmentido porque son auténticas. En su haber, está el cobro constante como "aviador" en instituciones públicas como IMECAFE, y la Dirección de Administración de Presidencia (1971-76), Dirección de Transportes de SIDERMEX y el Fideicomiso Acapulco (1978-82), Departamento del Distrito Federal (1983-88). Estuvo en las nóminas del Partido del Trabajo (1988-94), en 1995 y hasta el 2000 cobró en la Lotería Nacional. Saqueó el presupuesto de la Secretaría de Desarrollo Social a través de dos fundaciones que organizó en Morelos con la ayuda de dos distinguidos morelenses en su calidad de delegados de la secretaría. Recibió apoyos de la Secretaría de Gobernación y del Gobierno del Distrito Federal además de Caminos y Puentes Federales de Ingresos (1998-2000) y muy sustantivamente de la Lotería Nacional. Estos últimos con el encargo de crear un enrarecimiento político extremo engañando y manipulando entre importantes sectores de la población para promover el desgaste y eventual renuncia del gobernador del estado de Morelos, Jorge Carrillo Olea. Memorable es la seducción que hizo al obispo Luis Reynoso de Cuernavaca para unirse a ese movimiento del que se acabó separando por consejos del obispo de Ecatepec. Pronto se retractó abiertamente por haberse dejado engañar para tal propósito.

"Durante la gestión como gobernador de Morelos de Sergio Estrada, llega a   la

nómina del Estado de Morelos invitado por el gobernador para hacer "Estudios

Hacendarios" de los que no se conoce documentación o resultado alguno, además de ofrecer "Proyectos Conceptuales" para la Secretaría del Medio Ambiente, Recursos Naturales y Pesca. En el siguiente sexenio se vende al gobernador Marco Adame ofreciéndole como complicidad su discreción ante la delincuencia que brota e inunda al estado. Eso en otros momentos fue su bandera como activista y golpeador, la cual abandonó por ya no ser útil y sí contraria a su nuevo papel de observador como cómplice silencioso. Tal incongruencia le reportó buenos ingresos a lo largo del sexenio panista además de contar con fondos del gobierno de Puebla y del Distrito Federal.

"Las últimas elecciones en el estado de Morelos lo distinguieron como un candidato

cuya campaña alcanzó niveles de derroche de fondos como ninguna exhibió nunca en el estado y proporcionalmente, en el país. Un gasto desproporcionado que fue financiado desde los estados de Puebla, Guerrero y Sinaloa además del Fideicomiso de la Central de Abastos, una entidad con turbios manejos por parte de su director Raymundo Collins, de oscuro pasado como policía judicial federal y que a últimas fechas ha sido cuestionado por las operaciones de la delincuencia en esa microciudad dentro del D.F en donde la extorsión, secuestros, prostitución y narcomenudeo azotan a los usuarios. Sonadas son las traiciones a sus simpatizantes como lo fue el rector de la universidad del estado a quien le prometió una candidatura a senador a cambio de su apoyo dentro de la institución o su negativa a un proyecto de infraestructura en Huesca, para después traicionar sus promesas y ejercer el uso de la fuerza pública para intimidar a la movilización social en esta población.

"Con esta consistente trayectoria, podemos inferir que de acuerdo a la máxima

freudiana, "origen es destino", Graco Ramírez Garrido Abreu está conduciendo   un

gobierno a modo que le permita continuar con sus conductas inescrupulosas y hasta delictivas, de total falta de empatía y responsabilidad para con la sociedad morelense y sus instituciones. Su perfil sugiere que, de manera consistente, buscará promover su imagen en cuanto espacio encuentre, a cualquier costo a la par del fracaso intencional en sus responsabilidades o compromisos. Una penosa muestra fue la mentira que sostuvo al decir que había recibido a la madre de una joven asesinada para días después, ser desmentido por ella misma y verse obligado a desdecirse públicamente y recibirla. De manera recurrente mintió sobre el caso de la estatua ecuestre de Morelos que había sido vandalizada en la autopista a México. Este ausente sentido de respeto por el dolor ajeno y fuerte tendencia a la mentira y manipulación, además de ser el más patológico de sus rasgos, nos permite predecir la total ausencia de empatía y solidaridad por las víctimas de la violencia en el estado, así como su sentido de responsabilidad por sus actos.

"Sus desbarres gubernamentales son inocultables por más que tenga enmudecidos
a los medios de comunicación y se ensañará cual gato con ratón ante aquellos que le representen un obstáculo o la oportunidad de lucimiento como tal lo hizo al minimizar la última marcha ciudadana y equipararla negativamente con una marcha en defensa de la diversidad sexual. El cerco informativo que ha creado alrededor es para mantener su constante obsesión: lucir públicamente. El minimizar y cercar los esfuerzos ciudadanos en las últimas marchas no sólo es otra confirmación, sino la muestra de lo que será su actitud en relación a la ciudadanía a quienes hostigará y descalificará como estrategia para minimizar sus genuinas acciones

"Graco Ramírez Garrido Abreu es un agente al servicio de la perversidad presidencial que se dedicó a destruir la vida política y la convivencia social del estado de Morelos a partir de una crisis de seguridad. De esto, capitalizó de manera extraordinaria en términos económicos y políticos para fomentar una red de corrupción, protección y simulación con los gobiernos panistas del momento. Ahora, está cobrándose con creces tal inversión sin que tenga el menor remordimiento y sí, una clara e inteligente operación para beneficiarse él y su grupo de los diferentes recursos y oportunidades que su posición en el poder le ofrece. Esto significa que el estado de Morelos vive una amenaza en su futuro inmediato que podrá extenderse a más de dos décadas después de que acabe el gobierno actual, dejando a su paso un estado destruido en sus instituciones y posibilidades de desarrollo para las próximas generaciones." (Hasta aquí la cita)

En conclusión, la seguridad y destino de los morelenses estuvieron en manos de un trastornado mental durante seis años. Que el análisis hecho por los intelectuales que siguen y desentrañan el curso de su estado caracterizan de manera muy semejante a como vengo retratando la realidad general. Y lo importante en este caso es que esa caracterización, que es ya del dominio público de la ciudadanía, es motor que gesta comités ciudadanos y autodefensas en cada municipio, y parecía irse convirtiendo en un movimiento para desconocer al gobernador.

Esa y otras luchas similares serán el escenario de México en los próximos años. En los que veremos cómo la experiencia de una región es proseguida en otra parte, y cómo las formas de trabajo se enriquecen y se complementan en un proceso general de autogestión ciudadana.

¿Consciencia histórica o principios y valores para una sociedad desalienada?

Desde que Hegel describió y fundamentó la constitución del espíritu absoluto se sentaron las bases para creer que la consciencia podía llegar a ser tan basta, tan abarcadora, que podía incluir o ser capaz de comprender el pasado, su crítica y el plan del porvenir. Cuando los marxistas le dieron la vuelta, o "pusieron sobre sus pies" esta metáfora, esa consciencia dejó de llamarse **Estado absoluto** y adoptó el nombre de **Proletariado**. Y muchos creímos que, en efecto, no importaba lo que este o aquél proletario pudieran plantearse de manera individual, sino

"lo que correspondía a ese ser social como consciencia de la realidad económico política".

Y muchos dedicamos años, los de la juventud, a un especial esfuerzo por organizar esa consciencia. Sin ella el proceso estaba condenado a ser un proceso espontáneo o alienado, y por lo mismo resultaba un prerrequisito construir u organizar al espíritu, a la consciencia histórica, para alcanzar el reino de la libertad. La nueva denominación del espíritu absoluto fue entonces conciencia histórica. Y la construcción de los partidos comunistas o proletarios suponía la organización de la conciencia histórica.

Algunos marxistas menos subjetivos se atrevieron a plantear que el proceso de lucha ocurría siempre de manera espontánea, acicateado por los acontecimientos, los problemas no resueltos, o simplemente como la resistencia a los excesos del capital; y que la consciencia histórica sobre lo que convenía a todos y cada uno de los trabajadores, era una facultad y privilegio de una minoría organizada, de una vanguardia que tenía la obligación de sistematizar ese conocimiento y de difundirlo como propaganda, como programa, al mismo tiempo que conducía la lucha en dirección de la estrategia correspondiente. (Los ejemplos más interesantes de esta concepción sobre la espontaneidad pienso que son G. *Lukács* y Rosa Luxemburg).

Los muchos fracasos en la construcción de esa conciencia, en el grado o nivel de la perspectiva histórica que la filosofía o el materialismo histórico le endilgaba, pasaron de largo durante muchas décadas, sin que los entonces marxistas hubiéramos extraído las lecciones correspondientes. Y aunque deformado, el socialismo, mantuvo la educación socialista y la divulgación del marxismo o materialismo histórico durante casi un siglo. Para no conseguir, sin embargo, que esa minoría ilustrada consiguiera trasmitir su perspectiva y su "lucidez" a la masa que estaba destinada, así, destinada, a ser el sujeto de la Historia.

Ni en Rusia, ni en China, ni siquiera en Cuba, donde la población que debía elevar su consciencia constituía una cifra demográfica mucho menor, fue posible ese extraordinario objetivo. En cada lugar el proletariado siguió escribiéndose con minúscula, siguió peleando por sus necesidades más inmediatas, y muchas veces perdió la perspectiva no digamos de largo plazo, sino incluso a unos cuantos meses de distancia. La consciencia histórica fue quedándose en el plano de las fantasías o las quimeras.

Hemos tratado este tema en extenso en otras partes y no vamos a abundar más ahora[125], pero el punto es de dónde debemos partir para la siguiente reflexión: Si hoy los ciudadanos son manipulados por los medios masivos de comunicación, si la educación está

---

[125] **La ideología marxista.** y *Prólogo* a *Tiempo sagrado y tiempo profano*. Mario Rechy Inéditos en dic de 2020.

orientada —al menos parcialmente—a domesticar las conciencias y a inocular un especial estado de subordinación hacia el poder, si el Estado y los políticos han establecido un gobierno de intereses, que solo simulan servir a la mayoría, pero atienden en realidad a las corporaciones y los grupos de poder, ¿por dónde puede la sociedad empezar el cambio?. La minoría ilustrada no puede plantearse conducir a las masas a la adquisición de una conciencia histórica, pero sí puede dotar a las masas de una doctrina con un conjunto de principios y valores que le permitan actuar sin titubeos y sin confusión o incomprensión.

Los grandes periodos de florecimiento del espíritu humano, aquellos que hicieron posible la aparición del confusionismo, la gesta de Jesús de Nazaret, el movimiento de Mahoma, la ilustración francesa, e incluso la Revolución rusa, no fueron ejemplos de conciencia histórica masiva, sino de instantes en que una minoría ciertamente esclarecida o visionaria sintetizó en analectas, en unos cuantos principios, y en una clara descripción de valores, lo que podía guiar a todo un pueblo, o una civilización, hacia un determinado objetivo. Se trataba de dar un salto hacia la libertad, que a veces estaba representado, como nos había dicho Confucio, en los valores de la edad de oro; o como nos había propuesto Jesús, en un código de conducta de solidaridad, de humildad, de espiritualidad —ciertamente ajenos a la doctrina católica posterior—, o como Mahoma nos había indicado actuar para unificar a las tribus beligerantes y hacer posible la convivencia en las condiciones extremas de esa civilización seminómada.

El mundo que hoy tenemos con medios masivos, con gobiernos omnímodos, de comunicaciones horizontales por Internet, de rápida comunicación por twitter y WhatsApp, o de lucha entre instituciones que funcionan en servicio o interés del poder económico, junto con masas afectadas que tratan de resistir esas políticas con reacciones espontáneas, tiene que encontrar una salida a partir de códigos de conducta, de respeto, de ayuda mutua que no dejen lugar a dudas, y que nos permitan, al mismo tiempo –aun sin tener el conocimiento profundo o la explicación de aquello que combatimos y se nos enfrenta–, ir construyendo nuestra propia realidad social. No se trata de que todos pasemos por un curso de capacitación o por una escuela de pensamiento. Si bien será más fácil el cambio y el camino cuantas más personas aprendan con rigor y detalle la filosofía de la cooperación.

Pero de lo que se trata es de tomar de la experiencia histórica los principios que hacen posible la autogestión ciudadana, la marcha cotidiana de la gente resolviendo sus problemas y derrotando a sus adversarios en cada lugar y ante cada hecho. De lo que se trata es de hacer explícitos los valores que nos pueden mantener unidos, y que nos pueden fortalecer en cada evento, hasta que el poder popular sea mayor que el orden establecido.

Se trata, en suma, de construir la autogestión ciudadana. Con aquellos hombres que sintiéndose parte de su comunidad no quieren ser avasallados. Con aquellos que no aceptan la moderna esclavitud espiritual del neoliberalismo, ni del falso socialismo.

Y eso nos implica distinguir el origen, el medio en el que estos ciudadanos capaces de construir la libertad han nacido y se han formado. Porque no todos estamos facultados para ser libres, pues los muchos años de amaestramiento han creado grupos de zombis o conformistas que no harán esfuerzo alguno para salir de la situación. Ni todos tenemos la propensión a ser solidarios. Aunque Juan Jacobo Rousseau lo haya postulado.

Y lo primero entonces es saber en dónde y cómo se formaron los que hoy son egoístas. Y en dónde y con qué valores se han formado los hombres y mujeres que por ser solidarios tienen en sus mentes y sus esperanzas el porvenir.

Estos hombres construirán una sociedad donde el poder no obedezca a la razón de Estado sino al principio de la cooperación y la fraternidad. Aunque el camino se encuentre lleno de accidentes, y aunque muchos que lo hemos iniciado no alcancemos a verlo.

Nos queda el orgullo de haber contribuido a ello, en la modesta medida de nuestras capacidades.

Epílogo

La hybris de Andrés Manuel

"Soy terco -es de dominio público-, necio, obcecado, perseverante, como suele llamarse a quienes defienden ideales y principios o alguna causa. Con esta misma convicción actuaré como Presidente de la República, con terquedad, con necedad, con perseverancia, rayando en la locura, de manera obcecada voy a acabar con la corrupción" 18 de febrero de 2018
(https://www.milenio.com/politica/actuare-rayando-en-la-locura-contra-la-corrupcion-amlo)

Habiendo recorrido a este punto las páginas que he escrito sobre el origen psíquico y físico de la locura, y sobre la historia de la locura política, se comprenderá que no puedo condenar, así como así, toda la locura. Primero porque para cambiar la realidad se requiere una dosis mental de inadecuación, o no aceptación de "la normalidad". Ningún conformista ha cambiado al mundo. Y si algo necesitamos es precisamente dejar de lucubrar y preferente cambiar el mundo, como sugirió Marx en sus tesis sobre Feuerbach cambiarlo todo. En segundo lugar, porque la realidad social que padecemos —según ya relaté en los capítulos precedentes— es bastante enferma, y los inconformes y reformadores, o revolucionarios, seguramente emprendemos todas nuestras acciones desde una sanidad que confronta la normalidad enferma. Y tercero, porque me atrevo a tener la convicción de que, sin algo de locura, o con plena normalidad, la imaginación se detiene, la creatividad se limita, los horizontes se cierran y ceden al conformismo.[126]

Pero lo que en este caso estoy analizando, tal y como lo he desplegado en más de doscientas páginas, no es la buena locura,

---

[126] Mis amistades normales cuestionaron estas afirmaciones, pues no conciben que un ser equilibrado y normal no pueda ser un buen reformador o líder. Sus críticas confirmaron mi idea.

que se enfrenta a la realidad enferma, sino la locura que produce el poder. No critico la anormalidad de nuestro presidente. Gracias a su obcecación se ha atrevido a cuestionar al sistema político, lo ha desafiado y ha logrado colocarse en la cima del mismo. Desde ese sitio es posible hacer muchos cambios. Pero a veces también ese lugar opera cambios en quien lo alcanza.

Los momentos estelares de la humanidad, como podría decir Stefan Zweig, registran locuras maravillosas, que incluso desafiaron a la razón. En mi texto sobre el marxismo[127] comienzo con una cita de Benjamin Disraeli, que literalmente dice:

"Cuán limitada es la razón humana (…) ciertamente no estamos en deuda con la razón humana por ninguna de las grandes conquistas de la acción humana y el progreso. No fue la razón la que avasalló a Troya; no fue tampoco esa la fuerza que llevó a los sarracenos fuera del desierto para que conquistaran el mundo; ni lo que inspiró las cruzadas, o instituyó las órdenes monásticas. No fue la razón la que originó a los jesuitas; y sobre todo, no fue la que gestó a la Revolución Francesa. El hombre es solamente grande en verdad cuando actúa en forma apasionada, no arrastrado por sus pasiones, sino acicateado por ellas en su imaginación (…)"

A eso podría agregar que la humanidad no ha procedido, en su larga marcha, eslabonando solo locuras maravillosas, sino también locuras del signo demoníaco y egoísta que ya analizamos. Así, tenemos entre las locuras que han engrandecido al hombre la fundación de Venecia, y la construcción de las pirámides de Egipto. También la construcción de Petersburgo sobre un pantano. Y tenemos ejemplos de locuras abominables en la primera cruzada, que Inocencio Tercero decretó contra los cristianos cátaros, el asedio y la muerte de Masada, o la conquista de Tenochtitlan y la fundación de la ciudad española que sería capital de la Nueva España, con sus catedrales y la destrucción de los lagos.

---

[127] Asomo a la utopía de la razón. Inédito, 1973-1980

En el régimen que hoy tenemos en México, en estos años que comenzaron en 2018, estamos viviendo el curso de una locura, donde algunos de los cambios que como presidente ha impuesto nuestro presidente, ya le han dado un lugar en la historia. El trabajo de la Unidad de Inteligencia financiera, que preside Santiago Nieto, ha iniciado un ejercicio de sanidad pública sin precedente, interviniendo o congelando miles de cuentas bancarias de evasores fiscales o de la delincuencia organizada, y reuniendo elementos para proceder contra los expresidentes, y además, "tiene como logros las denuncias presentadas contra Emilio Lozoya, extitular de Pemex; la contribución en las denuncias de Rosario Robles, extitular de Sedesol; así como contra el abogado Juan Collado que realizó operaciones fraudulentas con una empresa fantasma y con suplantación de identidades. Asimismo, contribuyó con denuncias hacia el líder petrolero Carlos Romero Deschamps, así como a Antorcha Campesina, e incluso, contra el fallecido ex secretario de Comunicaciones y Transportes, Gerardo Ruiz Esparza."[128] Todo ello es el comienzo del desmantelamiento de un Estado corrupto que impedía una sana administración pública. Y la tarea es comparable a la limpieza de los establos de Augías.[129] Un segundo logro trascendente está en los programas sociales, que si bien no llegan a toda la población, los podríamos considerar un paso hacia la pensión universal.

---

[128] https://www.diariodeconfianza.mx/uncategorized/ Noticias DDC News.

[129] Como quinta tarea que se le asignó al semidiós Heracles, tenía que limpiar esos establos, y como dice la leyenda, "Euristeo impuso el trabajo de limpiar el **establo** en un solo día a **Hércules con** el fin de humillarle y ridiculizarle, ya que era tal la cantidad de excrementos acumulados (los **establos** de Augías jamás habían sido limpiados) que resultaba prácticamente imposible limpiarlos en un sólo día."

Actualmente cubren casi a 25 millones de personas y han permitido que los grupos más desvalidos mejoren un poco su situación. Y un tercer logro, creo yo, es haber avanzado a limitar el endeudamiento externo, oponiéndose a la tendencia general que financia los déficits presupuestales con dólares. Tal vez es pronto para que sea evidente la trascendencia de tales medidas, pero quienes lo cuestionan, o lo condenan, no resistirán la prueba del tiempo.

Esa podría ser parte de la locura bienvenida. Pero el poder también ha acentuado rasgos de personalidad que Andrés Manuel tenía, y se han convertido en obcecaciones y más bien necedad, que, ejercidos desde la cima del poder, dejan de ser virtudes. Los que lo conocemos de tiempo atrás ya hemos sido testigos de la poca capacidad que venía mostrando para tomar en cuenta lo que se le decía, y de la propensión a tomar decisiones de manera inflexible.

Los productos de la locura de cambio son de celebrarse. Pero no toda la irregularidad en el pensamiento de nuestro conductor forma parte de la locura que puedo exaltar o celebrar. Pues una cosa es rechazar la normalidad para poder componer, y otra muy distinta es usar el poder, moral, institucional, o mediático, para descalificar al pensamiento diferente. Es de mencionarse que **La guía ética para la transformación de México**, que publicó el gobierno federal en esta administración, plantea que el primer principio de esa ética debe ser la aceptación y defensa de la diversidad. En el texto se dice:

"No todas las personas son como tú, no todas piensan como tú piensas ni hablan como tú hablas, no todas actúan en la forma en que tú actúas.

Respeta la forma de ser de los otros y no pretendas imponerles tus conductas, gustos, opiniones o preferencias."

Pues en la diferencia no necesariamente se resguarda el error, y quien se cree infalible ha pasado a ser víctima de su circunstancia. Si algo he aprendido en la política es la necesidad de aceptar, al contrario, al opuesto, porque es parte de un colectivo al que uno está obligado no solo a considerar y reconocer, sino también incluir. Y en eso se funda en la empatía, que, por declaraciones suyas, Andrés Manuel rechaza.

Los zoólogos y etólogos sostienen que el primer rasgo que adquirieron los primates fue la capacidad de empatía, que podríamos decir es un paso hacia el sentimiento de compartir, de reconocerse como sujeto colectivo. Pues solamente al sentir en carne propia el dolor ajeno, o de compartir emocionalmente las dificultades de otros, podemos asumir su interés o su malestar. Y ese ha sido el camino para que se adquirieran sentimientos colectivos, que pudieron comenzar como temor al peligro, o necesidad de conseguir alimentos; pero que terminaron gestando valores comunes, como la solidaridad y el bien común.

Sin embargo, cuando una persona ha sido maltratada o víctima de lo que hoy se conoce como bullying —como lo ha sido nuestro presidente durante más de tres lustros—, puede haber despertado rencores entre sus sentimientos, y los rencores a veces predominan sobre los sentimientos colectivos y gestan necesidad de venganza. Y pareciera que nuestro presidente actúa o reacciona, en ocasiones, con rencor o con espíritu de venganza. Pues de otra manera no comprendemos su belicosidad, o el acoso que practica en sus declaraciones mañaneras contra sus adversarios. Todos solemos expresarnos mal y despectivamente de nuestros adversarios. Pero cuando uno se desempeña como un líder político la actitud que uno tenga se convierte en ejemplo. Y el trato que uno le propine a los adversarios se convierte en ejemplo y convocatoria. Andrés Manuel parece haber escogido como epíteto el concepto neoliberal. Ciertamente el neoliberalismo ha sido una calamidad. Y muchos lo hemos combatido desde nuestras trincheras. Ser neoliberal implica suscribir los paradigmas o las ideas del mercado irrestricto, la privatización extensa y la ausencia de intervención del Estado en la economía, entre otras cosas. Y ello es un tema de economía. También podríamos calificar de neoliberales a los que defienden o han defendido las políticas aplicadas bajo esa doctrina. Pero no podemos hacer extensivo el concepto a quienes simplemente no aceptan nuestra versión sobre cualquier hecho. Y eso es evidente para la amplia ciudadanía que escucha al Presidente cada mañana.

650 intelectuales y científicos piden al presidente que deje de estigmatizar y descalificar

A través de un pronunciamiento en redes sociales, comentó la prensa, que 650 intelectuales mexicanos manifestaron que el presidente Andrés Manuel López Obrador "utiliza un discurso permanente de estigmatización y difamación contra los que él llama sus adversarios". ***En defensa de la libertad de expresión*** es el título del desplegado que firmaron académicos, científicos, periodistas y artistas, en el que señalan que esa actitud que advierten en López Obrador "degrada el lenguaje público y rebaja la tribuna presidencial de la que debería emanar un discurso tolerante".

"Sus palabras son órdenes, dice el desplegado: tras ellas han llegado la censura, sanciones administrativas y los amagos judiciales a los medios y publicaciones independientes que han criticado a su gobierno. Y la advertencia de que la opción para los críticos es callarse o dejar el país".

Entre los firmantes estaban conocidos personajes con larga historia democrática y de oposición al sistema, como Roger Bartra, Ángeles Mistretta, Diana Bracho, Javier Sicilia, Valeria Luiselli, Enrique Florescano, Silvia Lemus, Ricardo Pascoe, Mónica Lavín o Gabriel Zaid, sin embargo, el presidente, al responderles, los incluyó en el conjunto donde ya había satanizado a Krauze, Aguilar Camín, Denise Dresser, y otros más. Y lo hizo, no porque piensen igual, sino porque, para él, cualquiera que lo contradiga tiene el mismo signo o carácter nefasto.

Además de sus expresiones directas en la conferencia matutina que acostumbra, también mostró otra respuesta de los fans o incondicionales suyos, para la que reunieron pronto 28 mil firmas de personas que avalaron la actitud del presidente. Aunque entre esas miles de firmas no había desde luego científicos o intelectuales conocidos, como los que habían pedido al ejecutivo que cambiara su tono y actitud.

Ante la carta firmada por 650 intelectuales, que pedía al presidente Andrés Manuel López Obrador respetar la libertad de expresión, comenzó a circular en redes sociales, de manera falaz, al domingo siguiente, un escrito que los acusó de "despreciar las luchas del pueblo" y de pretender el "monopolio de la opinión pública".

Ese documento de respuesta, titulado **"Por la libertad, contra los privatizadores de la palabra"** fue abierto a ser firmado el 18 de septiembre de 2020. Y al otro día que se publicó ya lo habían suscrito los 28 mil ciudadanos que ya mencionamos. Eso habla de la popularidad del presidente, y seguramente también de la antipatía que guardan muchos hacia personas como Krauze, incluyéndome a mí. Pero no justifica que se acuse a Bartra, a Mastretta, o a tantos otros de ser neoliberales, y menos de querer erigirse en monopolistas de la opinión pública.

El presidente en lo particular, había afirmado: **"Todo este grupo siempre apoyó la política neoliberal** y ahora se sienten ofendidos cuando deberían de ofrecer disculpas porque **se quedaron callados cuando se saqueó al país"**. Me cuesta en verdad trabajo creer que nuestro presidente ignora quienes son Roger Bartra, Armando Bartra (al que incluyó el mismo Andrés Manuel en su gabinete de gobierno auténtico doce años antes), o Mastretta. Pareciera que no le importa calumniar a quien sea, con tal de desatar los perros mediáticos de la guerra.

Pero además de expresarse de manera beligerante, como si estuviéramos en un escenario de obligada confrontación que divide necesariamente a los mexicanos, López Obrador se ha ido deslizando hacia la negación de cualquier cosa que pueda contradecirlo. Cierto es que el poder ejecutivo tiene acceso a toda la información que necesite, y que justo por ello su papel como esclarecedor de la situación resulta de suma importancia. Pero cuando el titular del poder ejecutivo quiere que prevalezca su versión de la realidad por encima de la estadística, el análisis de los especialistas y la evidencia empírica, sus declaraciones no tienen visos de verdad. Y sí visos de autoritarismo.

Y tenemos casos en los que los hechos descritos o expuestos resultan no solo ejemplo irrefutable, sino también muestra de una actitud claramente equivocada en quien los niega. Pues defender una versión en aras del interés común, puede comprenderse, pero defender versiones personales que afectan el interés general, es inaceptable.

Mentiras e incondicionalidad para con el ejército.

Así por ejemplo el ejecutivo dijo "No se permite el uso del maíz transgénico ni el fracking, se cuida el agua y no hemos entregado ni una sola concesión para la explotación minera".[130]

Pero a este respecto, ciudadanos y organizaciones también reaccionaron afirmando que es una práctica que se sigue realizando. El organismo **No Fracking** en México señaló tras ese informe presidencial, que esta técnica de exploración y extracción de hidrocarburos de yacimientos no convencionales sigue avanzando en el país.

También afirmó el presidente en su Segundo informe de gobierno, que "Hay menos secuestros, feminicidios, robos a transeúntes, a transportistas, menos robos de vehículos, robo en transporte público colectivo, menos robo en transporte público individual, menos robo a negocios y menos robo a casas habitación".

Pero la senadora panista Kenia López Rabadán reviró al presidente y señaló que en feminicidios ha habido un aumento de 8.96% de noviembre de 2018 a julio de 2020. A su vez, *Expansión*

---

[130] 2° Informe de gobierno, 1° de septiembre de 2020.

Política publicó que, a 21 meses de administración, no hay buenos resultados en seguridad, pues según datos del Secretariado Ejecutivo de Sistema Nacional de Seguridad Pública (SESNSP), en lo que va de esta administración se han registrado 59,451 homicidios y feminicidios, y en promedio, cada día han sido asesinadas 97 personas.

Por qué, nos preguntamos, es que el presidente tiene en este caso "otros datos".

En parte, nos atrevemos a opinar que procede motivado por factores ideológicos que deforman los hechos, como ya hemos explicado que ocurrió cuando los nazis satanizaron a los judíos, o cuando los estalinistas satanizaron a todos sus adversarios, pues no había forma de que los sujetos ideologizados razonaran o encontraran en los que eran diferentes, signo alguno de humanidad. Y a nuestro presidente le pasa algo semejante, es decir, que tiene la convicción de que sus adversarios o críticos no son capaces de conocer la verdad. Piensa que todo el que lo contradice sólo defiende intereses inconfesables.

Pero hay otra razón, tal vez más poderosa, que está en este inexorable proceso de cesión de poder al ejército que hemos testificado a lo largo de dos años. Pues los feminicidios, las desapariciones, y la violencia, no están desligados de la intervención o participación del ejército. Y cuando el ejército resulta uno de los aliados principales que el ejecutivo ha escogido, se comprende que no diga, no admita, o no reconozca que muchos de los problemas de violencia e inseguridad tienen algún vínculo con las fuerzas militares.

El año 2009 Amnistía Internacional había dicho:

"El objetivo de este informe es poner de manifiesto un grave panorama de violaciones de derechos humanos perpetradas recientemente por miembros del ejército mexicano y pedir que las autoridades civiles y militares tomen de inmediato medidas eficaces para poner fin y remediar estos abusos. "

Y el informe era más explícito al decir que

"Homicidios ilegítimos, desapariciones forzadas, detenciones arbitrarias y tortura y otros malos tratos son todas prácticas prohibidas por el derecho internacional de los derechos humanos. México ha ratificado todos los instrumentos internacionales y regionales de derechos humanos que establecen estas prohibiciones: el Pacto Internacional de Derechos Civiles y Políticos, la Convención Americana sobre Derechos Humanos, la Convención contra la Tortura y otros Tratos o Penas Crueles, Inhumanos o Degradantes, la Convención Interamericana para Prevenir y Sancionar la Tortura, la Convención Internacional para la Protección de Todas las Personas contra las Desapariciones Forzadas, la Convención Interamericana sobre Desaparición Forzada de Personas, el Estatuto de Roma de la Corte Penal Internacional y la Convención sobre la no Aplicabilidad de las Limitaciones Legales a los Crímenes de Guerra y a los Crímenes contra la Humanidad."

Y luego el informe avanzaba responsabilizando de desapariciones y otros actos al ejército:

"Las detenciones en flagrancia son las que con más frecuencia llevan a cabo la policía y el ejército. Si bien los sospechosos y sus familiares pueden impugnar su legalidad, Amnistía Internacional ha documentado en varios informes que la policía, los fiscales y las autoridades judiciales no garantizan sistemáticamente el cumplimiento riguroso e imparcial de las leyes".

Se citaban luego las quejas o denuncias contra el ejército, que en 2006 ascendían a 182, para subir al año siguiente a 367 y alcanzar la cifra de 1230 en 2008. De entonces a la fecha, esas denuncias y evidencias han seguido creciendo. Amnistía Internacional documentó y probó la intervención del ejército en las desapariciones forzadas que tuvieron lugar en aquellos años. Pero conforme las desapariciones aumentaron se hizo cada vez más difícil seguir la pista de la intervención militar.

Sin embargo, el número de desaparecidos no ha cesado de crecer. Antes de 2006, las desapariciones sumaban 1523 pero de entonces a julio de 2020 habían alcanzado la cifra de 73,201.[131]

---

[131] La Jornada 14 de julio de 2020, citando datos de la Comisión Nacional de Búsqueda.

Evidentemente, la versión oficial es que ha sido la delincuencia organizada. Pero existen elementos para poner eso en duda.

Así, por ejemplo, una periodista canadiense revisó los casos de desaparición en México en 2020, y después de su recorrido e investigación escribió:

"La inferencia es clara: la desaparición forzada es una táctica de dictaduras y juntas militares. Pero eso congela la práctica de la desaparición en los años de la *guerra fría*, ignorando su vigencia en países democráticos hasta hoy.

Una breve revisión de la historia de los años recientes en México –país democrático– nos cuenta otra historia: desde 2006, 71 mil 678 personas fueron *desa*-parecidas y siguen sin ser localizadas.

La desaparición, entonces, no es una táctica de terror que terminó con la caída del muro de Berlín. Más bien, ha mutado, y sigue siendo desplegada en el contexto actual, mismo que he nombrado guerra neoliberal. En mi nuevo libro epónimo, argumento que después de la *guerra fría*, lejos de abrirse un periodo de paz democrática, se ha abierto otro periodo de guerra contra los pueblos, ahora disfrazada de luchas contra el crimen organizado…

Entonces, ¿cómo diferenciamos la guerra neoliberal y la *guerra fría*? Pues, de entrada, que la primera está ocurriendo en países formalmente democráticos, dentro del ya consolidado sistema neoliberal. Pero también que, a diferencia de las décadas de los 70 y 80, la violencia estatal y paramilitar se despliega de forma despolitizada.

Hoy día, no es explícitamente una batalla de ideas, una lucha contra la subversión o el comunismo; sino que los estados han construido una narrativa que plantea una lucha contra el crimen y el narcotráfico. Eso conlleva la despolitización de lo que es una guerra contra el pueblo.

Hoy, a diferencia de la *guerra fría*, la gran mayoría de las víctimas no son reconocidas como activistas, sindicalistas o guerrilleras. En la guerra neoliberal, las víctimas son acusadas de ser criminales. De esta forma son presentadas como personas que merecen ser asesinadas o desaparecidas."[132]

---

132 **DAWN MARIE PALEY, 8 DE AGOSTO DE 2020. LA JORNADA.** *Periodista canadiense y autora de* Capitalismo antidrogas. *Su nuevo libro* Guerra neoliberal: desaparición y búsqueda en el norte de México (Libertad bajo palabra)

A decir del Subsecretario de Gobernación, Alejandro Encinas, en esta administración el problema registró las siguientes cifras: "la primera mitad de 2019 se informó de 3 mil 679 desaparecidos, mientras que, a julio de 2020 hay 2 mil 332 más."
Pero resulta indispensable citar las explicaciones o hipótesis sobre por qué el ejército está actuando de esa manera, y a qué órdenes responde. Evidentemente no es el presidente quien ordena estos actos inhumanos de desaparición y muerte, pero tiene que ser alguien con el mismo o mayor poder que él.
En la segunda semana de septiembre de 2019 asistí a una conferencia de mi amigo Samuel Schmidt, académico de la Universidad de Austin, En ese seminario se expuso cómo está asociado el crimen con diversos niveles del poder público. El conferencista, que lleva años investigando el problema, dio una detallada descripción de los vínculos de los cárteles con diversos niveles de los tres poderes, a nivel local, estatal y federal.
Antes, había ya escuchado de voz del General Francisco Gallardo que existe en algunos cuerpos del ejército y las fuerzas armadas un grupo especializado en secuestros y desapariciones. Y en mi larga recopilación de notas sobre desaparecidos encontré en los últimos años que las desapariciones no parecen ser casuales o fortuitas, sino que ocurren en zonas que se distinguen por alguna razón, generalmente por descontento social, o por la existencia de organizaciones civiles independientes. En estos últimos diez años, he sido testigo de la desaparición de muchos ciudadanos que no estaban vinculados a actividades ilícitas, aunque algunos eran activistas de derechos sociales o humanos.
¿Por qué matar a hombres buenos y trabajadores que habían contribuido notablemente a la prosperidad de sus comunidades, de su organización y de su ciudad?
La única explicación que desde la distancia encuentro, es la que los especialistas y estudiosos vienen ofreciendo de las desapariciones: Que existe una cuota de desaparecidos que las fuerzas del crimen asociadas a las fuerzas armadas tienen que cumplir. Porque el

objeto es tener a la población atemorizada, con miedo. Para que no existan protestas, y para que se mantenga la gobernabilidad.

Yo no puedo demostrarlo, pero he guardado las notas de desapariciones durante mucho tiempo y el patrón o características parece confirmarse. O dicho más claro, los elementos podrían dar sustento a una hipótesis tan terrible y desgraciada. Hablamos de algo más grave que un Estado fallido. Hablamos de un terrorismo de Estado para mantener el control, e impedir un pueblo participativo.

Ante tal posibilidad sólo cabe la organización popular. Y desde luego ningún llamado a la cordialidad, ni a lanzar frases manidas o de sermón moral. El pueblo tiene que cuidar al pueblo. El pueblo tiene que asegurarse a sí mismo la justicia.

Según reportes no oficiales, pero de los cuales hay muchos testimonios, esos desaparecidos, como dice la periodista citada, han sido levantados principalmente por el ejército o la marina. Incluso algunos militares sostienen –ya lo dije– que existe una cuota diaria de desapariciones que se exigen a las fuerzas armadas. Y en mi archivo hay cuando menos un testimonio de que fue parte de los acuerdos firmados en el Plan Puebla Panamá, para mantener la gobernabilidad según criterios de los Estados Unidos. Nuestro gobierno debería aclararlo y despejar las dudas. Pero eso implica sin duda que el ejecutivo se atreviera a cuestionar el trabajo y la autonomía con que se viene manejando el ejército. Ya lo planteó con toda claridad en sus libros el General Francisco Gallardo, si queremos un ejército del lado del pueblo, su titular tiene que ser civil, y el ombudsman militar tendrá también que ser creado.

Respecto de la imposibilidad de la oposición para conocer la verdad

Por qué, o según qué fenómeno mental es que se puede pensar o tener la convicción de que solo uno tiene la llave o la clave para llegar a la verdad, es un tema de psicología. Y desde luego tiene implicaciones de carácter social. Y ha sido un problema histórico. Las iglesias han creído siempre que su doctrina y sus enseñanzas son la única verdad. Y, es más, la iglesia cristiana sigue enseñando el creacionismo, esa "filosofía" que después de miles de años sigue diciendo que Dios creo el cielo y la tierra, y además lo hizo en siete días. Y no es tema menor, pues en los Estados Unidos de Norteamérica hay muchas escuelas en las que se sigue cuestionando la teoría de la evolución, y se sigue repitiendo el dogma bíblico.

Los comunistas ortodoxos, que, aunque muchos crean que son personajes del pasado, siguen activos también, siguen en la cátedra, y siguen interviniendo en política, y sostienen que toda la historia se explica por la lucha de clases. Pero por más descabellado que parezca, sostienen además que eso es materialismo histórico, y que es la única explicación científica que puede tomarse como método para esclarecer cualquier cambio ocurrido o por ocurrir en el mundo.

Y en nuestro país, en que hemos padecido tantos años a los gobiernos que decían servir al interés colectivo, pero en realidad estaban conduciendo a la destrucción total de la economía pública, las empresas públicas, los servicios públicos de salud, vivienda, educación y cultura, es comprensible que la actitud y la forma de expresarse de nuestro presidente despierte no solo simpatías, sino incluso todo el entusiasmo y la solidaridad colectiva que se expresa en las encuestas.

Pero Andrés Manuel López Obrador toma las expresiones de simpatía como confirmación de su verdad. Y ahí sí entramos en terreno peligroso. Pues sobre la base del consenso con el que llegó, él no ha sabido distinguir entre la atención efectiva de los problemas, o la instrumentación de soluciones eficaces, por una parte, y la toma de decisiones unilaterales y subjetivas, por la otra. Andrés Manuel ha descalificado la empatía como un invento fifí. Según la prensa, nuestro presidente "dijo que hay términos neoliberales como empatía, holístico o resiliencia que no se entienden. Señaló que son palabras que están de moda y que son usadas por intelectuales orgánicos".[133] Refiriéndose como intelectuales orgánicos a los voceros de sus adversarios. Más aún, en la conferencia mañanera, que viene realizando todos los días, desde que inició su administración, para difundir no solo sus puntos de vista sino el criterio con el cual deben verse los hechos de gobierno y la política, fue más explícito:

""Estoy haciendo hasta un diccionario de las nuevas palabras del periodo neoliberal, los nuevos términos y del periodo postneoliberal"
Refirió que en una reunión con jefes de estado del G20, le llamó la atención la palabra holístico, que "la repitieron varias veces" y que tiene que ver con "integración".[134]

---

[133] **Redacción AN / AL** 9 de diciembre 2020 10:11 am, Pero prácticamente toda la prensa registró esta declaración.

[134] El que Andrés Manuel no entienda algunas palabras, no le debería permitir desecharlas, podría tener personal que se las explique. Holístico, por ejemplo, es un concepto importante. Wikipedia dice al respecto: "El **holismo** (del idioma griego ὅλος [*hólos*]: "todo", "por entero", "totalidad") es una posición metodológica y epistemológica que postula cómo los sistemas (ya sean físicos, biológicos, sociales, económicos, mentales, lingüísticos, etc.) y sus propiedades deben ser analizados en su conjunto y no solo a través de las partes que los componen. Pero aún consideradas estas separadamente, analiza y observa el sistema como un *todo* integrado y global que en definitiva determina cómo se comportan las partes, mientras que un mero análisis de estas no puede explicar por completo el funcionamiento del todo. El holismo considera que el "todo" es un sistema más complejo que una

"De esas de moda como resiliencia (...) Otra que antes no se usaba y ahora se usa mucho: empatía. Hay simpatía o hay antipatía, pero esta es empatía. Imagínense un intelectual orgánico, en su escrito hablando de la resiliencia", declaró el Presidente.

Lamentablemente nuestro presidente adoptó una posición supuestamente culterana, diciendo que el buen castellano, como el de Cervantes, admitía las palabras simpatía y antipatía, pero no la empatía. Con lo cual negó, tácitamente, que el lenguaje evoluciona y se enriquece. Pero su posición no es, por desgracia, un tema de ignorancia, sino de ideología. Pues atribuirle el uso de conceptos con un significado cuestionable a los críticos, no lo hace porque rechace el significado que tienen los conceptos, sino porque le niega a los adversarios o críticos la facultad de cuestionar. Y peor aún, la facultad de plantear que él, Andrés Manuel, esté faltando a principios de comunicación y premisas de la convivencia. Porque en efecto, para gobernar para todos es indispensable ponerse en los zapatos de los que no piensan igual que uno, y admitir que sus intereses no son necesariamente antagónicos con los nuestros, o los de otros que piensan diferente. Y Andrés Manuel no admite eso, es decir, que otros puedan tener intereses que no coinciden con su juicios de valor, ni con las premisas que él tiene para tomar decisiones políticas, pero que estén justificados o asentados en la realidad, y que por tanto podría ser conveniente, o como dice el vulgo "moral y decente"

---

simple suma de sus elementos constituyentes o, en otras palabras, que su naturaleza como ente no es derivable de sus elementos constituyentes. El holismo defiende el <u>sinergismo</u> entre las partes y no la individualidad de cada una. El holismo enfatiza a la importancia del todo considerado en su globalidad, lo que es mayor que la suma de las partes y sus interacciones (propiedad de <u>sinergia</u>), y brinda gran importancia a la interdependencia de estas y a sus variadas interrelaciones. El holismo no trata de presentarse directamente como un <u>axioma</u> para el nuevo planteamiento que se proponga resolver, aunque *a veces* no sea claramente expuesto como una <u>hipótesis</u>. Este puede ser su principal problema de validación, al no tener demasiados estudios[1] que referencien si cumple las propiedades del <u>método científico</u>.

que le concediera a sus detractores y adversarios la condición humana de pensar de otra manera, no porque fueran sus enemigos, sino simplemente porque sus premisas pueden conducirlos a ver la realidad de una manera que admite otros escenarios, con otras soluciones, acaso en ocasiones más justas, o cuando menos más incluyentes.

El concepto de empatía, para desgracia de Andrés Manuel, se viene utilizando en etología, antropología, zoología, psicología, psiquiatría, y ciencia social en general, desde hace bastante tiempo. Y para algunos especialistas rigurosos y pioneros, constituye una categoría indispensable, pues, aunque no se alcance la simpatía, que quiere decir el tener gusto por algo o alguien, se puede compartir con un extraño un sentimiento, que puede ser de agrado, de desagrado, de peligro, de temor, de alerta, de sueño, de susto, etc.

El etólogo Frans de Waal, que demostró, entre otras cosas fundamentales, que los primates reaccionan emocionalmente ante lo que les ocurre a otros animales, identificando la empatía como un momento anterior a la simpatía, pero que conduce a la conmiseración o a la solidaridad. Y es en ese caso tan importante el concepto, que está incluido en el proceso que describe la hominización de nuestra especie, pues sin empatía no hubiéramos evolucionado como seres gregarios, aun antes de crear el lenguaje, pues era necesario sentir o tratar de sentir lo que sienten los otros, para después asumirnos como parte de ellos, del grupo.

Y es, en este caso, una pena que el presidente niegue tales hechos, pues de alguna manera nos hacen pensar que él es el que no siente, o no sabe sentir, empatía. Y algunos de sus hechos así lo hacen pensar, pues sus burlas y condenas de los críticos, pero sobre todo sus descalificaciones de lo que no coincide con su pensamiento, son en efecto pruebas de que no siente empatía.

Por otra parte,

"La palabra **resiliencia** en su **etimología** latina, proviene de "resilio" que quiere decir rebotar, o volver atrás. En el ámbito de la ingeniería se llama **resiliencia** a la cantidad de energía que puede devolver (rebotar) sin absorber, un material elástico."[135]

Y no es una palabra de moda, como él afirma, sino una categoría de uso cada vez más generalizado, que la gran mayoría de los partidarios del desarrollo sustentable, y de detener o cambiar el modelo tecnológico de la sociedad humana, viene planteando, pues se refiere a la necesidad de no sobreexplotar los recursos naturales, yendo más allá de la capacidad de esos recursos para recuperarse de manera espontánea.

Así que el diccionario presidencial descansa en supuestos falsos. Pues la lengua en efecto se fijó, como dicen los lingüistas, en la época de Cervantes, pero la Real Academia de la lengua celebra una reunión periódica para considerar la inclusión de los vocablos que la práctica, el conocimiento y la necesidad van incorporando al uso.

Los 32 millones de votos no han sido la vía o la fuerza para ir al fondo y emprender el cambio

La Nación Mexicana ha padecido muchos años de malos gobiernos, de políticas entreguistas, de procesos de empobrecimiento, de creciente inconformidad. Eso explica que un hombre tesonero, empeñoso, patriota, tozudo, pudiera colocarse

---

[135] Según el diccionario de la Universidad Autónoma de San Luis Potosí, la resiliencia tiene otros significados, "en ecología se conoce como resiliencia a la capacidad adaptativa de las comunidades, para tolerar perturbaciones; y en psicología se refiere a la capacidad humana, individual o grupal, de sobreponerse a las adversidades "que nos reboten los problemas" permaneciendo incólumes, y asumiendo nuestros proyectos de vida con entereza. Los que hemos trabajado en temas de ecología lo empleamos como la capacidad de recuperación de un ecosistema o fuente.

al frente de la voluntad de cambio. Y que su acción catalizara el descontento para barrer la inercia del sistema político.

No ha sido pequeño el daño infringido a la Nación por los últimos gobiernos del PRI y el PAN, por lo que es más que explicable el rechazo a la continuidad que representó la elección del año 2018.

Tampoco es menor el mérito de quien se mantuvo, desde comienzos del siglo, en una lucha por recuperar el rumbo popular de la política, planteando la reorientación de la economía y las instituciones para servir a la mayoría de la población, detener el sesgo concentrador del ingreso y poner alto al saqueo de los bienes y presupuestos públicos. Por ello, la buena necedad y la locura creadora son bienvenidas.

Incluso es muy meritorio ejercer esa locura creadora, por lo difícil que es ser loco, o conducirse con disidencia obcecada, cuando todas las reglas de gobierno se han ceñido al buen comportamiento. Donde este comportamiento se caracterizó por no hacer olas, no cuestionar nunca al superior, o a los que forman parte del círculo donde uno trabaja, por hacerse de la vista gorda ante los atropellos, o los saqueos. Hasta el punto de que se ha creado una normalidad de complicidades y una impunidad de crímenes. Que por cierto sigue vigente en muchos, muchísimos funcionarios (que no servidores públicos) en la administración de Morena.

Lo que Hank González[136] había dicho de "pobre político el político que sea pobre", lo transformaron los últimos que han accedido al poder al expresarlo como "pobre del que no entre al ajo de la conducta delincuente, porque perderá su lugar en el reino del poder".

---

[136] Hank fue representante del grupo Atlacomulco, facción política del PRI que convirtió en lugar común los negocios desde el gobierno. Fue también gobernador del Estado de México y Secretario de Agricultura. Yo presenté ante la Secretaría de la Contraloría de la Federación una acusación de desvío de fondos hecha por él y por su Subsecretario Luis Téllez Künstler en 1991.

Los hechos recientes lo confirman. Los gobiernos del PAN aceptaron, al firmar el Acuerdo Mérida, que los Estados Unidos tendrían la facultad de vigilar y dar seguimiento a sus asuntos e intereses en nuestro territorio, cediendo ese gobierno incluso en nuestra soberanía. Lo que permitió recientemente que, haciendo uso de esa facultad, recientemente adquirida, la DEA identificara a una de las principales cabezas del narcotráfico, el general Salvador Cienfuegos, procediendo a detenerlo. Pero días después, cuando el ala delincuencial del ejército mexicano anunció que detendría a los norteamericanos del DEA (Departamento de Control de Drogas), que operan el mismo negocio en el territorio mexicano, el fiscal norteamericano (Attorney General), de nombre William Barr, ordenó retirar los cargos al general mexicano. Seguramente después de que Andrés Manuel López Obrador se dirigió a Donald Trump para conseguir su acuerdo. Uno lo hizo bajo presión militar, el otro se desafanó por conveniencia.

Como parte del carácter trasnacional de la globalización, el poder se viene recomponiendo y fortaleciendo en una lógica unitaria, donde la ley de las partes está subordinada a la lógica del negocio y el interés de la cúpula. El fiscal de Estados Unidos se coloca así por encima de la legislación sobre delincuencia, de la misma manera como aquí el ejército está por encima de jueces, y de la ley; y hasta del mismo poder ejecutivo.

México amagó con restringir a la DEA si no se levantaban los cargos de Cienfuegos: World Press *Por **Redacción Animal Político** 18 de noviembre, 2020*

Las especulaciones sobre el regreso de Cienfuegos a México son muchas. El Departamento de Justicia de los Estados Unidos anunció este martes la remoción de los cargos hechos contra el exsecretario de Defensa Nacional.

Según *The Washington Post* la revocación de los cargos hacia el exsecretario se debió a amenazas del gobierno mexicano de limitar la influencia de la Administración del Control de Drogas de Estados Unidos (DEA) en tareas de investigación en México.

El medio asegura que fuentes de la Fiscalía Este de Nueva York atribuyen el cambio de decisión a dichas amenazas. Además, señaló que un oficial mexicano había confirmado la posibilidad de que se prohibiera operar a la DEA en el país.

¿Cómo podría el presidente ser consecuente con la justicia en un mundo donde lo normal es lo contrario?

"La amenaza que puso fin a la tensión por el caso Cienfuegos ocurrió cuando México advirtió que expulsaría a los agentes de la DEA"

Funcionarios mexicanos reaccionaron enojados ante el arresto del ex secretario de la Defensa Nacional y tal parece que las advertencias surtieron efecto, según el New York Times del 18 de noviembre de 2020partir en Twitter

(La prepotencia militar es evidente)

"Salvador Cienfuegos Zepeda fue arrestado el 15 de octubre pasado en Los Ángeles, California (Foto: Cuartoscuro)

"Si Estados Unidos no reconsideraba su búsqueda de Salvador Cienfuegos Zepeda, ex titular de la Defensa Nacional acusado por narcotráfico en aquel país, **funcionarios mexicanos expulsarían a agentes de la DEA** (Administración del Control de Drogas), según reveló el *New York Times*.

Desde que Cienfuegos fue arrestado el 15 de octubre pasado, **los niveles más altos del gobierno mexicano se mostraron indignados por no haber conocido del caso.** Consideraron que **se trataba de una violación atroz de confianza entre aliados**.

"Esas emociones alcanzaron un pico en los últimos días, cuando la Ciudad de México emitió una advertencia inaudita a sus contrapartes en Washington: **si Estados Unidos no reconsiderara su búsqueda de Salvador Cienfuegos Zepeda, México consideraría expulsar del país a los agentes federales de drogas estadounidenses, poniendo en peligro una asociación de décadas** que ha ayudado a llevar ante la justicia a varios capos de la droga, según tres personas familiarizadas con el asunto", publicó el medio estadounidense.

"Renunciar a la cooperación mexicana, enfurecer a un aliado importante y luego retirarse del enjuiciamiento es un serio revés para el Departamento [de Justicia]", apuntó la nota del *New York Times*.

"De acuerdo con la nota firmada por los periodistas Alan Feuer y Natalie Kitroeff, funcionarios de alto rango se reunieron en días pasados y expresaron su furia porque fueron sorprendidos por EEUU, su aliado más cercano. Las discusiones no iban en torno a que el general debía librarse del juicio, sino a la violación de confianza al Mantener a México sin datos de una investigación de un perfil tan importante.

"El Ejército, institución de quien el presidente Andrés Manuel López Obrador depende en gran medida durante su administración, estaba particularmente furioso e indicó que se trataba de una transgresión a la soberanía. En consecuencia, los funcionarios militares presionaron al gobierno mexicano para que tomara medidas, detalló el medio norteamericano." [137]

Nos damos cuenta de que existen márgenes para operar o cumplir los planes de gobierno, o las intenciones de cambio, aunque los voceros oficiales u oficiosos lo nieguen. Márgenes que exigen un nuevo conocimiento y una destreza y sagacidad de nuevo formato. Hay que entender qué callos se pueden pisar, y qué pies seguirán siendo intocables si se aceptan las reglas no escritas de las relaciones bilaterales. No porque queramos dejar las cosas como están, Simplemente porque algunos cambios requieren de ciertas condiciones que los hagan posibles.[138] Por más apoyo popular que

---

[137] Para más información véanse los siguientes links (dos son de Anabel Hernández, el otro explica cómo presionó el ejército al presidente): https://youtu.be/AI9aJYv67TQ, Lo que vemos es que la 4T se está convirtiendo en defensora de delincuentes
https://www.facebook.com/JulioAstillero1/videos/anabelhern%C3%A1ndez-pregunta-por-qu%C3%A9-cambi%C3%B3-amlo-su-postura-original-sobre-cienfuego/378663886754389/
 https://m-x.com.mx/secretos/la-cofradia-secreta-de-cienfuegos-doblo-a-la-dea-la-llaman-el-sindicato?utm_source=Whatsapp&utm_medium=secretos&utm_campaign=cofradia

[138] Por ejemplo, la expropiación petrolera fue posible en el contexto de la crisis internacional en que estaba por estallar la Segunda Guerra Mundial, y

exista. Y por más obcecación que se practique. Pues depende de la situación internacional, de los aliados que se tengan y de la oportunidad que se escoja. Pues una medida de confrontación con el poder de las drogas precipitará un cambio de relaciones económicas para el que debemos estar preparados. Probablemente ello requiera un consenso de la mayoría de los países de América Latina.

De hecho, nuestra locura tiene el horizonte posible de lo que podemos rehacer o renovar en la realidad institucional. Porque, así como están las cosas, y acomodados los intereses, nuestro margen de movimiento está muy acotado. Y así ha sido cuando los cambios se instrumentan desde la cúpula. Y por ello otros han escogido vías alternas, más efectivas, que rompen con la vida institucional. Ahí están los ejemplos de Emiliano Zapata o de Francisco Villa, y más recientemente de los nuevos zapatistas. Pero el escenario actual de la llamada Cuarta Transformación no es de revolución, ni se apoya en la movilización de masas. Aunque existan cándidos que lo crean. La 4T es un proceso institucional. Y mucho más institucional que el de los gobiernos recientes.

Lo que no parece muy correcto es difundir otras versiones que confundan o que oculten la verdad. Porque si bien la liberación de Cienfuegos puede haber sido un hecho obligado ante la presión de los militares, ocultarlo es mentir. Y mentir es incumplir con uno de los dogmas que el mismo presidente ha venido machacando.

Yo celebro los propósitos y las estrategias que buscan superar añejos problemas, aunque sea dentro del marco existente. Probablemente la dependencia hacia el ejército no sea un tema que pueda superarse en unos meses. Pero el problema es que a Andrés Manuel no le incomoda estar subordinado a las decisiones castrenses.

Qué locuras sí parecen viables, pero no se han emprendido

---

las potencias estaban más ocupadas resolviendo los preparativos que atendiendo los intereses de las empresas.

A mí, hablando de profundizar las locuras de Andrés Manuel, me parece de la mayor importancia y jerarquía la dependencia alimentaria, que sí podríamos modificar. No es casual que Bush padre instruyera a la CIA para instrumentar acciones para que México no pudiera producir sus alimentos y se viera obligado a importar una buena parte de los Estados Unidos. Él veía en ese hecho la diferencia entre toma soberana de decisiones y límites a la independencia política de México. Yo también. Y probablemente Andrés Manuel comparte ese pensamiento, o tiene esa intuición, según podemos ver en sus declaraciones.

Y lo digo porque durante su campaña anunció que uno de sus objetivos era conseguir la soberanía alimentaria. Casi ese solo anuncio bastaba para garantizar mi voto y el de muchos miles más. Porque todo lo que implica esa meta colocaba en cuestión al TLC, la distribución del presupuesto, la elección del titular de la dependencia encargada del campo, la legislación agraria y los apoyos que se canalizarían. Por desgracia, Andrés Manuel no ha sido consecuente con ese propósito, hasta ahora.

Aunque todavía no se cumple, los representantes del sistema lo interpretaron, en su momento, en sus términos exactos, aunque estuvieran en contra, pues les pareció una locura:

Agencia Notimex

Lun 28 de mayo de 2018

"El director del Centro de Estudios Económicos del Sector Privado (CEESP), Luis Foncerrada Pascal, calificó como "una locura" la insistencia de candidato de la coalición Juntos Haremos Historia, para impulsar la autosuficiencia alimentaria y evitar depender del extranjero.

"El tres veces aspirante a la <u>Presidencia</u> de la República reiteró esta propuesta durante el segundo debate realizado en Tijuana, Baja California, pero **aplicar esa medida, aseguró el representante empresarial, significaría "regresar a un pasado que ya probó ser terriblemente ineficiente"**, según palabras de Foncerrada Pascal.

"Señaló que **la <u>propuesta</u> implica poner barreras al comercio con otras regiones del mundo** e incluso al acceso a las nuevas tecnologías para el campo agrícola y las experiencias positivas de otras naciones. "Es como cerrar la economía y nunca más tener acceso a los beneficios", consideró.

"Insistió en que el **subsidiar a los productores del campo para que <u>México</u> produzca los alimentos que consume, "es una locura y es como irte a la época de las cavernas, cuando se decía sólo voy a cazar en mi territorio y ... comer lo que se dé en mi huerto"**.

"Para Juan Pablo Rojas Pérez, presidente de la Confederación Nacional de Productores Agrícolas de Maíz de México (Cnpamm), los subsidios mal aplicados han llevado a que la <u>población</u> sea altamente dependiente de éstos porque se carece de atención y asesoría.

"Subrayó que este problema ha conllevado a la desatención y el abandono de las tierras, y **de ahí que la productividad y la competitividad vayan a la baja en México. Por ello, coincidió en que la autosuficiencia alimentaria es "un tema del pasado"** porque hoy en día se demandan bienes y servicios que no se tienen o conocen en México."

Pero no solamente fue identificada como locura la intención de conseguir la autosuficiencia alimentaria por los empresarios mexicanos. También el juicio de los "normales" o "cuerdos" que han creado este sistema reiteraron la acusación a propósito de cualquier medida que coloque los programas de gobierno por encima de los intereses de la empresa; sobre todo si es trasnacional. Y sobre todo si el motivo o interés es la defensa de los ciudadanos por sus recursos naturales, o por el desarrollo equilibrado con el medio ambiente:

"Sobre la cancelación de la cervecera de Constellation Brand con una "consulta" en Mexicali, el diario inglés Financial Times cuestiona: "La confianza de los inversionistas en México sufrió un duro golpe tras la votación".

The Wall Street dijo que la señal es equivocada para la inversión extranjera. 18 de marzo de 2020

Hace falta entonces, o es necesario, tener un claro conocimiento de la realidad social, y haber formulado un diagnóstico profundo, para comprender que, en el momento actual de la globalidad, mantener las cosas como están puede ser muy sensato, pero continuará la injusticia, proseguirá el saqueo, nos empobreceremos más y seremos cada día más dependientes. O que podemos ser consecuentes con el diagnóstico y las prioridades nacionales, y sobre todo con el interés de la mayoría, y entonces nos tenemos que investir de la locura necesaria para profundizar los cambios.

Sólo que esa locura creadora requiere un proceder más estricto que el ejercicio de la normalidad que se compone de inercias, tendencias y caminos trillados. Más estricto porque romper la inercia, destruir la institucionalidad nociva que mantiene la economía tal cual ha sido en décadas, e ir construyendo una nueva realidad económica y social, implica la participación de todos los que conocen esta situación, y no es tarea de una sola inteligencia o de una sola voluntad.

Conseguir la autosuficiencia alimentaria es una decisión política, pero instrumentarla es un tema técnico, económico, de agronomía y de experiencia. Y ahí Andrés Manuel no tiene mucho que decir, y por lo que ha venido decidiendo, diría que más bien nada que decir.

No comprende el papel de la organización. Confunde el empleo interesado de las organizaciones y las prácticas de manipulación que hacía el poder de las estructuras orgánicas de todo tipo, con la forma superior de existencia de los seres humanos, que es justo la organización. Pues nos organizamos para trabajar, y son muy pocos los que pueden desempeñar sus labores de manera personal y solitaria. Nos organizamos para estudiar, pues el conocimiento es un acto social. Nos organizamos para construir, para legislar, discutir, y prácticamente todas las actividades humanas se realizan en forma orgánica. Y sin embargo Andrés Manuel ha proscrito a las organizaciones y pretende llegar de manera individual a cada ciudadano. Por ello el campo está devastado, las organizaciones campesinas satanizadas, las organizaciones financieras en el abandono, y los problemas poniéndose cada vez más graves. Pero eso sí que es neoliberal. Esa idea de llegar a cada ciudadano sin que medie su organización, atomizando a las personas para reducir su participación social, eso sí que es neoliberal. Pues el neoliberalismo quiere ciudadanos individuales, le producen erisipela espiritual los intereses colectivos y la participación organizada de los sectores populares. Pero a los estadistas les conviene esa organización, porque los cambios entonces tienen ejecutor y protagonista.

Sumemos a ello que el crédito refaccionario dejó de existir. Y el de avío registra, cuando lo hay, una cartera vencida que supera el veinte por ciento, cuando en los peores momentos del neoliberalismo anterior los morosos no llegaban al siete por ciento.

Y más allá, Andrés no ha sabido colocar a nadie con la experiencia y la propuesta para mejorar estos escenarios, y solo ha nombrado a personas que en su gran mayoría ya conocíamos como ineptas. Y para ser más explícito y concreto tenemos que mencionar al secretario actual de SAGARPA. Por lo que el anuncio de campaña sobre la soberanía alimentaria todavía espera por las decisiones siguientes que lo hagan posible.

Las noticias sobre cómo avanza la sana locura en nuestra administración gubernamental alimentan el consenso, fortalecen el cambio. Y eso es una parte del escenario político. Así, apenas hace poco tiempo, el 13 del mes de noviembre de 2020, leímos una nota de Associated Press que decía, literalmente:

"El presidente Andrés Manuel López Obrador presentó el jueves una iniciativa parlamentaria para prohibir la subcontratación de trabajadores, una práctica de la que se ha abusado en México y con la que las compañías evitan cumplir con las debidas prestaciones de ley.

"Las compañías suelen subcontratar empleados a agencias temporales o empresas externas con el fin de evitar gastos. Esos trabajadores laboran frecuentemente en las instalaciones de la compañía, pero reciben de otra empresa su salario, que muchas veces está por debajo del de mercado. A su vez, es común que sean despedidos cada cierto tiempo para no generar derechos.

"En este sentido, López Obrador denunció que la tendencia es el despido masivo de trabajadores a fin de año para que no tengan antigüedad y mostró un gráfico que indicó cómo tras meses de generación de empleo, tanto en diciembre de 2018 como en el mismo mes de 2019 se perdieron en torno a 380,000 puestos de trabajo formales. Lo mismo se registró con los peores meses de la pandemia.

"María Luisa Alcalde, Secretaria del Trabajo, explicó que la propuesta -un conjunto de leyes o de reformas a normas vigentes- prohibirá la subcontratación de trabajadores salvo que sea para servicios u obras especializadas y establecerá que las agencias de empleo sólo puedan reclutar o formar a trabajadores, pero no contratarlos en sustitución de sus clientes. Agregó que habrá multas para quienes no cumplan la norma y hasta acusaciones de defraudación fiscal."

Esa nueva locura nos dio mucha alegría. Pues mostraba que hay condiciones para profundizar el cambio. Y no había sido así durante mucho tiempo. Por ejemplo, durante la LXI legislatura del Senado, el titular de la Comisión de Fomento Económico, el senador Jorge Ocejo, presentó una iniciativa que redactamos juntos para impedir el empleo de la figura cooperativa como forma preferente de simulación que se estaba difundiendo como concreción del outsourcing. Habíamos realizado un exhaustivo estudio, y habíamos identificado a los principales despachos de asesoría empresarial que promovían esa manera de eludir el cumplimiento de pagos del seguro social y los derechos laborales. Incluso nos había sorprendido que el despacho de Santiago Creel, un conocido panista, figuraba entre esos despachos al servicio de semejante manera de eludir el cumplimiento de las conquistas históricas que habían logrado los trabajadores y los sindicatos. Pero las supuestas cooperativas que venían ejerciendo justamente ese atropello cabildearon y compraron votos en la cámara de diputados para impedir su aprobación. A la cabeza de las cuales estaba la empresa Pascual, ese engendro que tiene más de cinco empleados bajo outsourcing por cada socio cooperativo. A la oposición de Pascual la había fortalecido la llamada Cooperativa Cruz Azul, donde el tres veces diputado priísta Willy Álvarez Cuevas, había puesto dinero para sobornar diputados. Y su labor de zapa fue tan eficaz, desorientadora o corruptora, que incluso personas probas votaron en contra de nuestro proyecto, Ifigenia Martínez, mi maestra y amiga, entre otros. Y partidos enteros se sumaron al boicot. Entre ellos el Partido del Trabajo. Nuestra locura en ese momento era débil. Le faltaba la fuerza social que hoy tiene el presidente.

Ya el 18 de febrero de este año 2020, Rogelio Gómez Hermosillo, un consultor de programas sociales, lo había resumido en el periódico El Universal:

"Las empresas que subcontratan personal tienen alta probabilidad de violar la ley. Si su propósito es reducir costos de nómina, o pasivos laborales, seguramente es ilegal. En la práctica, la ley contra la subcontratación, vigente desde 2012, no se había aplicado. Apenas hasta 2019 el nuevo gobierno ha iniciado las inspecciones con ese enfoque y en coordinación con el SAT y el IMSS.

"La violación de derechos laborales es ilegal, al menos en tres situaciones:

1) La sustitución patronal. La ley determina que las empresas que usan a otras empresas para subcontratar a su personal de base son el patrón "real". Sin embargo, el reto es ¿cómo definir quién es personal de base?

2) Los contratos temporales para actividades permanentes. La ley permite contratación temporal sólo cuando la obra, servicio o proyecto tiene fecha de término, sin renovación recurrente. Las obras de construcción tienen esa característica, un edificio, por ejemplo.

Las empresas que se dedican a prestar servicios, sea limpieza, seguridad o soporte informático, deben cumplir con contratos permanentes al menos para una parte de su personal, que es más que indispensable para funcionar correctamente.

Las empresas dedicadas a subcontratar personal temporal para trabajos permanentes y sustantivos de la empresa contratante, están afectando derechos: la antigüedad, el reparto de utilidades, la afiliación sindical, la negociación colectiva, entre otros.

3) La evasión parcial o total a la seguridad social. A esto contribuyen formas autorizadas por Hacienda como los "honorarios asimilables a salarios".

"El acceso a la seguridad social es el derecho más violado. Va más allá de las empresas de subcontratación. Es una condición estructural, no solo de quienes trabajan por su cuenta, también carecen de afiliación el 43% de personas con trabajo subordinado asalariado, como muestra el Observatorio de Trabajo Digno. La seguridad social requiere una transformación estructural. Históricamente y hasta la fecha ha dejado fuera a más de la mitad de la población. Al futuro es imposible soñar que se resolverá. Urge discutir cómo transitar del modelo de seguridad social basado en el empleo, al paradigma de derechos sociales universales.

"Esta transición puede iniciar desvinculando el derecho a la salud del régimen laboral. La salud no es una prestación. Mientras ese cambio de fondo se concreta, es conveniente evitar que la ley contra la subcontratación abusiva se complique y confunda con sanciones penales o fiscales. Es cierto, que, en la práctica, la subcontratación de personal en muchas ocasiones también evade al fisco y "lava" dinero, pero eso ya está penado. Los cambios a la ley deben ser para que la Secretaría del Trabajo tenga "dientes" y recursos para inspeccionar empresas que funcionan como patrón sustituto, pero también las otras formas de violación sistemática de derechos laborales. También convendría darle atribuciones legales para coordinar "inteligencia" y vigilancia conjunta con Hacienda y el IMSS. Y generar incentivos positivos, porque la sola inspección laboral no será suficiente para acabar con el outsourcing abusivo. La ley debe reconocer y normar las certificaciones voluntarias y castigar severamente los casos de simulación."

Hoy podemos celebrar que terminó el año 2020 con un régimen laboral reencausado por el camino social que tuvo originalmente en México. Aunque falte todavía garantizar que se calcule bien y se pague el reparto de utilidades. Pero las Cámaras no terminaron el proceso de promulgación que acabe con el outsourcing, y debemos estar atentos a confirmar que los intereses afectados no detengan esa iniciativa en el primer periodo de sesiones del año 2021.

Las discusiones que todavía ese mes de diciembre de 2020 escenificaron los diputados para detener la reforma, alegando el cierre de empresas, no fueron más que una simulación, pues está probado y comprobado que el impacto de los salarios apenas representa el 3% del costo total de producción.

Esa anulación del outsourcing se sumaría a la pensión de la tercera edad, a las becas para estudiantes, y a las ayudas a los que padecen alguna discapacidad. Y aunque quisiéramos o juzgamos que sería mejor establecer la renta o pensión universal, según ya lo fundamentó la CEPAL y lo ha venido explicando Julio Boltvinik, no podemos negar que hemos tenido avances.

Así pues, en dos años de gestión, nuestro presidente no solo ha conseguido avanzar en reformas urgentes, además de sacar del gobierno a muchos de los que estaban poniendo la administración al servicio de las empresas y los intereses foráneos, el problema es que también se ha perfilado e impulsado —y no de menor manera—a un equipo de colaboradores que no lo cuestionen, ni lo modulen o corrijan, e inclusive ha decretado que tiene la facultad de reorientar el gasto sin contrapesos, sin facultades de otro poder para censurarlo o limitarlo, alegando la condición provocada por la pandemia y el daño que el neoliberalismo ha causado. (Véase por ejemplo el Diario Oficial vespertino del 23 de abril de ese año 2020, en que un decreto sobre modificaciones presupuestales por parte del ejecutivo es anunciado como envío al poder legislativo para su aprobación inmediata.)

Esa iniciativa rebasó la sana locura y mostró a un gobernante que no quiere contrapesos, cuestionamientos ni modificaciones a los decretos o decisiones que tome. Aun así, los logros no se anulan, ni los avances se pierden. Pero la actitud del presidente sí da pie o argumentos a sus opositores. Algunos ya se habían precipitado a descalificarlo. Por ejemplo, un periodista poblano conocido como provocador había escrito desde que Andrés Manuel era candidato:

En su desequilibrio mental —decía Arturo Loyola González— se ha coludido con los mafiosos del poder, a quienes sin dudar los haría parte de su gabinete: Elba Esther Gordillo, para la SEP; Napoleón Gómez Urrutia, para secretario del trabajo; Rene Bejarano para secretario de hacienda; Eva Cadena Sandoval en la subsecretaría de ingresos de Hacienda, por la experiencia como su operadora financiera personal; Manuel Bartlett Díaz para presidir el INE, por su experiencia en el fraude electoral; Miguel Barbosa Huerta, para la secretaria de los moches; Dolores Padierna para el Infonavit por continuar el negocio de vivienda popular en la Nueva Tenochtitlan; Esteban Moctezuma Barragán, para secretario de comunicaciones por su experiencia como presidente de Fundación Azteca; Germán Martínez Cazares, para la secretaría de la esperanza; Carlos Romero Deschams, para director de PEMEX; Marcelo Ebrard, para ferrocarriles nacionales a donde lleve su experiencia de la línea 12 del metro; Ricardo Monreal, para director de Almacenes

Generales de Depósito, por su experiencia en las narcobodegas; Salinas de Gortari, para la secretaria de reconciliación nacional; Marti Batres como titular liconsa para la distribución de leche contaminada Betty; a Claudia Sheinbaum para dirigir la construcción de espacios educativos, por su experiencia en el colapso del Colegio Enrique Rébsamen; a Alfonso Romo para titular del Banco de México, por su experiencia en el lavado de dinero del dictador chileno Augusto Pinochet; Gerardo Fernández Noroña, como secretario de gobernación por sus habilidades para la negociación política; Néstora Salgado en la Secretaria de Seguridad Pública; Gabriela Cuevas a la Comisión Nacional de Seguros y Fianzas. Esto sólo por mencionar algunos. "

La lista y ocurrencias de Arturo Loyola evidentemente falló. Pues este hombre estaba extrapolando y exagerando, pero el sentido de su crítica era correcto, pues en efecto, Elba Esther fue rehabilitada y hoy tiene su nuevo partido y participará como aliada en la elección de 2021, Bartlett sigue haciendo negocios, hasta con los respiradores para enfermos, además de ser el titular de la comisión de electricidad, Moctezuma es nada menos que el embajador en Estados Unidos, y Romo estuvo como Secretario de la Presidencia. De tal manera que podría afirmarse que Andrés Manuel ha conservado esa parte de la mala locura que caracterizó al viejo régimen y que se concreta en alianzas sin principios y por pura conveniencia pragmática.

Creo que para todos los que somos parte de la opinión pública, está claro que Bartlett fue el titular de la Secretaría de gobernación, desde donde se instrumentó el fraude electoral de 1988. Pero igual, todos nos enteramos que Alfonso Romo fue acusado por su familia política por haber realizado un enorme fraude; y algunos incluso hemos sido testigos de los crímenes que han cometido varios de los enlistados por ese periodista. Yo, por ejemplo, recibí los papeles de los trabajadores que acusaron a Elba Esther de haberse robado diez mil millones de cuotas sindicales, papeles que desaparecieron los responsables de la Secretaría del Trabajo durante el primer año del gobierno de Vicente Fox, alegando que entonces esa mujer era aliada del régimen. Pues Elba Esther ha sido parte del PRI, aliada de Fox, y ahora aliada de Andrés Manuel. Pero sobre todo militante de este sistema corrupto transexenal que es justo lo que deberíamos estar desmantelando. En eso no se ha diferenciado nuestro adalid de los gobernantes anteriores, ni ha proyectado su sana locura para romper la inercia, o establecer nuevas reglas, pues no solamente permitió que le restituyeran a Elba Esther su fortuna malhabida, sino que incluso ha permitido que le autoricen una refundación de su partido. Tampoco se deslindó de Ana Guevara, a quien vimos robándose el presupuesto de su comisión en el Senado de la República. O peor aún, permitió que Ricardo Monreal, que simuló lo del saco de billetes abandonado en su oficina qué él entregaría a las autoridades, o que estuvo implicado en el asesinato de su subsecretario de gobierno Manuel Ortega, sea hoy el coordinador de su mismo partido en el Senado.

Esa locura o, tal vez sea, mejor dicho, esa inconsecuencia con la sana locura de cambio, que forma parte de la enferma costumbre del poder, sigue estando en Andrés Manuel. Y ahí están de prueba también Moctezuma Barragán, primero en la SEP, y ahora en Estados Unidos como embajador, y Bejarano como operador de procesos electorales.

Si actualizáramos el concepto, probablemente podríamos decir que el poder va minando la entereza de las personas que lo ejercen, va imponiendo su lógica para fortalecer a la cúpula, va cediendo en principios con tal de acrecentar la fuerza, hasta que se empieza a justificar cada una de las inconsecuencias, y en ese momento la locura de cambio se va trocando en la locura del poder.

Secretarios, diputados, senadores, y desde luego servidores públicos de menor jerarquía —pero sin excluir a algunos jueces, ministros de la corte y personal del poder judicial o militar— todos, han atendido instrucciones del ejecutivo expresando no su acuerdo, sino el elogio y hasta la apología del titular del poder ejecutivo, cada vez que toma una determinación.

Al flanco izquierdo del presidente el Secretario de Relaciones exteriores, de corbata azul claro, y la Secretaria de Gobernación.

Los que han dudado sobre la justeza o pertinencia de alguna decisión presidencial, han sido en cambio estigmatizados, cuestionados, o vilipendiados, descalificados, y lanzados al bando contrario, como enemigos del pueblo. Sin que se diga, explique, refute o comente, ninguno de los argumentos que han esgrimido. Así, por ejemplo, tras la renuncia de Carlos Urzúa, como Secretario de Hacienda, se le acusó de ineficiente y neoliberal, aunque él dejó claro que la política económica que se ha mantenido cumplía, y sigue cumpliendo, con las premisas del neoliberalismo.[139]

---

[139] "...el gobierno del presidente Andrés Manuel López Obrador (AMLO) se apega a las máximas del neoliberalismo. En su columna publicada este lunes en El Universal, el exfuncionario continuó el análisis de las políticas neoliberales, así como su interpretación y aplicación en México. Urzúa utilizó el decálogo de políticas económicas, publicado por el británico John Williamson en 1990, como parte del llamado Consenso de Washington; al tiempo que agregó cinco puntos más adoptados con el tiempo por diversos gobiernos.

1.- Disciplina fiscal

2.- Redirección del gasto público hacia la educación básica y la atención primaria de salud

3.- Ampliación de la base tributaria

4.- Tasas de interés determinadas por el mercado

5.- Tipo de cambio competitivo

Desde luego que también hemos escuchado, leído, o descubierto, a quienes sin importar lo que el presidente diga, decida o proponga, se han dedicado a descalificarlo, o calumniarlo, o tomarlo como ejemplo de otras realidades, otras circunstancias, otros personajes de la política, que en la memoria popular o en el imaginario colectivo, han sido parte de gobiernos malogrados, o fallidos, en sus supuestos propósitos, o en sus resultados. Pero más allá del sentido común que distingue la sinceridad o la falacia, están los argumentos, siempre accesibles para la razón. Y no hemos vivido un escenario de polémicas, sino una competencia de calumnias.

Ahí también podemos hablar de locura. Pero del signo contrario al que consigue buenos resultados. Hace ya casi tres años, un periodista lo resumió bien: "Un acto de locura es imprudente, insensato, poco razonable y temerario. Rescatar para el futuro de la política mexicana a Napoleón Gómez Urrutia, a Elba Esther Gordillo y a Cuauhtémoc Blanco es, desde esta definición, toda una locura." (Ricardo Raphael, comentarista político. 19 de febrero de 2018.)

Ciertamente estamos ya en un momento en el que nuestro presidente se ha posicionado al frente de una mayoría popular, seguramente mayor al cincuenta por ciento de la población total, que aprueba su gestión, o que ve como muy positivas las medidas o los programas adoptados. Sobre todo, cuando esa población

---

6.- Reducción de aranceles al comercio exterior

7.- Atracción de la inversión extranjera directa

8.- Privatización de las empresas estatales

9.- Promoción de la competencia económica

10.- Seguridad jurídica para los derechos de propiedad

11.- Autonomía del Banco de México

12.- Libre flotación del peso

13.- Metas inflacionarias para la política monetaria

14.- Libre asociación laboral

15.- Acuerdos de libre comercio

Para el exsecretario, la "Cuatroté" coincide con 12 de los 15 puntos. Economía Índigo, 28 de oct de 2019.

recibe apoyos de algunos de los programas sociales, o ha venido siendo testiga de la derrama económica que llega a las personas de la tercera edad, o a los estudiantes, a los desvalidos, a las madres solteras, o a los que siembran árboles, aunque se trate de plantaciones que deforestan la vegetación natural. (Nada menos que 25 millones de personas que equivalen al mismo número de familias). Y el presidente sin duda planeó con toda claridad esa estrategia, pues siempre ha tenido en mente ganar la simpatía o el consenso de la mayoría. Pero hay que diferenciar entre el apoyo o la simpatía, y el voto efectivo. Y muchos de sus fans no votan.

(En 1997 yo le presenté una propuesta para impulsar al Sector Social de la Economía, como una de las tareas fundamentales del Partido, pues él se desempeñaba como Presidente del Partido de la Revolución Democrática. Ojeando la carpeta que le había entregado volteó hacia mí y preguntó: "¿Oye, y esto daría más votos?" Su interrogante me pareció fuera de contexto, pues en esa época yo no era ni quería ser parte de una campaña, o del diseño de una campaña electoral. Y mi interés o propuesta respondía a lo que desde mi perspectiva debía ser parte de las responsabilidades y prioridades de la izquierda mexicana. Cosa que le expresé de inmediato, sin apenas pensarlo. Pero él sentenció: "¡Guárdala, me la traes cuando seamos gobierno!" Sin embargo, cuando celebró el triunfo en el Zócalo acabando de ganar las elecciones, le escribí diciéndole que ahora que ya sería gobierno quería recordarle el punto de la Economía social, es decir, de las cooperativas, los ejidos y las empresas de trabajadores. Pero nunca me contestó. Desde luego que no tenía obligación de hacerlo. Pero tampoco ha mostrado interés en la cuestión. Y sí, en cambio, sigue empeñado en ver cómo obtiene más votos.)

Ganar el consenso o el apoyo de la mayoría no debe tomarse como un equivalente de estar haciendo o diciendo lo que más conviene a esa mayoría. Solo confirma que responde a una expectativa o un interés inmediato que esta mayoría tiene. Y este es un problema que desde luego está más allá del caso específico que analizamos.

Aunque existen políticos que creen efectivamente que un programa de gobierno se puede armar levantando la lista de peticiones que la población les presenta, en nuestro caso simplemente se ha procedido con el conocimiento sobre la concentración del ingreso y la insatisfacción de las necesidades básicas de un gran número de mexicanos, pero sin considerar las distintas opciones para generar el ingreso en cada uno para que pudiera satisfacer su consumo básico.

Y a esa falta de planeación, debemos añadir que el sector agropecuario ha carecido de operadores y personas capaces que expliquen al presidente cómo avanzar en el objetivo de la soberanía alimentaria.

Quien sabiendo de la necesidad instrumenta mecanismos para atender esa necesidad, consigue sin duda aprobación y apoyo. Pero esos mecanismos deben tener sustentabilidad. Es decir, han de poder ser permanentes. Y su permanencia depende de la fuente con la cual se sostengan. O dicho explícitamente, tenemos que garantizar la producción de riqueza para que el presupuesto se obtenga de esa riqueza incrementada.

También es cierto que la concentración del ingreso es grande, y que está plenamente justificado el que se instituyan mecanismos de redistribución del mismo para aminorar las desigualdades y garantizar el consumo de los más desvalidos.

Es cierto que la concentración del ingreso justifica muchas medidas que permitan redistribuirlo. Pues no podría plantearse que primero hay que crecer para luego distribuir, ya discutimos muchas veces esa falacia. Pero lo que sí deberíamos tomar en cuenta es que el objetivo general de una política económica es que todos tengan acceso a un empleo remunerado, y a que esa remuneración le permita satisfacer plenamente sus necesidades. Y eso implica una política de empleo, de creación de fuentes de empleo. Cosa que no puede sustituirse con una política de distribución de dinero para satisfacer el consumo.

Pues el gobierno no es solo responsable de la distribución del ingreso, sino antes que eso de la producción que genere excedentes, y luego de la captación fiscal. Y nuestro régimen fiscal sigue sin reforma, aunque tengamos una de las recaudaciones más bajas del mundo. Pero también es responsable de la generación del empleo; de la producción general, y en particular, del aumento de la producción de satisfactores básicos. Y estas otras responsabilidades no se cumplen ni se pueden cumplir con los programas sociales, y requieren de programas específicos de inversión productiva. Lo que a su vez obliga a tener una estrategia de ampliación de la planta económica, y de la reactivación de áreas abandonadas, descuidadas o insuficientemente promovidas o apoyadas. No es casual que la importación de alimentos haya crecido este último año 2020 hasta cifras record. Y en especial la del maíz.

Y cuando existen recursos limitados para el ejercicio presupuestal, es cuando viene al caso la planeación y el establecimiento de prioridades, donde algunas acciones son desencadenadoras o requisito de otras.

Pensando en ello intentamos complementar la ausencia de locura de nuestras autoridades, y formulamos detallada reflexión y propuesta para financiar la economía. Misma que fue entregada al titular del Partido gobernante, a varios diputados y circulada en la red. Pero, hasta donde alcanzamos a ver, nadie la ha leído. Pues parece que todos están atentos a lo que anuncia nuestro líder en las mañaneras, pero nadie se plantea un ejercicio colectivo de discusión y diseño de políticas.[140]

Desde una perspectiva electoral, o de búsqueda de simpatías y consensos, conceder dinero o establecer acceso al dinero, es una

---

[140] Cómo podemos reemprender el desarrollo. Mario Rechy. En Internet. Mario Rechy Montiel Academia.edu

medida eficaz. Pero desde el punto de vista de la disponibilidad de satisfactores, esto es, desde la perspectiva de poner a disposición de los hambrientos el pan, lo que se requiere es producir pan, antes de darles para comprarlo. O más exactamente formular las políticas que garanticen la producción de trigo, pues actualmente parte de ese pan es importado. Y al pagar los programas sociales no contribuimos a la producción de trigo, pero sí garantizamos la continuidad de las importaciones.

Y México está, también, importando la mitad del maíz que consume (si bien una parte considerable de esas importaciones tiene como destino el consumo animal); además del trigo; parte del frijol, buena parte del arroz, y hasta de la leche que se destina a la infancia viene del extranjero. Y esas importaciones se pagan con divisas. Mucho tiempo estuvimos exportando petróleo para poder pagar comida, hoy exportamos coches y recabamos las remesas para poder pagar las mismas importaciones. Sigue siendo mal negocio.

Cierto es también que la iniciativa privada es en parte responsable de la producción. Sobre todo, de los bienes con mayor densidad económica; esto es, que encierran mayor cantidad de valor para que resulte buen negocio producirlos. Tal es el caso de la industria automotriz, donde laboran tres y medio millones de mexicanos.

Pero la mayoría de la población no tiene ni come coches. Y la fuerza laboral rebasa con mucho a los obreros de la manufactura automotriz. De hecho, pensando y hablando de mayoría, la mayoría siembra, comercializa cosechas, y produce en pequeñas unidades de transformación rural y urbana, donde se genera la mayor parte del empleo, la producción y la actividad comercial. Y los recursos canalizados a ese sector son infinitamente menores que los destinados a los programas sociales, o a los bancos privados.

Decirlo, sin embargo, es cuestionar la infalibilidad de las políticas públicas que ha definido el presidente Andrés Manuel. Y también quiere decir que uno es, a partir de ese momento que lo cuestiona, motivo y blanco de las condenas por contradecir la palabra sagrada. Merecedor del mote fifí, o parte del PRIANRD.

Por ello preocupa sobremanera que no exista una discusión sobre las medidas a tomar, o las políticas a formular. El presidente convoca a consultas populares de las que ya conocemos de antemano sus resultados. Pero parece muy lejos de convocar a que todos los especialistas opinemos sobre las prioridades de la economía, sobre las formas u opciones que tenemos para financiar el presupuesto. Y esta actitud y conducta política es exactamente la misma que mantuvo e impuso el sistema político que pretendemos dejar atrás.

Adicionalmente, debemos reconocer, que esa actitud da pie para que los inconformes, aunque no tengan razón, encuentren motivo para alimentar las campañas de desprestigio o de descalificación:

"Mintió sobre la crisis económica que está, no a la vuelta de la esquina, sino instalada en todo el país, para la que no tiene respuesta; y que se agravará cuando aumenten infectados y sospechosos, muertos y comercios cerrados, empresas quebradas y trabajadores despedidos.

"Miente ahora al decir que la pandemia está controlada y el gobierno bien preparado, justo en momentos en que las dos principales instituciones de educación superior del país, la UNAM y el Politécnico, retiran a sus médicos de hospitales públicos porque no hay siquiera guantes y mascarillas que los protejan y las instancias de salud suplican por médicos y enfermeros.

"Miente prometiendo que defenderá a los pobres, cuando lo que apoyará son programas clientelares en su propio beneficio y de una cuarta parte de la población, que no llega ni a la mitad de los oficialmente considerados pobres y que, además, resultarán los más fregados [perjudicados].

"Miente al «devolver» los tiempos oficiales a las televisoras para barbear a quién como **Salinas Pliego**, de TV Azteca, considera más importante que se siga comprando, a que mueran unos pocos.

"Miente al sostener que la curva de infectados ya se aplanó; cuando sabemos que va para arriba.

"Miente al asegurar que toda la gente se está quedando en sus casas, cuando sus mismas autoridades de salud claman que no es así.

"Miente al declarar que no ha aumentado la violencia intrafamiliar, «al contrario, las familias se aman más que antes», sabiendo que las llamadas pidiendo auxilio, se han incrementado un 60 por ciento.

"…Y mientras los mandatarios del mundo, incluyendo a aquellos que como **Duterte** y **Trump** no se han distinguido precisamente por su cordura, se muestran preocupados por el virus que aflige al orbe, López Obrador está radiante; y sin respeto por enfermos y fallecidos, declara que la pandemia lo ha fortalecido y le ha caído «como anillo al dedo»."
Teresa Gurza. Periodistas en español.com 8 de abril de 2020.

A estos periodistas se les descalifica y desmiente con frases groseras. Pero no se les responde. Es decir, no se exponen los datos, los supuestos otros datos que se tienen, para que el oyente juzgue por sí mismo. Sólo se afirma que lo hecho es lo que cumple con la democracia o el interés general. La democracia es así redefinida y reconceptuada, como parte del nuevo diccionario que viene elaborando el presidente, no como lo que conviene o resuelve los imperativos de la mayoría, sino como lo que decide una persona como lo mejor para todos. La condena que hace cotidianamente es, a su vez, la respuesta legitima que se abroga el que decide, para descalificar al que lo ponga en duda. Quedando en condición de inmoral, indecente y carroña quien se atreva a concebir el ejercicio del conocimiento como producto de la consideración de opciones, en un proceso de intercambio y confrontación de alternativas.

El diez de junio del año de 2020, Pablo Hiriart publicó en El Financiero una nota diciendo que el presidente había dado a conocer una nota anónima que contenía los nombres de sus críticos, a manera de denuncia, agrupados en lo que se denominó Bloque Opositor Amplio (BOA). Hiriart decía:

"El documento menciona como Promotores y Actores de BOA a los comunicadores: "Carlos Loret de Mola, Brozo, Ciro Gómez Leyva, Pablo Hiriart, León Krauze y Denise Dresser". Y en el siguiente párrafo vienen cinco distinguidos intelectuales. Aclaro, porque el que calla otorga:

A Brozo no tengo el gusto de conocerlo, Denise Dresser me tiene bloqueado en Twitter, con León Krauze nos encontramos una vez hace siete u ocho años, y con Loret y Ciro tengo una relación esporádica y afectuosa desde hace largo tiempo, producto del oficio que ejercemos.

Hemos leído artículos de Ciro Gómez Leyva y de Loret de Mola que dejan claro que escribieron por encargo y que tienen un sesgo ideológico y un componente de bilis. Pero por qué los encargados de la voz gubernamental no responden a sus falsos argumentos, en lugar de llenarlos de calificativos. Tan equivocados son los periodistas, como los que los silencian o arrojan al despeñadero. Pero acaso lo peor sea que en el equipo del ejecutivo no hay nadie que le ayude a ver la complejidad de lo real, o que matice sus afirmaciones.

Es inmoral, fatuo y abyecto que –por ejemplo–, la ex ministra de la Corte y hoy secretaria de Gobernación, Olga Sánchez Cordero, compare "la rifa del avión" con la expropiación petrolera. Es servil y estulto que el candidato a dirigir Morena, Alejandro Rojas Díaz Durán, prometa al presidente cambiar de nombre a Tabasco y llamarlo "Tabasco de López Obrador". Es grotesca la sumisión y el servilismo de "morenistas" como Laida Sansores y Félix Salgado Macedonio, para congraciarse con Obrador. La primera dijo que "cada cien años nacen hombres brillantes" como AMLO y el segundo lo llamó "el mejor presidente de la historia". Es un espejismo suponer que algo cambiará en materia económica, de empleo, de seguridad y de salud, si todas las políticas públicas siguen igual que desde el primer día del gobierno de AMLO. Lo cierto es que México es llevado al despeñadero de manera inevitable. Es una locura que, ante las más de 40 mil mentiras de un presidente, como López Obrador, no exista una sola sanción oficial; no aparezca una voz oficial o un contrapeso capaz de sancionar al presidente y menos una instancia que ponga un alto a la mentira como política de Estado. Ricardo Alemán, 17 de septiembre de 2020[141]

Uno puede discrepar de las afirmaciones de Ricardo Alemán. Y podría también exhibir los motivos verdaderos de sus ataques.

---

[141] El texto original de este artículo fue publicado por la Agencia Quadratín en la siguiente dirección: https://colima.quadratin.com.mx/opinion/itinerario-politico-hasta-cuando-y-donde-la-tragedia-amlo/ (Este contenido se encuentra protegido por la ley. Si lo cita, por favor mencione la fuente y haga un enlace a la nota original de donde usted lo ha tomado. Agencia Quadratín. Todos los Derechos Reservados © 2018.)

Pero lo dicho por él debería permitir una diferenciación entre las falsedades y los hechos. Es desde luego una apreciación subjetiva muy temeraria y seguramente fuera de contexto concluir que vamos al despeñadero. Pero es un hecho que no hay nadie que le conteste desde el mismo lado, nadie que le contradiga, nadie que le señale errores. No cabe duda de que el poder enloquece, más allá de la legitimidad también. Acaso por simple ignorancia, y cuando existe una motivación profunda para ejercer el mando que se le ha negado, a quien finalmente lo consigue.

Confunde una tecnología con el interés con que se han dado las concesiones

El 16 de junio el presidente condenó la generación de energía eléctrica mediante la tecnología eólica, es decir, por medio de grandes torres con hélices que mueve el viento. La razón era que la empresa Iberdrola emplea a la ex secretaria de energía del gobierno de Felipe Calderón, y a que el mismo ex presidente es consejero pagado de la empresa. Luego, en otra declaración el presidente descalifica a las empresas eólicas porque tienen contratos de porteo (interconexión) con la Comisión Federal de Electricidad, en los que venden cara la energía después de haber recibido sustanciales subsidios. Y uno que lee entre líneas comprende que, en efecto, los gobiernos anteriores se han valido de la nobleza de una tecnología para diseñar negocios que afectan al erario público y benefician los intereses privados. Pero ¿por qué no diferenciar los actos de corrupción y deslindarlos de los avances en la sustitución de formas contaminantes de generación de energía? Por increíble que parezca el presidente llevó su condena contra Iberdrola y las empresas eólicas a la promoción de las plantas de ciclo combinado, que emplean gas y carbón, retrocediendo décadas en el modelo de la electricidad.

"Voy a explicar cómo esta empresa Iberdrola tiene de funcionaria a la que fue secretaria de Energía y llegó a tener, no sé si todavía está, de consejero de su empresa a un expresidente de la República (Felipe Calderón). Una cosa vergonzosa", dijo López Obrador. El presidente también se ha valido de ese argumento para atacar a los medios que le critican mediante el discurso contra Iberdrola. "Por eso una exsecretaria de Energía es directiva, empleada de Iberdrola; un expresidente llegó a ser consejero de la empresa Iberdrola de España. Esto no sucede en ninguna parte del mundo y es increíble que en el Reforma no se diga ni pío sobre esto y se defienda a esas empresas que han abusado, que han afectado el interés público", dijo ayer el presidente y hoy ha despotricado contra el diario español El País, por supuestamente, ser parte de una campaña financiada por Iberdrola en su contra." (El Economista, **Iberdrola, el nuevo enemigo público de AMLO**. 17 de junio de 2020)

Uno podría encontrar explicaciones para el proceder presidencial. Parecería que en la mente humana toda frustración o impedimento hacen crecer la voluntad para remontar obstáculos y límites. Y probablemente esa voluntad sea todavía más grande cuando el que ha sido detenido, o impedido, sabe que su interés era legítimo. Y acaso se invista entonces inclusive de una determinación poco reflexiva, cuando ha contemplado en sus rivales la sorna o la burla con que lo menospreciaban. Pero un mandatario al frente de la nación no puede permitirse liviandades. El desdén puede entonces fortalecer la convicción del que remonta las adversidades. Y la mala leche con que se le combate, puede ir alimentando la propensión a ver como parte del enemigo al que no asiente, o convalida, todo lo que ese sujeto piensa.

El caso es que no es fácil mantener la objetividad, y más difícil todavía, conservar la representación común, cuando se escuchan muchas estridentes voces de crítica o descalificación. Pues cada manera de ver distintos los problemas o las soluciones, le suena o parece al que ha padecido las inquinas como si fuera complot malintencionado.

Pero en política no se justifican los yerros porque respondan a debilidades humanas. Una cosa es haber sido víctima, y otra muy distinta es dejarse arrastrar por el ánimo predispuesto. Porque los victimarios se han escondido en un sentido común, y han ocultado su verdadero interés. Pero la venganza no distingue a los culpables, y confunde la voz disidente, o las frases de crítica, con el interés oculto. Y de lo que se trata es de concederle a cada uno la facultad de interlocución.

Además, hay facultades o derechos personales y responsabilidades que crecen conforme uno acrecienta su representación. Andrés Manuel era el único responsable de sus actos mientras luchó contra sus adversarios para conseguir el liderazgo y llegar al gobierno. Pero como cabeza del gobierno es también jefe de las instituciones que integran al Estado. Y ahí no se ejerce una responsabilidad personal sino una representación colectiva. Y entonces lo que una persona sintió y pensó, tiene que transformarse en lo que esa persona tiene que sentir de todos, tiene que escuchar de todos, y tiene que responder a cada grupo o parte de la sociedad que encabeza.

Todo líder es falible, y sus errores tienen impacto próximo o mediato en la ciudadanía; que responderá disminuyendo su apoyo o simpatía. Pero el hombre de gobierno —para no decir el hombre de estado, hace pagar a todos por los errores que puede cometer. Y no tiene ese derecho. Y para conjurar o limitar sus faltas o equivocaciones sólo cuenta con la disposición para sopesar y ponderar los intereses, las visiones y las propuestas. Y si no las oye, discierne o considera, proyecta su unilateralidad y su predisposición hasta que todos sean víctimas cada vez que él se equivoque.

En ocasiones el presidente ha tenido sobrada razón, pero la forma de expresarlo ha invisibilizado sus argumentos y dejado la idea de simple exabrupto. Así, por ejemplo, cuando se decidió suspender las obras del Nuevo Aeropuerto Internacional en el lago de Texcoco, existían razones suficientes para parar la obra y suspenderla. Para algunos de los que hemos estudiado el problema el tema de su impacto ecológico era lo fundamental, pero López Obrador pidió un diagnóstico profundo, y los resultados de ese diagnóstico arrojaron costos de miles de millones de pesos que implicaba dotar al lugar de las comunicaciones necesarias, además de realizar obras gigantescas para su aprovisionamiento de agua y servicios, y nada de eso estaba incluido en el presupuesto formal. Pero la obra misma, como lo comentaron varios periodistas serios, elevaba el costo de tan solo la primera etapa de la obra a más de diecisiete mil millones de pesos. Jorge Zepeda, a quien hemos ya citado, tuvo el acierto de explicarlo. Pero al mismo tiempo, hizo notar que en lugar de que el gobierno denunciara el dispendio y grandes negocios, se centró en repetir el dicho del presidente, que calificó como fifí a la prensa.

"Los responsables del proyecto, ahora lo sabemos, ocultaron el verdadero costo (que habría ascendido a 17 mil millones de dólares en lugar de 13 mil, sólo para la primera etapa que ampliaba por muy poco la capacidad del actual aeropuerto), carecían de una solución para financiar esa ampliación de presupuesto, ofrecieron contratos leoninos a favor de diseñadores y constructores con cargo al erario. El abuso, la desmesura, el ocultamiento doloso y el castigo a las finanzas públicas fue sistemático y de proporciones mayúsculas. Al Gobierno de AMLO le costó 3 mil millones de dólares recomprar bonos en manos de tenedores y resolver o disolver más de 500 contratos, pero a pesar de este costo se salvó de cargar con una inversión adicional de casi 20 mil millones de dólares que habría costado el proyecto…hemos criticado la obsesión de López Obrador con lo que él llama la prensa fifí y en particular su aversión al diario *Reforma*. Nos parece injusto y muy poco presidenciable, por decir lo menos. Un jefe de Estado tendría que tener la piel más dura y dejar de subir al ring a quienes le critican. Pero también habría que tomar registro del sesgo de muchos medios, que le dieron escasa importancia a las explosivas revelaciones que deja el reporte sobre el NAIM. Durante meses la cancelación del nuevo aeropuerto ocupó titulares y ríos de tinta en columnas y notas de prensa; la decisión de AMLO fue ridiculizada y desacreditada en todos los tonos posibles. Hoy que el dato duro muestra de manera contundente que el NAIM era insostenible técnica y financieramente, es decir, que el Presidente tenía razón…"

El hombre de Estado no se concede la debilidad de descalificar por actuar impulsivamente. Y para asegurarse de ese límite al que está obligado, sabe rodearse de los que tienen el conocimiento, o de los que lo pueden exponer, con serenidad y en los términos más digeribles para la opinión pública, todos los argumentos. Porque la conducción de una economía y una sociedad, así como el análisis de sus prioridades y sus escenarios, solo es posible con un criterio colectivo, y con una voz sobria y serena.

La obcecación se muta en necedad cuando en lugar de confrontación de datos y cifras, procediendo al diálogo, sólo se gobierna por decreto. Pero cuando esa manera de actuar se blinda y se exhibe como motivo de orgullo, es señal de soberbia y megalomanía. Pues los que pierden la dimensión de su humana condición —necesariamente limitada— son como la rana, descrita por Cervantes, que tomaba aire, y más aire, para acrecer su tamaño y alcanzar la dimensión del buey.

La consulta popular es simulación cuando las decisiones ya se tienen tomadas. Y cuando se sabe de antemano que se está insaculando la respuesta. En cierta forma es también una burla hacia aquellos a los que se dice estar sirviendo. Porque primero se ha cultivado e inducido su incondicionalidad. Y en lugar de pedirles que piensen, tácitamente se les está diciendo ¡apóyenme!

Como el presidente piensa que quien no lo apoya está en su contra, alimenta a los muchos que tienen motivos para poner en duda su proyecto o sus palabras. Y ojo, digo motivos, que no razones. Y no parecen desdeñables. El periodista Jorge Zepeda Petersen los clasificó en un artículo del 31 de mayo de este año 2020, publicado por la agencia ***Sin Embargo***:

"Quizá no son mayoría, pero cómo se notan. Según las encuestas alrededor de 60 por ciento de los mexicanos apoyan la gestión de Andrés Manuel López Obrador, lo cual dejaría en minoría a los que no lo quieren. Pero parecen legión. Los adversarios del presidente se las arreglan para llenar los espacios mediáticos, las charlas de sobremesa, las redes sociales, la conversación pública. A donde vayamos encontramos memes desdeñosos, criticas despiadadas, quejas desesperadas. Ni siquiera el Presidente puede sustraerse al flujo adverso, a juzgar por el recuento de daños que hace cada mañanera sobre las fechorías de sus adversarios.

Pero haríamos muy mal en meter en una misma baza a todos los que le guardan encono a la 4T. El campo antilopezobradorista es un jardín en el que florecen toda suerte de especies y subespecies; algunas elegantes y atractivas, otras duras y espinosas, más de una venenosa. Con ánimo taxidermista me permito una modesta exploración de tan abundante variedad, entendiendo que muchas de ellas se mezclan, comparten ADN, proceden de raíces similares. A saber:

Los Vergonzantes. Todos aquellos que sienten pena ajena por tener un presidente tan poco presentable en sociedad (es decir, en su sociedad). No habla inglés, se come las eses, se viste en Milano no en Milán, es provinciano y, peor aún, lo parece. No son los más politizados, ni necesitan serlo. Diez minutos de escuchar al mandatario es todo lo que requieren para odiarlo.

Los Pragmáticos. Estos son quizá los más poderosos. Aquí no hay odio personal, solo una lucha despiadada por el poder económico; el gran capital no tiene inclinaciones personales, amigos o enemigos, tiene intereses, y asumen que con la 4T algunos de ellos están en riesgo. Combaten al presidente por temor a políticas públicas que puedan afectar a sus empresas, dineros y privilegios. Sin embargo, suelen operar por debajo de la mesa y no se confrontan directamente para no poner en riesgo sus negocios (más de uno forma parte de su Consejo de Empresarios).

Los Enemigos Profesionales. Los rivales políticos de AMLO tienen muchas razones para combatirlo; se trata del rival más poderoso que hayan enfrentado en su vida. En muchos sentidos el poder es un juego de suma cero: lo que gana uno lo pierde el otro. El partido del presidente ha desplazado al PRI, al PAN y al PRD no solo de la silla presidencial sino también de la mayor parte de los escaños y curules, de algunas gubernaturas y de muchas presidencias municipales. Y, como es bien sabido, el peor de los pecados de un político es vivir fuera del presupuesto. Es explicable que los Calderón, los Javier Lozano, los Fox y Manlio Fabios no duerman pensando maneras de descarrilar al tren morenista.

Los Golpeados. Se trata de rivales conversos; no nacieron en el jardín de los Capuleto, pero emigraron allí como resultado de decisiones adversas del gobierno de la 4T: profesionales y contratistas vinculados a proyectos cancelados, ex beneficiarios del subsidio a las guarderías, proveedores del gobierno de Peña Nieto y sus empleados, becarios, consultores desplazados, funcionarios con sueldos degradados. Todos los que han perdido algo concreto y sustantivo por el advenimiento del nuevo régimen.

Los Anonadados. Intelectuales, comentaristas, conductores de medios, asesores financieros, gestores de relaciones públicas. Grupos profesionales que sin importar el régimen siempre habían sido consultados, escuchados, mimados y financiados por el poder aun sin pertenecer a él. Un grupo profesional variopinto que tenía convencidos a los políticos de que sus servicios eran indispensables para manejar la opinión pública, para gestionar los intereses de México en Washington y sus esotéricos pasillos, para llevar las relaciones públicas con la élite mundial y financiera. Mandarines de diversas cúpulas intelectuales y profesionales que aún no se reponen de la sorpresa de que ni el presidente ni los suyos parecen necesitarlos.

Los Desengañados. Estos también cambiaron de casaca. Quizá nunca admiraron al tabasqueño, pero eran empáticos con las propuestas de cambio y de crítica a un orden corrupto y agotado en el que ya no creían. Pero el presidente que llegó a Palacio les resultó muy distinto al que habían construido en sus buenos deseos de cambio. Poco a poco han comprado los argumentos de todos aquellos que lo encuentran rijoso, arrebatado, inexperto y crecientemente peligroso. Algunos de estos conversos terminan siendo rivales vehementes; como todo divorciado sabe, en no pocos casos el desencanto suele provocar un agudo resentimiento.

Los Reactivos. Aquellos que ni la debían ni la temían; no eran opuestos a la 4T y algunos incluso la veían con buenos ojos, pero han terminado por sentirse ofendidos por actitudes del presidente en contra de las causas que profesan y las tareas de las que se ocupan: feministas, periodistas, ecologistas, médicos, artistas, científicos que han reaccionado a lo que consideran disposiciones adversas, agresiones verbales innecesarias y hostilidad presidencial.

Los Despistados. Son antilopezobradoristas en su mayoría apolíticos y poco informados, pero carne de cañón de redes sociales y sedimento de cualquier teoría complotista que pase ante sus ojos. Convencidos de que todo meme es información, regurgitan likes y reenvíos indignados a todo lo que muestre la maldad o la estulticia del presidente (aunque no conozcan la palabra).

Los Fatigados. Tenían alguna opinión, pero hace tiempo decidieron que no valía la pena sostenerla. Son aquellos que flotan en ambientes familiares, sociales o profesionales adversos a López Obrador y, de plano, han terminado por mimetizarse con su entorno y llevar la corriente para evitarse problemas.

Los de Closet. Una versión de la anterior, pero en el bando contrario. Trabajan en el gobierno o se benefician de alguna manera de la 4T, pero en su fuero interno AMLO les provoca urticaria... se la aguantan: la panza es primero.

***Los Cruzados**. Enemigos ideológicos de la izquierda. Todos aquellos que desconfían de banderas justicieras porque asumen que alienta una agenda socialista, estatista y contraria al mercado, la democracia y la libre empresa. Creen un deber patriótico oponerse al que, están convencidos, es un peligro para México."*

Ese ejercicio de condenas y descalificaciones, que practica el presidente en sus mañaneras, hace crecer y fortalecerse a la oposición. Y, además, trasciende las palabras. O, mejor dicho, les cambia su etimología. A lo que no suma se le redefine como búsqueda interesada y egoísta. Y al que proponga otra medida u otra prioridad, se le descubren hilos invisibles con la maldad, lo inconfesable y la antipatria.

Se dice que sólo es visible el horizonte luminoso desde los ojos del que todo lo sabe. Y los demás han de ser condenados.

El presidente se sostiene en ese talante o actitud porque sabe que cuenta con un amplio respaldo incondicional. Sin embargo, la relación entre el poder y los ciudadanos no parece ser una relación estable. Él cuenta desde luego con muchos de los que reciben apoyos, es decir, con personas de la tercera edad, con becarios, con sembradores de árboles que deforestan los bosques o sustituyen la selva con plantaciones, con muchos minusválidos, y con muchas personas que se orientan por la esperanza, como él la llama, es decir, por la idea de que al fin ha llegado un hombre del pueblo al poder. Pero ese panorama no es estable. Y el año 2021 será un experimento social para todos. Y digo que será un experimento porque muchos votamos por Andrés Manuel, convencidos de su discurso o su promesa. Que ya describí, y que comprendía terminar con la corrupción, reactivación económica, soberanía alimentaria, empleo, y mejor ingreso. Pero hoy no vemos que sea sostenible la política agropecuaria, y se ha mantenido un manejo de extrema ineficiencia tanto en el campo, el crédito rural como la distribución del agua. Y esos hechos han reducido las simpatías de los hombres del campo, y en amplias regiones se han convertido, por el contrario, en clara oposición.

En octubre de 2020, un periodista identificado con la izquierda, y que muchas veces apoyó y defendió a López Obrador, hizo la siguiente reflexión en el Diario La Jornada:

Como si fueran hongos que nacen con la humedad, decenas de plásticos, lonas y tiendas de campaña brotaron rodeando la mayoría de las entradas a la Cámara de Diputados el pasado jueves. Los improvisados piquetes fueron instalados por organizaciones campesinas como presión para que los legisladores incrementen los recursos para el campo durante el siguiente año.

No piden que les den más, sino que no les quiten. El paquete económico 2020 reduce el presupuesto de la Secretaría de Agricultura en 31.8 por ciento. El año próximo obtendrá apenas 43 mil 300 millones, frente a los más de 67 mil millones de pesos recibidos en 2019 y los 75 mil millones de pesos de 2018. Sin mayores explicaciones, se esfumaron del presupuesto programas tan importantes como el de Atención a los conflictos agrarios.

La movilización del pasado jueves dista de ser la única del sexenio. En menos de un año se han desatado multitud de oleadas de inconformidad campesina en casi todo el país. El nuevo gobierno ha negado que sean legítimas. El pasado 18 de julio el presidente Andrés Manuel López Obrador afirmó que no hay motivo para protestas, porque ahora los fondos para el campo están llegando primero a los más pobres, no como antes, que todo el apoyo era para los de arriba.

Según él, la inconformidad rural responde a que se decidió apoyar al productor de 20 hectáreas para abajo. El plan de rescate al campo —afirmó— comienza con los de abajo y va subiendo, de manera que a los productores medianos o grandes también les llegarán los beneficios y cuando haya más recursos se dará a quienes posean 30, 50 y hasta 100 hectáreas.

Para deslegitimar las movilizaciones de agricultores, el mandatario dijo que había visto en ellas a un líder con un Rolex. Irónico, aseguró no estar contra quienes tienen para comprarse un buen reloj.

Cerca de tres semanas después, abundó sobre el asunto. "Hablando en plata –dijo– la inconformidad es porque ya no se van a entregar fondos a organizaciones y no quieren aceptarlo y piensan que con la protesta nosotros vamos a dar marcha atrás."

Más claro ni el lodo. Para el mandatario, el enojo rural no es legítimo, sino una maniobra de los líderes corruptos (¡que hasta Rolex tienen…!), que han perdido sus privilegios, ya que los apoyos gubernamentales no se gestionan a través de ellos y van directamente a los productores. Además, es resultado de que hay una reorientación de los subsidios agrícolas hacia los pobres.

El mensaje cayó como agua fría entre muchos liderazgos campesinos auténticos. En palabras de un viejo dirigente rural de Sinaloa, promotor de Morena y de AMLO en la entidad: Todo esto es como quien buscó la tierra prometida durante 40 años y cuando creyó que la encontró, no era lo que prometía.

Es indudable que hay corrupción en muchos líderes agrarios, pero es falso que todos sean deshonestos. Pretender justificar el retiro de apoyos gubernamentales a organizaciones y cooperativas rurales en nombre de la lucha contra la corrupción, tiene graves consecuencias para los pequeños productores. (Luis Hernández).

Las clases medias, por su parte, votaron hace tres años con hartazgo y repudio hacia quienes desmantelaron las instituciones, destruyeron la economía pública y saquearon el presupuesto. Pero en estos años de gobierno morenista no han visto que se corrijan las políticas neoliberales, no han visto que mejore el empleo, y no han visto que se tenga un gabinete de servidores eficientes, competentes. Por lo que yo preveo que, si bien estas clases medias no votarán ni por el prian ni por los mini nuevos partidos, tampoco refrendarán su incondicionalidad a morena.

Además, han sido los más golpeados por la epidemia del covid. Misma que en lugar de reducir su impacto o número de contagios y muertes, como a veces afirma nuestro presidente, sigue extendiéndose en toda la población. En enero de 2021 ya estaban saturados los hospitales de ocho estados de la federación, y lo estaban, ciertamente, no solo porque nuestra infraestructura no hubiera estado preparada para atender una epidemia, sino porque el gobierno se niega a considerar medidas de salud pública que se ha demostrado en varios países son más eficaces que intubar a los enfermos para que mueran entubados.

Todos los días se suman algunos médicos a la propuesta que dirige la COMUSAV, que es la única organización de profesionales que ha demostrado que con dióxido de cloro se hace innecesaria la hospitalización, y todos los pacientes se recuperan.

Cuando la sociedad civil haya generalizado la preparación de esa sustancia, que es tan fácil de obtener a partir de la mezcla de ácido clorhídrico y clorito de sodio para producir el gas, la simpatía por el Dr. Hugo Gatell se volverá repudio, y conforme la sociedad aprenda a darse a sí misma la salud que el Estado no le haya procurado, Andrés Manuel perderá todos esos apoyos.

Al momento de escribir este final, los muertos habían sumado algo más de 140 mil, aunque el INEGI calculaba el doble. Cuando lleguen a un millón, miles de mexicanos estarán preparando dióxido de cloro, y al igual que la población de Bolivia, o de Campeche, o de los municipios donde se han declarado en rebeldía contra la Organización Mundial de la Salud, estarán muy inconformes con el gobierno federal, muy enojados con Gatell, y desde luego muy claros de que el gobierno no tuvo la capacidad para considerar la experiencia internacional y parar la epidemia.

Y digo que ello generará mucho descontento, porque el impacto de la política equivocada del gobierno no solo ha contribuido a la pérdida de muchas vidas, y la salud de muchas personas que se habrían salvado, sino también un terrible impacto en las miles de empresas que no hubieran quebrado si todos hubiéramos proseguido un ritmo más o menos normal de actividad, como ha sido posible en Bolivia o en Dinamarca, donde no se recluyó a la gente en sus casas y mejor se controló la enfermedad.

De tal manera que tendremos a muchos campesinos que reorientarán su voto hacia quienes sin duda los robaban, pero cuando menos mantenían apoyos, algo de crédito y cierta infraestructura. Las clases medias estarán probablemente ausentes en la elección. Los indígenas estarán en contra, porque si algo ha distinguido a esta administración ha sido el acoso militar a los zapatistas, la ausencia de políticas pro indígenas, y las grandes obras que afectan sus territorios.

Son muchos los ejemplos de cómo Andrés Manuel ha aparecido en visitas a núcleos de pueblos indígenas, tratando de mostrar su supuesto compromiso. Pero son muchas más las notas y testimonios que lo desmienten, y que, por el contrario, exhiben su alineamiento con los intereses privados, capitalistas, neoliberales o militares de control. Así, para ilustrar esta afirmación, transcribimos enseguida dos notas, la primera del ocho de enero de 2020 que difundieron las redes de la izquierda:

"LA JORNADA, viernes 8 de enero de 2021

Proyecto Integral Morelos: traiciones y resistencias, por Gilberto López y Rivas

La historia contemporánea del estado de Morelos ha sido marcada por luchas memorables por la tierra y los derechos agrarios de su campesinado, y por la traición de gobiernos a estos reclamos seculares que encarnaron dirigentes emblemáticos como Emiliano Zapata y Rubén Jaramillo, ambos víctimas de crímenes de Estado consumados por militares al servicio de las clases dominantes. Herederos de esas luchas resisten actualmente procesos de recolonización de los territorios de gobiernos y corporaciones neoliberales que mediante megaproyectos, como el Proyecto Integral Morelos (PIM), y violando la ley y la voluntad de los pueblos, pretenden imponer termoeléctricas, acueductos, gasoductos, enclaves industriales, minería a cielo abierto, carreteras, centros poblacionales y empresas turísticas e inmobiliarias, protegidos por el Estado capitalista, en lo que se conceptualiza como acumulación militarizada y necropolítica.

Así, el 23 de noviembre pasado, la Guardia Nacional y policías estatales desalojaron el digno plantón de ejidatarios de San Pedro Apatlaco, municipio de Ayala, Morelos, en el que paradójicamente nació Zapata. Esta acción autoritaria fue denunciada por el Frente de Pueblos en Defensa de la Tierra y el Agua de Morelos, Puebla y Tlaxcala, que se opone a la Termoeléctrica de Huexca y al PIM.

Asimismo, el Congreso Nacional Indígena, el Concejo Indígena de Gobierno y el EZLN en su comunicado Por la vida y contra el dinero manifestaron: con qué cinismo el gobierno neoliberal que dice mandar en este país, obedece a sus patrones que son el gran capital, con qué cinismo las fuerzas armadas, bajo las órdenes del capataz, violentan a los pueblos, para entregar el agua del río Cuautla, robada a los pueblos campesinos de Ayala, a las empresas que se benefician con el PIM, como Elecnor y Enagasa, a las que concesionó el gasoducto; Bonatti y Abengoa constructoras del gasoducto y de la termoeléctrica en Huexca, y las que se beneficiarán del consumo de gas, como Saint Gobain, Nissan, Burlington, Continental y Gas Natural del Noreste.

La Unión de Comunidades Indígenas de la Zona Norte del Istmo y el Consejo Tiyat Tlali también repudiaron la doble moral de un gobierno que en el discurso apela a que todo será resuelto por la razón, pero en los hechos usa la fuerza para imponer los proyectos neoliberales que tanto dice combatir.

La corresponsal de La Jornada en Morelos dio a conocer, el 29 de diciembre, las declaraciones del abogado de los ejidos de Ayala, Juan Carlos Flores Solís, en las que informa que el río Cuautla y sus afluentes no tienen agua suficiente para que funcione la termoeléctrica de Huexca, y que los ejidos de Villa Ayala, Tenextepango y Moyotepec lograron amparos y suspensiones de plano que impiden legalmente el funcionamiento del acueducto y la termoeléctrica.

También, Jorge Zapata González, nieto del general Emiliano Zapata, del Movimiento Libertador Zapatista, se pronunció enérgicamente contra el gobierno federal, afirmando que el agua tratada forma parte de los afluentes del río que están concesionados a los campesinos de la región por decreto presidencial de 1926 (El Sol de Cuautla, 27 de diciembre).

Por su parte, el Consejo Editorial del Observatorio Ciudadano de la Calidad del Aire de Morelos publicó en su blog un extenso y fundado documento, Respuestas a Armando Bartra sobre la termoeléctrica de Huexca, en el que –entre varias refutaciones– esclarece que: 1. La mayoría de los ejidatarios votaron en contra del arreglo entre la dirección corrupta de Asurco y la CFE, "incluso en las poblaciones de donde son nativos los 'dirigentes' que transaron acuerdos a espaldas de los ejidatarios", y que el problema no se solucionó con el desalojo del 23 de noviembre a los campesinos y 2. En cuanto al ruido y otros daños colaterales a la salud que produce la termoeléctrica, preguntan: ¿por qué no intenta vivir un mes en Huexca el director de la CFE con la planta funcionando, consumiendo los cultivos que serán regados con el agua contaminada por la planta y bebiendo ese mismo líquido? (https://observatoriociudadanodelacalidaddelaieredemorelos.home.blog/2021/01/01).

Además, la consulta sobre el PIM y la termoeléctrica llevada a cabo el 23 y 24 de febrero de 2019, unos días después del asesinato de Samir Flores Soberanes[142], violentó preceptos establecidos en la Constitución y el Convenio 169 de la Organización Internacional del Trabajo, ya que no fue previa, libre, informada y culturalmente apropiada. Pero, a pesar de la manipulación de esta consulta, el rechazo al proyecto fue categórico en todas las comunidades directamente afectables.

Si bien el PIM se fraguó en el sexenio de Felipe Calderón, su continuidad actual es inaceptable en términos ecológicos, de seguridad, salud, soberanía energética y respeto a la voluntad de los pueblos. El atropello no es transformación.

¡Todo el apoyo a los ejidatarios de Ayala y al pueblo de Huexca ¡"[143]

La segunda nota dice así:

***Ciudad de México.* Organizaciones indígenas consideraron que es una contradicción que el presidente Andrés Manuel López Obrador haya mencionado en el Grito de Independencia a los pueblos indígenas, pero en su propuesta de presupuesto haya recortado al sector 40.5 por ciento los recursos.**

---

[142] Líder popular que se oponía a la construcción de la termoeléctrica, y que fue muerto ya bajo la administración de Andrés Manuel López Obrador.

[143] Copyright ©⬚ 1996- Desarrollo de Medios, S.A. de C.V. Todos los Derechos Reservados. Derechos de Autor 04-2005-011817321500-203.

430

En conferencia de prensa integrantes de la Red Nacional Indígena (RNI), de la Asamblea Nacional Política de Mujeres Indígenas (ANPMI), del Movimiento de Unificación y Lucha Triqui (MULT) y de la Coordinadora Nacional de Mujeres (Conami), entre otras expusieron que si la Cámara de Diputados no modifica al alza la propuesta gubernamental recurrieran al amparo colectivo en contra del presupuesto que se asigne al Instituto Nacional de Pueblos Indígenas (INPI). La segunda fase sería acudir a tribunales internacionales.

Sostuvieron que la propuesta por poco más de 3 mil 500 millones de pesos para el INPI es una "discriminación económica en contra de nuestros pueblos"…[144]

Morena se enfrentará en 2021 a toda la oposición unificada. Y aunque muchos piensan que se trata de una unificación sin principios, la verdad es que los tres partidos que participarán juntos tienen claras sus diferencias, pero consideran más importante limitar el poder de Andrés Manuel y ser capaces de crear una fuerza política que le haga contrapeso. O sea que en ausencia de una corriente morenista que corrija o modere al presidente, la sociedad se plantea suplir ese vacío. Porque los tres partidos que se oponen a nuestro presidente son representativos de amplios sectores sociales que no aprueban la gestión actual. Sin duda en parte porque ha afectado sus intereses, pero también porque ha afectado o dejado de atender el interés de muchos, de muchísimos.

Yo no comparto el optimismo de los líderes de Morena y el Partido del trabajo. No creo que 2021 vaya a fortalecer la transición. Por el contrario, veo inmensa ceguera en sus dirigentes, además de que comparten la actitud de suficiencia y vanagloria que exhibe Andrés Manuel todas las mañanas.

La economía, que según el presidente va retebien, en realidad está en una de las más profundas crisis, pues el déficit presupuestal <u>sobrepasa toda capacidad de</u> recuperación. Instituciones enteras

---

[144] **Indígenas reprochan doble discurso del presidente** Carolina Gómez Mena martes, 17 sep. 2019 14:55

están recibiendo la mitad de lo que recibían hace cuatro años. Empezando por las dependencias de cultura, que fueron mandadas a la cola de toda prioridad.

Y esa crisis, que forma parte o está inserta en la tremenda recesión que ha iniciado el sistema capitalista mundial, no tiene viso alguno de recuperarse. A menos que primero se desatara una guerra. Las exportaciones de petróleo siguen canceladas, la exportación automotriz no repuntará, según se ha visto en la curva de ventas de la economía global. Tampoco tenemos capacidad para suplir con nuevas exportaciones lo que generaba el petróleo, o lo que a medias cumplía el armado y venta de automotores.

De tal forma que sólo nos quedaría el desarrollo endógeno. Pero con el equipo actual, que sigue pensando de manera idéntica a quienes impulsaron el Tratado de libre comercio o el Acuerdo General de Aranceles, hace ya tres o cuatro décadas, nadie se plantea la reconstrucción de las cadenas de producción regional o nacional. Y menos son capaces de concebir una forma de financiamiento soberana. Toda emisión de dinero está condicionada a una mayor deuda. Y el Banco Central depende de manera absurda de la oficina del Tesoro de los Estados Unidos.

Aunque el presidente indica y reitera que no contrataremos más deuda, de hecho, la Secretaría de Hacienda formula sus planes incluyendo cubrir el déficit fiscal con financiamiento externo. Y la cámara de diputados lo aprueba, en la nariz del presidente.

Nadie mira a la historia soberana del Banco que fue capaz de financiar las etapas estelares del desarrollo. Y menos se plantea diseñar mecanismos nuevos que permitan romper la dependencia y la subordinación al dólar.[145]

---

[145] Desde el mes de julio de 2020 entregué propuesta para modificar la Ley del Banco de México, y echar abajo la Reforma financiera neoliberal para poder financiar el desarrollo. Seis meses después nadie la había leído ni en el poder legislativo, ni en las áreas sustantivas de la administración pública. Por la simple razón de que no tienen cuadros, y en la administración federal casi

O sea que alcanzo a ver dificultades financieras que recrudecerán el escenario con dificultades añadidas en el presupuesto, la inversión y el gasto de gobierno. En resumen, el narcisismo presidencial, la megalomanía rampante, y la ceguera y cerrazón que de esa posición resulta, anuncian grandes dificultades.

Y cuando digo narcisismo no lo empleo como epíteto o calificativo. Los psicólogos han dejado claro que el narcisismo es un excesivo amor o gusto por uno mismo. Y al decir excesivo me refiero a un grado que hace difícil el gusto o el agrado por cualquier otra persona, tanto en un sentido que puede ser físico o mental, objetivo o subjetivo.

El concepto se acuñó haciendo referencia el mito de Narciso, que se amaba a sí mismo, y que, tratando de besar su propia imagen, reflejada en el agua, se ahogó.

Todo lo descrito sobre como el presidente defiende sus datos o sus apreciaciones, más allá de toda mesura, nos permiten afirmar que padece algún grado de narcisismo. Pero consultando varios casos estudiados por los especialistas encontramos elementos para confirmarlo. Así, por ejemplo, leímos en un especialista que, como parta de la

"Patología del self: estos pacientes muestran un egocentrismo excesivo, excesiva dependencia de la admiración de los otros, predominio de fantasías de éxito y grandiosidad, evitación de realidades que sean contrarias a la imagen inflada que tienen que sí mismos, y episodios de inseguridad que perturban su sentimiento de grandiosidad o de ser especiales"[146]

Y esa descripción encaja con lo que hemos reseñado de las conferencias mañaneras. Pero los reclamos de los 650 intelectuales, y la polémica desatada, así como el caso de la cancelación del aeropuerto, confirmarían en alguna medida lo que también dice el mismo especialista:

---

nadie sabe ni de finanzas ni de economía. Andrés Manuel nombró a un gabinete y un equipo, no sobre la base de los más calificados, sino de los más incondicionales.

[146] Otto Kernberg...

"La agresión contra los otros o contra uno mismo es típica de la conducta antisocial de tipo agresivo, especialmente cuando estos pacientes cumplen los criterios para el síndrome de narcisismo maligno. Ese síndrome incluye, además del trastorno narcisista de personalidad, una grave conducta antisocial, importantes tendencias paranoides, y agresión egosintónica (esta última puede dirigirse contra uno mismo o contra los otros)".[147]

Dejamos a los especialistas que profundicen y refuten o confirmen estas preocupaciones.

La falta de objetividad alienta también perder de foco las prioridades

Pero las diatribas del ejecutivo no son ya la única manifestación de superficialidad o mala locura, pues en la tercera semana de noviembre, el periodista Raymundo Riva Palacio, comentó en el financiero:

"Las reuniones de gabinete por las mañanas en Palacio Nacional han servido como un termómetro interno de por dónde anda la cabeza del Presidente, y en dónde están sus prioridades. Y la verdad, según se desprende de comentarios de sus colaboradores, no se entiende su lógica ni cómo funciona su mente.

Por ejemplo, en medio de la crisis de violencia, las inundaciones en Tabasco, el rebrote de la pandemia del coronavirus y el debate doméstico e internacional por el apoyo implícito al presidente Donald Trump de que hubo fraude en las elecciones en Estados Unidos, López Obrador sorprendió en las reuniones de gabinete con un tema completamente fuera de agenda: el conflicto por tierras entre las comunidades de los municipios chiapanecos de Chenalhó y Aldama. Lleva semanas el Presidente enfocando su prioridad en ese conflicto, que ciertamente es histórico, y que se agudizó hace cuatro años –dos antes de que llegara a poder.

Hace casi dos meses le dedicó tiempo en la mañanera, con un exhorto a todas las partes a que se construya un acuerdo de paz y reconciliación,

---

[147] Otto Kernberg, Revista Internacional de Psicoanálisis. Número 046 año 2014. Traducción Martha González Báez.

pero no ha dejado de abordarlo en la reunión del gabinete como el tema número uno entre sus preocupaciones. No es un tema menor, al haber provocado el desplazamiento de casi 200 personas y la muerte de al menos 24 en todo el periodo del agudizamiento del conflicto por 60 hectáreas de tierra, pero en el contexto de las múltiples crisis que enfrenta su gobierno, es un problema de orden estatal, no federal.

Causa extrañeza la inclinación hacia un tema focalizado y bien diagnosticado por encima de otros de orden e impacto nacional."

Se pasa así del subjetivismo y la parcialidad a lo que podría interpretarse como franca insania. Y no existe peor escenario para el pueblo que el gobierno de un loco.

Andrés Manuel López Obrador ha realizado una proeza digna de la historia universal. En una nación donde el sistema político se mantuvo incólume durante casi un siglo, contendió una vez por la presidencia, y perdió ante el fraude. Volvió a recorrer el país y contendió seis años después, para perder de nuevo ante las prácticas sucias del sistema. Su partido fue insaculado por el sistema y para contender por tercera vez tuvo que crear su propio partido. Y en la tercera ronda obtuvo la victoria. Eso es locura. Una locura excepcional y extraordinaria. Ha sido el hombre que coincidió con el momento en que la mayoría llegó al límite de su hartazgo. Y esa sincronía lo ha vuelto una figura mundial, comparable al de los grandes que han emprendido transformaciones que inauguran nuevos tiempos. Por ello muchos quisiéramos que esa determinación con que ha venido actuando pudiera proyectarlo como el fundador de una etapa histórica nueva. Pero hasta ahora su quehacer económico no lo deja ver. Y tampoco su incomprensión del México Profundo.

Hacemos votos para que sus cercanos comprendan la enorme y patriótica responsabilidad que tienen, para dejar atrás su incondicionalidad y atreverse a decirle, a mostrarle, a explicarle, cómo desbarra, cómo no puede continuar profundizando su parcialidad y absoluto desdén por la opinión y el interés de los otros. Antes de que el presidente bese su imagen en el agua.

Su gobierno ha conseguido grandes logros, y puede todavía consolidar el cambio. Pero nada sería más trágico para los mexicanos, que el fracaso de la transición hacia un régimen justiciero, donde recuperemos la identidad y el proyecto nacional.